"十二五"国家重点图书

37

财政政治学译丛

刘守刚　主编

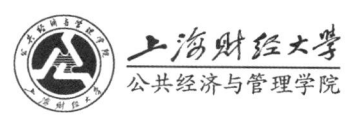

上海财经大学
公共经济与管理学院

Taxation, the State and Society
The Fiscal Sociology of Interventionist Democracy

税收、国家与社会
干预型民主的财政社会学

[法] 马克·勒鲁瓦（Marc Leroy） 著

屈伯文 译

上海学术·经济学出版中心

图书在版编目(CIP)数据

税收、国家与社会:干预型民主的财政社会学/(法)马克·勒鲁瓦(Marc Leroy)著;屈伯文译. —上海:上海财经大学出版社,2024.4
(财政政治学译丛)
书名原文:Taxation, the State and Society: The Fiscal Sociology of Interventionist Democracy
ISBN 978-7-5642-4353-1/F·4353

Ⅰ.①税… Ⅱ.①马…②屈… Ⅲ.①税收制度-研究 Ⅳ.①F810.422

中国国家版本馆CIP数据核字(2024)第066511号

图字:09-2024-0189号
Taxation, the State and Society
The Fiscal Sociology of Interventionist Democracy
Marc Leroy

© Marc Leroy, Professor, University of Reims, France.
No part of this book may be reproduced in any form, by print, photocopy, microfilm or any other means, without prior written permission from the publisher. All rights reserved.

CHINESE SIMPLIFIED language edition published by SHANGHAI UNIVERSITY OF FINANCE AND ECONOMICS PRESS, Copyright © 2024.

2024年中文版专有出版权属上海财经大学出版社
版权所有 翻版必究

□ 责任编辑 刘 兵
□ 封面设计 张克瑶

税收、国家与社会:干预型民主的财政社会学
马克·勒鲁瓦(Marc Leroy) 著
屈伯文 译

上海财经大学出版社出版发行
(上海市中山北一路369号 邮编200083)
网 址:http://www.sufep.com
电子邮箱:webmaster @ sufep.com
全国新华书店经销
上海叶大印务发展有限公司印刷装订
2024年4月第1版 2024年4月第1次印刷

710mm×1000mm 1/16 23印张(插页:2) 352千字
定价:98.00元

总　序

"财政是国家治理的基础和重要支柱",自古以来财政就是治国理政的重要工具,中国也因此诞生了丰富的古典财政思想。不过,近代以来的财政学发展主要借鉴了来自西方世界的经济学分析框架,侧重于财政的效率功能。不仅如此,在此过程中,引进并译介图书,总体上也是中国人开化风气、发展学术的不二法门。本系列"财政政治学译丛",正是想接续近代以来前辈们"无问西东、择取精华"的这一事业。

在中国学术界,"财政政治学"仍未成为一个广泛使用的名称。不过,这个名称的起源其实并不晚,甚至可以说它与现代财政学科同时诞生。至少在19世纪80年代意大利学者那里,就已经把"财政政治学"作为正式名称使用,并与"财政经济学""财政法学"并列为财政学之下的三大分支学科之一。但随着20世纪经济学成为社会科学皇冠上的明珠,财政经济学的发展也在财政学中一枝独大,而财政政治学及其异名而同质的财政社会学,一度处于沉寂状态。直到20世纪70年代,美国学者奥康纳在他的名著《国家的财政危机》中倡导"财政政治学"后,以财政政治学/财政社会学为旗帜的研究才陆续出现,不断集聚,进而成为推动财政学科发展、影响政治社会运行的积极力量。

当前以财政政治学为旗帜的研究,大致可分为两类:一类是从财政出发,探讨财政制度构建与现实运行对于政治制度发展、国家转型的意义;另一类是从政治制度出发,探索不同政治制度对于财政运行与预算绩效的影响。在"财政政治学译丛"的译著中,《发展中国家的税收与国家构建》是前一类著作的典型,而《财政政治学》则属于后一类著作的典型。除了这两类著作外,举凡有利于财政政治学发展的相关著作,如探讨财政本质与财政学的性质、研究财政制度的政治特征、探索财政发展的历史智慧、揭示财政国家的阶段性等作品,都在这套译丛关注与引进的范围内。

自2015年起,在上海财经大学公共政策与治理研究院、公共经济与管理学院支持下,"财政政治学译丛"已经出版了30本,引起了学界的广泛关注。自2023年7月起,我们公共经济与管理学院将独立承担起支持译丛出版工作的任务。

上海财经大学公共经济与管理学院是一个既富有历史积淀,又充满新生活力的多科性学院。其前身财政系始建于1952年,是新中国成立后高校中第一批以财政学为专业方向的教学科研单位。经过70多年的变迁和发展,财政学科不断壮大,已成为教育部和财政部重点学科,为公共经济学的学科发展和人才培养做出了重要贡献。2001年,在财政系基础上,整合投资系与设立公共管理系,组建了公共经济与管理学院,从而形成了以应用经济学和公共管理的"双支柱"基本架构,近年来,学院在服务国家重大战略、顶天立地的科学研究和卓越的人才培养等方面均取得了不错的成绩。

我们深信,"财政政治学译丛"的出版,能够成为促进财政学科发展、培养精英管理人才、服务国家现代化的有益力量。

范子英
2023年7月7日

目 录

导 言 /1
  一、跨学科财政社会学的重要性 /1
  二、财政国家与干预型民主 /5

第一章 托克维尔：财政社会学的先驱 /13
  一、托克维尔与民主社会的支出 /15
  二、财政、集权与革命 /22

第二章 财政社会学的奠基者 /40
  一、奥地利奠基者 /41
  二、帕累托的财政社会学 /53
  三、意大利学派（狭义）/64

第三章 作为社会科学的财政社会学 /75
  一、影响制度认可的要素 /75
  二、被视作一门社会科学的财政社会学 /86
  三、财政社会学与其他学科的关联 /92

第四章 税收国家演化的政治逻辑 /98
  一、西欧现代国家的税收起源 /99
  二、观念史中的现代税收国家概览 /109

三、税收国家的分类研究/119

第五章　公共财政体系/127
一、税收收入的系统分析/128

二、经济合作与发展组织的公共收入与支出/139

三、发展中国家的情形/147

第六章　财政政策的基本要素/157
一、观念的影响/158

二、制度形塑/169

三、社会-经济群体/180

四、左右分野/183

第七章　财政民主的障碍/189
一、驳背景要素决定论/190

二、公共财政举措的布局遭到扭曲/204

第八章　官僚管理/212
一、法国的财政官僚政治/213

二、税收控制组织/222

第九章　个体面对税收的逻辑/236
一、与抗税有关的各种因素/237

二、纳税人的具体理性/244

三、公民的贡献税/257

第十章　普遍化的财政越轨/268
一、财政越轨现象/269

二、财政国家监管的越轨/279

第十一章 干预型税收国家职能的不稳定性/292
- 一、财政职能/293
- 二、经济职能/294
- 三、社会职能/297
- 四、生态属地职能/303
- 五、政治职能/304

第十二章 全球化、欧洲与税收/314
- 一、涂尔干的经济反常模型/315
- 二、新自由主义的经济全球化/321
- 三、欧洲回应之不足/335

结论 干预型民主的社会契约/344
- 一、国家的重要性/344
- 二、有关政治选择的民主理论/347
- 三、正义社会契约的纲领/350

参考文献/357

译丛主编后记/358

导　言

本书探索我们民主社会中的税收、国家与社会之间的关系，其基础在于一门社会科学即财政社会学(fiscal sociology)的发展。除了被视为一个政治现象，税收在很长一段时间里还被看作一个经济学研究领域。社会学家托克维尔在法国大革命的多起因(或公共支出的增长趋势)背景下，直觉到税收同样是一个社会进程。财政社会学就其所关联的学科而言是涵盖广泛的，就其所处理的一系列问题而言是总览性的，就其所用材料的多样性而言是经验性的。干预型民主(interventionist democracy)是一个真正带有伦理色彩的社会政治进程。财政国家(fiscal State)的重要性证明了对此种民主的叩问的合理性。

一、跨学科财政社会学的重要性

金融社会学(financial sociology)出现于第一次世界大战期间，作为它的一个产物，财政社会学构成了理解西方社会演化的一条重要路径。这门元学科(meta-discipline)的奠基者从属于奥地利学派，他们敏锐地感知到，追踪欧洲现代国家的兴起，应主要着眼于与公共行为有关的常设性税制的建立。由此，针对马克思主义对国家的解释，财政社会学从其形成之日起便借助对资本主义演化的讨论，提供了一个重要的替代性选项。它没有忽略经济，尤其在当下，通过新自由主义金融全球化的影响，它在财政国家之社会政治发展的重要性上启人深思。在这个方面，它还有别于涂尔干对国家(作为对劳动分工所产生的复杂状况的一种功能主义的回应)的分析。此外，它还将韦伯所研究的法理科层制(legal rational bureaucratization)在历史上的主导地位相对化了。

葛德雪(Goldscheid)和熊彼特(Schumpeter)创建了财政社会学,这起源于他们对税收国家危机的兴趣。他们的研究路径是相冲突的,葛德雪从马克思那里获得灵感,但在修订马克思错误的国家观之后,他预测了国家经济的崩溃;熊彼特则是一种不明确的自由主义的信徒,他正确地坚持了如下看法:国家的财政失败在发达国家是不可能的。在历史上,这一政治学中的税收问题与现代欧洲国家形成有关,从干预型国家出现"危机"以来,它持续扮演着至关重要的角色。2008年夏天发生的经济衰退让这个大有问题的方面重新呈现出来,因为经济的衰退最终导致了政府的干预,纳税人被拉下水,这加强了银行业的地位,也刺激了经济。在这门财政科学中,以帕累托及其门徒为代表的意大利学派支持的是马基雅维利的传统。从这个角度看,公共财政被视为精英持续掌权的工具。两大学派提出了展开探索的其他想法,尤其是曼(Mann)和一些意大利人,他们以自己的方式引入了一条以税收的社会政治功能为基础、已然湮没不闻的研究路径。从那时以来,文献更多提到的是经济功能——对财政国家社会监管的大量反思因为这些功能而受损。

在被奠基者创建起来之后,财政社会学在不同时期、不同国家经历了无规律的发展。它的研究路径往往被划分为经济学方法和社会政治方法(它主要是推动盎格鲁-撒克逊世界的研究)。作为一门科学,它的市场有多大取决于政府、各个社会展现出来的攻坚克难的态度和知识供应上的技术分工(由律师和经济学家挑起大梁)。纵向研究路径表明了一种关系,在时间长河中,此种关系会随着干预型国家的演化而更变。借助凯恩斯主义政治学和社会政治学的推广,人们达成了共识,通过在资金上支持税收国家的经济和社会活动,对税收国家的合法性给予了认可。对纳税人行为的专门研究与社会心理学的进步有关,它取代了对公共财政行为的反思。其隐藏的目的在于强化纳税遵从度(tax compliance),从而为福利国家的干预提供资金。这些研究聚焦于社会的态度,从而导致其忽略了税收政策。

20世纪70年代的经济危机引发了对干预型国家的尖锐批评。以理性选择理论为基石的公共选择学派捍卫避税原则,这对社会支出局限论有补足效应。新马克思主义对税收国家危机的分析也对税收合法性提出了质疑。

导　言

20世纪90年代以后,财政社会学得到更新。经济全球化的背景引发了有关国家支出收缩的争论。人们求助于实验方法,解释了经济心理学的成功,并以这门学问为基础论述了功利主义(自利)的主导地位。当财政国家获得合法地位之时,纳税人看起来(同样)成了利他主义者。财政社会学的研究取得了丰硕成果,对其有滋养之功的有分权制度、发展中国家、前苏维埃共和国之类的新领域以及若干学科。

财政社会学对研究者、公民和决策者来说扮演着至关重要的角色。事实上,税收体系居于政治的中心,构成了一种影响社会公共行为的原始形式。与此同时,税收是为企业、不同社会阶层以及某些部门谋利的其他公共政策所用的工具,也是公共政策所针对的目标(通过对收入、公共项目融资等进行税收再分配)。它是一个对社会进行分类、分层并使其功能化的基本过程,它包含了与市场的关系。不幸的是,在专家的视野占据主导地位的情况下,财政科学被划分为不同的专业学科,由此产生的影响损害了财政社会学。发达国家公共政策的多样化以及科学知识的专业化往往带来了各种排他主义的知识、决策和改革模式。干预型国家将税收工具化,对纳税公民造成损害。除财政技巧之外,一门关于税收的全球性社会科学借助规范化的经济和法律研究路径,引入了批判性的对话。金融社会学研究公共预算,而财政社会学则侧重于匹配税收问题的研究材料。

财政社会学依赖跨学科研究路径,由此达成以一般的社会—政治观为依据探讨财政现象的目的。它聚焦于公共机构在税收事务上的干预过程;它质疑国家对公民的合法性,并提出了对社会正义方面的反思;它将经验材料转化为拥有广泛影响力的模型。通过这种方式,财政社会学针对公共行为、社会科学提出了如下思考:税收改革与社会变迁有关;政府征税导致了官僚监管理论的产生(尤其是在商界);社会对税收的认可牵涉公共政策的合法性;在财政公平的现实生活背景下评估税负;用一种越轨社会学(sociology of deviance)解释逃税,以此研究公共行为功能规范(functional norms)的非法化现象;作为一种集体行为方式的抗税揭示了政治的失常;纳税人的决策与纳入利他主义利益模式的一种理性模式有关;它确证了"贡献税"(contribution-tax)这一以政治价值、特定理性(认知理性)等为根基的利他主义观念的重要性。

这门一般性的社会科学由于它的主题以及它所处理的一系列问题,其根基建立在论题(取自若干学科)的融合之上。事实上,税收构成了莫斯(Mauss)所定义的一个"整体性社会事实(total social fact)"——对它的研究源自若干种社会学。

财政社会学是一门政治社会学,因为它指向国家、权力和公共行为。它与政治科学相近,又有别于后者,因为它对社会维度保持着敏感。税收的政治维度在历史上与现代欧洲国家相关联,该维度仍具有至关重要的地位(20世纪70年代的危机、全球化等表明了这一点)。税收的辩证法关于对最高当局的责任和,也关于人们所赞成的公共政策合乎情理的贡献。"限制"(比如全球化市场的限制)与有关税收功能的政治选择之间的紧张关系必须在民主社会公民权的框架内得到解决。此外,还必须借助改革、官僚制变革、新自由主义意识形态的影响,等等,来处理公共决策的管理问题。

财政社会学在其研究税法与社会之间的关联时,是一门法律社会学。它与突出专家作用的法律之间的关系是至关重要的。比如,税务审计使得人们对如下事项发出疑问:与官方所定欺诈条件(official qualification of fraud)有关的社会机制;财政程序的策略性运用;各国的行政监管类型;对争议有决定性作用的因素;等等。

财政社会学也是一门经济社会学,它超越了严格的理性选择理论(功利主义)的局限,借鉴了陈旧的社会经济学方法,但是在税收国家的重要性上有所坚持。同时,它展现了对如下事物的特别兴趣:经济全球化效应;关于资本税、劳务税的"社会契约";(新型)公共管理指南的传播。

从严格意义上讲,税收社会科学是一门社会学科,通过社会视角,财政方面的事实(作为社会进程)得到理论化。不过,财政社会学并没有成为一门定义明确的学科。虽然有大量关于福利国家的文献材料,但是财政社会学的成熟度仍有欠缺,[①]尽管它对个人和公共政策而言具有实践上的重要性。财政社会学在其理论模型中使用官方数据、它特有的材料以及财政心理学、金融史、经济心理学等方面的成果。它对历史、认知以及功能主义的方法有所倚

[①] 社会学家并未对税收表现出太多兴趣(Leroy,2002:5;Morgan,Prasad,2009:1350)。此外,在某些国家,比如法国,税收政策在很大程度上已被公共政策分析所忽略。

仗。由此,对中世纪王室税收起源的研究让人提出了现代国家的特有的理想化特征。有关税收的认知逻辑解释了公民对"责任"的理性态度。税收政策的政治、社会、属地(territorial)和环境功能使经济学、金融学的方法等臻于完善。

二、财政国家与干预型民主

本书有两个目标:其一,它要对条块分割的税收(作为社会政治现象)研究做综合性的呈现;其二,它要探索围绕财政国家建立起来的干预型民主的逻辑。

关于第一个目标,它主要体现在数据库的构建上,散见于不同专业的研究与材料,合而为一份反思的成果。这些研究通常将关于税收的社会政治现象划分为不同的研究对象,比如纳税人、税收政策、收入分配,等等。通常而言,各学科的特殊方法仍难以超越技术支持的专业化。秉承上文所勾勒的财政社会学大纲的精神,我们的研究借助了财政法和税收经济学之类声威显赫的学科,紧随其后,也使用了社会学、政治科学、管理学、经济心理学、实验心理学、认知心理学、社会心理学等方面的成果。

此种努力在参考文献那里得到了验证,所有学科的各样出版物得到征引,以求当下的认知状态得到最佳呈现。为了在分析的精确度与清晰度之间达成微妙的平衡,某些选择无可避免。由此,一些深入的阐述就被排除掉了,其他的则做了精简,意在聚焦那些最有趣的方面。比如,由于选择深入讨论托克维尔作为财政社会学先驱所做的未被认可的贡献,对许多优秀作者的征引便不在我们的选择范围内了。纯粹的法律叙述会得到概括,以求将其社会政治解释凸显出来。一连串案例研究包含了多个领域,它们还可以再做延伸。这些选择或许会让某些领域的专家不满,而与此同时,学识不那么广博或更为繁忙的读者会对本书提供的细节和弦外之音感到遗憾。一本著作的编辑格式会产生各种问题,尽管有这些缺陷,读者还是会找到一份内容丰富的参考文献集录,包括公共财政研究,尤其是有关社会支出的研究。

第二个目标是为民主的政治选择理论奠定基础。由此产生了规范性的、符合伦理的视角,其依据是研究财政国家干预(关于市民社会)的成果。财政社会学为与公民有关的"贡献税"(针对公共行为)原则设定了条件。由此,在支持公共政策的资金方面,即便公共行为的民主化面临许多障碍,关于干预型民主的社会契约的执行仍是有可能的。

维持文学上的悬疑并不那么适用于科学工作。由于没有这方面的挂虑,将我们的研究框架展现出来便是一件有益的事情,尤其是考虑到主题的复杂性。本书包含12章,围绕上文陈述的双重愿景建构。第一章勾画了托克维尔所考虑的所有累积变量(cumulative variables)的模型,为的是确立民主国家支出的增长率。这一规律的发现与后来经济学家瓦格纳的研究相联系,它证明了给这位社会学创始者[1]贴上"财政社会学先驱"标签的合理性。《旧制度与大革命》对法国大革命的财政原因做了研究,由此提炼出来的一个模型对如上描述具有补足效应。在更规范的层面上,有关财政政治选择的民主理论的基石便得以奠定,尽管人们需要对财政国家演化的错综复杂性做其他分析。

第二章通过考察奥地利和意大利学派,把重心放在财政社会学的直接创始者身上。我们已经提到了人们对葛德雪、熊彼特和曼的著作的兴趣。意大利的财政社会学不那么有名,即便马基雅维利思想(它将统治精英与被统治者分隔开来)对其有所影响,它看起来也有些另类。它与一门财政科学的发展有关,不是在这门科学纯粹的经济方面(边际主义),而是集中在政府的(社会政治)方面。当下的文献保留了普维亚尼(Puviani)的财政幻觉(fiscal illusion)论。以此为基础,经济学家认为纳税人对公共服务的需求是不合理的,而这是错误的。对纳税人来说,可靠的想法(认知理性)是,除了税收,还有许多融资渠道,比如贷款或支出重置。无论如何,意大利学派的其他贡献受到了忽略。

帕累托应在财政社会学拥有一席地位。即便在洛桑任教,此人通过其门徒,对意大利传统施加了显著影响,以此与意大利传统联系在一起。由《普通社会学》(Traité sociologie générale)首次提出的一些观念以批评财政科学起头,为的是证明公共财政依赖于为统治精英效力的非逻辑(non-logical)行为。尽管在经济学和社会学中享有大师级的美誉,帕累托未竟的财政理论却鲜有人知,它成为有关社会平衡(与精英循环有关)的复杂研究的组成部分,并在方

---

[1] 指托克维尔(Tocqeville)。——译者注

法论上接受有限的"近似法"(approximations),经济循环、意识形态、庇护制以及某些社会阶级所受的掠夺的作用得到了强调。此种分析即便是不完美的,也为关于政治选择的民主理论提供了有趣的对照。公共支出的趋势受到抨击;不同于托克维尔和瓦格纳,此种"财阀政治"的关键因素在于统治精英所推行的庇护制。

第三章描述了财政社会学在其作为一门社会科学成形时所遵循的路径(上面提到了这一路径)。这一章还包括了对知识社会学的研究,揭示了对财政社会学的制度认可(institutional recognition)产生影响的因素。

第四章包含了对欧洲财政国家的历史、思想和类型的分析。"现代"财政国家的特征由王室税收的建立得到了解释,此种税收变更了封建社会的政治结构。永久设税成为民族国家主权的一个属性。它最初在战时发挥融资功能,这些功能号称是以大众利益为基础的。这种看法有别于韦伯的科层制模型以及支配与合法性之间的关系模型。按照财政社会学的创始者的理解,正是对融资手段的探索塑造了现代国家;认知型理性通过对某些特殊案例如封建援助(feudal aid)进行归纳,借助税收让公共行为获得具体的正当理由。此种理性并不是规范的,也不合于法律,因为它给绝对统治(法国君主制)留下了空间,但也给纳税认可(tax consent)赋予了一个未来的角色。财政国家的历史和思想起源折射出动荡不安的情形。借由这一起源,财政国家明确肯定了自身是存在于公民的自由认可(即便这个政治特征并未得到所有人的承认)和至高掌权者的责任之间的一种紧张状态。本章简述了博丹(Bodin)、波舒哀(Bossuet)、斯密、孟德斯鸠和卢梭的税收学说,以此阐述了不同观念的历史,证实了存在于至高权力与合法性之间的紧张关系的重要性。但是,对有关政治选择的民主理论来说,真正重要的是涉及公共行为的第二根支柱。因此,通过对交叉参考税收水平和公共支出干预水平的分类研究,国家合法性的问题被提了出来。

第五章呈现的是另一层次的分析,即对公共财政体系的分析。它确认了西方干预型国家是真实存在的,其对经济和社会的影响得到了证明。公共支出的演化是干预型民主的特征,它有很大一部分通过社会公共活动得到了解释。社会权利的扩展将导向凯恩斯主义的福利国家,尽管存在轻微差异,此种扩展还是有关政治选择的民主理论的组成部分。事实上，19世纪的自由主义观念旨在限制国家对将被福利国家解决的社会问题的干预。社会－财政的民主契约扩展了社会保护、公共医疗以及教育的覆盖面。相对应地，它依据不同的协定，确立了大众税收。

另外，这一体系是属于富裕国家的。它与发展中国家的体系形成了对照，在后者那里，财政国家制度化所面临的诸多困境解释了税收收入（包括社会保障）的脆弱性。当然，社会经济差异应被纳入考虑范围，将依靠来自吗哪①的收益（以油的形式）生存的国家与不依赖自然资源的国家区分开来，将拥有新兴经济的国家与其他国家区分开来，将拥有大型非正规部门的国家与更具市场导向性经济的国家区分开来，等等。此处可以看到，经济发展水平可以用来解释发展中国家的税收压力（收入）。不过，经济学方法自身无法考虑到财政国家的逻辑，后者是具有政治性的。这一观点认为，与工人阶级诉求的民主化的联系必须被定义为保障社会服务（在发展中国家的缺失令人咋舌）的方式。同样堪称明智之举的是不要通过效法（模仿）西方"模式"（无论是受迫还是自愿）消灭某些种类的社会团结。

第六章通过简化的观念、机构和利益集团，考察了文献中概括的财政政策（包括公共支出）等各种因由的相对影响。观念的影响对公共财政概念来说具有重要的作用。从专属19世纪的中立性自由主义观念到战后社会凯恩斯主义干预观念的转变阐释了这一论断。新自由主义的影响出现于20世纪70年代，涉及反财政意识形态陈词滥调的象征性案例对它进行了特别讨论。许多国家在20世纪90年代末采用了预算执行的参考框架，通过它与有关社会选择的政治监管之间的关系（这一关系是疑难之处），我们对该框架做了分析。机构是公共政策的塑造者，古典意义的"法律"在具有现代意义的政治科学的推动下，同样找到了自己的位置。说得更具体些，议会发挥的作用因地而异，按照人们的认知，这是代议制民主设定的一个挑战。其他变量，诸如否决点（veto points）的影响，同样得到了考察。社会经济团体的影响尤其明显，因为它们可以通达机构，其主张具有广泛的有效性。只要不将利益集团强大的压

---

① 《旧约·出埃及记》中所记载的一种天降食物，供应在旷野中行走的以色列人。——译者注

导　言

力绝对化,就可以发现观念的重要意义,有关美国案例的研究尤其确证了这一点。在"意识形态紧张"色彩看起来更浓厚的某些时期,左右两派的分裂对财政支出有所影响。我们同样观察到,政党纲领很少通过激进方式得到执行。

　　为了与这项研究的认识论保持一致,对公共行为因果偏差(它们是民主的障碍)的探究弥补了公共政策基本影响因素在分析层次上的不足。第七章利用经验数据,在相关的确定性背景(deterministic settings)下,将与限制(constraints)有关的意识形态揭露出来。事实上,真正的因果变量具有认知性。它是以一种以危机(财政危机、军事危机、经济危机、社会危机等)的虚假必然性为中心的推理为基础的。同样,机构的分量看起来有所夸大。[①] 但是,在全球转播开来与市场限制有关的决定论尤其受到了批评。自20世纪90年代以来,经济全球化的新自由主义意识形态已在市场效率理论中得到了科学上的共鸣。虽然如此,正如弥补理论(theory of compensation)所证明的,财政福利国家展现了坚定的适应性,它用社会支出弥补全球化的消极影响。将干预性财政政策化视为一种行动工具,这一转变的复杂性将此种形式的民主异化推得更远。公共行为的面貌由于与因果偏差有关的意识形态而遭到扭曲,此种意识形态掩盖了决策者选择的实际情况。各种背景下出现的政治选择都被否定。财政国家对大众征税,而与此同时,又针对某些群体利用了自己的豁免权,对一种自我指涉的制度游戏加以宽容。

　　财政民主仍是公共行为方面的一个理想,它的实现有赖连贯的财政政策。第八章在官僚制问题的框架下,处理了财政政策的实施问题。本章描述了法国现代化历史这一领域里与最早的税控(tax control)组织中的管理逻辑。在与某些经典的官僚政治理论比较时,与逃税有关的官僚监管受到叩问。此种监管得以确立,有赖于在多国奠定了公共管理改革基础的一套执行模式。此外,它还要直面新公共管理观念的挑战,后者以无可争议的成功证明了与商界合作是有道理的。此种新观念是批判性解构的对象,其出发点是有关再开发

[①]　关于限制成员国的赤字和债务,欧盟的法律标准有一种政治上的弦外之音。对这一点的证明,除了《阿姆斯特丹条约》所带来的宽松措施,还有对未能遵守《马斯特里赫特条约》的国家施以制裁所面临的种种困难。当下用于经济刺激的公共支出的数额同样让人们对这一政策在未来的有效性心生疑问。

票(re-invoicing)的商品或服务的案例,如转移价格(transfer prices)的案例。跨国公司在全球市场的背景下提供这些商品或服务。

税收问题上的个体逻辑是第九章的研究主题。与复杂的抗税史有关的教训有助于构建个体纳税决策的社会学。分析的层次处在理性选择理论这一级,后者创造了功利性利益的个体主义方法论。但是,该路径得到了拓展,并触及价值理性(axiological rationality)层次。后者可以追溯到居于中心地位的"税收政治的合法性"观念,与此同时,它要解决道德价值方面的问题。它还取决于认知理性,后者对纳税人的实际(具体)情况(他们处理手头信息的方式)进行审查。这种排在第三位的理性形式可以阐明若干奥秘(问题),比如税务审计(财务监督)的风险评估、税收和公共支出之间的关系、间接税(诸如增值税)的"无痛感"性,等等。在这里,许多经验细节再次汇聚起来。它们表明了视野被相对化的功利主义模型所局限。"贡献税"被定义为公民对公益性项目的参与。它反映的是社会学描述的可靠性。它与以"义务"或"受迫"或"纳贡"为基础的税收相对立,显明了财政负担之重并与"交易税"(被认为是换取个人所接受的服务应付的代价)相对立。

"贡献税"或多或少建立在与公民认可有关的利他主义的根基之上,它的可能性取决于公共行为的合法性。这一结果构成了有关政治选择的民主理论的另一个基础。它支持如下不广为人知的特别看法:税收收入(包括社会保障)不与经济增长(以北欧国家为例)相向而行,对欺诈并不必然有促进作用。以此,它论证了针对反财政新自由主义意识形态陈词滥调的批评是合理的。此外,程序民主角度的经验数据表明,财政选择的参与促进了纳税遵从。由此,在集体性的社会层面,税收偏差(tax deviance)问题在政治上得到了重申。第十章处理了这个问题。它首先强调了非正规经济以及逃税现象所处的一种境况——难以评估。通过类型学工具(交叉参照公共部门决策与纳税人将纳税额最小化的意愿),"税收偏差"的分类得到探究。这项任务的完结靠的是一项归类工作,即给税负最小化的各种形式做社会-经济分类。它区分了大企业、剩余的企业、工薪阶层、那些"被排除在外者"以及与犯罪有关的经济,接踵而来的是对税收国家社会政治监管的偏差的反思。财政规范性的退化与公共行为的干预作用(涉及市场)的价值演化有关。在新自由主义意识形态的影响下,公司税负最小化的准则扩散开来。这带来了国家之间的国际竞争。各个国家为了全球化市场的投资,抛出富有吸引力的各种有利条件。

第十一章研究税收国家功能的不稳定状态,以此达成上面所说的反思。它也对超功能主义(hyper functionalism)保持警惕,其所用的是一种新方法,此种方法以税收的财政、经济监管、社会、属地、环境和政治功能为基础。税收一般构成了公共预算的主要收入来源。此种为公共服务提供资金的功能与税式支出(tax expenditure),作为优惠条件,它们导致了收入的损失并形成竞争关系,其与贷款的关系也越来越具有竞争性。为了抑制2008年危机的影响,人们展开了大规模的公共干预。作为其后果,公债增加了。相比之下,税式支出逐步达成了微观经济目标。伴随凯恩斯主义政策的衰落,宏观经济调控找不到那么多用武之地。减税(所得税与企业税)政策并不总会造成税收收入(包括社会保障)的减少,因为税基扩大了,或者其他税收有了调整。为了应对收入再分配的重大挑战,税收社会功能得到了评估,这包括对社会转移(社会再分配)影响的研究,该研究结果因国家的不同而呈现出不规律状态。虽然如此,它们表明在经济和金融全球化的时代,阻止不平等状况恶化的努力并未取得成功。

其他社会问题,诸如与家庭有关的财务分类、以工作福利(workfare)为目标的负所得税和"罪孽"税(对赌博、酒、烟等的征税),也受到人们的关心。属地功能包括地理主权和某些特权地区的区别化待遇(避税天堂)。经过艰辛努力确立生态导向的税制是它演化的方向,其目的是确保将环境纳入考量范围的可持续发展。政治功能位居财政国家合法性的中心,并成功地确立了经民主方式得到认可的贡献税的数额。在这里,人们不应低估新自由主义运动。虽然凯恩斯主义福利国家在社会—财政上的妥协有其适应力,但是它们也受到该运动的质疑。它代表的是以推进市场至上为手段并对"辉煌三十"年①里的干预型民主在价值上去功能化的趋势。

第十二章讨论了与全球化和欧洲直接相关的难题。涂尔干的失范理论被用来分析各个经济体有关新自由主义经济全球化的模式。这些经济体变得越

---

① 在法国,指1950—1980年这30年时间。——译者注

来越金融化，与之相伴的是一连串的社会不公（去监管、不平等、就业危机、实体经济被毁，等等），以及从有些角度来看显得有害的现象。与涂尔干模型相一致，经济全球化慢慢丧失了它的社会标志。但是，还有一个同步并进的现象，即财政国家监管发生了反常的转变，干预型民主的社会契约因此受到扰乱。国际监管以人类世界的社会逻辑而非反常的市场意识形态为基础，它的缺失也是人们争论的一个问题。正如列国在税收上的竞争或避税天堂的发展（推动利润的全球化）所表明的，国际组织的柔性法律对于社会功能的确立而言犹嫌不足。尽管取得了某些成就，税收欧洲（tax Europe）在其有关市场的规范性概念上以及在有关一致决策的制度性规则上面临着阻碍。它在社会事务上的不足是显而易见的，其政治层面的合法性带来了一些问题，对有关政治选择的民主理论的学习（为了与不平等现象做斗争）给不了我们什么教益。事实上，收入再分配并不依赖周期性稳定的自然机制，而有赖于对民主起平衡作用的事物的活力。

由此得出的结论要求我们在财政国家的基础上，怀揣国际政治监管的理想，对有关深化干预型民主的新型社会契约做出反思。

第一章　托克维尔：财政社会学的先驱

让人并不感到奇怪的是，公共财政是托克维尔的兴趣所在。[①] 他的政治责任感以及他对君主和民主制度的兴趣必然会将他引到这些问题上。由此，在《论美国的民主》第一卷(以制度为核心论题)中，我们除了可以发现一定数量的法律信息外，[②]还可以看到有关财政领域的内容被他用来阐明或检验不同的概念。[③]《论美国的民主》第二卷则很少有对公共财政的观察。[④] 在自己的《回忆录》中，托克维尔曾数次提及财政问题，[⑤]不过，通常是以趣闻轶事的形式。这些论述具有学识上的重要意义，不过，它们只能证明，托克维尔有资格在财政文献(这不在我们的论题之列)中占据经典作家的地位。本文的创作源于这位伟大

[①]　参见 Leroy，2010，*European Journal of Sociology* 51(2)。

[②]　镇的税收与预算权限、以税收为学校提供资金支持的义务、估税人与收税人的区分、镇为州预算提供支持的义务、预算程序、县的征税权力，等等。

[③]　有关贸易自由的赋税归宿(incidence of taxes)、受雇于民主政体的文职人员的薪俸、民主政体控制公共资金对战争施加限制、对酒课税的困难、军事开支的影响、联邦各州之间的财政关系……

[④]　托克维尔提到了印刷税，对他来说，相比对地方自由的压制，这看似是一个并不那么重要的障碍。他不带任何情感地引用了赛维尼夫人(Madame de Sevigne)的一封信——涉及对一次抗税行动的镇压，用以表明"真正的同情只会存在于相似的人中间"(Tocqueville，2004：656)。他指出，在欧洲，存在着一种无处不在的倾向，也就是人们寻求"用公款"来推动公共就业(Tocqueville，2004：745)。他回忆道，在法国大革命之前的数百年里，有许多个体或独立的团体收过税，君主"以自身地产收入为用度来源"(Tocqueville，2004：806)的时间也很长。进入近代，"国家由此可以通过借债吸收富人的财富，通过储蓄机构，它又获得了相应的能力，可以如愿处理穷人的钱财"(2004：807)。

[⑤]　在论述 1789—1830 年旧制度捍卫者与中产阶级之间的斗争时，托克维尔指出，就后者的经济依靠而言，国库与其自身产业是同等重要的。他再次斥责了追求公共就业的倾向、靠税吃饭的欲念，它们对所有政党都有影响。在回忆巴黎 1848 年的革命时，他提及如下事件：废除选举权的财产(纳税)资格限制；民众施压要求对富人征税；创设新税；工人阶级组织庆典的成本问题(尽管公共财政状况堪虞)；国会投票给那些将倒向敌营的家庭发放抚恤金，以保护政府免受"六月起义者"(June rioters)的冲击。

社会学家思想中不为人知的一面,正是这个方面,赋予了他财政社会学先驱的地位。事实上,托克维尔并不满足于仅仅对研究范围内那些财政制度的运作加以描述。有一些问题关联到民主社会中公共支出的演化与税收、财政集权在大革命中所扮演的角色;在由此构建的框架下,他探索了公共财政与社会、国家之间的关联,所以公共财政在他的分析中占据了核心地位。

专栏 1   在社会、政治中居于核心地位的公共财政(托克维尔)

托克维尔数次强调公共财政的重要性(旨在理解社会和政治),以此预示了财政社会学创始者所怀的信念(参见第二章)。他对税收做了细致考察,以求分析在旧制度下法兰西君主国产生的中央集权现象:"让我们从税收权利开始,它在一定程度上包含了所有其他权利。"(Tocqueville,1998:121)他阐述了中央政府对市镇的财政监管(Tocqueville,1998:128)。他强调,18世纪中央政府对地方自由的剥夺并未阻止城镇财政困境的出现:"如果城镇此种低眉顺服的态度便能维持它们的财政,那该多好。"(Tocqueville,1997:128)在他看来,政府的财政需求是诸多机构产生的根源:"如果你发现源自中世纪的某个古老机构继续存在着……或者是某种有害的创新……你会发现财政上的权宜之计转变成了一个机构。"(Tocqueville,1998:167)

此外,经过他的选择,税收成为特权所偏爱的一个领域,正是这些特权,推动了法国大革命的爆发:"让我们对所有这些特权、对免税现象怀抱最憎恶的态度吧。"(Tocqueville,1998:156)在托克维尔看来,纳税不平等是最严重的不平等,有利于贵族、教士和某些资产阶级的免税现象便证明了这一点。财政不平等对社会各阶级的分化而言具有灾难性,因为"在制造民众、阶级间的差异的所有方式当中,税收不公是最有害的,也最容易在不公之外,另外生出隔离感"(Tocqueville,1998:157)。除了在应用上表现得更温和,税收还被用来展示政府确保国家福祉和繁荣的意志,"主要是在征税中,人们能清楚无比地看到统治者的内心变化。"(Tocqueville,1998:219)

托克维尔将税收用作社会现象的指标(在现代科学的意义上)。此时

第一章　托克维尔:财政社会学的先驱

> 的他便有了另一重身份——财政社会学先驱。由此,他在自己对社会各阶级所做分析的框架下指出,"农民不但不再是农奴,而且成了地主。"(Tocqueville,1998:112)为了确立这一社会—经济事实(财产),他提到了设立土地税的档案材料。同样,为了证明他的另一个统摄性观念,也就是法国贵族在18世纪离弃了法国的乡村,他提到了人头税(此种税在定居地征收,大部分由来自巴黎的贵族缴纳)(Tocqueville,1998:180)。在《旧制度与大革命》的另一部分当中,他想证明公共繁荣景象有所改善。同时,他指出,在不同指标当中,消费税有所提高(Tocqueville,1998:220)。

一、托克维尔与民主社会的支出

在《论美国的民主》第一卷第二部分的第五章中,托克维尔考察了"民主对国家财政有何影响"(Tocqueville,2004:239)。对这个关键问题,他给出的答案本身便足以让他有理由被归为财政社会学的先驱。事实上,借助一套复杂的分析,[①]他陈述了一个总体趋势,那就是民主社会的公共支出会增加,这在后来会以"瓦格纳定律"之名为人所知(瓦格纳生于1835年,第一卷《论美国的民主》便是在该年出版的)。在托克维尔看来(尽管有人特别以托克维尔的方法为据提出反对意见),一些关联因素的累积效应解释了公共支出"在民众统治时有着增长的趋势"(Tocqueville,2004:238)。

(一)托克维尔的财政方法

托克维尔以和现代财政分析相同的方法指出,"首先,人们须确定国民的财富;其次,确定将多少财富用于国家的开支"(Tocqueville,2004:246)。问题在于,这些数据(今日对它们的衡量牵涉到GDP)在那时并不存在。此外,我们并不知道,"美国的每个公民每年掏多少钱为社会的支出提供支持"(Tocqueville,2004:249)。而后,托克维尔提出了一些被他唤作"标志"的指标:物质繁荣的出现;可支配收入;公民的满足;工业资本的存在;能让资本获

[①] 托克维尔的分析虽短(在这里,我们引用了2004年版《论美国的民主》当中的十页内容),却很复杂(这源于很快被人们征引的各个因素的数量以及对它们的呈现)。

利之工业机遇的存在。从这些指标出发,他得出如下推论:"比之法国人,身在合众国的美国人上缴给国家的占自己收入的份额要小得多。"(Tocqueville,2004:250)不过,这个结果仍有可以商榷的余地,因为法国与美国相反,前者有与战争(债务、军队)相关的大量公共支出;[1]"迥然有别的国家,其财政状况无法简单类比。"(Tocqueville,2004:250)

为了精心构建一个在方法论上合宜的比较框架,托克维尔剔除了民主国家的某些开支,包括军事支出、与风俗(比如节庆、艺术,等等)有关的支出。或者是在劳动力市场招聘文职人员(有利于个人职业生涯)的相关周期性支出。他还区分了支出项目(薪酬、学校、维护,等等),从而了解支出所产生的效应,通过一种非比寻常的方式,此种效应与民主社会预算的一般趋势相反。在托克维尔那里,社会被分为三个阶级(Tocqueville,2004:239),即富人、虽非富人但生活优裕者以及穷人。这一划分可以说预见到了韦伯提出的概念(即理想类型和现代科学中的科学模型)。他特别为与习惯和风俗相关的支出开辟了一个版块,如建筑装饰、工人阶级的节庆等,它们可被称为具有"文化价值"的社会要素,因为这些开支产生的效应是很不相同的。至于与公务人员相关的支出,他对美国与法国两国具有代表性的薪俸状况做了比较(Tocqueville,2004:244)。[2] 他最后对可以被归在一起的不同要素进行思考,从而将自己的分析系统化,其所依赖的模型以四因(causes)为基础,即依据它们在政治、社会、经济以及认知方面的性质。

(二)民主社会支出的不同变量

托克维尔的理论服膺于自由主义的信条。[3] 他的理论首次表明了民主国家相对于专制国家的优越性,后者"对人类之摧残,更多是通过对生产之阻碍,而非剥夺其生产成果",而"与此相比,从自由而生的财富则数不胜数"(Toc-

---

[1] 皮科克(Peacock)、怀斯曼(Wiseman)在1967年的著作中再次对战争支出影响的问题做了引人注目的研究。在第二版《论美国的民主》中,托克维尔解释道(Tocqueville,2004:761),在民主社会,"由于人们在各方面的境况变得更为平等,文明人中的好战激情会变得更少见,更不那么浓烈",而军人是有战争冲动的。

[2] 参见[法]托克维尔:《论美国的民主》,董果良译,北京:商务印书馆,第268页。

[3] 托克维尔在一个模型中引用了不同的变量。为了更好地还原这些变量,对作为本文分析对象的托克维尔书中文字所采用的陈述顺序,我们不予遵从。

queville,2004:238)。自由国家的公共支出要高出许多,不过,"民众手上所掌握的资源的增长速度一直要比税收快一些"(Tocqueville,2004:239)。

第一个要素是制度上的(参见表1:1.1),从属于政治上的因果关系(参见表1:第一因)。它处理的问题是掌权阶级进行财政决策(参见表1:1.1.1)的逻辑。如若富人阶级当权,其对公共资金的节约会显得微不足道,因为"对庞大财富的征税只是抽取了巨量财富之一毛"(Tocqueville,2004:239)。如若中间阶级主政,他们会更精打细算,因为"再也没有什么灾难胜过对很少的财富课以重税了"(Tocqueville,2004:239)。如果穷人阶级掌权(参见表1:1.1.1.1),他们不会关心税收的问题,因为"只有在民主政府的统治下……那些投票征税的人才能逃避纳税义务"(Tocqueville,2004:240)。公共支出会一直保持在高位,其资金来源是更富裕的人群所缴纳的税收。尽管如此,普选"将统治社会的权力交到穷人手中"(Tocqueville,2004:240),这句话是对大多数不劳作便不能生存的人说的。民主制下的多数统治不能忽略为数甚众的穷人的需求,时至今日还有人赞成这一观点(Brown,Hunter,1999:780)。

表1　　民主国家支出的影响因素(依据托克维尔的看法)

原因/领域	对象	变量	在民主社会产生的财政效应	例子
1 政治				
1.1 制度	1.1.1 决策	1.1.1.1 掌权阶级	税收与支出增加	税收
1.2 意识形态	1.2.1 进步	1.2.1.1 选票至上主义 1.2.1.2 构想	效果大于0,通过(不断增加的)福利支出	救助,教育,各种服务
1.3 行政	1.3.1 管理	1.3.1.1 缺点	效果小于0,公共资金浪费(支出不断增加由此而来)	各种工作,办事人员所施加的控制
2 社会				
2.1 社会	2.1.1 教育	2.1.1.1 创造出来的需求	集体支出	道路
2.2 文化	2.2.1 风俗	2.2.1.1 社会价值观	多种多样:拒绝某些支出(艺术、节庆、装饰,等等),但是赞同其他支出(物质财富)	逐利精神,实用精神

续表

原因/领域	对象	变量	在民主社会产生的财政效应	例子
3 经济				
3.1 结构性	3.1.1 祖传田地	3.1.1.1 可税实物	变化：财产集中增加税收，反之亦然	财产
3.2 周期性	3.2.1 市场	3.2.1.1 劳动力成本	随国家人力支出而变化	工资
4 认知				
4.1 具体	4.1.1 偏好	4.1.1.1 公民状况	脆弱（领导者），强大（其他人）（支出增长由此而来）	工资
4.2 短期	参见 4.1.1 偏好	4.1.1.2 即刻增益	通过对其他阶级征税而实现的支出	税收

意识形态要素（参见表1:1.2）可归入政治原因的范畴。它关注政治与社会进步（参见表1:1.2.1）以及公共"福利"开支的改善。"改革的精神"旨在"改善穷人的生活条件"（Tocqueville，2004：241）。民主政府首先通过一种选票至上主义追求物质的繁荣（参见表1:1.2.1.1）；按照托克维尔的看法，[①]它还以一种合法方式，力图改善赤贫民众的生活条件（参见表1:1.2.1.2），这就牵涉到公共支出，"在民主社会，主权者处于一种匮乏状态，要获取其善意而不让其境况有所改善是不太可能的，没有金钱，此事绝少能够办成"（Tocqueville，2004：242）。公共支出也导源于此，因为"有一种历时长久的狂热，可以化为各式各样的创新"（Tocqueville，2004：241）。

民主政府（参见表1:1.3）对公共资金的浪费构成了第三个政治要素。"由于民主政府的看法变化无常……有时，它要做的事情要么是管理不善，要么是未竟其功。"（Tocqueville，2004：242）行政管理（参见表1:1.3.1）有所欠缺（参见表1:1.3.1.1），它牵涉到公共资金的浪费，由此推高了支出。民主政

---

① "政府来源于民众。这些忠实于此种出身的政府耗费大量心力满足社会下层阶级的需要，向他们开放权力的通道，在他们中间撒播繁荣、开启智识。这些政府关怀贫民，每年给学校投入巨资，为各种服务给付报酬，哪怕级别最低的办事人员亦能获得丰厚报偿。如果说此种治理方式给我留下了既有益又合理的印象，我还是要说，它也是耗费巨大的。"（Tocqueville，2004：251）

府"在规划上常常欠缺韧性……无法坚持对雇员进行连续不断地监督……常常花费纳税人的钱却徒劳无功"(Tocqueville,2004:251)。就此而言,托克维尔的分析针对当时的实际情况,在这种情况下,大多数经济合作与发展组织(OECD)成员国所采用的政策无非是为了确保公共支出的效率(Leroy,2007)。在民主制度的历史上,与浪费做斗争的意愿每隔一段时间便勃然兴起,以结果和目标为基础的预算对此做了很好的证明。在法国,与公共财政法相关的组织法(LOLF)于2001年8月1日推出,由此开启的改革的根基之一便是预算的执行状况。

社会因素(参见表1:2.1)被归入社会原因(参见表1:2)的范畴,它与教育(参见表1:2.1.1)及文化的效应有关,"在人们开始反思自己的命运时,他们会觉察到如若国家不动用各种手段,先前并无感觉的诸多需求是不会得到满足的。这就是为什么伴随着文明,公共支出一般呈现增长之势;为什么开启民智的行动扩展开来,税收会增长"(Tocqueville,2004:242)。必须指出,就民主政府创造出来的需求(参见表1:2.1.1.1)所产生的财政效应而言,瓦格纳亦曾做过分析(Wagner,1890),在工业化以及随此而来的城市化所产生的效应之后,瓦格纳提及追求社会进步的压力,从而为增加公共支出的定律提供论证。托克维尔将每个社会的价值观(参见表1:2.2.1.1)与风俗(参见表1:2.2.1)联系起来,前者形成了另一个文化要素(参见表1:2.2),它们对支出的影响因国家而异。某些国家喜欢公共庆典,"眼看着亿万钱财消耗一空,毫不痛惜"(Tocqueville,2004:245);美国人喜爱物质利益胜过建筑装饰。

在有关普选的叙述中,托克维尔还说道,从财政上讲,"民主政府的铺张"有赖于财富的分配,后者由此充当了一个结构因素(参见表1:3.1)。我们会在对旧制度下各阶级的社会-经济学研究中发现这个经济要素(参见表1:3)。托克维尔在这里将该要素呈现为与祖传田地(patrimony)(参见表1:3.1.1)相关的可税实物(参见表1:3.1.1.1)。从总体上说,该变量的介入对财政社会学有着重大意义,哪怕其有效性专属于以财产税为基础的财政体系。事实上,它陈明了经济维度(祖传田地的特征)、财政手段(此处以土地税为基础)以及可以为公共支出提供资金来源的各种资源之间的关联。在《论美国的民主》中,特别提到了当财产集中时(正如英国的情况),税收(由此,还有支出)有了结构上的支撑。如

019

若像法国那样,财产是分散的(在那时的美国,此种分散有过之而无不及),"那里的绝大多数公民都有自己的财产"(Tocqueville,2004:241),这个由以上可税实物的分配所定义的经济要素便会产生相反的效应。

法国人在1831年展开了关于美国公共管理的论争,与此相呼应,托克维尔特别对民主政府中文职人员的薪俸做了讨论。他提及一种周期性的经济因素(参见表1:3.2),"与民主政府的一般天性毫无干系"(Tocqueville,2004:243)。托克维尔此举是要解释,公务人员在平均水平上获得了很好的酬报。事实上,在美国劳动力市场(参见表1:3.2.1)的经济背景下,"如果没有重金酬报公务人员的意愿,这个国家将发现无人愿意填充这些低等的公共职位"(Tocqueville,2004:243)。劳动力成本(参见表1:3.2.1.1)这一变量解释了公务人员所获酬报上的差异,它对国家人力支出的影响因国家而异。

将以上周期性要素放在一边,我们可以运用一个认知型的要素(参见表1:4),也就是针对具体(concrete)事物(参见表1:4.1)的偏好(参见表1:4.1.1)(Leroy,2003:236),来阐明民主社会中人力支出的另一个结构性趋势。[①] 认知心理学已然展现了该要素在人类理性中的重要性。[②] 为了确定公务人员的薪酬,民众"总要思考自己的需求,两相比较,他们会恍然大悟"(Tocqueville,2004:243)。此处确实关涉到认知要素,认知的来源是有关同僚酬报水平的具体信息。托克维尔的看法是,作为社会行动者,公民(参见表1:4.1.1.1)的行动依据是其自身的具体情况,"他会思考自己简易的家,还有辛勤劳动应得的收获"(Tocqueville,2004:243)。针对民主政府的预算,此种认知理性会产生一种对比效应。它导向的结果是,如果不是在民主社会,高级管理人员所得的酬报会少一些,因为对穷人来说,"在富人看来显得微不足道的一笔钱,在他们眼中却是一笔巨款"(Tocqueville,2004:243)。在此种视角偏差的作用下,人们便能明白,为什么民主政府有时会被认为不是那么挥霍无度。

[①] 托克维尔对基于利益的功利要素持排斥态度,但事实是,"在民主社会,高薪得到了为数庞大的人群的允准,而他们当中几乎无人有机会获得这样丰厚的酬报"(Tocqueville,2004:242)。

[②] 参见 Nisbett and Ross(1980)关于当中的"具体性"(concreteness)概念。一般而言,"具体性"有如下表现:更具典型性和更具代表性;更可以被认知。关于典型性的论述,可以参看的范例是 Lindsay and Norman(1980)。以下论及主观可能性的著作谈论了偏向(bias)问题(代表性和可认知性),可参考 Kahneman and Tversky(1972)。

尽管如此，同样的认知要素解释了，一般公务人员，除了那些高官，在民主制下从国家那里得到的酬报是相当丰厚的，"由于民众自身过着优渥舒适的生活，看起来顺理成章的是，服务于他们的人也应分享这份优渥舒适。"（Tocqueville，2004:243）

至于工人阶级的财政逻辑，托克维尔驳斥了一种反对意见。依据后者，代议制度抑制了民众的激情，因为"尽管如此，[①]从长期来看，人们可以确定代表们会一直反映选民们的精神"（Tocqueville，2004:241）。托克维尔首先认为，"如果民众对自身利益有适当理解，他们会对富人的财富网开一面，因为他们必定很快就感受到因他们而产生的财政问题所造成的后果"（Tocqueville，2004:240）。我们不会停留在这里反驳这个观点，就后者而言，在现代从科学角度对其发出警示的是拉弗（Laffer），他认为对富人征税不是一件好事（Leroy，2003:230;2008）。事实上，托克维尔一方面捍卫了这个错误的观念，另一方面也（极其正确地）援引短期（参见表1:4.2）偏好（参见表1:4.1.1）这个认知要素，用以解释民主政府的预算逻辑，"让自己的臣民幸福不也是于国王有益的吗？知晓何时向外界开放自己的阶层不也是于贵族有益的吗？如若长期利益一直盖过与即时需求有关的各种激情，那么，无论是横暴的君主，还是排拒性强的民主政府，都将销声匿迹。"（Tocqueville，2004:240）在税收问题上，生活于民主制下的人们服膺于人类选择即刻增益（参见表1:4.1.1.2）的自然倾向，这尤其是因为负面效应的风险距离其太过遥远（此外，我们还可以加一句，此种风险也是不确定的）。他们往往向其他阶级征税，从而为民主国家的支出提供支持。在此一背景下，认知变量往往让公共支出走高。

（三）民主社会支出呈增长之势的定律

托克维尔的系统化分析强调了九个变量，它们分布在四个维度上：政治的、社会的、经济的以及认知的。托克维尔的模型由此带有跨学科特征，预示了财政社会学创始者的所思所想。所有的政治要素（参见表1:1.1、1.2、1.3），民众所受教育（参见表1:2.1.1）这一社会要素，与人类理性有关的认知要

---

① 指代议制度对民众激情的抑制作用。——译者注

素(参见表1:4.1、4.2)……所有这些汇聚起来,解释了"为什么在民众当权时,公共支出不可避免地呈增长之势"(Tocqueville,2004:238)。

当然,我们必须排除经济要素(参见表1:3.1、3.2,它们的效应从逻辑上说是多种多样的)以及文化要素(参见表1:2.2;它在预算上所起的作用是微不足道的)。由此,从实际而言,这位探讨民主的伟大的自由主义社会学家预见到了社会支出呈增长之势的定律,该定律在经济史中与瓦格纳有关。从伦理学视角看,托克维尔的自由主义引导他做出如下相互矛盾的论断:如我们所见,通过在社会救助、教育等方面的支出来增进人们的福利,被认为是"既有益又合理的"(Tocqueville,2004:251)。但是,这样的税收"会对富人的财富网开一面"(Tocqueville,2004:240)。

行政集权与政治革命颠覆了旧制度社会在制度、政治以及社会方面的平衡。内容丰富的分析同样可见于对这两个现象的研究。

二、财政、集权与革命

在《旧制度与大革命》中,托克维尔意欲构建一个现代意义上的模型。即便历史学家在这里发现了可供反思的素材,托克维尔却特别提到他的著作"不是有关法国大革命的历史著作"(Tocqueville,1998:83)。在这里,这项研究通过对所涉问题的概括以及对各样要素的应用,成为财政社会学的先驱性著作。它描述了某些习俗(比如集权)的长存;对大革命之后仍然存留或重现的行政监管和司法制度做更细致的探讨。它指出为何大革命在18世纪末的法国爆发。其论证主要以一些财政变化为基础,在相应社会—经济背景下,后者推动了政治自由的毁灭、阶级分化的加剧以及公共行为丧失合法性;在同一背景下,认知以及意识形态要素对这些进展起到了加速作用。

(一)财政集权

按照托克维尔的描述,在旧制度与大革命之后的那些制度之间,存在着官僚制的延续性。托克维尔"对自由有深切之爱"(Tocqueville,1998:86),出于对这一情感的忠诚,他谴责了君主制下行政集权(参见表2:1.1.1)制度化(参见表2:1.1)的政治恶行(参见表2:1)。尽管如此,1789年革命仍受到托克维尔的欢迎,他把它当作法国人调和平等与自由的一次尝试。[①] 托克维尔列举了好些"1789年的胜利行动",然而,"沉默而恭顺的立法机构"随后倒戈相向,关于税收问题的投票便是其中一例(Tocqueville,1998:86)。

表2　　　　　　　　　　　　法国大革命的财政因素

原因/领域	对象	变量	影响
1 政治			
1.1 制度	1.1.1 行政集权(长期)	1.1.1.1 财政权力:御前会议,财政大臣,总督	三个要素的相同影响:削弱贵族 对1.1.2的影响:政治自由的终结(地方自由的终结) 对1.2.1的影响:各阶级在政治上的分隔,以及对3.2与4.2的影响
		1.1.1.2 通过税收激励让巴黎获得优势地位	
		1.1.1.3 国家干预的支出	
	1.1.2 政治自由的毁灭(长期)	参见1.1.1集权	三个要素的相同影响:无制衡力量的君主国家;权力不受阻碍地遭到滥用;没有以一般理论为背景的实践(对3.2和4.2的影响);个人主义
		参见1.2.1阶级分化	
		1.1.2.1 各种中间机构税收管辖权的终结(除了教士)	
1.2 社会—政治	1.2.1 阶级在政治上的分化与分隔(长期)	1.2.1.1 教士:政治角色(税收会议、税收特权)	道德角色的缺失(尽管在乡村还有影响力)
		1.2.1.2 贵族:财政和税收特权的丧失	未在政治上发挥作用;受到巴黎的吸引;遭到民众的排斥
		1.2.1.3 资产阶级:避税与免税(与职位相关);拒绝在农村承担征税职责	产生独立的精神;遭到贵族、民众的排斥;逃离乡村涌入城镇;拥有特权
		1.2.1.4 农民:忍受税负的横暴欺压(旧的封建权利);无精英人士指导他们	对其他阶级和不平等心存不满(不具有合法地位);赤手空拳地面对中央政府
1.3 公共行为	1.3.1 政府行动(短期)	1.3.1.1 税法的宽松实施	更大的挫折(参见3.1.1),对2.2.1的影响:国家的繁荣
		参见1.1.1.3 社会支出的增加	同上+干预的增强
		1.3.1.2 制度改革	失败,权威丧失合法性

---

① "在1789年的第一阶段,平等与自由各自做出了自己的贡献;那个时候,它们不仅想创造民主的制度,也想创造自由的制度。"(Tocqueville,1998:85)

续表

原因/领域	对象	变量	影响
		1.3.1.3 财政对策:公司税和财产转移税、贷款、卖官鬻爵	制度的非法性(对3.1.2的影响),各种职位的特权;参见1.2.1.3,然而集权制衡了1.1.1以及对独立的热爱
2 社会-经济			
2.1 分层	2.1.1 各阶级的状况趋平(长期)	2.1.1.1 财产:农民获得土地,诸多所有者	对财产税和特权不满(参见从1.2.1.1到1.2.1.3)
		2.1.1.2 财富:更好地分享,很少有人坐拥大量财富	民众的独立精神,更大的受挫(参见3.1.1)
		2.1.1.3 教育:让贵族、资产阶级走到一起	资产阶级受挫(与贵族有关,参见3.1.1)
2.2 经济状况	2.2.1 经济繁荣(短期)	2.2.1.1 生活水平(指标)	四个变量产生相同的效应:更大的受挫(参见3.1.1)
		2.2.1.2 经济活动(指标)	
		2.2.1.3 人口规模(指标)	
		2.2.1.4 消费税(指标)	
3 认知			
3.1 相对受挫	3.1.1 不满情绪增长(短期)	3.1.1.1 感受到税收不公	这些变量在如下效应上是一致的:对权力滥用残存罪恶(税收不公)的不满
		参见1.3.1.1、1.1.1.3、2.2.1.1~2.2.1.4 状况有所改善	
		参见1.1.2.1 政治自由的终结	对政治制度的质疑:对1.2.1的影响
3.2 具体	3.2.1 长期偏好	参见1.2.1.1~1.2.1.3 阶级 参见1.1.2.1、1.1.1.1~1.1.1.4、2.1.1.1~2.1.2.3,(长期)	对财政特权的不满,对1.2.1的影响
4 意识形态			
4.1 政治	参见1.1和1.2,制度与自由(短期)	4.1.1.1 政治平等:包括税收面前的平等	对1.1.1和1.1.2的影响;对集权的批评
		4.1.1.2 政治自由	批评政治自由的缺失
		4.1.1.3 官方对制度的批评	革命意识形态的基础
4.2 认知	4.2.1 接受理论	具体知识(3.2) 4.2.1.1 确信总体解决	对问题的想象(1.3.1.2和1.3.1.3) 意识形态散布4.1

续表

原因/领域	对象	变量	影响
4.3 社会学的	4.3.1 社会联系（长期或短期）	4.3.1.1 社会间交流：长期	一般批评的倾向
		4.3.1.2 知识分子：短期	比较和模仿
		4.3.1.3 阶级策略：短期	对政治不平等的批评 1.2.1

各种权力机构建立起来以力行集权,包括御前会议、财政大臣、各省总督及其属员。在集权过程中,享有特殊地位的一个领域便是公共财政,①我们对相关机构在税收和预算事务上的管辖权限的考察(参见表 2:1.1.1.1)可以证明这一点。御前会议管理整个国家,这是一个身在"王国腹心,靠近王座"的机构,它总揽"一切权力"(Tocqueville,1998:119)。它自行(discretionary)给各省确定并摊派税额,它对支出进行监督,"哪怕是允准花费 25 里弗(livres)②"这样的小事,它都要过问(Tocqueville,1998:131)。御前会议之下有一个具有关键意义的官员,负责处理并跟进所有内政事务,即财政大臣。"慢慢地,他掌控了跟钱有关的一切事物,也就是所有国务"(Tocqueville,1998:120),"甚至位于遥远省份极偏僻处的慈善工坊"的支出,都在其审查范围内(Tocqueville,1998:138)。

在各省,由中央政府任命并撤换的总督将这些机构接转过来。托克维尔引用法律条文,指出王国由 30 个总督统治着,"那些省份是福是苦"(Tocqueville,1998:120)都取决于他们。就新税而言,御前会议、财政大臣和总督可各司其职;就旧税而言,原有财政机构并未遭废。不过,在土地税(taille)方面,正是行省总督给各教区摊派税额,监督被选出来的征税人,决定暂缓征税、免除纳税等事宜。土地税的征收者通常仍由选举产生,他在总督的直接命令下征税。能够过问税务诉讼的只有总督和御前会议。至于支出,一些中央政府设在地方的独立机构(尤其是主管公共工程的)仍然存留,不过,在这里,我们再次看到,事实上的决策权掌握在总督手上,管理桥梁和道路(*ponts et*

---

① 在第二版《论美国的民主》中,托克维尔已对集权做过描述,它指的是如下趋势:生活在民主制下的民众从国家那里伸手索要一切(由此,福利国家在这里得到了预见)。

② 旧制度下法国货币单位。——译者注

chaussées)的中央机关从旁协助。说到济贫扶困,则由御前会议做出决策,将部分税收用来赈济贫民,总督受命负责分派事宜。总督从细节上管理、控制并跟进所有公共事务,尤其是财政事务(对城镇的行政监管可以证明这一点,因为此种监管尤其体现在财政事务上)。

行政集权将巴黎摆在全国首要城市的地位上。"首都对帝国其余部分拥有政治主导权,此种地位并非导源于位置、荣光和财富,而是政府的性质。"(Tocqueville,1998:145)此种优越地位复因税收激励(参见表 2:1.1.1.2)得到加强,因为"相比王国任何其他地方,在巴黎,当时的税法给工业打造的镣铐是最轻的"(Tocqueville,1998:148)。国家对财政进行干预的思想或做法得以确立(参见表 2:1.1.1.3)。"政府已然将主权者的角色替换为守护者的角色,竟至于这种程度。"(Tocqueville,1998:124)"这样,由于天命(Providence)已被取代,很自然,人人都要搬出这一点来满足自己的需要。"(Tocqueville,1998:144)上文已述及的济贫之事,连同对农业的补偿,对工业的扶助,等等,都是这一变化的例证。

强大中央集权国家的建立(尤其是通过财政制度)可以由王权的意志得到解释,此种意志呼应了民众的渴望,意在削弱贵族。作为分权的象征,原来的各个机构是享有自由的(参见表 2:1.1.2);通过毁灭此种自由,[1]行政集权加速了革命的爆发。集权推动了民主制下各个阶级的发展。它还促进了社会各阶级的分化(参见表 2:1.2.1),以及各中间机构(intermediary institutions)所享有的自由的终结。

(二)财政权力机构对政治自由的毁灭

政治自由的主题构成了托克维尔所有著述的根基。[2] 在《旧制度与大革命》中,他坚持认为,对于民主制下的两大趋势(拉平所有差距以及"将所有公共美德都扼杀掉的狭隘个人主义")所隐匿的种种"罪恶",唯一的救治之方便

---

[1] 托克维尔并未理会高等法院与王权对立的反对意见,因为高等法院对抗王权之举"所依据的是政治而非行政管理方面的理由"(Tocqueville,1998:136)。新税会引发高等法院(立法权力)的抗拒,但这不是真正的税收管理问题,而是一个公众敏感的问题。

[2] 政治自由,尤其是地方机构所代表的权力分割(分权),在《论美国的民主》中已然成为一个具有强大影响力的观点。

是政治自由(Tocqueville,1998:87)。为了毁灭所有政治自由(参见表2:1.1.2,它可以形成一股制衡力量),阶级之间的分隔(参见下文中的表2:1.1.2.1项)受到王权的鼓励,尤其是在王权与贵族(这是一个"桀骜不驯且危险的阶级")对抗时(Tocqueville,1998:165)。旧制度的种种罪恶源自"我们的大多数国王所践行的分化民众的艺术,其目的是可以更完全地统治他们"(Tocqueville,1998:191)。在这里,我们再次看到了财政因素的介入,因为中间机构的财政管辖权需加以约束(参见表2:1.1.2.1);君主政府意图使自身免于置身在三级会议的征税权威下,"钱财从民众而来,政府意欲阻止他们要回自身的自由。正是此种欲望,使得政府连续不断地留心做一件事情,也就是确保各阶级……彼此分隔,从而无法再次走到一起,或是投身于共同的抵抗运动"(Tocqueville,1998:170)。

按照托克维尔的看法,阶级分隔构成了"旧君主制的罪行,而后却成为它为自身辩解的理由。因为所有那些构成了国家富有和开化阶层的人一旦彼此不能协调一致……便有必要请出一位发号施令者进行干预"(Tocqueville,1998:170)。这一效应在财政机构身上得到了充分确证,它加强了行政集权(参见下文中的1.1.1),"为了一点小钱,一个人便剥夺了自己监督、掌控并约束手下官员的权力"(Tocqueville,1998:168)。财政方面的权力滥用和特权受到的容忍最少。然而,"如果允许这些问题得到讨论"(Tocqueville,1998:169),要矫正它们就变得不可能了。"如果他们发现富人、受过教育的人和农民一道",这些"新的压迫之举"便不会发生(Tocqueville,1998:187)。由此,政治自由的缺失对所有社会阶级来说都构成了伤害。与此同时,"相比地位最卑下的公民,相比确保他们的权利,对身份尊贵的公民以及让其知晓自身所处的险境来说,自由的制度是同样必要的"(Tocqueville,1998:198)。由此,社会分化成为大革命的一个关键导因。

(三)政治上的阶级分化以及财政特权

托克维尔之所以捍卫政治自由主义,其目的是制衡过度趋平的现象(leveling out of conditions),在他看来,正是后者定义了"民主"。吊诡的是,这位自由主义思想家将重点放在对旧制度下各阶级的分析上,某些阐述如下也毫不逊色于马克思:"毫无疑问,有一些个人不合于此种描述;我说的是阶级,单单它们便应成为史学的关注对象。"(Tocqueville,1998:181)在表2中,阶级分化(参见表2:1.2.1)牵涉的是政治(参见表2:1),因为中央政府通过拿财政特权开刀,意图达到将各阶级分隔开来的目的。虽然如此,它在表中被归入社会-政治领域(参见表2:1.2),因为它还描述了社会中的阶级等级化并产生阶级分隔。

在革命前夕,教士尤其扮演了最重要的政治角色(参见表2:1.2.1.1),教会成为一个政治而非宗教机构。税收对此种分析提供了支持,因为教士们保留了决定税收的年度会议。在道德上的无力让教士成为社会阶级分化的一个因素,而且在一个可以用"社会链条解体"之名称呼的过程中,此种"无力"也发挥了自己的作用。由于拥有财政特权,教士还自成一个阶级:"在旧社会,这个阶级占据了最强大、最有特权的位置。"(Tocqueville,1998:97)与其他在上的阶级不同,教士阶级在乡村并在农民中间保持着影响。通过乡村的神父,教士或许已成为"乡村人口中的领导者"(Tocqueville,1998:182),只要满足以下条件:这个阶级的特权不要让民众心生厌恶(尽管此种特权会让民众从属于政治等级体系)。

贵族(参见表2:1.2.1.2)不再是一个对社会有益的显贵阶层,[1]并且因为与其他阶级分隔开来,而丧失了对君主和民众的影响。从政治上说,它被剥夺了自己的职能和权力。事实上,它不再对乡村有统治力,其缘由尤其在于,征税的不是庄园的主人,而是政府官员。正如在巴黎,人头税显示出了自己的分量,贵族喜好侍奉君主胜过管理乡村的田产,对于这些土地,他们失去了所有权。

贵族通过财政特权体系成为"一个阶层"(Tocqueville,1998:156)。[2] 免税成为"所有这些特权中最受人憎恨的"(Tocqueville,1998:156),它是阶级分化的证明,"税收不公是最有害的,也最容易在不公之外,另外生出隔离感。"

---

[1] 托克维尔虽出身贵族家庭,他在这里却显示了自己的矛盾性。他困于以下两者之间:一方面,他接受民主和1789年的革命;另一方面,他服膺于有利于贵族统治民众的价值观念。参见《旧制度与大革命》的前言。在前言中,托克维尔解释了专制对社会的威胁。在这些社会,由于缺失公德的狭隘个人主义得到鼓励,贵族被毁灭了。

[2] 这是"人所共有的厌恶、嫉恨目标",其缘由在于免税以及贵族从属下领地获得的租金。

(Tocqueville,1998:157)贵族不但与不再置身于自身统治下的农民阶级隔离开来,与资产阶级相分(参见表 2:1.2.1.3),其因由尤其在于他们所享有的税收特权,"由此,每一年,税收不公都比以往更深地在阶级与个体之间制造隔阂。"(Tocqueville,1998:165)进入 18 世纪,贵族不再受到一旦发生战争便应承担的封建义务的约束,然而,需要解决的"免税"(Tocqueville,1998:150)问题却空前地严重起来。他们不再提供服务换取"自身的特权"(Tocqueville,1998:117)。由此,税收成为这些不公特权的根源,从而在社会中失掉了贵族的合法性。在大革命前夕,人们的税收不公感达到前所未有的程度,由此构成了激化革命的一个结构性要素,"当全体国民……允许国王未经其同意便可设立一种一般税(general tax),当贵族怯懦地允许对第三等级征税,只要其自身享有免税资格时……几乎所有恶行与权力滥用的种子便被种下了,正是它们……导致贵族横遭灭亡"(Tocqueville,1998:164)。最后,我们必须指出,托克维尔并不认为授爵(ennoblement)能够解决问题,①相反,它增加了"平民百姓对贵族的厌恶"(Tocqueville,1998:158)。

在贵族与资产阶级的分离(参见表 2:1.2.1.3)之外,还有资产阶级与农民阶级的隔阂。"在旧制度时期,几乎所有中间阶级都住在城镇。"(Tocqueville,1998:158)另外,在这里发挥了非常重要的作用的还有税收因素,因为"聚集在城镇的资产阶级有 1 000 种方法减轻土地税的负担,并且常常做到了完全避税"(Tocqueville,1998:159)。他们逃避担任教区的土地税征税人,不承担这一重要而危险的职责。② 一般而言,他们不受入市税(octroi)的影响,所谓"入市税",即对商品流通的征税。在法国极具特色的公职热的推动下,③他们常常是君主政府为解决财政需求而售卖的各种职位的占据者。

---

① 托克维尔并未由此忽略授爵,"在我们的历史上,从来没有哪个时间点像 1789 年那样,获得贵族头衔是如此容易"(Tocqueville,1998:158)。他认为,新晋贵族由于自身特权受到平民排斥,不唯如此,出身世家的贵族也排斥他们("资产阶级所感觉到的东西",贵族们"在自己的选举团中是一点都感觉不到的",参见 Tocqueville,1998:158)。
② 土地税的征税人在总督手下办事,每年从教区人口中选任。他通过自身的财产,有时甚至是自己的生命为实际的征税工作负责。
③ 根据托克维尔的说法,"公职热"产生于旧制度下。在《论美国的民主》第二卷第二十章中,他批评了(欧洲)现代民主政府鼓励公共就业的倾向。此种倾向远离经济活动,让过度的国家干预主义(不过,它并不能满足所有的"新欲求",参见 Tocqueville,2004:746)合法化。

农民阶级(参见表 2:1.2.1.4)发现自身与在上的阶级相隔绝,没有任何人现身对此做出解释。"除了中央政府,不再有任何人对乡村感兴趣……对从乡村获利没有兴趣。"(Tocqueville,1998:183)他们是税负的横暴特征和旧的封建权利的受害者。和自己所有其他的研究一样,托克维尔利用比较方法,强调在法国财政负担的支撑者是穷人。尽管有一些改善,但是公共行为并未成功地让政治权力重拾合法性。

(四)财政领域内公共行为丧失合法性

在大革命前几年,公共行为(参见表 2:1.3)标志着一个转折点,导源于财政需求的昏昧举措持续地削弱着政治体系的根基。王权心头涌现出一个新的愿望,希图战胜贫困,确保经济繁荣。政府(参见表 2:1.3.1)的目标是"增加公共财富"(Tocqueville,1998:219),以财政法则的宽松执行为量度,这可以说是一个"最佳状态"。"这一法则的不平等、专横与严酷一如其旧,不过从执行上说,其种种罪恶之处有所缓和。"(Tocqueville,1998:219)针对违法行动采取的措施不再那么严酷,处罚更趋温和。从那时以来,国王将公共舆论纳入考虑范围,行事不再那么任性,"依照法律条文,他当然是专断的,不过在法律的执行中,他不可为所欲为"(Tocqueville,1998:221)。

政治上的变化同样反映在国家采取的经济及社会行动上。[①] 与公共干预有关的支出增加了(参见表 2:1.1.1.3)。私人的个体活力因公共行为而受到鼓舞,在后者的作用下,总督的角色有所修正,其职责变得更多样化,要负责道路、运河、农业、制造与慈善工坊的资金、对受到狩猎权伤害的农民的补偿,等等。

公共行为同样发生在制度改革领域(参见表 2:1.3.1.2)。不过,改革行动的失败却推动了制度丧失合法性。杜尔哥(Turgot)由此推出了重要的变革,尤其是在财政领域。1776 年,他以地方税取代强迫劳役(corvée)的提议未能成功实行。按照托克维尔的看法,这一失败是毋庸置疑的,因为"与此相伴,不平等的情形亦很快发生了转变,进入了新税中"(Tocqueville,1998:187)。

[①] 此种公共行动应被比喻为一种改良的精神,与民主政府的支出模型一道研究,作为一个要素,后者那时被归入政府意识形态(government ideology)的范畴。

卡洛纳(Calonne)在1787年的改革与土地税有关,由于将目标指向削弱总督权力以提升立法机构的地位,故此,制度根基再一次受到动摇。与此同时,"税收不公的状况"(Tocqueville,1998:238)一如其旧。

托克维尔感兴趣的最后一个问题是君主政府的财政需求,在分析者那里,这个因素常常保持着大革命爆发主因的地位。君主政府采取的财政权宜之计得到了"创造力惊人"(Tocqueville,1998:166)的评价,亦被斥为"横暴、诡诈的做法"。中世纪的种种"邪恶"存留下来,其根源一般是"化作具体制度的财政权宜之计"(Tocqueville,1998:167),保留下来的案例亦可为证:土地转让税(franc-fief)不断在上涨,经过法人团体(corporations)的渠道,劳动权(the right to work)被课以很高的税收;售卖市政职位的做法常常废而又兴,成为"旧制度可耻的一面"(Tocqueville,1998:125),造成城镇资源的浪费;强制认购王室债券毁灭了许多机构(救济院、城镇,等等);卖官鬻爵(比如与宫廷有关的许多职位)虽大行其道,"无人敢揭露的税收真相却有必要向法国人隐藏起来"(Tocqueville,1998:169);一个职位的占有者享有各种财政特权,比如免交土地税。这些特权增强了人们的不平感。任意妄为由此成为铁则:征用并不总能得到补偿,哪怕有,也显得"专横、姗姗来迟"(Tocqueville,1998:231)。同时,行业管事会(jurandes)的废而又立,搅乱了师傅与工人之间的关系。

虽然如此,托克维尔并未将旧制度崩溃的直接原因归为财政危机。上面提到的各种权宜之计是为了满足各种财政需求,以达到如下目的:防止三级会议的召开;防止贵族反对税收并反对废除自己的特权。如我们所见,这一政策参与了"旧君主制度所犯的罪行"(Tocqueville,1998:170),而此种制度之形成,靠的是阶级分化以及扼杀由此产生的政治自由。这一点对财政社会学来说具有重要意义,因为许多作者将危机列为一种具有单一性的(univocal)并对社会变化具有决定性作用的变量,而这是错误的。在托克维尔看来,权力集中是一个决定性的过程,在此过程中,总督是一个不可或缺的角色,然而,卖官鬻爵并不是他们所挂怀的事。由此产生的复杂效应是:一方面,它削弱了制度的合法性,这些制度因应财政需求而惨遭削弱,沦为廉价的交易物;另一方面,它也维持了一种以正规力量制衡行政集权的格局,[1]并维持一种独立的意识。

公共行为即便让普遍繁荣以及民众的境况有所改善,吊诡的是,它却导致了革命进程的加速(因为它激起了与相对受挫有关的认知机制,参见下文)。更毋庸置疑的是,这种后果之所以产生,一个原因在于公共行为无力实施成功的制度改革。简而言之,当局以公共职能作为售卖对象、采用各种财政上的应急之道,这些举动助推了上述带有累积性且丧失合法性(delegitimizing)的过程,因为它们凸显了制度的专横和脆弱。在此背景下,以实际效果而论,法国社会—经济状况的改善并未助力制度的稳定。

(五)社会—经济状况的趋平

为了理解 18 世纪末的社会分层(参见表 2:2.1),我们有必要考虑社会—经济变量(参见表 2:2)。一个民主化过程即社会各阶级在各方面条件上的趋平(参见表 2:2.1.1)正在发生。就经济水平而言,各阶级的条件变得越来越接近。在这里,人们必须考虑在托克维尔看来具有重要意义的一个因素,即土地财产的再分配(参见表 2:2.1.1.1)。在法国,正如该时期的土地档案所确证的,财产从那时开始得到了很好的分配。小份财产因其对民主的积极意义而享有重要地位:"农民不再处于被奴役的地位,不唯如此,他们还成了土地主。"(Tocqueville,1998:112)这种形式的不平等不再存在,人们如果要发现不平等对大革命的影响,就必须将目光投向存在于各阶级之间的种种不合理的不平等现象。普通民众中出现的贫困是对持续存在的封建权利"憎恨之极"(Tocqueville,1998:116)的一个主因。在这里,财政因素仍然是极为重要的,因为农民土地所有者对不公平的所有权负担(什一税,地租……)很敏感。另一个原因已在上文中提及,也就是贵族所扮演的政治角色走向终结,无法处理不合理特权(尤其是在税收领域)的问题。

紧接着财产问题,托克维尔指出,阶级之间的财富不平等在 18 世纪有所减少(参见表 2:2.1.1.2)。阶级分化;受过教育的资产阶级精英(参见表 2:2.1.1.3)腰包鼓鼓却远离权力;贵族内部的身份攀比;[2]知识分子的不满情绪,

---

[1] "它的贪婪对它的野心形成了制衡。"(Tocqueville,1998:171)
[2] 佩剑贵族与穿袍贵族,王廷贵族和乡村贵族,古老贵族与新晋贵族……

加在小业主(其特征是一种独立的精神)身上的负担……令整个国家成为平等观念的忠实信徒。通过平等观念,旧制度末期的法国也与现代法国靠得更近了。对托克维尔来说,此种"靠近"早就是事实,因为民主意味着各方面条件趋平的过程。如果是马克思,他会说,此种事实上的平等(至少是减少各种不平等)与法律上的不平等之间的抵牾,解释了贵族特权从那时以来为什么会变得不可容忍:第一,根源于封建体系的贵族特权不再因他们所扮演的政治角色而具有合理性;第二,封建制度不再是有益于社会的"一种政治制度",无论此种制度的真实作用如何,作为一种特权,人们对它的看法都是批判性的。

至于经济状况(参见表2:2.2),在大革命前夕,公共繁荣(参见表2:2.2.1)的情形有所改善。托克维尔将自己的论点立基于生活水平指标(参见表2:2.2.1.1)、经济活动(参见表2:2.2.1.2)以及人口规模(参见表2:2.2.1.3)的改善上。他还提到消费税增长(参见表2:2.2.1.4)这一税收指标。公共行为表明的是一种变化(参见上文),通过贯彻更公平的税收及干预性支出政策,希图达到改善民众经济与社会状况的目的。与其他国家相比,可以看到,在欧洲其他地方,源于古老封建权利的财政特权在18世纪末"要重得多"(Tocqueville, 1998:116)。相比英格兰,法国的税负要轻一些。① 考虑到由此产生的财政后果(尤其是它导致了贵族因田租而屈从于税收之下),"相比真实状况","不平等"在人们眼中变得更明显了"(Tocqueville, 1998:156),认知因素也逐渐在社会不满中发挥作用。

(六)认知因素

人们从认知角度对托克维尔的研究做了很多解读,成果颇多,哪怕这类工作并不是以明晰的理论为基础,而只能立足于精确的观察(punctual observations),这是常见的情形。无论如何,这里的分析无关于对人做简单心理学分析,而是牵涉到对认知理性(属于社会科学)的社会学研究。人类理性的一般特征总是与社会或历史背景联系起来,前者正是在后者的影响下发挥作用并

---

① "在18世纪的英国,享有税收特权的是穷人;在法国却是富人。"(Tocqueville, 1998:164)托克维尔的这一观察可以在历史学家那里得到确证:Mathias, O'Brien, 1976:604; Chaunu, 1977:47; Tilly, 1986:292; Bonney, 1996:XXXI。可参见 Mann, 1947:339(第二章)。

获得自己的社会学意义的。在客观意义上，即便是错误的理性都要从主体（actor）的角度加以探究，以求明晰上述背景下的逻辑。比如，人们提出模仿原则（imitation principle）作为意识形态理论（参见下文）的认知基础。作为财政社会学的先驱，托克维尔经常用到认知决定因素（参见表2:3）。

闻名遐迩的相对受挫理论（参见表2:3.1）构成了托克维尔研究中若干内容的基础，人们可以将其与认知研究路径联系起来。而托克维尔的精湛证明几乎是以税收与社会不公感之间的联系为基础的。相对受挫与具体的不公正（concrete injustice）所产生的效应，当局通过自己的行为强化了人们心中的不合法感。而后，普遍的不满往往有走向暴烈行动的趋势。相对受挫理论解释了如下矛盾：在情况有所改善时，不满却增加了（参见表2:3.1.1）。"人们并不总是在从糟糕到更糟糕的转变中落入革命大潮中……革命毁灭的制度几乎总是好于在此之前不久的制度。"（Tocqueville，1998:222）这有助于说明为什么大革命发生在18世纪末而不是在别的时候。

尽管如此，不满的情绪增加了。相比其他国家，在法国，人们所感觉的税收不公（参见表2:3.1.1.1）似乎更严重，更不可容忍。更进一步地说，也更显而易见。"不过，在这件事情上，可见的不公比人们实际的感觉更令人感到愤怒。"（Tocqueville，1998:156）真正的财政效应是不可见的，人们看到的是，伴随土地税之类的税收增长，贵族享有的免税特权也增加了。税法的应用当然更公平了（参见表2:1.3.1.1），然而，其残存的罪恶却变得更不可容忍，"事实上，这一罪恶有所减少，然而，人们对它的敏感度却增加了"（Tocqueville，1998:222）。财政管理的进步令人们对它的罪恶变得"更为敏感"（Tocqueville，1998:224）。决策是随意的，程序亦无从得知，各种财政关系并不让人安心，伴随国家干预（此举虽有改革财政体系的意图，却加速了革命的爆发）而出现越来越多的问题（放款人、商人、生产商、小投资者，等等）。

民众的相对受挫让他们产生对旧制度下种种制度的质疑。在它的推动下，与认知（尤其是对税收不公的认知）有关的不公感加深了（参见表2:1.2.1.1，1.2.1.3）。这一理论也适用于对革命地理学的解释。由此，法兰西岛（这个地方的税收已变得更为公平与平等；土地税仍然充当了进步的一个标志）的管理部门成为大革命的主要导因。事实上，正是在"进步最为显著的"地区，不满的情绪最大。同样的逻辑解释了在布列塔尼、普瓦图、夏朗德等地区,对旧制度的抵抗为什么看起来步履蹒跚。相对受挫理论拒绝任何与经济或财政变量有关的决定论,其适用性体现在它很好地应用了认知路径,对具体背景与税收不公感之间的联系做了探索。

我们再次发现了认知的具体性原则(参见表 2:3.2),根据该原则,人(参见表 2:3.2.1)为着界定自我,会偏好对情境的具体认知。托克维尔并未给这一因素命名,它是与相对受挫的效应融合在一起的。它的介入解释了贵族所扮演的政治角色的终结,以及有关各种特权的评判。贵族已极大地丧失了自己的政治影响力,因此,他们不再干预与民众有关联且与自身利益相涉的国家事务,比如税收的设立。尽管各阶级的条件趋平,但由于人们对财政特权有具体的想象(参见表 2:2.1.1.1;2.1.1.3),阶级分化(因着相对受挫,它已受到质疑)已成不合法的了。相比与权力有关的特权,与金钱有关的特权更为危险,因为衡量这些特权的尺度是具体的。封建负担所造成的伤害体现在民众的日常生活中,它展现出来的是"不公",因为"政治那个部分已然消失,独独财政这个部分留存,有时还有了极大扩展"(Tocqueville,1998:115)。在 18 世纪末的背景下,认知因素与王权所犯的愚蠢错误一道摧毁了后者的合法性。它们推动了革命意识形态的扩散,改革制度的努力以及采取各种财政上的权宜之计(参见上文)的做法均归于失败,通过这种具体的方式,人们相信诸多制度已无法跟上时代的脚步。"政府自身长期以来便努力制造一些自那时以来便有'革命性'之名的观念……国王第一个示范了,一个人可以用怎样的轻蔑来对待最古老、很显然地位也最深固的制度。"(Tocqueville,1998:230)

(七)意识形态的特别影响

在托克维尔的研究中,人们能发现一个有趣的意识形态理论的架构,尽管他没有直接用到"意识形态"一词。在《旧制度与大革命》中,他探究了规则或普遍真理的存在之类的一般理论如何应用于人类社会,或者平等和自由的必要性如何出现并扩散。革命意识形态(参见表 2:4)分析的丰富内容,让人们难以将它归入一个单独的范畴,相比之下,在民主政府的支出模型中,它很明显地被归入政治范畴。在表 2 中,它被归为一个独特的因素,其与其他领域的关联得到彰显（参见表 2:1.1 到 1.2）。意识形态之所以被归入政治领域（参见表 2:4.1），其缘由在于它牵涉到平等和自由理论所探究的一些重要政治问题。它牵涉到认知因素（参见表 2:4.2），后者作为一种理性认知方式在理论（此处指启蒙时代的理论）接受的具体背景下（参见表 2:4.2.1）发挥作用。它还与社会学有关（参见表 2:4.3），比如，我们可以看到反教权主义的扩散，以及它在后革命时代遭受排斥的命运，尤其存在于我们将某些社会关系（参见表 2:4.3.1）纳入思考范围的时候。

基于由特权产生的不公以及政治上的阶级分化（参见上文）的存在，有关平等的一般理论（参见表 2:4.1.1.1）的传播堪称顺利。政治自由的缺失（参见上文，展开论争的制度平台，诸如三级会议与地方议会的影响力丧失证明了这一点）构成了理论直面实践道路上的拦路虎。尤其是在面对财政特权时，有一个信念传遍了整个国家，也就是平等是合法的（由此，政治民主也是合法的）。"人人应该是平等的，没有被这一平等观念温暖过的纳税人，不应受到土地税不平等摊派的伤害。"(Tocqueville，1998:198)

按照托克维尔的说法，尽管王权力行集权、政治自由遭到破坏，但在旧制度末期，"自由的精神"仍然存在。此种精神带有"更具普遍性、更具系统性、更为民主的特征"。政治自由（参见表 2:4.1.1.2）从本质上说与民主有关，它从那时开始被认为是一种权利，代表能过上一种独立于其他平等个体的生活。政治上的阶级分化毁灭了真正的自由，并维持了独立的精神（此种精神的产生，缘于每个阶级都要捍卫自己的特权）。卖官鬻爵同样让人们维持了对政治自由的热爱。最后，在阶级分隔的背景下，私有财产扩散开来，这也导致"独立"体验（the experience of independence）受到资产税收负担的阻碍。

政府对自身所服务的体系中的种种权力滥用行为进行了谴责，这也是合法性丧失的原因之一。对所有公共机关来说，政治批判成为一种官方教义（参见表 2:4.1.1.3）或是一种新的意识形态。考虑到"民众……是听而不解的"(Tocqueville，1998:227)，税收弊病尤其在公共文件中受到当局的质疑，伤害农民的税法受到严厉批评。在众多法人团体中的组织工作，被描述为"由国王们的财政贪婪所导致的恶果"(Tocqueville，1998:227)。土地税受到批判，享有免税特权者的言辞尤其激烈，在他们看来，此举将负担加在"最穷困的那些人"身上,可谓人神共愤。一些省议会展开调查,意图了解"给农民带来灾难性影响"的财政权力滥用和特权的具体情形(Tocqueville,1998:229)。

因应各阶级的认知理性(参见表 2:4.2),意识形态针对社会及政治的具体问题(现实主义)提出了具有普遍说服力的解决方案(参见表 2:4.2.1.1)。大革命之前的数年里王权失去合法性,这同样导源于以下两个因素:由于制度改革领域的公共行为,制度失去稳定;财政领域(权宜之计大行其道)也动荡不安。君主政府证明了自己的制度是可以变革的。在另一个领域,即宗教领域,反教士的意识形态并未取得同样的成功,因为教士成为人们蔑视的对象,不是因为教士的道德说教,而是因为他们所享有的特权(人们通过具体而微的方式感受到这些特权)。一旦通过民主实现各阶级条件的趋平,对宗教的挞伐就只是一个政治事件(incident)了。

国际交往的发展(参见表 2:4.3.1.1)削弱了每个国家(早先,在实行封建制度下的欧洲,这些国家处于分隔状态)特殊的价值观和原则的可信度。① 在这个精确的背景下,与模仿有关的认知原则②解释了如下观念的成功:共同的法则适用于所有年龄段和所有人。政治制度和社会组织的缺陷构建了一个真实的背景,在这方面,法国提供了一种理解和解释世界的可信方式。革命观念在各国传播,因为它们具有普世性。

人类理性的原则可以很好地背景化,从而在其发挥作用时显明自身的意涵。通过这种方式,在大革命孕育之时,启蒙运动和重农主义的观点的深化,有助于确立这些观点的社会地位。社会中的知识分子阶层(参见表 2:4.3.1.2)与政治世界割裂了,他们缺乏经验和政治现实主义。这就容易导向激进批判和抽象的一般理论。在公共舆论场,这个阶级成为"一股政治力量"(Tocqueville,1998:200),占据了其他阶级留下的位置。在大革命前夕,这个场域成为接受启蒙哲人、重农主义者之观念的自由天地。呼唤改天换地的观念越来越具有说服力(在认知上),情势倾向革命。从战略维度(参见表 2:4.3.1.

---

① 参见托克维尔的《论 1789 年法国的社会和政治状况》(État social et politique de la France avant 1789)。

② 塔德(Tarde,1895)极力强调了模仿的重要性,但是他让它成为社会的一个普遍性基础,这就是错误的了。

3)看,每个阶级都支持力倡平等的意识形态,以便让自身反对特定特权观念(这样的特权观念受到来自各阶级内部或其他阶级的社会群体的反对)的斗争具有合法性。这些因素综合起来,形成了一个财政社会学的复杂模型。

(八)革命的财政模型

我们尝试着一步步揭开革命的财政社会学模型的面貌,然而,基于几个因由,建立该模型成为一项复杂的工作。就托克维尔的著作而言,人们公认在形式上,它们有着清晰且文学性强的风格,但是,在主题陈述(每次涉及不同的事实、论点时,它会反复出现)上,它们所走的并非直线式的轨道。各种因素经由它们产生的效应累积起来,并勾连(retroactive)在一起。此种分析融合了"长期与一般事实"和"特殊和更晚近的事实"(Tocqueville, 1998:195)。短期原因与如下要素有关:相对受挫的认知因素;革命意识形态的扩散与政府的公共行为;18世纪末经济状况的改善。正如我们在本部分起始处所看到的,为了建构一个模型,我们挑选了不同要素,并将其罗列。它们很好地确定了论证的方向,也很好地说明了大革命的到来。主要的困难在于,要对中间变量(intermediary variables)之间的联系做系统的分析(表2"影响"一栏做的便是这项工作)。某些一般原因隐含了一些变量,它们反过来成为其他一般原因中的特殊变量。该模型的坚实根基奠定在从根本上说带有累积性的一些效应之上。它综合了四个方面(政治、社会—经济、认知、意识形态)的"原因",它们的身影又隐现于九个领域,包括制度、社会—政治、公共行为、分层、经济状况、相对受挫、"具体性"以及政治(它在表1中扮演的角色是一般原因,在表2:4.1中则是特殊原因)。而后,变量通过相关对象与这些领域联系起来。

结 论

只要我们不辞辛劳,对上文描述过的变量进行编排并归类,我们就会看到,托克维尔的财政社会学在其方法论(即便并不十分清晰明白)以及相关的成果上是引人注目的。基于对财政现象在科学上的重要性的理解,托克维尔转向现代的模型方法,去研究民主国家和大革命。在财政领域,他强调了所有的累积性因素,从而解释民主社会中带有根本性的两个社会变化,也就是法国大革命的原因以及民主国家的未来。他的政治自由主义让他对如下事情大加批评:集权的财政国家;不具有制度合法性的财政不公。虽然如此,这并未令其建构的模型偏离其科学的品质。政治自由(中间机构的保存尤其以此为目标)的伦理视野当然是可以探讨的。由此,当代法国分权化存在的缺陷(参见第六章)可以很好地说明,从制度上寻得一种良方以应对政治体系遭受的侵蚀是很困难的。虽然如此,可以肯定的是,公共支出增长趋势的定律(归于瓦格纳)预见了干预型民主国家的成长。同样的道理,托克维尔对法国大革命起因的分析条理连贯、清晰,应当受到我们的欢迎。

托克维尔的先驱性工作并未被财政社会学的创始者提及,也没有出现在当下的研究中(Leroy,2007)。然而,来自奥地利学派的葛德雪(1917 与 1967 年)和熊彼特(1918 年)也采用了史学路径分析财政国家的危机。曼也对公共财政在不同革命中的作用感兴趣,与此同时,他以功能主义的社会政治路径引领自己的思考。以帕累托为核心的意大利学派使用的是一种综合方法,将若干因素融合起来,一如托克维尔的研究路径。不过,其聚焦的主题是精英(统治者)希图利用公共财政维持掌权地位。另外,帕累托的门徒旨在构建一种有关社会平衡的一般理论而不是天然具有选择性的模型。

第二章　财政社会学的奠基者

财政社会学起源于奥地利学派、意大利学派所发起的两个思想运动。在奥地利,葛德雪在其出版于 1917 年的著作《国家社会主义还是国家资本主义》(*Staatssozialismus oder Staatskapitalismus*)中提出了"财政社会学"(finanzsoziologie)一词。熊彼特在《税收国家的危机》(*Die Krise des Steuersstaats*, 1918)中,对此种研究预算的新路径[①]持欢迎态度并做了讨论,他将预算界定为"将国家身上一切迷惑人的意识形态伪装剥去后,剩下来的躯壳"。两位作者的思考聚焦于影响税收国家的危机。此种思考遵循的是历史学研究路径,为新的财政社会科学铺设了道路。弗里茨·卡尔·曼(Fritz Karl Mann)通过对税收社会政治功能的强调,丰富了这门科学的内容。

财政社会学的意大利奠基者追随一门财政科学的发展步伐,这门科学涵盖了对其经济学、政治学和社会学维度的研究。[②] 帕累托是意大利学派中的重要思想家之一,任教于洛桑。不过,通过他的门生伯格塔(Borgatta)、格里齐奥蒂(Griziotti)、马雷(Murray)、森西尼(Sensini)以及隔得更远的斯科托(Scotto),其对财政社会学的影响主要是在意大利形成声势。其他三位引人注目的作者与帕累托没有直接关联,即科尼利亚尼(Conigliani)、普维亚尼

[①] "这是一本颇具智慧的著作,在学术上最为重要的贡献是提出了财政社会学的基本理念。"(Schumpeter, 1954:6)。本书所引熊彼特《税收国家的危机》中的文字,主要依据刘守刚、刘志广主编:《财经政治的视界:缘起与发展》,上海远东出版社 2021 年版。——译者注

[②] 在财政科学中,经济学路径并不是社会学的直接组成部分,它的基础是与边际主义,尤其是与潘塔莱奥尼(Pantaleoni)、德·维蒂·德·马尔科(De Viti de Marco)、马佐拉(Mazzola)有关的自愿交换。

(Puviani)和蒙特马尔蒂尼(Montemartini)。经济学路径指的是纯经济学、边际主义、"快乐主义(hedonism)"①。相比之下,奠定意大利财政社会学根基的社会政治学研究路径支持马基雅维利对精英的叩问。经济学研究路径还对公共产品、国家本质、税收幻觉等做了最早的思考。意大利学派不是铁板一块的(即便对统治者和被统治者的区分占据了核心位置),差异尤其显现在国家所扮演的角色和强制(coercion)所发挥的作用这两点上。考虑到帕累托的门生以及意大利学派的其他思想家,他应独自享有一席地位(这尤其是因其有关"非逻辑"财政行为的社会学具有重要意义)。

一、奥地利奠基者

财政社会学奥地利奠基者所做的研究在观念上呈现出硕果累累的面貌,其目的在于建立一门真正的公共财政社会科学。在文献中,人们好几次再度提及葛德雪的马克思主义探索方式(O'Connor,1973;Habermas,1978)。非马克思主义的作家同样提到了危机(军事危机、经济危机、金融危机,等等),以求解释税收政策之变(Peacock,Wiseman,1967;Rosanvallon,1981;Campbell,1993;Streeck,2007)。这些危机理论相当公正地强调了税收国家合法性的重要意义。不过,正如熊彼特所证明的,他们对发达国家的国家结构脆弱性问题持怀疑态度。如今,此种分析为国家适应性危机(其多样性一如那些涉及社会政策资金来源的危机,如经济危机和全球化的影响)以及银行业与股票市场近期的崩溃所证明。从另一个角度看,作为奥地利学派成员的曼表现出了如下兴趣:即思考干预型税制的社会政治功能。

(一)葛德雪的财政马克思主义

葛德雪(1870—1931年)在自己的一生中以社会学家的身份闻名,不过,他对经济学也有兴趣。更不寻常的是,他与马克斯·韦伯共同创建了德国社会学协会(German Society for Sociology)。他的著作《国家社会主义还是国家资本主义》(Goldscheid,1917)建立了财政社会学,"单单它便可以表明公共收入的起

---

① "快乐主义"指公共财政中的一个经济学概念。它要满足的是集体需求。由此,人们要计算为了给予这些需求对应的支出提供资金,需要多少成本(税收)。

源、组成在社会（作为整体）发展中，而后在国家和个体二者的命运中所扮演的角色"（Goldscheid，1917：206）。公共财政由此成为显学，因为"所有社会问题，甚至是所有经济问题，归根结底是财政问题"（Goldscheid，1917：212）。

葛德雪的财政社会学以其受到马克思主义影响的历史学研究路径为特征，这让税收国家的危机占据了中心地位。收支之间的功能关系受到质疑。古代、封建以及资本主义国家的财政在公共财产（公产）演化的框架下得到比较。马克思主义的观点涉及对社会阶级和有关对立统一矛盾的分析，"一些阶级以牺牲其他阶级为代价富起来一直是税制的目的。"（Goldscheid，1917：203）更重要的是，税收剥削基于同样的理由被认为是一种全然不同的完整的奴隶制，这是阶级斗争最古老的形式，"几乎所有阶级特权都是税收特权，阶级在很大程度上是与纳税有关的等级。"（Goldscheid，1917：204）

不过，葛德雪对马克思颇有微词，指其并未从自己的公债（作为资本积累的杠杆）分析中获得结论。他在更普遍的意义上认为，马克思"在自己的结论中极为彻底地忽略了国家"（Goldscheid，1917：208），忽略了私有部门对国家财产的侵夺。"在社会结构与经济结构、法律上层建筑与财政上层建筑之间"存在着"一个矛盾"（Goldscheid，1917：206）。这一矛盾并非马克思与恩格斯所认为的"劳动者与生产资料的分离"，而是"国家与生产资料的分离"（Goldscheid，1917：209）。国家之所以变得贫穷，是因为它被剥夺了公共财产。

财政国家由此在葛德雪的观念中占据了中心地位。其源头与政治权力的军事和财政需要相关，后者则导致了税收的确立。资本主义的出现[①]与税制存在关联，"在剥削的所有那些原初形式和资本主义的早期形式中，公共财政以及税制发挥了决定性作用。"（Goldscheid，1917：204）财政在国家和社会的演化中发挥了根本性的重要作用。[②] 从历史学的角度看，在古代与中世纪，国家以君王私产的形式拥有可观财产。这对希望富裕起来的国家（包括纯粹的绝对主义国家）而言是顺理成章的。尽管支出浩繁，并且民众缺乏掌控力，此

[①] "我们可以在最古老的剥削形式即战争经济和奴隶经济中，也可在资本主义最古老的形式（君王、贵族、行会以及教会的资本主义）中，追踪这一发展。"（Goldscheid，1917：204）

[②] 葛德雪提到了如下案例：与控制公共财政有关的议会制的确立；"人头税"选举权（以人头税为基础的投票制度）。

种情况还是构成了一种有利条件。① 不过,国家被剥夺了自己的财产(公产),它与"制造贫穷国家的发达资本主义"(Goldscheid,1917:204)相关联。轻率借贷、国家财产的流失、经济管理严重失能以及君王的奢靡让国家一贫如洗。国家开始依赖私人债主,它向后者求助,满足自己的需求。对穷人来说,这一演化过程的结果是:现代民主体现在他们获得的不是一个富裕的国家,而是一个贫穷的国家,"可以冷静地容许贫穷的国家落入民众之手,由此,除了空空如也的金库,他们什么也得不到"(Goldscheid,1917:205)。

葛德雪经历了奥地利的国家财政困境,他采用了"税收国家的危机"(它以不同形式存续至今)这个结构性概念。现代国家不再有自行支配的来自国家财产的收入,于是不得不求助于税收。在为国家的需求提供资金上,税收成为国家的主要收入来源。但是,国家无法对资产阶级的经济收益征税。该阶级竭力保护自己的税收特权,喜欢维持自己作为国家债主的地位。"蒸蒸日上的资产阶级想要的是一个贫穷的国家……因为这些阶级知晓自己的力量取决于国家是否有钱。"(Goldscheid,1917:205)由此,国家处在结构性危机中,原因显而易见,由于战争要融资和社会项目要推动,国家的需求很大。贫穷的国家受限于自己的收入,没有可供选择的空间;它被迫维持间接税;它"命定越来越深地落入债务的泥淖"(Goldscheid,1917:210)。现代资本主义以(贫穷的)国家为工具,旨在通过债务收益、②经济政策,对其进行金融剥削(通货膨胀和通货紧缩显然是有利于它自己的)。

为了解决这个社会问题,应对良方在于创建"国家资本主义",它容许积累公共资本、在今日所谓"混合经济"的框架下创造可持续的公共投资产品。只有一个富裕的国家才有资格成为一个公平的国家,执行其在社会中的变革功能。承自往昔的金融体系由此必须做出调整,以求成为这样"一个国家——渐渐地,它的需求越来越少,给予的则会越来越多"(Goldscheid,1917:213)。

由此,通过一种人们定然可以展开讨论的方式,葛德雪应该获得提出一种

---

① 不过,葛德雪指出,"完全有可能的是,封建国家或绝对君主国或资本主义经济的美德受到赞颂。但是,相信这些社会制度中有可能存在公平税收便是天方夜谭了。"(Goldscheid,1917:206)

② "财政剥削是私营企业进行剥削不可或缺的辅助手段;它构成了资本主义的法律基础,也是影响资本主义自我实现的一个要素。"(Goldscheid,1917:211)

"公共财产(通)论"(Goldscheid，1917：213)的盛誉,此种理论既是一种至关重要的解释,又是一种规范性的视野。对他来说,科学必须探求根源,后者"全然由既定社会结构决定"(Goldscheid，1917：206)。财政社会学必须通过研究"与民众有关的财政"(Goldscheid，1917：210),将社会的关键需求纳入思考范围。以自己的国家理论为基础,葛德雪不仅批评了古典自由观念,也批评了他仍然亲近的社会主义学说。① 他的方法体现在对税收国家历史规律的追寻上。通过显明现代资本主义制度中国家之道德、政治演化的意义,如上理论为财政社会学提供了一种伦理学视角,以及一种认识论上的定位。不过,正如熊彼特所表明的,它并未激起人们的热情。

(二)熊彼特的模糊自由主义

熊彼特(1870—1950年)运用葛德雪的研究,把它当作对其"税收国家的危机"概念所做阐释的基石。② 他创作了一篇有趣的论文,③不过,由于人们所想到的一些因素以及所呈现出来的一些细微差别,这篇文章并不好懂。在展现金融危机时,为了捍卫税收国家,他采取的是模糊的自由主义立场(如果人们喜欢的话,也可叫温和立场)。这个问题仍然是公共财政的历史社会学的组成部分。④ 顺便提一句,法律史的局限被显明出来。⑤ 社会学之所以被凸显出来,是因为和经济学一样,它处理的概念被用于多个时期,以求科学地解决由

---

① "在这方面,有关社会、经济的社会主义理论的失败不亚于资本主义理论,因为在最后的分析中,二者都对国家持有敌意。"(Goldscheid，1917：207)
② R. A. 马斯格雷夫(R. A. Musgrave,1992：100)联系熊彼特写成的其他著作,提出一个对熊彼特论点的经济解释。与此同时,他承认熊彼特的思想里存在着某种认识论的鸿沟。"在年轻的熊彼特眼中,社会主义摆脱了稀缺,是一种终极状态。这一看法(1918年)是理想化的。它与他后来的思想(1940年)毫无关联。"更晚近的时候,通过将他的著作与那一时期的其他重要作家联系起来(参见Backhaus，2004),或者,通过他的税收国家社会学放在企业家创新理论的基础上加以理解(Ebner，2006),其他经济学家认为熊彼特的财政社会学是其经济思想的一个分支。我做的选择可谓另辟蹊径,体现为:我仅仅考虑"年轻的"熊彼特有关财政社会学的论文(发表于1918年),与此同时,重视在此处具有关键意义的社会—政治观念。
③ 我指的是美国人斯托尔珀(Stolper)和马斯格雷夫从德语翻译过来的论文:Schumpeter，1954 (1918)。
④ "一个民族的财政史,是这个民族总体历史的关键组成部分。"(Schumpeter，1954：6)
⑤ 关于法律史,有一条注释特别指出:"这样的法律观念不适合于解释连续性的历史事件,特别是不适合用于比较历史上给定的环境类型(types of conditions)的特征。"(Schumpeter，1954：8)

公共财政危机引发的争论。在第一次世界大战背景下,此次争论质疑了现代税收国家与自由经济。①

首先,这篇论文以对封建社会危机的评论开头。封建社会见证了现代税收国家在中世纪末期的兴起。德国和奥地利是这项分析的例证。现代国家与古代税收国家有别,从而与封建制度区分开来。熊彼特重新使用封建制度作为中世纪国家的特征,因为公法与私法之间并无间隔。② 在封建制度下,君王必须自行承担本人的用度,尤其是战争支出,"除非他有权用某种特别的名义获得必要的捐税"(Schumpeter,1954:11)(得自他的封臣)。得自自己的财产(王产)和属下臣民贡赋的收入③构成了君王的主要进项。城市属于例外——征税在法律上的可能性实际上并不存在。终结这一时期的金融危机可用以下三点原因解释:财产管理不善,这是一个随机因素,④于社会利益有损;"宫廷浪费"(Schumpeter,1954:13),这是具有决定性作用的一种财政力量形式,因为"当封君封臣关系开始松动时","君王想要获得相对于各等级领主来说更稳固地位的话",须将"桀骜不驯的乡村贵族转化为温顺的、正式的和军事的贵族"(Schumpeter,1954:13);战争支出,向雇佣军求助成为必要。最后一点最为重要,因为它涉及一项重大社会变革,即有关(事实上的)领地传承的变革。"封臣们开始觉得自己是自有土地上独立的主人"(Schumpeter,1954:14),希望越来越少地参与战争。⑤ 他们让自己越来越多地献身于本人的私家经济活动,从而让一个有别于公共领域(税收国家未来的公共领域)的私人领域横空出世。熊彼特通过这一方式表明君王的收入不足以为战争提供资金支持,"君王只好做他能做的——借债。"(Schumpeter,1954:14)

---

① "与往常一样,所有人都在卖力地宣称,他主张的东西才是解决战后问题的必要之举。有些人预言,在战争期间达到顶点的'发达资本主义'(high capitalism)如今必定崩溃;也有人指望,经济自由将更胜从前;而另有一些人则期盼着,经济秩序变成我们'知识分子'塑造出来的所谓'管制经济'(administered economy)。"(Schumpeter,1954:5)

② "只要国家不是作为一种独立的、真实的权力存在,那区分公法和私法就没有任何意义……在那个时代的组织形式中包含了我们今天所讲的公共领域和私人领域,只不过被结合在一种跟今天根本不同的整体(unity)中。"(Schumpeter,1954:11)

③ 从13世纪以来,贡赋通常以货币形式上缴。

④ "只要引发财政危机的原因是偶然的,也就是说只要它并非来自制度的内在逻辑,而且只要能在制度内找到补救方法(在刚才的例子中可以是更有效的领地管理)。"(Schumpeter,1954:13)

⑤ 封臣数量不足已然证明了向雇佣军求助的合理性。

税收、国家与社会：干预型民主的财政社会学

如上分析使得熊彼特确认了封建财政制度的真正危机，它被界定为"因不可改变的社会变迁导致的不可避免且持续不断的失败"(Schumpeter，1954：14)。该危机是国家财产（以公产为基础）的经济危机；它解释了现代税收国家在中世纪末的出现。开始的时候，纳税义务只与表达过自身认可态度的人有关；而后，它遵循多数原则，成为一项普遍义务。国家在所有领域向前迈进，但是，"财政因素经常……作为推动要素发挥作用……由此产生了一种……等级税收制度……它在16世纪下半叶发展到巅峰……新诞生的国家，获得了一个坚实的架构，创设了自己的机构，从而发展成为独立的权力主体"(Schumpeter，1954：15)。这是欧洲的一个普遍现象，它导致了国家官僚政治的发展。税收所服务的不再仅仅是君王设定的种种目标，而且包括（举例来说）教育或文化。但是，熊彼特特别指出，税收国家的发展以君王与不同人群、组织之间的斗争为基础，并未以普遍利益(general interest)作为自己的目标。它尤其构成了"带有阶级性的政策"(Schumpeter，1954：16)——尤其以农民为剥削对象。

其次，在"税收国家"这个概念的强力支持下，熊彼特而后研究了与"一战"相关的公共财政危机。"在这其中，唯一重要的是，此处不存在'税收国家的危机'。"（第37页），他的回应与葛德雪的回应[①]分道扬镳的地方可谓显而易见，这一论断涉及的是奥地利的情形。[②] 不过，由于该国处在最糟的境况，该论断可适用于欧洲所有国家。发达社会中的税收国家崩溃一般没有掉入他的逻辑当中。"重要的是，迄今为止，税收国家的体系遭遇了所有挑战，在具体情形下，无论它在何时未能胜过挑战，人们所能发现的缘由都不是它的本质所固有

[①] 他承认危及奥地利的种种威胁，在一条注释中强调，"有关税收国家缺陷的观点，几乎全都出自奥地利；这并非偶然，并且特别地与葛德雪是奥地利人有关。"(Schumpeter，1954：26)他引用了会成功维持税收国家的不同国家的案例。

[②] 在奥地利的案例中，熊彼特区分了覆盖战争成本的问题与经济复苏的问题。经济复苏"不是筹措资金的问题（至少不是最终的问题），而是要确保产品实物"。这不是一个直接有赖于税收国家的问题。由此，税收国家仅仅与战争成本问题相关。在此，熊彼特通过提出一种财政选择的经济理论，证明"这个问题解决起来是有把握的"(Schumpeter，1954：27)。起初，奥地利有为战争提供资金支持的若干选项，本应（和英国一样）使用税收手段，避免"不受约束的纸币经济"(Schumpeter，1954：28)。战后，有两个解决问题的方法，体现在：要么削减货币供应（旨在减少通货膨胀），要么引入财富税（它将容许国家对负债的国家债权人征税）。某种程度上，问题在于政治：关于对财富的征税，他指出，"只有建立在最广泛政治基础上的强势政府……才敢于去尝试克服遇到的一切障碍"(Schumpeter，1954：30)。

的。"(Schumpeter，1954:25)

说到经济复苏，熊彼特力倡税收国家的互补性行为（complementary action）以及自由经济机制（聚焦于企业家、资本家的活动）①。战争经济偏向产品的即时生产，没有通过投资更新生产设备。如果说熊彼特认为，为了修复战争导致的混乱，税收国家的干预是必要的，那么，在有关国家对经济实施再资本化（国家通过自己拥有财产变成资本家）的必要性的论点上，他并未追随葛德雪。而这一任务落在自由经济的头上，因为生产设备的重组需要"除了……企业家活动外，还……有跟资本主义早期一样不可缺少的私人动机"②（Schumpeter，1954:36）。

这一重要的危机理论以对税收国家本质的反思而宣告完成，其演化与经济和社会变迁有关。公共财政的历史社会学表明，为了应对财政需求，国家税收的选择可由中世纪社会经济制度的转变（伴随有别于公共行为领域的私人领域的出现）加以解释，"如果不是财政需要的话，那就不存在创造现代国家的直接原因了。反过来说，这种财政需要的出现以及税收需求的精确满足，可以从中世纪生活方式的瓦解过程来理解。也许可以从导致经济基础变化的各种中间原因（intermediate causes），来追溯这一过程本身；在个体家庭为主体的自由经济形成后，该过程也终结了。"(Schumpeter，1954:16)由此，通过研究国家与税收之间的关系，税收社会学具有了至关重要的地位，其目的是在社会变化与社会经济结构的关系中理解这些变化，"也许可以从……各种中间原因，来追溯这一过程本身"(Schumpeter，1954:16)税制在国家创建、国家形式、国家演化、国家对社会以及经济的影响中起到了至关重要的作用。③

然后，通过将现代国家与原始部落、社会主义国家（它在原则上不是一种

---

① "就其本质而言，竞争经济的组织形式在战后能够重建经济，正如它曾经创造了现代经济一样；在公共领域与竞争经济相伴的税收国家里，竞争经济对于重建来说也是有效的方法，因而它不可能给重建任务带来悲伤的结果。"(Schumpeter，1954:36)
② 在这里，我们再次发现企业家在熊彼特思想中的核心地位。
③ "税收不仅帮助创造了国家，而且还帮助塑造了国家的形式。税制作为手段，其发展帮助了其他制度与机构的发展。国家手里拿着税单，就可以渗透到私人经济中去，并日益加深对它的统治。税收把金钱与算计精神带到了此前它们从未到达过的各个角落，并因此成为那个曾经产生税收的社会有机体的塑造力量。社会结构决定了税收的种类和水平，但税收一经产生，就成为一把可以操作的手柄，而且好像它一直都在；各种社会力量都把握住这一手柄，用以改变社会结构。"(Schumpeter，1954:16;17)

与经济分离的力量)以及封建制(如前所见,它并不接受合法的公共领域)区别开来,熊彼特分离出此种国家的历史特殊性。私人领域的兴起与领地传承有关。利用这一结论,熊彼特将现代国家的可能性与我们能以"社会个人主义"(social individualism)之名称呼的现象的确立联系起来。① 他捍卫对政治社会学来说具有重要意义的"自主国家机制"(autonomous State machinery)观念,它的建构与如上顺应社会的私人领域的确立相平行。现代国家的目标是功能性的。它瞄准的是社会目标,例如,在国家创建时为战争提供资金支持,"国家永远不可能是其自身的目的,它只是服务于那些共同目的的工具……只有在此时,国家才成为一种独立的、可识别的社会实体"(Schumpeter,1954:18)。不过,熊彼特偏好的观念介于马克思主义视国家为"统治阶级的剥削工具"的看法与视国家为"超越所有……党派、阶级之上的某种东西"的观点(比如律师的观点)(Schumpeter,1954:19)之间。

这篇论文接下来对税收国家的局限②展开了解释(在今天就不那么具有原创性了③)。有关税收归宿的经济分析由此预见了拉弗曲线(Laffer's curve)。不得不指出的是,与帕累托不同,间接税的潜在无害性(它让税收压力的增加成为可能)并未被纳入思考范围。

最后,一种有趣的经济心理学④的轮廓被勾勒出来。由此,"人格的世袭化"(Schumpeter,1954:14)便指示了中世纪末私人领域的诞生过程,这也是一个与作为私产的领地有关的经济过程,是对有关社会和政治(先是君王,而后是国家)关系的描述所做的一次调整。在另一个更短的段落中,熊彼特提及"思想习惯"的概念(Schumpeter,1954:19;20),用来解释对国家作用的社会表现(social representation)所做的调整——从那时以来国家被认为是"某种非个人的东西——一种仅提供服务而非统治心灵的工具"(Schumpeter,

---

① "只有当个人生活以其自身为中心展开、个人生活的意义集中于个体及其周围的领域、对人格进行完善就是其自身的目的之时,国家才作为一种真实现象而存在。"(Schumpeter,1954:18)
② "对创业性利润征税存在一个限度,超过这个限度,税收压力将会伤害,进而摧毁征税的对象。"(Schumpeter,1954:22)
③ 另一方面,熊彼特很快指出(Schumpeter,1954:20)"创业的国家"(拥有"新生的、积极的、不断成长的财富")与"食利的国家"(拥有"旧有的财富")之间的区别是有趣的。因为,这一区别发现了税收国家的缺陷以另一种方式延伸至发展中国家(参见第四章)。
④ 如果有人喜欢的话,或者可以说是经济社会学的心理学基础要素。

1954:19)。熊彼特经济心理学的第三点呈现(同样很短)见于对税收国家局限的分析:这些局限必定与税收国家的性质有关,资产阶级税收国家的案例即是明证。"尽管可以感觉到国家无处不在……但对私人经济本来的目的来说,国家仍然只是某种外围的、外在的东西,甚至有些敌意,无论如何说它都是派生的"(Schumpeter,1954:20)。税收国家与现代个人主义经济的功利理性之间的关系同样得到了揭示。虽然其内容隐晦不明,但有一点是例外的,我们可以在非常严格的意义上认为这是一种与税收国家(它必须尊重公民的利益)的局限有关的理性。熊彼特的经济心理学在企业家的形象上找到了最新的一种呈现方式,他们的美德得到称颂。该呈现方式在这篇论文中虽说不显山露水,在熊彼特其他的研究中却大放异彩。

熊彼特的经济心理学仍受其偏好的引导。就此处而言,其推断胜过证明,受益的是自由经济。当然,这位独立思想家[①]常对此种意识形态倾向有所节制,尤其是因为他对马克思主义的分析[②](马克思本人和葛德雪的分析)感到着迷。熊彼特的评论[③]是小心谨慎的。尽管如此,他有时对自己的结论有强推之嫌[④],这在国家作用的社会表现上得到了体现,"每个人都为他自己……而工作、储蓄……驱动力就是个人利益,我们可以对个人利益有各种不同的理解,但无论如何,个人利益与以个人为中心的快乐主义都是同义的。在这样一个世界里,国家作为一只经济'寄生虫'而存在"(Schumpeter,1954:20)。不

[①] 比如,他捍卫如下观点:"资本税……不仅适用于自由经济……也与经济自由原则保持一致。"(Schumpeter,1954:31)

[②] "现在的时刻也属于伴随着私人企业的税收国家……随着经济发展及社会和谐领域(sphere of social sympathy)的必然扩张,私人企业不久将失去其社会意义。"(Schumpeter,1954:38)

[③] "我们讨论的内容仅适用于当前所处的特殊的历史时刻。我们的讨论并不打算将自由经济神圣化为人类的最高智慧。"(Schumpeter,1954:37)

[④] 关于这些更为凸显意识形态的情形,参见如下一些案例。关于因"国家保护的企图"(Schumpeter,1954:5)已然经历变革的自由竞争经济制度,他指出,"事实上,在这样的经济中,只残存不多的能够起推动作用并因此获得成功的自由竞争要素;之所以说是'残存',是因为经济中的一切因素似乎都不利于创造竞争。"(Schumpeter,1954:5)同样,他断言:"历史学家总是倾向于过高地估计国家对经济的塑造作用。经济和预算从来就不能形成一种真正统一的'国家经济',国家也不能创造出自由经济所不能创造的持久性东西。"(Schumpeter,1954:7)或者,更进一步,在反对统制型的战争经济时指出,"当初将经济转向战时紧急状态所取得的巨大产业成就,至少90%要归功于自由经济的自发机制与自利动机发挥的作用……工人得以维持生计,需要感激的不是政府的措施。"(Schumpeter,1954:35)

过,此种古典性质的自由主义国家财政观念成为批评的靶子,批评声尤其来自熊彼特知之甚详的社会主义运动。

熊彼特的贡献是重要的,其缘由在于他的历史学方法论,它遵循的是葛德雪以及在他们之前的托克维尔所开创的道路。他的危机(作为社会变迁)社会学、他的国家(体现了公共领域与私人领域的分别)社会学以及他的经济心理学开有益思考之先河。"财政危机"概念尤其将一种财政选择理论摆在人们面前,后者并不支持占据主导地位的确定性限制(deterministic constraint)的概念。该理论以经济分析为基础,旨在为拒绝一种错误,即为税收国家不可阻挡的财政失败提供合理说明。不过,对于被发现在有关限制的极度简化的理论中被抛弃的政治,财政选择理论并未展开真正的研究。公共财政经济理论与有关政治勇气的悲观劝勉(旨在强推具有经济必要性的改革)之间形成了不对称关系,一条鸿沟(直至今日,它仍是有关财政国家分析的变量之一)由此呈现在人们面前。从这个角度看,曼的研究看起来更具相关性。

(三)曼的功能分析

此处,我们提到的曼的论文发表于美国,它是对奥地利学派奠基者所做研究的延伸。1943 年,曼(1883—1978 年)在《政治学评论》(*The Review of Politics*)上发表了一篇文章。① 该文从社会政治角度为研究税收的功能路径做了论证(Mann, 1943)。相比之下,今日大多数的公共财政研究追随的是马斯格雷夫对税收三大经济功能的分析。与葛德雪和熊彼特一样,曼回顾了税收的常存性,"当下的税收与现代国家是不可分离的双胞胎"(Mann, 1943:225)。但是,曼强调了在当时发生的另一变化的重要性,即税收财政功能已与"社会控制功能"相结合(Mann, 1943:226)。而后,他分析了以税收为工具的三种社会控制形式:纠正不受欢迎的各类行为;在不同社会群体之间进行经济力量的调整;与资本主义在社会层面的滥用与经济秩序大变天的现象做斗争。

关于行为导向,他首先以有关家庭的税收政策为例。他强调,该政策受到人口因素的驱动,其历史渊源很深,至少可追溯至罗马帝国。其身影出现在许

---

① 在曼前往美国之前,他已用德文发表了一系列有关财政社会学的研究成果,见 *Finanzwissenschaftliche Forschungen*, Jena, G. Fischer, 1930—1935。

多国家,尤其是法国。人们还知道,它在对未婚人士征收附加税的极权主义国家被派上了特别的用场。曼还引用了其他案例,例如,与选举制度(保留缴纳财产税的纳税人的投票权)有关的案例,又如,与对"懒惰"(Mann,1943:227)征税(指向自愿失业的人群)有关的案例。税收教育公民服从政府政策,去除种种罪恶,①等等。在这些领域,社会控制功能往往盖过了财政功能。至于权力在社会各阶级之间的分布状况,曼指出,"在历史上的所有时期,统治阶级都利用征税权增加自己的福祉,提升自己的经济地位。"(Mann,1943:229)不过,税收可以通过两种相反的方式发挥作用:或是为了加剧财富不均,对18世纪法国与德国第三等级的征税即是如此;或是为了通过累进税缩小阶级间的经济差距。他以社会支出(关怀赤贫者的福利,资金来源是对巨富的征税)的再分配、取决于从业类别的纳税差异,以及对苏联非无产阶级或拒绝集体农场的农民的征税为例。涉及经济组织时,他点出了对企业的"监管功能"。以20世纪30年代为例,此种功能在针对美国大企业的"惩罚税"(为的是避免垄断的形成)(Mann,1943:233)上有所体现。他还提到借助"没收税"(Mann,1943:234)或者介于自由主义和社会主义之间的一种方式(手段是一种针对继承而非挣得的财产的税收)对财富征税的可能性。

在1947年发表于同一份杂志的一篇文章(Mann,1947)中,曼对革命的财政维度表示了兴趣。借助同样为财政社会学的意大利奠基者们所用的一种方法,他从历史上统治与被统治阶级之间的分野出发,指出税收常常能收一箭双雕之效:其一,对国家的管理;其二,掌权群体地位的加强。不过,他强调,从整体上说,公共财政形成的力量所发挥的作用因时而异,或是维持秩序,或是助力革命。

就保守的一面而言,民主社会的统治者当然要确保公共援助、若干公共服务的资金来源无虞,而除此以外,他们还要让自身所属社会群体的成员得利。② 再者,腐败是一个覆盖甚广的现象。他还表明,税收虽被认为是交换公

---

① 例如,苏联对不尊重计划所提出的指示的农民征收双倍的税;煤炭立法亦对不服从煤炭法规的生产商收取额外费用。至于"种种罪恶",曼提到了对毒品、赌博行为和酒的课税。

② "任何政府,只要代表的是掌权阶级或掌权党派,则无论是政府的管制,还是议会的控制,都不足以阻止财政资金掉进当权群体的口袋。"(Mann,1943:332)在这里,曼没有在明面上提及马基雅维利和帕累托,他用来描述此种行为的词语是"狮子"(lions)。

共服务之便所付出的代价,"既有的社会地位"却不会因其生变。故此,在"交换税"(exchange-tax)的概念中,纳税人的经济状况在纳税前后并无变化,由此,社会结构仍然相同。在更普通的层面上,此一论断对于所有受到税收中立原则激励的征税手段来说都是成立的。

就革命的方面而言,曼研究了借力于税收的若干变革情形。他批评葛德雪高估了财政社会学在整个社会学领域的地位。他引用的历史案例与一种"压迫性的"税收压力(Mann,1947:336)有关。此种压力突出表现为公共资金的浪费、税收特权以及导致财政赤字的公共领域的收缩。他估计,公共财政对革命来说鲜少构成一个有足够解释力的因素。1648年法国的投石党叛乱也可以解释政治集权所受的排斥。在法国大革命之前的旧制度末期,局势有所改善,尽管存在公共债务和税收的问题。银行家、商人、律师以及资产阶级业主(属于"中间阶级")奋力从国家财富中为自己分得"一杯羹"(Mann,1947:339),渴望让自己的政治权力与自己在经济上的重要地位相匹配。1689年北美反对英国权威的革命同样可从"政治、宗教动力"(Mann,1947:340)进行解释。对曼来说,财政因素尤其发挥了心理激励的作用,是革命进程的一部"发动机"(Mann,1947:342)。

在第三篇文章(1949年)中,曼主张重新确定财政理论的方向。在凯恩斯主义新政的背景下,发生了一次剧变:政府通过公共支出(公共部门的发展)承担了越来越多的功能;从那时以来,税收执行了一种有别于其经典的融资功能的"社会功能"(Mann,1949:119);公共债务在经济周期的某些阶段对经济产生了有利影响。[①] 他区分了"财政理论"与"公共财政",这两条路径在"它们的目的而非手段上"(Mann,1949:122)有所分别。公共财政关心的是政府融资和收入(与支出相比)的效率问题。财政理论则与以财政为手段对社会部门或经济进行管控有关。曼从凯恩斯的理论得出结论,认为财政理论研究税收收入的规模、结构,公共投资以及债务的作用。他尤其捍卫"更宽泛的'税收'概念,并覆盖了税收的管控与再分配两项功能"(除了传统的财政功能之外)(Mann,1949:128)。由此,政治和伦理这两个方面必须被纳入思考范围。

---

① 曼观察到(Mann,1949:120;121),从18世纪起,便有一些先驱性人物为公共债务的有用性声辩。

由此，对于功能主义财政社会学的必要性，曼超越了过时的词汇之争，跻身先知先觉者之列。此后，经济学家让功能主义分析重新聚焦于（由此也是将其压缩至）它的经济维度。这表明该方向乏人问津。尽管如此，就借助税收的社会政治功能拓宽、更新税收的经济学研究路径而言，它算得上是一个前景光明的方向。意大利学派以其他的前提作为自己的基础，它以此连同引人注目的帕累托就公共财政的经济—社会维度搭设了另一个架构。

二、帕累托的财政社会学

帕累托是一个复杂的作者，在经济学和社会学中，他同时被认为是一位大师。他并未提出完整的公共财政理论，却铺设了人们可以遵循、值得认真对待的道路；与此同时，他鼓励门下弟子以社会学方式在此领域耕耘。《普通社会学理论》(*Trattato di Sociologia generale*)，即《思想与社会：论普通社会学》(*The Mind and Society: A Treatise on General Sociology*)[1]的开篇是对财政科学的批评，旨在表明财政构成了为统治阶级服务的非逻辑行为。由此，经济维度既不能使用天马行空的方法也不能借助循规蹈矩的路径去思考，而是要仰赖相应看法借助一连串"近似"所要探究的那种社会政治事实(socio-political reality)。

（一）对财政科学（与纯经济学）的批评

帕累托对当时的公共财政科学做过好几次批评。[2] 在这个意义上，他让财政社会学成为一条具备合法性的研究社会政治的路径。在《思想与社会：论普通社会学》中，他介绍了该领域所固有的"两种派生(derivations)方式"[3](Pareto, 1968: 2273)：一种方式"旨在以某些伦理或情感原则为出发点进行推断，可以行至距离现实很远的地方"；另一种方式"旨在让已然通过一种迥异的方式获得的结论沾染一点理论色彩"。

帕累托对与"需求"有关的经济学做了批评，以此确立自己的财政社会学

---

[1] 这项研究包含了公共财政领域的若干进步。对于来自 Pareto, 1983 的引文，我们使用段落编号来表示。

[2] 参见：Fasiani, 1949: 267; Boccacio, De Bonis, 2003: 89; McLure, 2006: 523。

[3] 派生物是将兴趣和热情藏于其内的论证体系，是一种披着科学外衣的构造。帕累托的思想是众多研究所关注的主题，勾勒此种思想的全貌并无益处。

的合法性。① 他凸显了政治学领域的第一组派生物,在该领域,人们对"伦理派生物"(Pareto,1968:2262)的偏好胜过逻辑—实验性的论证。之后,他对纯经济学(以及尾随其后的财政科学)的需求分析做了反驳,表示"在这类派生物中,值得注意的是披着科学外衣的一个变种。它之所以产生,是由于纯经济学观念被延伸至一群人的社会'需求'上"(Pareto,1968:2271)。此时,根据帕累托的看法,当时以边际效用为基础的财政科学并未给人提供任何帮助,② 因为"人们有意用'公共需求'概念消除困境"。在公共财政领域,"非逻辑行为拥有非常突出的地位",该领域遂成为社会政治研究的组成部分。对经济学来说,非逻辑行为不构成一个主题,而在"第一近似(first approximation)"中,经济学把存在于获得经济财产这一现象中的逻辑行为当作研究对象。它们衍生出大量派生物,其中一些与集体需求有关;但是,真相被置放在统治者的目标之中,"构思精巧的派生物可以愚弄这类人。政府从不缺乏这样的诡辩术,理论家们总是可以推出新的来。不过,我们不该忘了派生物是政府政策的产物,而绝不是派生物在政治领域产生什么后果"(Pareto,1968:2273)。

在《思想与社会:论普通社会学》中,对方法论的思考占据了重要地位。有关收入(税收)、支出的简明预算分析提到了披着科学外衣的"需求"观念(派生物)。③ 因此,凭借这种分析想获得一个"'各样治理所产生的经济后果'的概

---

① 他以国防预算为例(Pareto,1968:2272)。假设有 G 国,它对 A 省拥有主权,而该省居民希望并入 F 国。G 国为了给武备提供资金,用来对抗 F 国,于是推出一项税收,A 省也成了课税对象。G 国自认为这是全国的一项集体需求(包括 A 省)。由此,根据帕累托的看法,集体需求覆盖了共同体所有成员的需求、某些成员的需求、共同体中大多数人的需求,或者,还有精英的需求。一般而言,财政科学讨论的是第一类需求。

② 这激起了他对从快乐人手研究效用的批评:"'国家'被认为满足了这类'需求'。而后,有人思考了边际效用之后,派生出与某种平衡——存在于'需求'以及为满足'需求'而必需的'牺牲'之间——有关的规范。由此,他掌握了理论。在某些情况下,这些理论或许与形式逻辑相合,不过,有时,它们距离现实太远,与形式逻辑没有任何相通之处……'需求'概念绝对无法定义……在用于一个共同体时,这个概念可以有自己的意涵,但是,仅限于共同体可被看作单个人的情况。"(Pareto,1968:2271)。

③ "在确定政府一应设施的成本之后……必须计算其产出。这是一个很难的问题……由此,必须采用一些相近的解决办法。一个这样的办法是……政府提供服务,满足'公共需求',并为此征税。这是对国家社会经济收支总账中的两张表进行平衡的一种方式……而后,为了满足逻辑发展(logical developments)的需要,必须让一系列的派生物出场,用以展现'需求'、论证'应该'(由此而带有训诫意味)做出的分配的合理性(依据的是不同社会道德潮流中的情感原则)。通过此种方式,人们获得了与提出理论者的情感最相容的解决办法……但是,最好的解决办法不会将事实的本来面目描绘出来。"(Pareto,1968:2269;2270)

念"(Pareto,1968:2269)①便不合适了。由此,人们应抛弃与狭隘经济学路径有关的偏向性论证,事实上,此种路径对如下看法有详细说明:公共财政对应的是非逻辑行为。将伦理与社会效用区分开来同样是一个问题,即便对那些受益于此的人来说,相关众人在一定程度上混淆二者"要更好一些"(Pareto,1968:2274)。

为了解决这个难题,我们必须思考"情况的复杂性"(Pareto,1968:2274),为此须对此种复杂性的构成要素[比如与繁荣、与推动经济、与社会繁荣以及②与"阶级流动"(精英)的关联]进行研究。作为近似物,政治领域(通过治理的逻辑分类)、经济领域(通过经济繁荣周期)之间的相互依赖应该得到我们的探究。

(二)作为统治精英工具的财政

由此,帕累托的财政社会学便在他的精英理论中扎下根来,精英理论与另由莫斯卡(Mosca)和米歇尔斯(Michels)传承下来的马基雅维利传统相合。上文已提到对与需求有关的意识形态的驳斥,除此之外,帕累托的财政社会学另有一个基础,即对统治工具的研究。无论政权形式如何,统治永远是身处某个阶层的人群(统治阶级或统治精英)施行的统治,"统治阶级无处不在(哪怕是在有暴君的地方)。但是,在这个背景下,该现象的表现形式可谓五花八门"(Pareto,1968:2253)。统治阶级的统治运用了两种基本手段:强力和诈术。"在整个历史进程中,同意和强力是统治的工具。"(Pareto,1968:2251)③民主政体所用的往往是诈术(像狐狸)而非强力(像狮子),因为它创造了忠诚的仆从,而且,如前所见,它运用了派生的手段,"朝向'民主'的演化看似与一种统

---

① "至于支出……必须考虑经济、政治上的偏袒所付出的成本,以及所谓'社会立法'所导致的浪费。"(Pareto,1968:2269)
② 社会繁荣指向国防、公共安全、司法质素(quality of justice)、公共工程以及对帕累托来说必定仍属有限的其他政府职能。
③ 比如,帕累托数次重复了一个论断:"为着维护统治阶级权力的目的,该阶级任用来自被统治阶级的个体。他们可以根据稳固江山的两个基本手段,被分为两组人。一组人使用强力……另一组人使用技巧(诈术)。"(Pareto,1968:257)"在统治阶级眼中,侵夺其他人的财产不仅是为本阶级着想,也是为了与被统治阶级中捍卫统治阶级、维护它的统治(无论是用强力还是欺诈)的那类成员分享——这是恩主给仆从的恩赏。"(Pareto,1968:2267)

治手段得到更多应用有着紧密关联。此种手段与强力手段相对,涉及对巧诈和'政治机器'(仆从)的利用"(Pareto,1968:2259)。① 仆从的需要能用不同手段(比如取自经济政策[保护主义,腐败:Pareto,1968:2257])加以满足,此时,公共财政发挥了重要作用,"为了确保军队和政治机器的支持,必须花钱"(Pareto,1968:2258)。

公共财政理论必须将统治的真正性质纳入思考范围。政府竭力对纳税人尽可能多地征税,除非他们的反抗猛烈之极,"政府费尽心血从公众那里榨取,必须满足的'需求'之少从不会令其陷入尴尬境地。对它们起到阻碍作用的是纳税人一方的反抗"。(Pareto,1968:2273)税收的作用在于为支出提供资金,这些支出的受益者是为政府提供支持的各阶级。"一些势力在支出上起了推动作用,将由此得利的个体构成了其力量之源。一些势力反对新税收,将由此受损的个体构成了其力量之源。评估这些势力的方法"(Pareto,1968:2273)并不少。在这里,帕累托的分析对民主政体来说尤具准确性。以诈术、庇护制以及公共支出(为的是将民主政权变为"一种主要是经济上的封建政权")(Pareto,1968:2259)为手段,民主政权"成为带有煽动性的财阀政权的趋势表现得越来越强"(Pareto,1968:2257)。

通过如上方式,对作为统治工具的公共财政的科学研究成为与民主社会支出有关的特殊问题的组成部分。帕累托将此种支出与庇护制联系起来。他提到了与"剩余物"(residue)②有关的一般理论,用来描述该领域的两种主要政体。③ 运用强力的政府有一个统治阶级,在这些政府里,"第二种剩余物占据主导地位"("集合体的持续性"趋势)。它们虽然不是"大手大脚的政府",却"在推动经济生产上归于失败",因为"它们就性质而言是保守的"。在经济上更有活力的精英不易掌权,因为"阶级流动一般来说并不快"(Pareto,1968:

---

① "一个极端以禁卫军所在的罗马为代表,在这里,事实上的主要统治手段……是军队。另一个极端以美国为代表,在这里,实际的主要统治手段……是政治机器。"(Pareto,1968:2257)

② 《思想与社会:论普通社会学》第六章研究了"剩余物",后者所指向的是社会现象的根基(正如语言学家追寻词语的根源:Pareto,1968:879)。那时,这些根基常常在五花八门的论证(派生物)下被掩盖起来。该章保留了六种"剩余物"(根据帕累托的看法,"剩余物"一名带有任意性:Pareto,1968:868),唯有用归纳法才能将它们显明出来。

③ 帕累托并未排除覆盖范围不那么广的其他政体。他强调、事实上,在这两种主要政体之间,存在着各式各样的组合(Pareto,1968:2277)。

2274)。民主政府在不忽略情感的情况下,对利益集团施行诈术。① 统治阶级拥有"高水平的融合本能"(Pareto,1968:2256)(借助第一种剩余物),通过总体的论证隐藏它的特殊目标。这些政府"挥金如土……但在产出上是积极的"。在喜人的经济情势之下,就产生了相对支出而言的过量收入(广义)。

(三)经济维度

通过繁荣与停滞之间的摇摆以及财富的分配,财政的经济维度得到分析。关于经济繁荣,帕累托感兴趣的是相关的数量指标,并对影响经济繁荣的多个因素有所思考。和往常一样,他依赖的是诸多历史案例:征服、贵重金属、各种发现、技术创新,等等。关于现代(从19世纪起),他强调了"经济利益对其他利益的优势",以及"阶级(精英)间大大加速的流动"(Pareto,1968:2300)。从方法论的角度看,这个问题与现象的"第一近似"有关,人们知道,总体目标指向的是对"社会平衡所依赖的各个要素"(处于"相互依赖"的境况)的理解(Pareto,1968:2203)。② 基于如上观点,根据帕累托的看法,经济利益便在对外政策中占据了上风(Pareto,1968:2300)。另外,"当下的阶级流动虽由此将大量毁灭财富的人拔擢为统治阶级的成员,但是,创造财富的人要多一些"(Pareto,1968:2301)。③ 19世纪经济荣景的成长便是明证。

如上分析④使政府与经济境况(便利了政府的行动)之间的关系得到确立(通过应用经验案例)。"由于现代政府越来越少地借助强力掌权,越来越多地

---

① 即便历史上出现过其他案例,这些特征关系到的却是"在当今盛行的一种极其重要的政体,即投机分子的统治"(Pareto,1968:2277)。如果人们服膺帕累托的思想,便会忽略运用诈术影响情感的那些("消逝了的")政府。

② 以计量方法(建立在等式、指标的基础上)为据,从数学上对所有要素和相互依赖的关系进行思考是不可能的。事实上,为了弥补这一缺陷,帕累托仅仅保留了那些最重要的因素,他通过一系列的"近似"把这些因素组合起来。他对这些因素做了组合。四种可能的组合是剩余物、利益集团、派生物与精英流动(异质性与社会流动)所形成的四个因素之间的组合(Pareto,1968:2205;2206)。对"从19世纪初迄于当下、由西方开化民族组成的"(Pareto,1968:2299)各社会来说,第二和第四种组合把利益集团和精英流动凸显出来。

③ "今日,可以确定的是,凡享受第一种剩余物(组合本能)之充分供应、知晓如何将自身才能用于工业、农业、商业、艺术和组建金融企业(无论诚实与否)者,几乎都……集聚了大量财富,不止如此……用一句话说,他们还成了统治阶级的一员。"(Pareto,1968:2300)

④ 帕累托的研究涉及现实而非规范和伦理,必须指出,他拒绝讨论通过节约与"财政、政治和其他领域的寄生虫"有关的支出,是否会获得经济的繁荣(Pareto,1968:2301)。

倚仗耗费不菲的治术,它们对经济繁荣有了非常急迫的需求。"(Pareto,1968：2305)就预算级次(budgetary level)来说,动用借款工具①是"方便之举"(Pareto,1968：2306),此举为的是给这些支出提供资金。这些支出由于继续掌权的必要性而受到某种程度的限制。帕累托还提到了将公共财政的真相掩藏起来的特别或异常预算过程。

只要有经济繁荣,如上行为模式的可能性便仍然存在。但是,在经济停滞的情况下,政府不再用公共支出来满足其坚定支持者与"自私利益集团"(Pareto,1968：2309)的需求。由此,增长期对帕累托所称的那些"投机者"(简称"S")是有利的。"他们富起来,在统治阶级中获得一席之地。"(Pareto,1968：2310)增长让"食利者"(简称"R")陷入不利境地。在停滞时期,则会出现相反的情况。②以事实而论,社会异质性在很大程度上取决于两个群体在统治阶级中的占比——它对应的是不同的"文明类型"(Pareto,1968：2236)。"在现代民主国家,产业保护增加了投机者在统治阶级中的占比。"(Pareto,1968：2236)

帕累托抛弃了"狭隘的伦理学依据"(Pareto,1968：2316),在摇摆理论的基础上提出了历史、社会观念。经济停滞期(此时,储蓄增加)为繁荣期(此时,存款减少)做了预备,"如是反复,永无休止"(Pareto,1968：2318)。一个为时更长的摇摆(通常持续数百年)又叠加在这些摇摆之上,它导源于食利者与投机者之间的权力斗争。由于投机者的企业活动,他们对于自己转嫁(经济归宿)给消费者的商业税并不敏感(Pareto,1968：2231)。相比之下,除了其他因由,拥有储蓄的食利者还易受税收的剥夺(Pareto,1968：2316)。通过此种方式,经济危机(在这里是储户所受的掠夺)现象变得稀松平常。③ 事实上,一次

---

① "有一些组合对现代政府的存在来说是不可或缺的。在对这些组合进行安排时,现代政府在某个特定阶段的支出普遍超过了其收入所容许的限度,借债(或公开或秘密的债务)补齐了差额。"(Pareto,1968：2306)

② 投机者(Pareto,1968：2232；2235)拥有强大的组合本能,它对"经营的成功而言可谓不可或缺"(Pareto,1968：2232)。他们热爱运动、探险,理解"个体——其收入从本质上说具有多样性,并且取决于人在发现收益之源上的大觉醒"(Pareto,1968：2233)。相比之下,食利者拥有剩余物"集合体的持续性"或第二种"保守性的"剩余物：Pareto,1968：2232)。他们更加羞怯,对自己的存款、自己的财产(总之是任何非投机性的收入)有所依赖。由此,这些群体是依赖剩余物的,即便在一些点上有联系,他们却不是如下群体：创新者、革命者、保守派,等等。食利者易受剥夺；投机者迅速投身经济冒险(Pareto,1968：2313)。我们还要指出,资本家可以是一个投机者,也可以是一个食利者。

③ 帕累托《政治经济学讲义》第二卷第四章提出了这个看法。

危机便构成了一个案例(摇摆),"和人类社会中任何其他的发展一样,具有规律性和规范性"。差异并非存在于内容当中,因为历史是由这些多少有些重要的摇摆现象组成的;而是存在于形式当中(与此相伴的是"在更粗暴的程序逐渐走向消亡的背景下"诈术的兴起)。由此,从方法论而言,认为掠夺、对私有财产的反复攻击、危机的周期性、①历史上(真正的)不平等在各种情况下的延续可以调整就是一个错误了。事实上,此种尝试是一个谬误,"也就是说,它用质量分析替代了数量分析"(后者的基础是投机者、食利者各自的数量)。在更一般的层面上,此一路径的主要意义在于忽略社会现象之间相互依赖的关系,这些现象构成了"决定社会平衡的大环境"的组成部分。

关于财富分配,相关的方法是以税收数据(纳税申报单)为基础的,其目的在于质疑分配理论。帕累托旨在表明自己的立场,即反对社会主义纲领在税收事务上强力推荐的国家干预方案。他在几部写就的著作中已然解释了自己的方法和结论,尤其是在《政治经济学讲义》(*Course in Political Economy*, Pareto, 1964)中。按照他的看法,收入分配状况并不是偶然形成的。它不依赖于经济组织:"这条曲线的形状看似只在轻微程度上取决于被纳入研究范围的列国的不同经济状况。"(Pareto,1964:960)它形如"箭状物,那个点很尖,箭身则很宽",而不是金字塔形(社会结构)(Pareto,1965:16)。根据帕累托的观点,如下结论应着重强调:穷人境况的改变唯独取决于财富。② 由此形成的是一个生产而非分配的问题,"此事紧迫之极,故此,要通过一种常规、普通和长期性的方式,减少收入不平等现象,要让总收入相比人口数量有所增加。"(Pareto,1964:965)社会主义纲领以减少不平等为追求,却注定归于失败:"国家社会主义要用人力改变此种分配状况,它所做的努力所产生的第一个后果便是财富的毁灭。故此,他们达到的终点恰与其心中所存的目标相悖,也就是说,他们让穷人阶级的境况恶化而非改善了。"(Pareto,1965:17)

---

① 有关经济危机的寻常理论有误。它们是有关社会繁荣的派生物,因为"'危机'一词所指的无非是摇摆现象中的下落阶段"(Pareto,1968:2335)。《政治经济学讲义》展开了如下分析:"由此,人们绝不能把危机想象为要来打断事物常态的事件。相反,波浪式运动才是常态;经济繁荣带来萧条,萧条返归至繁荣。"(Pareto,1964:926)
② 帕累托承认,在相互依赖的多个要素(尤其是精英流动与经济境况)的作用下,受益者会发生变化。但是,社会不平等法则的真实性既不取决于经济组织,也不依赖教育水平的提升和社会主义政权的建立。

由此，对公共财政社会学来说，如上经济视角展现出来的兴味并不如《思想与社会：论普通社会学》中的财政理论。事实上，帕累托的"法则"忽略了最低的非税收入以及逃税的高收入。帕累托在政治学方面的结论涉及不平等的不可变特征，这是不可证实的。正如皮凯蒂所强调的（piketty，2001：528），如果财富分配确实取决于少数几个参数，那么，这些参数或许相差很大。我们必须加上一句，帕累托对任何国家干预都取沉默态度，这就妨碍了他与一种普通社会学——关于社会异质性、精英流动（在《思想与社会：论普通社会学》中有所阐释）——建立一种真正的关联。由此，在增进繁荣的问题上，他仅仅提出了经济解决方案，而后，相互依赖的方法反倒被否定。收入分配的普遍"法则"最早发表于1896年，归根结底，它的目标带有意识形态的色彩。它不仅谈到了经济思想史，而且将帕累托体系的局限呈现出来。

（四）帕累托理论的贡献与局限

就方法论而言，帕累托在《思想与社会：论普通社会学》中提出的财政理论是复杂的。它与它的分析所依据的大背景、与它内部的基本概念大体上保持了一致。当然，帕累托并未提出完整的公共财政理论。他满足于对问题的触碰（Pareto，1968：2274）。这些问题涉及许多相互依赖的要素，帕累托想把它们牵扯到与总体社会平衡有关的大环境里。尽管该理论就其总体意图而言带有不完整性，它却提供了一些有趣（不过，已然包含了一些局限）的看法。在不保留可疑的理性观念的条件下，与非逻辑行为和派生物（意识形态、错误的科学理论……）有关的方法将研究金融（财政）社会学的视角呈现给人们。如我们将要看到的（第九章），以认知理性为工具的研究路径会超越逻辑行为与非逻辑行为之间的严密界限。人们可将前者等同于严格意义上的功利主义方法论（理性选择理论）；至于后者，则要从行为主体在其所处背景下所持的视角来考察。有关相互依赖的方法论同样是重要的。在政治维度（按照帕累托的看法，该维度要在统治阶级的行为中加以探寻）之外，它还强调财政现象的复杂性。它呼吁以一条综合路径（Pareto，1968：2258）研究与财政公共行为有关的各样主题（在以分析路径研究各个主题之后）。它认为，人们绝不能将经济和政治分开，与此同时，要借助近似法，为与经济境况和精英流动之间的相互依赖关系有关的特别研究提供依据。①

不过,如上方法论仍受决定论的指导。毫无疑问,此种决定论并不易觉察,②但是,其突出特点在于一种引人注目的历史悲观主义。帕累托财政社会学的内在局限基本上体现在如下一点上:三个分析层次(反国家干预的承诺、历史波浪式前进的观念以及综合性的方法论)无法联系起来。对问题的此种定位③使得他将聚焦点放在当时财政科学的缺陷上、对民主真实功能的抨击上。④ 他让托克维尔表达的观念重新活跃起来,并指出,"在我们的社会里,存在着一个趋势,即税收由并不缴税的大多数人投票决定,承担税负的是一小撮人。"(Pareto,1968:2553)不过,不同于托克维尔在其财政社会学中所表现的自我,帕累托的自由主义把他引向的是一个科学的死局(scientific impasse)。

帕累托用一种辩论的腔调,谴责各式各样的公共干预。被剥削民众的钱财落入"蛊惑人心的财阀"(Pareto,1968:2553)手中,后者捍卫的是自己的"舒适与快乐"。他痛斥由此导致的浪费。⑤ 他还批评由干预型国家导致的腐败增加。⑥ 他抨击对富人的额外索取。⑦ 这些批评与现代民主社会中统治精英的庇护制观

---

① 经济学是反映政治学的镜像,有关前者的霸权地位,参见 M. Tucci,2007。以近代早期西班牙、法国、尼德兰与英国为例,对精英冲突历史影响的研究,参见 Lachmann,2009 与本书第四章。

② 在比较"处于衰落时代的皇权"与"民主社会当权的财阀政府"时,他得出结论:"很显然,我们前行时所依循的那条曲线有如罗马社会当时(在帝国建立之后)所走的道路,人们看到的是一个繁荣的时代,它延续了很长时间,是一个衰落的时代。历史并不重复自身。除非人们选择相信某种'黄祸',否则,将要到来的下一个繁荣时代极不可能源自另一次蛮族入侵。"(Pareto,1968:2553)

③ 这一定位从以下两个方面得到了解释:一方面,帕累托计划打造一个对所有特殊社会学都有效的普通社会学框架;另一方面,他深信国家干预的种种恶果(他在意大利已然观察到这一点,尤其是该国在 1886 年实行了一种关税)。

④ 帕累托对伦理学的多种形式大加挞伐,他要求人们将其与现实区分开来,与此同时,他写了许多东西捍卫自由贸易。在这一点上,他与瓦尔拉斯(Walras)截然有别,后者是在他之前执掌洛桑大学教席的前辈。尽管在纯经济学中证明了竞争性市场模型的重要性,瓦尔拉斯还是认为:在应用经济学中,完全的自由放任会是不合适的。

⑤ 比如,在尾随支出(施展权力或施行恩赏的一种形式)分析之后的段落中,他批评 1913 年罗马一座法院大楼的建设——这意味着"将就业岗位……给那些很听话和极怠惰的劳动者"(Pareto,1968:2259,note 1)。

⑥ "权力更多地被使用和滥用,政府对私营企业的干预就越广泛。随着原材料增加,由此可以挣得的份额就增加。"(Pareto,1968:2267)

⑦ "为了逃避不可承受的负担,纳税人将自己的资金转往他国。管理其生活的政府变得愤慨起来,尝试用各种办法触碰到那些资金。互助协议由此达成,将它们称为'剥削者',或是民主制下财阀政府之间的'共谋'也不为过。"(Pareto,1968:2553)

念是一致的。这些精英以诈术遂行统治,为此,他们花钱购买社会安宁,偏心于"投机者"。但是,他们与如下观念极不相合:由于精英在狮子、狐狸(以及投机者、食利者)之间转换,历史(与经济)的重波叠浪可谓无情。如果说干预型国家的种种可悲表现是社会总体形态、阶级关系异质性的固有之义,那么,对此种国家的挞伐就毫无意义了。总之,排除有利于科学的所有伦理偏见(尤其是因为有关一般社会平衡的研究所占据的主导地位),此种立场与帕累托在方法论上的假设相悖。① 这一假设之所以被提出来(Pareto,1968:2316),是为了表明任何改革,如其是有益的,其含义都在于与攻击财产的行为、与侵夺和社会不平等做斗争。这位来自洛桑的大师谴责国家干预,由此让自己的方法论陷入自相矛盾的境地。事实上,按照人们的认知,其思想体系中的公共行为是与精英民主(人们必须考察此种民主与总体社会平衡的关系)有关的一种庇护制诈术。由此,帕累托未能探索他的伦理学视野与其社会学分析之间的关联,这与分析法国大革命时的托克维尔(参见第一章)并不一样。

　　对于这一缺失,我们不做细致探究,②因为我们还应思考帕累托的财政民主模型。相比对牵涉社会平衡的种种关系所做的一般性理论探讨,这一模型受到的限制更多(近似法)。摆在明面的有两个层面("要素"):政治层面,包含四个变量,即意识形态(以"情感"为目标的派生物)、庇护制、侵夺(以"利益集团"为目标)以及精英流动;经济层面,包含两个变量,即经济波动(繁荣或停滞)、精英流动(在政治层面已有体现)。帕累托创建这一模型,以其为方法论的准则。虽然如此,它仍然不能超脱财政民主现象的复杂性。托克维尔的模型在政治、经济维度之外,还探讨了社会学的层面(与教育、社会价值观的影响有关)与认知的层面(与对具体事③和短期利益的偏好有关)。相比之下,帕累

---

① "从伦理学角度看,评判一项举措可以抛开所有其他的社会现象,而从社会效用的角度看,这是不可能的;必须考虑该举措对整体性平衡的作用。在伦理学视角下,一项举措是不道德的;从社会效用的角度看,它或许完全值得赞美。反之亦然……但是,对人群中的受影响者而言,他们最好相信在此种关系中,一项举措之伦理价值与其社会效用之间存在精准的一致性。"(Pareto,1968:2274)

② 帕累托给出的另一个案例指责精英没有捍卫他们的权力。

③ 不过,帕累托追踪过这一认知要素(被他界定为"派生物")"他们用各种派生物来表明自己的统治是国有益的。其中让人感兴趣的是如下一条论断:相比特殊问题,公众更有资格对一般问题发表意见。事实上,真相正好相反。人们只需花很少的时间与一个文盲交谈,便知后者对特殊问题(通常是具体的)的把握,要远比对一般问题(其抽象性可谓通则)的把握来得清晰。"(Pareto,1968:2253)

托的模型就没有那么精致了。

如果把帕累托介绍的公共财政理论当作有关社会平衡的一般社会学中的异类,那么,对它的理解更不简单。与一般社会形态有关的复杂决定论旨在将历史中的种种结构性力量纳入思考范围。① 它仍保持着极为抽象的状态,② 这就方便了人们考察它在干预型民主这一领域的价值。和托克维尔的倾向性(或者条件性)定律不同,历史、社会定律被认为是不可更变的,哪怕我们在得以实现的各种不稳定的(静态)社会平衡之外,也对社会变迁机制的问题做出考量。此种理论有一个很简明的看法:历史是精英的历史,他们追逐权力,与此同时,力求将金钱留在自己的口袋,并且以牺牲其他人为代价,让自己的腰包鼓起来。人们要知晓现代民主在本质上是不是挥霍无度的(干预型的)基本问题,帕累托的回应是肯定的(考虑到强大的庇护制),和托克维尔、瓦格纳一致。针对现代民主社会,帕累托尤其坚持这一点,在这些社会中,"对一个国务部长而说,实用的财政科学……归根结底是要找到克服纳税人阻力以及在不引起太多鹅鸣的情况下拔掉鹅毛的种种方法和手段"(Pareto,1968:2273)。

不过,帕累托的回应并不那么清晰,人们也无法认为它描述了一种确定的趋势。事实上,即便当权的精英呈现出流动之相,他的历史决定论和他的悲观主义(涉及社会寡头政治结构的长存)不容他阐述这样一种与民主制下的财政有关的完备理论。在此种情况下,对民主社会所特有的一条具有倾向性和分析性的定律而言,与各要素相互依赖有关的那种"综合"方法便成为探索之路上的一个障碍了,即使是与近似法相比。这一缺陷由于帕累托反对任何国家干预政策的意识形态偏见而强化了。通过此种方式,统治精英能够误导大众(与"情感"有关的意识形态);这有赖于经济周期与社会分层(以及剩余物)的结构性调整(此种调整对精英流动、社会平衡等有修正作用)。但是,主要的教训仍然是:无论如何,国家干预政策都是有害的。

最后,帕累托的财政社会学尽管内容丰富,他仍然陷在了与财政限制有关

---

① 换句话说,"历史显明了在每个时代,同时联系着的某些群体发挥着作用。这一事实证明,这些联系彼此间具有相互依赖性(真正的运动),不唯如此,决定社会平衡的还有其他的条件。"(Pareto,1968:2316)

② 在一般层面上将剩余物、利益集团、派生物、异质性(分层)以及精英流动(运动)结合起来。

的一个理论里,后者将民主社会中各种选择的真实可能性(参见第七章)隐藏起来了。围绕着经济境况,存在着复杂的政治社会学。即便如此,人们仍将经济境况理解为统治阶级所行庇护制的一个简单决定因素。此外,目睹福利国家观念诞生的帕累托并未努力在种种妥协方案上表现出先见之明,在这个领域,这些方案能够被发现实属民主之功(参见第十一章)。他受到一种伦理学偏见(与他在方法论上表现出来的倾向并不那么一致)的影响,一早便对福利国家进行抨击,认为它使个体的所有主动性走向毁灭、使所有的人类尊严走向消亡,并且使人堕落至绵羊的境地(Pareto,1964:998)。他拒绝以税收或支出为手段的各种财富再分配形式。他提出的一种与限制有关的强大理论于有关政治选择的民主理论有损,构成意大利学派特征的一种权力观念则成为它的倚仗。

三、意大利学派(狭义)

在财政科学中,所有意大利作家都熟知帕累托的财政社会学,无论他们是否认可它。这位来自洛桑的大师影响了许多作者,[①]不过,在他们之中,有四人尤其引人注目,即奎多·森西尼(Guido Sensini)、吉诺·伯格塔(Gino Borgatta)、罗伯托·马雷(Roberto Murray)和本韦努托·格里齐奥蒂(Benvenuto Griziotti)。在此,我们不讨论以自愿交换为基础的研究路径(牵涉边际主义),[②]以求为代表政治学研究路径(而非帕累托的研究路径)的三位作家保留一席地位,他们是卡洛·安杰罗·科尼利亚尼(Carlo Angelo Conigliani)、阿米尔卡·普维亚尼(Amilcare Puviani)和乔瓦尼·蒙特马尔蒂尼(Giovanni Montemartini)。

(一)奎多·森西尼

奎多·森西尼是帕累托的门生。他尝试探讨与社会平衡有关的公共财政

[①] McLure,2007 一书包含一篇再版论文的英译,我们提到的信息引自该文。该文忽略了阿尔多·斯科托(Aldo Scotto)所做的努力,在财政分权的观念上,它表现得更克制,与帕累托的思想有着更大的差异。

[②] 尤其是潘塔莱奥尼、德·维蒂·德·马尔科和马佐拉。布坎南(Buchanan,1960)主要从经济学角度呈现了公共财政的意大利传统,没有直接涉及财政社会学。意大利财政科学的作者们有时将社会经济要素纳入自己的研究路径(Boggeri,Sundelson,1938:252)。潘塔莱奥尼(Pantaleoni,1967:27)指出,议会的态度是评估一国对税收容忍程度的一个政治要素。

问题。① 在发表于1929年的一篇文章《公共财政理论大纲》("Cenni di finanza teorica", in *Giornale degli economisti*)中,他对自己的立场做了概括(在这里,我使用的是近来对该文的英译)。对这位作者来说,公共财政包括两个问题:收支的确定;它们对社会平衡的影响(Sensini,2007:249)。他以对人类行为的三个分类起头,而后,作为帕累托二分法的补充,他引入"混合行为"(Sensini,2007:21)这一类别,从而区别逻辑行为与非逻辑行为。在一条注释中,他特别提到:将逻辑行为与非逻辑行为融合起来的行为是最重要的。②

而后,他论述了政府与被统治者的关系的重要性,与此同时,他特别提到政府不仅包括担任政府职位的官员,还包括这样一些人——他们的利益要被纳入考虑范围(Sensini,2007:note 5)。随后,遵循帕累托的路径,他否认了按照严格逻辑运作的政府的真实性。到此处(Sensini,2007:note 10),他从《思想与社会:论普通社会学》那里再次拾起对需求观念的批评(上文已有论述):真正的政府,其行为应与"持续掌权的可能性"(Sensini,2007:252)取得协调。仍未偏离乃师道路的森西尼指出,"为政府提供支持的阶级"竭力"从此种情形中"获取"可能的最大利益"(Sensini,2007:253)。不过,在回应大众的情感以求更好地确立自己的主导地位时,政府也能利用各种理想的动机(ideal motives),并由此借助支出(资金由税收提供)来满足这些需求。③ 统治阶级的目标是将税收压力维持在尽可能低的水平,与此同时,通过公共支出获得各种好处。财政政策的变化由此便与受到眷顾的主导阶级的构成、与帕累托意义上的阶级冲突存在着协调关系。

通过上述方式,森西尼的分析回答了收支确定问题。他遵循的是帕累托的理论框架,但是,他把融合了逻辑行为与非逻辑行为的混合行为放在财政社会学的中心位置。而后,他探讨了与社会平衡存在的关联(经济效应首当其

---

① 我们把森西尼有关李嘉图等价(非常税与举债之间的等价)定理(与经济、社会平衡有关)的著作放在一边。因为按照麦克卢尔的研究(McLure,2005:620),这位作者得出的结论如下:就人之所知而言,找到这个问题的解决方案是不可能的。

② 人们在经济行为中可以看到"非逻辑"的最小值,因为在第一近似中,纯经济学可以合理地忽略这一部分。而"非逻辑"最大值则与宗教相关。

③ 他引用了帕累托《思想与社会:论普通社会学》中与国务部长的实用科学有关的文字((Pareto,1968:2273),其内容主要是克服纳税人的阻力(见上文)。

冲），其所依从的是帕累托有关平衡的方法论。就经济效应而言，他区分了税收、支出二者对个体以及集体产生的效应。在个体层面，或者，在由个体组成的阶级的层面（比如企业家），"纯财政理论的主要目标"是在一个与纯经济学有关的过程中，针对关于后果或影响的现象创建"数学理论"（Sensini，2007：255）。[①] 在集体层面，对收入影响的考察应与税收类别（比如，直接税或间接税）、税率和征税程序（比例税、累进税或累退税）以及类似的支出程序保持一致。在这里，森西尼（Sensini，2007：256—257）尾随帕累托，强调公共财政在促进财富"从那些在经济运作上能力不足者向能力更强者"转移（也就是借助向"投机者"的倾斜）时"经济繁荣的扩展"。但是，他引入了纯财政科学的要素，比如"归宿"（incidence）等，以此与他的老师分道扬镳，后者认为，能用于公共财政的只有与非逻辑行为有关的社会学。他还让被他称为"财政效应"（Sensini，2007：257）的预算技巧享有一席地位。他研究了税收各项特征对预算的作用（比如宽税基），以及支出的预算效应（比如社会立法的影响）。

森西尼借助对"政治效应"的研究，完成了自己有关社会平衡的分析。前者涉及将"收支"……不同类型的政府……以及精英流动联系起来的各种现象（Sensini，2007：257）。他回忆道，无论取何种预算形式及政体，支出的目的都是让"政府能持续掌权"。他再次引用帕累托的《思想与社会：论普通社会学》，指出用于军队、庇护制的必需支出对应的是"全民所承担的税负这一层次"，它与"全国所创造的财富的数量"有关，由此，亦与"经济繁荣的不同阶段"有关（Sensini，2007：257）。照森西尼来看，这些问题属于社会学领域。他得出结论，对科学的公共财政理论来说，以如上方式得到研究的各要素才是基本的要素，即便其他要素（心理的、人口的、道德的，等等）或许会发挥作用。

（二）吉诺·伯格塔

吉诺·伯格塔是帕累托的另一个追随者。[②] 他同样批评了财政科学中占

[①] 森西尼（Sensini，2007：256）强调了操作的困难。比如，一个酒鬼面对酒类税的增加，或许会减少自己的消费，或者，可能在喝的东西上一仍其旧，但节约其他支出。为了确立有关经济平衡的等式，经济学家将这些问题放在一边。

[②] 关于伯格塔与帕累托的关系，参见 McLure，2006。

据主导地位的研究路径,尤其是在发表于 1920 年的一篇题为"财政现象的科学研究"("Lo studio scientifico dei fenomeni finanziari")的论文中(Borgatta,2007:203—204)。他追随帕累托的思想,认为在经济学问题之外,人们亦须将社会学问题纳入探讨范围。财政现象不能仅从纯经济学、纯逻辑行为体系的角度研究。不过,他给予经济分析确定的地位,因为与帕累托相反,他承认,财政构成了"逻辑"行为的一个组成部分。"显然,我们唯有掌握经济科学所提供的严格意义上的经济知识,对各种效应以及对有关财政事实的定律的研究才会成为可能。治国人群的所作所为和履行的职能是有代价的。这一事实本身意味着在不同群体(或受打击,或受眷顾)中会出现一系列经济上的逻辑行为。财政现象推动了变化,有助于决定与每一个总量(aggregate)有关的经济平衡。"(Borgatta,2007:237)而后,他列出了取决于纯经济学研究路径以及逻辑行为的一长串问题,包括税收归宿;公共垄断;公债;等等。他呼唤一种动态的研究路径,后者会将一应举措的效应看作一个"变量"或是"静态经济平衡"的"新条件"(Borgatta,2007:238)。

但是,归根结底,此种分析须将聚焦点放在财政现象的社会学维度上。伯格塔征引帕累托的话(Borgatta,2007:108),再度拾起对国家的批评,人们认为国家通过征税(旨在为支出提供资金)回应了集体的需求。按照伯格塔所下的科学定义,财政现象的社会学维度指的是"财富从某些个体、群体转移至某些其他的个体或群体手上。此事不是在经济行为、交换的基础上发生的。社会学中的财政必须确立各种力量及规则,它们实际上是这些财富流动现象的起因"(Borgatta,2007:211)。和帕累托一样,伯格塔特别提到,"统治阶级必须为自己、为支持自己并共享利益的群体找到相应的工具,确保必要的或人们所期盼的收益"(Borgatta,2007:217)。他以一种更具原创性的方式、沿着曼为奥地利学派所探索的那条思想路线进行探讨,认为公共支出执行的是"政治一社会功能"(国防、司法、行政组织、治安,等等)(Borgatta,2007:217),它们的资金必须由税收提供。但是,不同于帕累托,他强调了将这些要素与社会平衡联系起来的重要性,认为"绝不局限于某一个人的少数人统治着社会"(Borgatta,2007:218)。

在公共财政领域,伯格塔以一种有趣的方式对帕累托的分析进行具体说明。① 他探讨了参与到社会平衡中的经济平衡,投机者与失利者之间的相互依赖尤其受到关注,"就逃税来说,被描述为'投机阶级'的那些阶级一般有着最大的机遇……因为他们的收入要么享有官方豁免权(资本收益的实现),要么很难弄清"(Borgatta,2007:221)。消费税对投机者的商业收益只产生轻微影响。以固定收入为生的食利者更少逃税;他们要容忍将公债(资金由他们提供)转换至更低水平的举措、货币贬值,等等。战争虽在投机者的直接欲求之外,由于他们对战时经济的适应性,反倒从中受益(Borgatta,2007:223)。税收优惠(在投机阶级那里享有神圣地位)的特征因国而异,但是在现代,这是一个普遍现象(参见本书第十一章),"从18世纪末至世界大战,在所有伟大的现代国家,财政现象连同导源于政治事实(political fact)的所有财富转移,对享有更高经济地位的阶级的形成产生了强大的推动作用。"(Borgatta,2007:221)

伯格塔甚至超越了帕累托,他坚持认为这些阶级在经济上的作用是积极的。财富毁灭与赋予这些阶级的财政优惠相关,在很大程度上,导源于如上积极作用,有利于普遍繁荣的种种因素又对此形成了补偿效应。事实上,一些群体因公共财政致富,它们的禀赋会带来更有利的经济主动性,即便有人明确指出这不是一个道德或政治正当性的问题(Borgatta,2007:233)。

如上分析偏离了帕累托的理论基础,因为现代社会的公共支出被赋予了积极的作用(伯格塔的态度是小心谨慎的②),在"社会福利"(人们会这样命名)上,支出扮演了正面的角色。"最近150年里公共支出的增长态势"(Borgatta,2007:227)与让收入大涨(这对"政治团体扩大支出"有鼓励作用)的经济繁荣相关。但是,伯格塔在后面确立了公共支出与经济增长之间的联系。公共支出以"公共服务、职能"(Borgatta,2007:234)的方式创造了更好的、有益于经济的环境。③ 他提到由警察保障的收入、货物安全,法律体系加以保障

---

① 即便伯格塔使用的方法来自那位洛桑大师,他的陈述却并未得出一些在他那里与数个被纳入思考范围的独立要素联系起来的清晰结论。

② 因为为了不与经济繁荣、停滞阶段的摇摆现象产生矛盾,他在如上结论之后加了一句话,"私有财富流动与公共支出流动之间的关系无法通过一个可靠的公式做出准确的界定。"(Borgatta,2007:234)

③ "政治—司法组织达致一定的发展水平时……按比例增加(公共)支出的需求便没有了。以前存在的组织自动地创造出一个环境,迈步向前的经济活动从中生发并得到强化。"(Borgatta,2007:234)

的契约实施,源于军事防卫的个人安全,此外,还有公共工程所打造的道路和所创造的其他交流方式。公共支出的此种经济功能给人带来更多益处,因为它的成本如伯格塔一再说明的,低于经济增长提供的税收收入。人们还必须谨记:"众多要素有缓慢促进私人平均收入增长之效",基于"不容许税制冲击这些要素的因由",投机者大范围地逃税。

最后,伯格塔得出了若干具有原创性的研究结论,以此对帕累托综合研究法(探索相互独立的多个要素)的发展有所助益。因此,他认为在"一个贫穷的经济体"和"一个富裕、复杂的经济体"(Borgatta,2007:227)中,公共支出的经济功能并不相同。他强调中间阶级对税收体系扩展的重要性,尤其是在后者由"食利者"组成的时候,"所得税基本由食利的中间阶级承担,上层阶级尤其是投机阶级被排除在外。"(Borgatta,2007:226)他指出,作为一个技术性很强的征税过程,征收间接税的重要意义得到人们的看重,因为该税具有无痛性,即便他在有关这一现象的解释上面临着挑战。[①] 他坚持认为,"在财富更多、人口更繁盛的不同历史时期、不同地方","民主的"(Borgatta,2007:229)政策会占据上风。事实上,这些因素同样与工业化和城市化有关,并且对大型压力集团的形成是有益的。新的权力精英(投机者)必须通过公共支出满足这些集团的需求。在另一段文字中,他将议会制与官僚组织联系起来。为了给许多失业者提供岗位,精英们创建了官僚组织,但是,在后来,"为了简化、削减官僚组织"(Borgatta,2007:223),就放手不顾了。最后,他解释了经济学研究路径的主导地位(尤其是在财政科学中),统治精英的业务概况也被提及。研究认知社会学的人会对他的论断感兴趣(参见第三章)。

(三)罗伯托·马雷

我们将把注意力集中在罗伯托·马雷发表于 1915 年的论文"公共财政科学、财政法与国家观念"(La scienza dellefinanze, il diritto finanziario e la no-

---

[①] 相比"经济上的无知"(Borgatta,2007:225),运用纳税人认知理性的那种研究路径更好地解释了消费税的无痛性。

zione di stato)上,因为国家问题在相关疑难中处于核心地位。① 在他看来,公共财政构成了一种国家(而非个人)行为(Murray,2007:180)。他以为战争融资的特别税为例,只有在国家宪法的框架下,人们才会投票认可该税。它表达的不是个人的纯粹意志,在此种情况下,也不是统治阶级的意志。他给出的另一个案例(Murray,2007:181)与如下情形有关:纳税人为公共服务缴税,这些服务的用处却被纳税人忽略了。这一情况显明了国家的强制性。如我们所见,在这里,探讨税收国家的马雷偏离了帕累托。不过,他断言财政科学必须考察一般规律,②这就依循了帕累托的方法论。但是,他毫不犹豫地将公共需求纳入自己的分析,而如前所见,《思想与社会:论普通社会学》中对"公共需求"概念做了批评。公共需求是财政行为的组成部分(Murray,2007:181),按照规定,需由公共机构加以满足。

马雷区别了财政现象的经济学研究路径与政治学研究路径,为此,他提到了帕累托的近似法,以求分别探究经济、政治维度。他坚持政治维度的重要性(比如,他以普维亚尼的财政幻觉为效法对象)。对他来说,为了在如上两条路径之间做融合工作,"国家""公共需求"观念有其必要性(Murray,2007:183)。国家确定并满足公共需求,这两项功能有赖于纯经济学和③纯政治科学(作为公共财政研究的近似物)。与帕累托相反,两条注释具体说明了公共财政是逻辑行为,在这方面,国家可以自主行动,即便以获得利益为标的的阶级斗争发挥了作用。政治科学关注的是对国家强制手段的研究,经济学关注的是对达致政治平衡(与从财政上满足公共需求有关)的经济手段的研究。

(四)本韦努托·格里齐奥蒂

说起本韦努托·格里齐奥蒂,我们要述及有关李嘉图等价原则(与非常税

---

① 这个问题是"考虑到有些东西关联到公共财政科学与财政法,是否有必要在处理财政现象前定义'国家'概念?"(Murray,2007:179)。

② 对马雷来说(Murray,2007:180),在这种一般层次上研究财富从公共机构向私人个体的转移是一个问题。方法是帕累托的,马雷在《政治经济学教程》(*Lessons in Political Economy*,Murray,1920)中对此有详细说明。他在书里提到对一致性(规律)的探寻、相互依赖的联系以及必要的近似(approximations)。不过,他还说:由于现实的复杂性,规律总是具有倾向性。在自己的著作《政治经济学教程》的第八章中,马雷还提及帕累托的危机(作为正常的摇摆现象)理论。

③ 支出满足公共需求。源自国家强制的税收为支出提供资金。

和债务的比较有关)的研究。这个经济问题对我们的论题而言并不是至关重要的,即便这位帕累托的门生邀请我们考虑政治和经济背景。① 尽管在出发点上与格里齐奥蒂的想法接近,帕累托却认为对这一问题的呈现是很糟糕的,因为与社会(首先是经济)平衡的关联并未得到具体说明(McLure,2005:614)。有一点尤其有趣,值得强调的是,如麦克卢尔所指出的(Mclure,2005:624),格里齐奥蒂的财政社会学朝着跨学科功能研究路径的方向演变。此种路径在出版于1940年的《财政功能研究》(*La studio funzionale dei fatti finanziari*)中得到了说明。

在发表于1949年的"维尔弗雷多·帕累托与马费奥·潘塔莱奥尼给我的教益"(Alla scuola di Vilfredo Pareto e Maffeo Pantaleoni, in *Giornale degli economisti*)一文中,格里齐奥蒂解释了帕累托的遗产对自己的影响,②阐发了国家的重要性("它是最优的政治实体")(Griziotti,2007:261)。面对"政治因素的主导地位"("不排除其他'社会—经济'上的影响因素")(Griziotti,2007:260),他通过研究各要素的功能,把公共财政设想为一种"政治选择"。在这里,具有核心地位的是政治功能,或是对"各种目的(无论是公共的还是集体的还是个体的)"的分析;接下来是经济功能和法律功能(它对"财政法与社会法之间的相互关联"提出了疑问)。

公共财政涉及国家,如此,"收入才能覆盖公共支出"(Griziotti,2007:260);它成为"经济政策的工具",通过"与社会现象的互动"(Griziotti,2007:260),将国家和社会关联起来。这三个领域确定了三门"学科":财政科学居首位;经济—财政政治学位居次席;财政社会学敬陪末座。财政社会学能够对影响公共财政的社会定律提出疑问,尤其是"掌握政治权力的主导阶级的活动状况"(Griziotti,2007:260)。不过,它尤其要对税收国家——作为一个"与道德、政治、传承以及司法有关的"(Griziotti,2007:263)现实而非一个受到帕累托抨击的形而上实体(一个派生物)——进行研究,这是这位作者的基本看法。不过,其他的意大利作者在不直接牵涉帕累托的情况下应用了一种社会—政

---

① 格里齐奥蒂运用德·维蒂·德·马尔科对李嘉图等价原则所做的新表述对该原则进行探讨。后者是意大利财政科学领域的另一个大人物。相关讨论,参见Buchanan,1960:51—55。
② 他尤其声称这是基于真正事实的科学方法。

治研究路径。

(五)其他的意大利作者

博卡乔(Boccacio)和德·博尼斯(De Bonis)的研究(2003年)与19世纪末到20世纪初的意大利政治学研究路径有关。以此为基础,我们为三位作者存留了位置,包括卡洛·安杰罗·科尼利亚尼、阿米尔卡·普维亚尼以及乔瓦尼·蒙特马尔蒂尼。

科尼利亚尼在国家需求(要运用贸易和生产手段来满足)的基础上,批评了经济学观念。国家的经济性是一个虚构(Boccacio, De Bonis, 2003:83)。不能沿着快乐主义的思路认为以集体需求(与社会福祉有关)面貌出现的公民个体需求会通过商品得到满足。它也不是一个在需求的满足上私人部门无法承担责任的问题。由此,公共财政所指向的不是公民而是政府,统治者顺应自己的利益,处理与约束和强制有关的事项。与价值理论的关联是不存在的,因为唯一的法则是政治性的,它意味着寻求权力。公共财政只有一个方面的内容,即政府通过征税对被统治阶级施展权力。按照科尼利亚尼的看法,这一点必须被纳入思考范围。

普维亚尼也认为,大众承担了沉重的税负(Boccacio, De Bonis, 2003:84),作为交换,却并未享受国家福利。他对"交换税"理论(为交换获得的好处而付出)提出反驳。但是,为了解释税收,他提到了阶级冲突(用到了某种历史唯物主义思想)而非精英理论。国家捍卫富人阶级的利益,后者掌握经济权力,损及社会中的其他阶级。然而,正如普维亚尼所坚持的,光凭这一点不足以解释财政现象。为此,他提出了前景光明的财政幻觉理论。该理论以如下观念为基础:相比期盼从公共支出得到的各种好处的价值(有所高估),纳税人低估了税额。如我们所见,(客观)价值理论并未受到排斥,而是在面对税收时经过了主观意义上的个体情感的调整。众多关于纳税人态度(涉及以税收为公共服务融资的问题)的研究将追从普维亚尼所开创的路径。不过,如果以这类理论为基础,假设公民不务实的态度(或曰非理性)会极力施加自己的影响,那就是错误的了。在第九章,我们会看到收支之间的关联在其对应一种认知理性(公民认为有其他融资手段包括举债、重置支出、减少浪费,等等,这会导致他们低估为公共支出所需缴纳的税收)的意义上是合乎逻辑的。在财政幻觉理论中,普维亚尼还认为,竭力通过诈术[①]误导纳税人的正是政府(用帕累托的话说)。这一点还为一种现代理论(与公民缺乏财政务实态度有关)所提出的批评提供了支持。因为,如果成本被降至最低或隐而不见,那么,很自然,人们会对公共产品或服务的好处产生敏锐的感知。

对蒙特马尔蒂尼来说,国家经济行为的本质在于强制,但是,他的分析仍停留在狭隘的经济层面(Boccacio, De Bonis, 2003:86),对金融(财政)社会学并未表现出多大的兴趣。他的著作(有关于储蓄的,还有关于公共财政的)涉及纯经济学。[②] 国家被视为企业家,其与众不同的特征在于以强制为手段,(从弱者那里)获取收入,用来为自己谋利。从理论上说,企业家可以是个人、是阶级甚至是整个共同体,但是,在现实中,人们发现的往往是第二种情形。由此,此种视角排除了如下国家观念:国家为自由提供保障;国家保证协调不同利益,以使它们达致和谐状态;国家的前进动力仍是公共产品的生产。

结　论

财政社会学通过奥地利和意大利的创始者们,积累了大量的相关研究成果。他们的思考旨在细化一门全球性的社会科学,即便意大利学派在规范经济学(normative economics)的地位问题上各有看法,并产生意见分歧。我们获得的教益是重要的,尤其是对一门被认为在税收领域提出了普遍性问题,并且以跨学科视角研究国家－社会关系的社会学来说(参见第三章)。即便他们的问题有时交织在一起,这两个有奠基之功的学派还是有所不同的。奥地利学派最看重对税收国家危机的历史研究;意大利学派在呈现不同的分析时,还对统治精英的主导地位感兴趣。必须指出的是,为了聚焦于生产,即便曼[③]和

[①] 比如,通过公共支出得到的赞美、间接税的应用、对娱乐活动的征税(得自博彩的收入)、得到阐明的严重情形,等等,布坎南(Buchanan, 1960:60)强调了财政幻觉的重要性。
[②] 参见 Montemartini G., *Il risparmio nell'economia pura*, Milano, Hoepli, 1896; "Le base fondamentali di una scienza finanziaria pura", *Giornale degli economisti*, 1900, 2:535—576.
[③] 他见证了干预型国家的胜利。

一些意大利人为一种税收功能理论打下了根基,两个学派都忽略了再分配问题的吸引力。所以,创始者们的贡献在于提出了干预型民主的问题。他们的回答五花八门,从引人注目的国家资本主义的必要性(葛德雪),到对所有干预政策的拒斥(帕累托),还有国家与市场的互补作用(熊彼特)。

第三章　作为社会科学的财政社会学

财政社会学有如下源头：葛德雪和熊彼特对国家财政危机的思考；对精英掌权手段感兴趣的意大利思想学派的建立。在这个奠基期之后，财政社会学依据时期和国别的不同，走上了并无规律可言的发展道路。对于学术门类获得制度上的认可，可以做出解释的因素有许多。财政社会学在法国得以确立的案例可以证明这一点。与此种知识供需有关的科学市场对以下两种能力有所倚仗：其一，管理的能力；其二，各个社会超脱于该领域（为法律专家、经济学家所主宰）专业性之上的能力。纵向研究路径表明了财政社会学与干预型国家之间的关系。这个认识过程尝试在一个普通社会政治理论的范围内，从理论上阐明问题的分析层次。它旨在确立一门混合性的社会科学，为了维持与学科（这些学科对这门科学的研究领域感兴趣）多样性之间的特殊联系，这门科学的定义是很宽泛的。

一、影响制度认可的要素

我们必须通过历时性和共时性两种方式，对财政社会学在制度上受到的认可进行探讨。纵向视角突出干预型国家对创建于第一次世界大战期间的那条研究路径在历史上扩散开来的影响。共时性观点以有关认知的社会学模型为基础，后者将若干变量集中起来，并依据法国的案例予以详细说明，包括管理部门的立场、社会问题的特殊性、问题的技术本质以及法律与经济的主导地位。

对历史和社会背景的纵向分析表明财政社会学与干预型国家相关，即便财政社会学无法精确再现干预性国家在历史上的复杂难解之处,即便也有其他因素在发挥作用(参见下文)。奥地利奠基者们通过提出税收危机问题,研究了战争背景下的国家干预(参见第二章)。意大利学派对公共财政怀有兴趣认为这是精英们用来维持政治权力的手段。两个学派竭力创建一门社会科学,将财政现象的经济面、社会政治面纳入思考范围,然而,也会不时对经济学家们狭隘的规范性视角提出强烈批评。伴随凯恩斯主义政策以及福利国家在欧洲的普及,两种视角之间的平衡也经历了调整。社会政治共识通过为税收国家的经济、社会干预提供资金,令税收国家获得合法性。在该共识的引导下,像曼、伯格塔、马雷和格里齐奥蒂这样的作者提出了一种功能主义的研究路径。

在奠基者的时代之后,直至 20 世纪 70 年代的经济危机产生影响,[1]研究者们对税收国家合法性的研究一直都缺乏兴致。作为对与税收相关的所有社会政治现象的研究,这带来了财政社会学的衰落。借助(社会)心理的考察,该研究的重心不再是税收国家,而是纳税人的行为。[2] 科学供应(scientific supply)领域所特有的一个要素同样发挥了作用,也就是社会科学日益增长的专业化已然见证了社会心理学在该时期的发展。相关历史背景关系到纳税人对情势的理解(此种理解旨在强化纳税人在财政上的顺从意识,从而为干预型国家提供资金支持)。这些研究以社会心态为基础。它们忽略了财政政策与税收管理领域的行政监管。

下一个时期是 20 世纪 70 年代经济危机合乎逻辑的延续。公共选择学派对干预型国家做了激烈批评,其倚仗是应用于民主的理性选择理论(Buchanan, Tullock, 1962)。此种批评在学术界和社会上获得了真正的成功。这个运动的出发点是严格的、关于功利主义理性(自利)的经济假设,其所产生的跨学科影响不容财政社会学视而不见。简而言之,公共选择理论发展了功利主义的公共决策观念,据此,政治家们、公众代理人们以及投票者们将

---

[1] 知识演化的分期通常在若干方面有别于历史背景的演化,因为知识的供应和需求要素是多样化的,而且修正研究范式和目标并不容易。

[2] 有关公共财政心理学的第一篇论文发于德国,作者是施默尔德斯(Schmölders, 1932)。在法国,雷诺做过短时间的研究(Raynaud, 1947),劳芬布尔格写过一篇文章(Laufenburger, 1956)。不过,有关纳税人心理的研究真正展开,是在 1960—1980 年期间:英国(Lewis, 1982; Furnham, 1984);法国(Dubergé, 1961);德国(Schmölders, 1970);以色列(Dornstein, 1976);瑞典(Vogel, 1974);美国(Spicer, Lundstedt, 1976; Keenan, Dean, 1980; Grasmich, Scott, 1982)。

他们在政治市场上的利益最大化。政治家们努力让自己再度当选，这就制造了选举中的支出周期性，相比下一年，选举之前的支出会走高。在民主制度中，有关支出的公共政策从税收获得资金，这些政策是中间选民想要的，尤其是在两党占据主导地位的情况下（Tullock，2006）。官僚们往往让自己的预算最大化（Brennan，Buchanan，1977）。公民普遍厌恶税收（Downs，1957）。由此，作为与税收国家有关和以对纳税人偏差的研究为中心的学科，财政社会学因为公共选择的影响受到质疑。

奥康纳（O'Connor）针对财政国家的危机做了新马克思主义的分析（1973年），在社会学－政治学上，它构成了针对税收合法性问题的另一个答案。根据这位作者的看法，资本主义国家通过为经济提供支持的公共支出，展开越来越多的干预，而后发现自身处于赤字状态，因为它无法让增税合法化。皮科克、怀斯曼的经济理论（1967年）在谈到两次世界大战的作用时，同样提及危机的影响。在和平年代，以支出为手段的公共干预受限于公民对税收的保留态度，相比之下，战争却会让人们对财政的容忍度增加。虽然在对这些财政危机理论的讨论上谈不上有何先见之明（参见第七章），必须指出的是，危机时期看起来是有利于财政社会学的。

上述研究一般忽略了近代国家构建于欧洲的启示。税收的政治维度在历史上与此一构建相关，考虑到干预型国家的危机，这一维度仍是至关重要的。人们应该思考与税收有关且带有辩证法色彩的论点，税收被视为至尊者的责任，同样也被看作是对公共政策所做的贡献（在以合法手段获得一致同意的基础上）。此一辩证法的第二个要点预示了税收贡献（tax-contribution）或税务人（tax-citizen）的存在。这一点将在19世纪变得确凿无疑，其表现形式是议会在工业化国家的传统财政框架中授权征税（并且把它们花出去）。当然，奥地利奠基者们对以欧洲国家历史作为基础的社会学研究路径的引人入胜之处知之甚详。但是，在战争背景下，他们所创建的是这种公共财政的社会学。对他们来说，危机时期尤富兴味。该个突出现象一开始便存在，至今未变。它解释了对危机的专注，与抗税有关的分析便是明证（参见第九章）。[①] 此种关系

[①] 参见 Hoffmann，1956；Buchanan，1979；Musgrave，1979；Bercé，1980 and 1991；Lowery et Sigelmann，1981；Crush，1985；Cox，Lowery，1990；Jonno，Dewit，1998；Caron，2002；Burg，2004。

是欧洲税收国家历史所特有的,它解释了为何财政社会学直至晚近之时仍对发展中国家极不重视。

作为一个传统研究领域,财政史可谓树大根深。它提供的材料以及对社会政治过程的分析可能有益于财政社会学。但是,先是由于葛德雪、后是由于熊彼特(第一次世界大战时期)的缘故,在公共财政史的问题上,对社会学研究路径的需求出现了。与历史相关的财政社会学在其奠基者首倡之后继续发展,阿丹特(Ardant)和威尔达夫斯基(Wildavsky)之类的社会学家尤其做出了贡献。[①] 阿丹特采用了一种与经济性质有关的财政理论,它让自由贸易成为世界税制历史演变中的基本要素。威尔达夫斯基钻研的是这门学科的社会政治面,他借助了自己有关公共支出增长、财政赤字增加的文化理论,以及牵涉政治渐进主义的理论(它表明了过去在支出延续中所占的分量)(参见第七章)。

从20世纪90年代以来,税收社会学经历了更新,与此同时,社会学性质的历史研究延续下来(Witt,1987;Daunton,2001;Piketty,2001;Caron,2002;Peukert,2006;Lachmann,2009;Morgan,Prasad,2009)。在这里,伴随国家在经济全球化背景下受到质疑,我们可以再度确立一种关系,当然,它既不是不可抗拒的,对其他因素也不具有排他性。理性选择的功利主义范式建立在自利基础上,它的主导地位正受到人们的讨论。新的经验研究令人能够对因公共选择学派持续存在的意识形态影响而产生的普遍结论做出回应。它们表明:纳税人不仅受到自利理性的推动,而且,如果财政国家具有合法性,他也带有(潜在的)利他性。近些年还有一个突出现象,也就是研究呈现出五花八门、丰富多样的景象。在一篇综述文章中,坎贝尔(Campbell,1993)始终如一地把危机视为税收政策变化中的关键变量,利益集团居于中间位置,不过,他也指出了其他问题。在法国,勒鲁瓦有关财政官僚制与纳税人理性的研究(Leroy,1993,1996,2002,2010)显明了通过与经济学和法学的对话(Leroy,1992,2003,2008),对经验数据加以理论化的雄心。

新的社会政治问题域和(或)若干未知领域在与如下事物的联系中得到探

[①] 关于历史,参见 Webber,Wildavsky,1986;渐进主义:Wildavsky,1964;公共预算的文化理论:Wildavsky,1985。根据阿丹特的看法(Ardant,1971),如若贸易发展不足,可以货币形式缴纳的税收的征收便更为困难。比如,17世纪欧洲的贸易报关(减少贵重金属的输入数量)便能解释抗税现象。

索:苏联集团的失败(Hanousek,Palda,2003;Appell,2006;Gerxhani,2007;Miller,2007);分权与联邦主义的高潮(Garman et al.,2001;Roden,2002);发展中国家(Moore,2004);当然,还涉及全球化(参见第十二章)。就科学供应端而言,在其他的认识论、经验基础上,经济领域实验心理学的发展复兴了20世纪70年代与财政责任方面有关的争论。对纳税人个体价值观、社会价值观的研究让有关财政民主的思考具有了合理性(参见第九章)。官僚制问题朝着与跨国公司监管有关的新问题域发展(Leroy,2008)。

(二)管理部门的态度(以法国为例)

第一个制度性障碍与税务部门的态度有关。从1948年法国税务部门创建以来,[1]它便对任何对其自治的干预表现出反抗姿态。在授权展开与其运作有关的独立研究上,它是犹豫不决的,而倾向于制定一种带有官方性质的沟通策略。

在组织层面,税务部门的集权、专断和形式主义传统常被提及,用于解释与法国财政管理有关的不信任文化(Leroy,2003)。传统上,管理部门对自身的定位如下:遵奉至尊者的旨意征税,并且作为负责税法施行事宜的机关。由此,它并不倾向于鼓励对公共政策、官僚制变化和纳税人行为的社会学分析。这一应该没有更变的法国行政传统反复出现,不过,管理部门的真正运行是与此有别的(Leroy,1993)。当然,管理部门会遭遇让自身"现代化"的困境,[2]但它已让人们看到强大的管理能力,以及一种具有原创性的将财政控制组建起来(考虑到纳税申报制度的持久化以及财政改革的实施)的方式(参见第八章)(Leroy,2008)。由此,所有这一切真正的根基并不在于结构性推理(structural reasoning),而在于根基深厚的制度逻辑。

在行政理性层面上,负责法国行政事务者的态度尤其可以由他们对让自己的权力免受任何质疑的关心加以解释。抗拒性的反税之举长期存在,尽管并不具有决定性,这一现象却激发了管理部门在展现透明度上的淡漠态度。抗税的历史尤其是布热德(Poujade)与尼古德(Nicoud)领导下几经沉浮的运

---

[1] 1948年4月16日有关创建税务总局的法令(参见第八章)。
[2] 合并原来的财政管理机构耗费了20多年的时间(1948—1970年)。同样,变化过程发端于1990年,它很难调和公众、国家与员工的观点(Leroy,1994:828)。

079

动仍是一个敏感问题。抗税声明反复出现，其存在强化了这种放手倾向（Leroy，2009）。由此，被法国组织社会学（sociology of organizations）学派理论化了的信息控制有了特殊的性质。税务记录的逻辑包括收集与纳税人立场有关的材料，从而确认纳税申报事宜。对此形成补充的是保密逻辑，其目的不在于向批评低头。保密不仅是财政管理的组成部分，在此处也是一种地位稳固的做法。

如上定位注重的是制度，与其携手并行的是行政沟通得到重视。1977年，法国建立了一个常规部门，针对的是与公众的关系，目标是改善纳税人与税收之间的关系。相比之下，1971年税务委员会（Tax Council）的创建、1975年受到认可的若干管理中心的成立早已遵循此种去除花花架子（dedramatisation）的逻辑。1989年，罢工的若干代理人表现出骚动之势。之后，在1991年，创设了一个沟通部门。内部沟通由此凸显，外部沟通则处在谨慎的控制之下。这一点让税收社会学的任务变得复杂起来。沟通策略具有明显的技术性。法国的税收很少被设想为一个全球性的社会政治问题。

（三）与税收有关的社会问题的碎片化

税收社会学制度化的第二个障碍与社会有关。税收在某些时候，或针对某些国家而言，并不表现为一个社会问题，尤其是在风平浪静的时期。税收成为服务于各式各样、五花八门的目标的手段，在这些目标中，平等问题并未以一种全球性的方式被提出来（Leroy，2003：257）。发达国家的现代财政仍是干预性的，但是，政策的多样性搅乱了税收重要的经济、社会功能（参见第八章）。这是一种碎片化（fragmentation）逻辑，因为作为工具，税收的用途是复杂的。这些问题相当分散，牵涉与经济、社会、文化和地域有关的各种特殊主义。考虑到社会公正，财政制度的全面变化很少成为议程的组成部分。大型社会运动的缺失并未推动对有关税收的社会学现象分析的需求。不完整的认知来自专门的民意调查，对涉及税收具体问题的详细阐释、沟通协商的部门来说，这已经足够了。这并未促进对综合性税收分析的社会需求。当然，这个因素对科学发展来说并不是必要的，但对研究团队的制度化来说却是有益的——为了与社会问题的迫切性保持同步（存在许多案例）。

第三章　作为社会科学的财政社会学

不过,社会需求(即使具有社会迫切性)与研究之间的关系更为复杂。在该领域,当抗税运动催生了社会科学研究时,①此种关系就法国案例而言并未起到决定性的作用。人们对财政怀有不满情绪,这个"现代"背景看起来对不反抗策略起到了推动作用,也就是说,个人与公司的策略是避税(欺诈、逃逸、争取税收优惠的游说……)而非集体行动。不过,社会需求在演化,与此相伴,人们就资本税(在经济全球化背景下)(参见第十二章)、有关反税话语的(新自由主义)经济意识形态(Leroy,2009)展开了引人注目的讨论。从专业化的知识供应一侧,我们同样可以抵近财政研究"市场"。

(四)税收的技术性

经过法律的转化,公共干预政策变为晦涩难懂的话语,令局外人望而却步。作为公共干预政策的工具,税收表现得尤其复杂。② 这个学科吸引的以研究为志业的人寥寥无几,在法学家中也是这样。一般而言,法学家们喜欢通过开发专门的技术手段,进入有利可图的税务咨询市场。法律实证主义的吸引力解释了在涉及社会科学的其他研究路径时,某些法学家如果没有受到特别的感召,他们会持保留态度。由于财政教育具有极强的应用性,这个问题变得更严重了。对知识社会学来说(也是为了预见税收社会学的未来),我们要提出一个重要的问题,是否有可能建立一门一般性的学问,无需掌握其中具有技术性的方方面面。答案当然是肯定的,但是根据法律技巧与有关税收主题的科学知识之间的关系,有一些美德需加以提炼。在其技术性之外,税收当然构成了一个至关重要的社会、政治过程,由此,在这个基础上,借助理论和方法论的手段,社会学家是可以研究它的。③ 除了学会特殊的法律、经济和财务用语,也要掌握有关

---

① 比如,约有100篇文章出版于1978—1980年,它们谈论的是加利福尼亚通过13号提案(Proposition 13)后发生的事情(Lowery,Sigelman,1981:963)。

② 除了其他案例,有关财政属地性(fiscal territoriality)的案例值得特别提及。为了明晓征税之地并由此确定适用于哪国税法,人们必须考察国内法中与自然人、法人的财务地址(fiscal domiciliation)有关的复杂标准。这涉及国际惯例,欧洲共同体法律当铭记于心。

③ 由于其技术性,税收是一个艰难的课题。但是,对在难如税收的领域中展开因及果的研究的科学界来说,这不应成为一个拦阻。仅举两个案例。显然,与"硬科学"或健康科学有关的社会学不需要人们获得物理学或医学诺贝尔奖,哪怕是在索卡尔(Sokal)事件对结果之间的关联性展开质疑的时候(这些结果建立在对学科内部办事流程的掌握并不充分的基础之上)。与科学生产有关的社会学并未因此而站不住脚。

081

财务技巧的知识。这让人能深入探索一些需要研究的问题(Leroy,2003)。比如,税法的复杂形式主义使公民纳税人财政责任的合法性变得模糊不清(参见第九章);在就财务控制的结果进行协商的问题上,它对管理的逻辑性有促进之功(参见第六章)。对于有关税收的各种社会学研究来说,有关税法的技术知识没有构成一种必要的前提条件,由此,为了处理与法律社会学有着(显著)关联的问题,这些知识便是不可或缺的。

当然,对于在那种情况下仍是一个"黑盒子"的财政技巧,如果不感兴趣,那么,从社会学上解释税收便是不可能的了。比如,即便在技术性考量缺失的情况下,对纳税人理性或有关财政公正的情感的思考仍在进行。但是,有关法律技巧的知识也会在法律对行为的规范方式上给人以原创性的启发,给出的案例源自与税务诉讼(Leroy,2008)、家庭课税(Leroy,2009)、官僚控制财政的方法(Leroy,1994)、在发展中国家的背景下适用的法律(Leroy,2002:42—49)等有关的社会学。对法律现实主义的社会学思考不可能轻易地在技术上持绝望态度。研究者们或研究团队的跨学科性在这里发现了另一个正当性理由,不过要满足一个条件——从法学和经济学的学科主导地位逃离。

(五)经济学与法学的范式霸权

作为国家干预的技术手段,法学和经济学是以一种霸权思维理解税收的。作为一个研究主题,它的硬核部分依赖的是经济学和法学的范式。关于税收在科学领域的地位,我们在认识论上获得的教益表明:在绝大多数情况下,税收仍然被定义为一个与专业技能有关的领域,而不是一个与社会科学有关的主题。细致严谨的提议聚焦于有关税收的工具性知识。不过,此种知识提出了一些一般性命题(在社会学上是站不住脚的),以求维持在此种知识中享有范式(库恩定义的"范式")霸权的相关模型的力量。

财政知识尤其具有应用性。技术上的专业能力得到强调,这对税收现象的社会政治维度来说是不利的。有人在法学家中(除了一些通才型的学者)发现了最早、最重要的精通学问、擅长行政管理的专家。税收领域的前公务人员和(或)拥有专业研究生学位的学生是企业、咨询公司与纳税大户所追逐的专家。税法的特点使得这个市场对专家型从业者来说具有合宜性;它们也为后

第三章　作为社会科学的财政社会学

者维持着这个市场。税务规划(更通俗的说法是"避税")所要求的是适应性强的专业技能。在经济学家看来,税收是经济政策的工具之一,为了让给统治者的相关提议具有合理性,它借助经济学科的数学严密性将自己装扮一新。[①] 最后,(颇有局限的)税务专家群体通过各种形式(或多或少),操持着这门应用性的咨询行当。由此,即便对税收哲学性质的思考间或存在,传播范围最广的税收知识却是实用性的。

虽然如此,在具有普遍性的理论命题并不存在的情况下,经济学和法学对于财政现象的霸权是受到限制的。法学家和经济学家(那些并不仅仅坚持应用性技能的人)想覆盖三个大的问题域,包括税收政策、纳税人与财政正义。他们当中的每一个人都在自己的学科中使用普世性的税收概念,它的雄心是将财政事实的所有社会表现形式模型化。但是,法学家的义务税(obligation-tax)和经济学家的交换税[②]虽与社会学有一定关联,却不能解释有关税收的所有社会学数据。无痛性(painless)税收表明了社会表现形式的缺失,相比之下,贡献税指向的是与对税收的认可有关的政治形式(其基础在于利他型纳税人的可能性;参见第九章)。此外,还有"限制性税收(constraint-tax)"以及"贡赋性税收(tribute-tax)"的社会表现形式,它们展现了个人感受到的税负。主导性理论缺乏社会现实主义,此一现象是以认识论上的一种操作为基础的,也就是具体的规范性假设被呈现为普遍的肯定性结论。

人们当铭记意大利奠基者们在驳斥纯粹规范性时所提出的批评。"不要将财政现象看作事实的集合、关系系统(systems of relations)的集合",必须追寻它们的"普遍规律",而这样做的原因与"法学、商学院系"教育的"实操必要性"有关(Borgatta,2007:205)。此种向规范性靠拢的案例是多种多样的(Leroy,2003:266)。比如,单一税(single tax)理论依赖财政神话或对某种特殊情形(或某种具体限制)的过度概括。[③]

[①] 在这里,数学使用了模拟的方法,涉及征税、某项举措的影响、降低税收所带来的利益,等等。

[②] 按照法学家的定义,征税是一种至高无上的单方行为,它意味着具有完全性、独一性的公共权威获取财政收入。对经济学家(至少是对功利主义者来说),税收是个体对其从共同体所获收益(各种服务)付出的代价。

[③] 单一税(在定义上)忽略了某些收入来源或被课税物的某个组成部分,由此,相关体系中的某个特殊要素被过度课税。因此,单一税由于表现出来的社会不公,总会走向终结,即便某些专家坚持相反的看法。

一个象征性的案例来自 M. 阿莱斯(M. Allais,1989:36—41)所提出的一个令人印象深刻、赞成对资本征税的请求。这个理论在形式上是严密的。虽然如此,它之所以被人们所铭记,是因为它在社会学上对优良财政制度的目标做了可疑的等级划分。"缴纳的税收……可被认为是国家提供的各种服务收取的报酬……税收必须不以扭曲个人选择为目标……非人格性原则使人更偏爱分解性税收(analytical taxes)……而且是对西方民主社会公民重要愿望的回应……在这里,对效率的关怀与对正义的关怀联系起来。税收面前的平等简单来说便是税收的中立性……税收必须对不能被视为合法的那些收入进行打击。"我们要回到"交换税"概念。尽管如此,这个概念却不是独一无二的。近来,对分解性税收的偏爱并不适当。接受税收面前人人平等和接受税收的中立性掩盖了财政平等观念事实上的多样性。简而言之,就规范性(有时带有意识形态色彩),尤其是就与认识论以及社会学的关联而言,这是一个与普遍性观念有关的问题。

由此,经济学家的倾向是从规范性话语滑落到实证话语、从特殊结果滑落到普遍性提议。显而易见的是,这些研究被视为经济学模型,在技术上是严谨的,该学科所享有的当之无愧的声望证明了这一点。正如我们在纳税人功利理性问题上将会看到的(所见并非浮光掠影),这些观念由于意图获得主宰地位从而具有一般性。如此,要详细阐述有关财政现象的真正社会科学就不那么容易了。

对法学家们来说,他们对问题的诊断更经得起考验。有一个实际存在的趋势,意欲覆盖整个财政领域,为此,各种分析(其中规范性材料与事实材料之间的差异并不总是清晰可见)要具有全球性。但是,多数科学研究是专业化且具有技术性的,对作为一门跨学科社会科学的税收的理论化而言是不利的。在这里,我们可以举涉及税务程序的手册为例。学院派的税务律师虽仍向法律实证主义靠拢,[1]不过,有的时候,他们对其他非规范性的社会科学展示了一种开放的心胸。[2]

---

[1] 在法国,(有关公法的)全国大学委员会在宪法与行政法中对传统命题给予了特殊对待,这对相关学科某种退出态度的形成起到了促进作用。

[2] 例如,可参考有关国际法的如下评论:Claudio Sachetto, Diritto E Pratica Tributaria Internazionale。对于回到跨学科财政科学的呼吁,可以通过这种方式理解它。但是,对于财政科学,某些财政法学家仍坚持摆脱空洞话语的技术分工。

(六)财政社会学传播的常规模型

即便在保留宽泛的财政社会学定义(由此就包含了与公共财政有关的其他学科的研究路径)时,人们也能看到,在法国(Leroy,2003)等国家,它在制度上得到认可并不容易。由于财政(以及金融)社会学处理的是许多重要的知识,故此,这些知识所处的现状并未受到质疑(Leroy,2003:249—251)。对知识社会学中的这个问题,我们可以在财政研究"市场"的特点中找到答案。财政社会学传播的常规模型容许若干变量介入其中,包括:大众的知识需求(后面用"D"标示);作为供给物的科学研究("S");一国的一般特点("G")或特殊特点("P");社会-制度逻辑("I")或认识论逻辑("E")。

以法国为例,如我们所见,对此种研究路径的认可要面对以下文给出的模型为据做过划分的如下要素:管理部门的淡漠态度(D,P,I);社会对公共政策的质疑的碎片化(D,G,I);社会运动的演变(D,P,I);技术特征(S,G,E);经济霸权(S,G,E);法律的地位(S,P,E);社会学的方向(S,P,E)。在与相关范式、研究计划有关的认识论的总体轮廓中,如上分析处在一个很好的位置,而与此同时,除了财政学科的技术性特征,[①]它还坚持了社会-制度背景的重要性。所有这些解释了税收社会学在法国的缓慢发展。当管理部门鼓励研究,或者抗税社会运动引发质疑之声,或者科学领域的演变打开机会之门时,税收社会学发现了自己的发展空间。在法国,人们描述过的困难逐渐被化解了,即便这些困难的常存与否并不明确(Leroy,2002;2007)。

汇总于如上模型之中的常规变量让我们能够理解不同时空条件下情势的多样性,即便对不同国家所做的专门研究[②]会有其必要性。比如,管理部门受到的鼓励,[③]反税社会运动的出现,人们对理论和计量经济方法的熟悉度,围绕严格的理性选择理论展开的讨论,科学供应的调整(人们对经济心理学的兴

[①] 财政学科使用了规范性评价(normative appraisal)的逻辑,后者使人们对与纳税人、政府有关的疑难做出回应,而不在税收与国家和社会的联系中对与税收有关的一般问题进行思考。

[②] 麦克卢尔(McLure,2007)认为,财政社会学的意大利学派(在帕累托的激励下,成形于19世纪末)自20世纪30年代以来的衰落当归因于意大利学者在认识论上所做的批评,这些人选择的是经济学研究路径。

[③] 美国之类的国家便属于这种情况。它们将纳税申报数据交给研究者处理。

趣与日俱增以及实验研究的繁盛都证明了这一点)都是有利因素。其他因素（比如法学、经济学的总体性霸权……）造成的困难看起来更难以克服。同样，财政社会学研究的传播定然要克服管理部门与科学界的淡漠态度。最终，国家干预这一背景必须被纳入考虑范围。在奥地利，财政社会学的创建及其对财政国家危机的兴趣与财政科学（cameralistic sciences）得到的鼓励有关。就本质而言，财政科学是研究国家的学科。就意大利而言，在有关精英的思想传统中，财政社会学的发展发现了一个可以用于财政科学的有利因素。[①]

在社会学忽略对税收程序所构成的社会现象的研究时，严格的规范性研究路径的如上范式霸权所发挥的作用尤其有力。技术硬核与覆盖广泛的理论的结合确保了经济学、法学在这个科学领域的垄断地位。在有关税收的社会心理学的精神中，经验方法在涉及占据主导地位的法学—经济学范式时，构成了一种风险性不高的解决方案。在不妄想用社会学方法对税收事实加以理论化的情况下，此种解决方案将有用的描述性材料摆在人们面前。它的临界范围仍未超出边缘地带，这与如下一点有关：如果说税收程序的硬核是一座建筑，那么，用拉卡托斯（Lakatos）的话来说，构筑它的砖块便是法学—经济学。尽管如此，在一门重建的社会科学中，看起来最有希望的正是理论化之路。

二、被视作一门社会科学的财政社会学

在认识论的定位上，财政社会学与一门普通的社会科学并无分别。它是一个理论化的问题，经验依据（empirical bases）要被派上用场，在综合性的社会政治逻辑中讨论财政问题。而与此同时，要达成对不同分析层次做出正确安排的目的。分析的规范性维度是可接受的，只要它不与社会学的现实主义相悖。

（一）一般性探索与宽泛的定义

税收社会学对人们发出的呼唤是依据一般性的社会和政治探索方式，讨

[①] 其中，伯格塔（Borgatta, 2007: 224）强调了经济学研究路径与掌权精英身为"投机者"的显著特点的关联。"公共财政科学的自主发展发生在 20 世纪，其缘由在于统治阶级经济特征的发展，它与以下两点有关：财富的普遍增长；与经济目标而非现代社会其他目标有更多联系的活动的普遍存在。"

第三章 作为社会科学的财政社会学

论财政现象。它的目标不是创造一种专业技能,也不是在这个问题上生产只属于专家的大量知识,当然,也不是说要排除这些东西。它想要启发人们思考税收、国家与社会之间的关联,其中心在于涉税公共机构的组织过程与干预过程。它为纳税公民质疑税收国家的合法性。它提出对社会正义的思考,尤其是在收入再分配领域。除了自身与经济学、法学的关系,它还以对如下事物的思考(通过一种条理清楚的方式)作为目标:税收的社会与政治过程;以税收为标准,对社会所做的不同类型的建模(全球性建模、部门性建模)的特征以及它们之间的联系。

财政社会学对经验数据进行理论化,它使用了涵盖广泛的不同模型。它在社会科学一般问题的框架下讨论感兴趣的社会现象。税收改革由此与社会变迁联系起来。管理部门的税务工作带来了官僚制理论。社会对税收的认可指向的是公共行为的合法性。征税在社会正义的真实背景下得到评价。税务欺诈则与越轨社会学有关。抗税被理解为集体行为的一种形式,而纳税人决策身处一个更大的,以及与理性等有关的模型中。

按照莫斯的意思(Mauss,1923),税收代表的是一个整体性社会事实。对它的研究要注意好几个类型的社会学。针对纳税人决策与税收功能(涉及一些一般性变量:社会群体、价值观、不平等,等等),财政社会学建构了引人注目的模型,以此对社会进行研究。为了理解对税收主观分量的评价、财政神话的传播、财政偏差的逻辑,等等,财政社会学要向与认知有关的研究路径求助,这意味着在社会或历史背景下发现与行为主体有关的真正知识,并且在同一个严格缜密的过程中,将财政过程研究(在一般社会学立场的框架中)的两个极端经验端与理论指重新统一起来。由此,因为所牵涉的不同学科的缘故,财政社会学的宽泛定义得以保留。这门社会科学在政治科学、法律科学以及经济科学之间交替转换,而且与管理科学相关联(参见本章第三节)。

迄今为止,这个过程并未形成一股在制度方面清晰可辨的社会学趋势,哪怕我们在此处把政治科学研究,或者实证性经济学、法学研究之类的东西包含进来。税收社会学很有希望在有关官僚制、偏差以及国家的经典领域做出贡献。实现这一点仍要借助一种经久不衰的国际化方式。事实上,自奠基者们展开探索以来,已有许多重大成果面世。但是,这些为数众多的成果并未覆盖财政社会学的方方面面,有关发展中国家的研究的稀缺便是明证。最后,大量研究通过将不同学科连接起来,涉及了财政社会学的一条宽广路径;而这些学科更喜欢让自身与忽略对一般模型的追寻的超经验(hyper-empirical)概念联系起来。

(二)经验材料

在经验层面,材料有几个来源:历史材料、问卷调查、会议或情景、实验室的经历、文件和官方数据、民意调查、有关税收的公民投票,等等。在这里,重要的是强调以下一点,即方法论方面存在着一些限制。比如,关于财政偏差,要在宏观层面知晓欺诈的精确范围是不可能的,对欺诈的衡量依计算方法而呈现出多种多样的面貌。在微观层面,研究者们使用的经验技巧尽管有科学上的严密性,却并不总是让他们能做相关的概括。① 关于偏差行为的真实性,他们给不确定性留下了一定的余地。官方材料(数据和行政材料)并不总是能够得到,而且它们很少对研究中的难题做出回应。民意调查材料有赖于发起者的或然性逻辑(contingent logic)。解决之道当然是交叉参考上面列举的不同种类的材料,从而寻求对材料进行确认;还有,要获取丢失的材料。

经验方面的另一个难题来自税收的复杂性(参见第七章)。此种复杂性艰难地将法律与事实区分开来。这样的话,以与偏差有关的事项为例,法律所允许、所禁止之事的边界就难以确定了,这一边界往往让法律所许可的避税与税务欺诈(或逃税)之间的区别变得模糊不清。所有牵涉到的变量、具有可能性的不同建模无法总是在经验上圆满验证一个假设。正如有关财政偏差的案例所证明的,要实现一种与社会学有关的理论化,经验材料是足够充分的,作为模型,此种理论化即便不是全面的,至少也是极为合适的。作为一门社会科学,财政社会学通过赋予从经验上验证假设以特殊地位,建构了将跨学科材料融合起来的一般模型。但是,此举并未拒绝提出确实与可获得的材料相一致的观点。此种认识论的立场是合理的,因为在严格、彻底的经验验证以及财政现象之社会政治复杂性的层面上,知识必然是不完整的。在这一点上,社会学

---

① 在一些真实的案例中,对实验室经历的概括面临着困难。我们尤其可以参考这一点。

研究路径与财政科学的初始计划再度联系起来,它并不否定税收的其他维度,它们是多方面(经济学、法学、历史学、心理学等)研究的目标。它想要在一个涵盖广泛的社会政治模型中将它们合成(从而聚拢起来)为一个整体。

(三)分析层次的选择与合成

对于分析的不同层次及其合成,我们必须给予特别的关注。这个认识论问题由于一些互补的因由已然变得十分重要。首先,作为公共行为的衡量标准,管理逻辑已是越来越不可或缺(Leroy,2007:45)。通过推动公共政策的执行(出现在目标预算中的结果指标对其进行衡量),管理逻辑往往取代了政治选择。① 这种逻辑上的变化将政治选择的实际情形隐藏起来,从而构成了对民主契约的破坏。对于此种契约的后果,我们必须在认识论层面加以考量。其结果意味着,在决策领域,要对某个分析层次(也就是说,管理绩效的层次)给予特殊对待。与税收有关的社会政治现象的"整体性"(借用莫斯的话来说)特点是受到否认的。通过更新马尔库塞(Marcuse,1964)的词汇从而适应于当下的情况,我们注意到了,拜与公共管理绩效有关的"单向度"认识论所赐,大量的风险"回归"了。②

第二个理由要在全球化的背景下寻找。全球化存在几个维度,至少有经济、政治和文化三个维度。由此,社会科学的真正分析必须确定相关的分析层次,并且,对相关维度进行精准合成。这不是一个轻松的任务。社会正义领域构成了一个上佳案例。假设与收入不平等做斗争的需要是得到认可的(实际情况未必永远如此)。问题是要了解一些事情,比如有关巨富(或资本)的税收政策是否将在经济上导致有害的离域现象(delocalizations)? 一个国家必须借助激发日益激烈的国际税收竞争或令他国变穷的财政举措,以增进其辖地(全国性的、区域性的或地方性的)的吸引力吗? 这些问题在其他章节会得到讨论。即便不预先揭示相应的解决方案,我们也可以看到各个分析层次的重

---

① 最佳执行规范得益于新的公共管理。经济合作与发展组织对这些规范进行分类。在该组织的影响下,管理变得盛行起来,它在目标预算的逻辑中是围绕着结果展开的(Leroy,2007)。在法国,此种经过改良的新型参照标准被《财政法组织法》(LOLF)赋予了具体的形式。

② 这是一种意识形态,也是一个社会过程。

要性。

　　第三个问题前面已经谈到。知识社会学表明,大的思想体系的失败为涵盖范围适中的理论铺设了道路(Merton, 1949)。这个运动还有另一个表现,即学科(它们细化了具体的模型)的分工越来越深入。深度研究(在经验上站得住脚往往是它们的一个特质)的贡献无需否认,不过,是时候扭转这个趋势了。这是一个借助宽广领域或宏大目标来重建社会科学的问题。学科间的对话乃至某种混合是必要的,为的是将专门材料融入所要研究的大问题中。

　　如上计划的成功意味着一种与"情景化问题"(contextualized problems)有关的认识论的发展。① 对有关公共行为的分析来说,这一点尤为正确,在这些分析中,"公共问题"(public problems)的概念有着特殊涵义。② 真正的问题在于知晓一个社会问题如何成为一个政治问题;或者,某个机构为何要(或者不)处理一个社会问题。有人会认为,避税的缺陷在于它在道德上会受到非难(参见第九章),考虑到这一点,它不是一个真正的社会问题。由此,在政治上对这个问题的处理便让行政监管享有了重要地位(参见第八章)。本章要讨论的另一个案例来自不同时期(危机时期、公共干预时期),为的是解释财政社会学的发展。我们必须研究对问题的定位。比如,范式的难证伪性可以很好地说明理性利益(与纳税人决策有关)理论所占据的主导地位。在相反的意义上,动用经验材料是将波普尔的可证伪性标准纳入考虑的一种方式。财政社会学必须坚持构建一种与问题有关的统一认识论,作为将不同分析层次合成为一个整体的方式。它意在囊括传统的问题,后者或关乎目标与方法,或关乎"经验性事物"与"理论性事物"之间的关系,或关乎与规范、道德或伦理有关的事物之间的关系。由此,就纳税人而言,财政民主必须在欧洲现代国家构建的历史教训和有关财政偏差的经验材料的基础上,展开理论探索。对税收社会功能的新分析将财政体系在制度上的复杂性纳入思考范围(参见第五章)。理论假设与材料之间要保持一致。这一观念同样是深入发展一门走规范之路的

---

　　① 关于这个问题,后现代主义或普世主义代表了人们所做的求解努力。
　　② 在琼斯带有传统色彩的指导(Jones, 1970)中,问题尤其与公共政策分析(它也包含对解决方案的构想、决策、执行、评价和终止)的第一阶段(它在公共机构议事日程中留下的印记)有关。当前,公共问题已成为公共行为分析的重要对象。

普通社会科学的方式。

(四)规范性维度

规范性维度让从伦理学视角①出发、以经验为依据的财政事实理论研究臻于圆满。比如,在对财政民主的内容进行思考时,参照与纳税公民的决策有关的研究和经验材料。这引导人们用心维持这样一种可能性:人们自愿(甚至是以利他姿态)对有益于社会的公共政策的融资做贡献(参见第九章和十一章)。

在认识论上,不同分析层次在一般理论中合为一体开启了一种规范性②视角。社会科学中的经典作家、财政社会学的奠基者们秉持的便是这一观念。事实上,古典社会学家全神贯注于法国大革命、工业革命的影响(Nisbet,1966)。他们意识到不同分析层次的重要性。相关案例有许多。想想上文已提及的"整体性社会事实"概念(莫斯)、涂尔干从客观上对研究目标进行界定的愿望、韦伯对学者与政客所做的著名区分等便已足够。此处所捍卫的观念可能与某些作者或某些研究趋势均有关联。尽管如此,这远不是要构建一种研究社会科学的寻常路径。至于相关案例,人们必须提及社会学与经济学的融合努力,③重建一种从经济学(Backhaus,2002)或社会政治学(Campbell,1993;Leroy,1991)那里获得灵感的财政社会学,"去商品化"概念④的应用(为的是划分福利国家的类型)(Esping-Andersen,1990),等等。

当下的社会科学并未忽略濒临险境的事物,这尤其是借助不同范式之间的相互作用、对所研究的问题领域的构建,或者是一种宏观(或微观,甚至是中间层面)研究路径的选择实现的。不过,专业化的增进对学科的退出(disciplinary withdrawal)有促进作用。少数几个跨学科范式,比如理性选择范式,要么采取保守立场,以求避免任何科学革命(库恩),要么通过保留与问题定位有

---

① 根据适用于相应背景和(或)相应科学门类的词汇,此种视角或是义务论的,或是道德论的。当然,人们必须以一种精确的方式区分词汇。不过还有一件更紧迫的事情,即通过保留专业化的成就(基本上与经验有关),打开社会科学的规范化视野。

② 将多个分析层次集聚起来的必要性。

③ 参见"新"经济社会学。

④ "社会民主"理论对社会政策的评价是以工人的自由度[在出卖自身劳动力上受限与否(去商品化)]为依据的。与此同时,社会权利容许公民不坠落到商品的地位上。

关的硬核(拉卡托斯)使自身适应于边缘化的地位。

三、财政社会学与其他学科的关联

财政社会学源于对公共财政的研究。它是作为若干学科的混合物被构建起来的(Dogan, Pahre, 1991)。一般社会学和政治科学是它的参考对象。它与法学、经济学进行对话。它使用历史学以及(普通、社会和经济)心理学的材料,并且不排除向其他学科敞开大门。

(一)与公共财政的关系

公共财政理论自其产生以来,便一直是围绕着某条单一的研究路径构建起来的。[①] 尽管如此,由此形成的学科是独一无二的,体现在不同思想流派走到最后,或是彼此对话,或是彼此反对。财政(税收)社会学经受了公共财政科学分裂为几个独立专门学科的冲击。如今,税收领域作为一个主题,其存在具有自主性,与预算领域分了家。经济学家和法学家们在很大程度上忽略了其他现象,以此发展了财政现象和预算现象的独特研究路径。研究越来越具有技术性,尤其是在计量经济学和实证法学的案例中。财政社会学并未幸免于财政科学的此种衰落,它受到属于自身的演化要素的影响。它已然能被划分为两个颇具独立性的思想学派:一派取经济学研究路径;另一派取社会政治学研究路径。不过,情况并不那么简单,因为一门学科的定义不仅取决于它的研究路径,也依靠它的研究对象:研究路径与研究对象之间的关联是通过对探索的定位(由此也是通过探索的目标)形成的。方法论是重要的,即便社会科学的方法一般提供的是经过改进的手段,并不要求具体技巧的介入。

作为一个具体领域,税收社会学所设想的税收是自主化的(相对于预算主体而言)。事实上,公共财政社会学是公共预算社会学,它在区分收支的同时也考察二者之间的关系。就其当下的形式而言(Leroy, 2007),它所提出的是对公共财政的社会学分析、是对公共行为的财政解读,给人们提供的是一块对

---

① 参见 Buchanan, 1960; Musgrave, Peacock, 1967; Boccacio, De Bonis, 2003。

社会科学理论进行探索的园地。财政社会学在本学科大量研究的框架下,聚焦于与国家、社会相关联的税收。财政社会学感兴趣的不仅是公共支出政策,也包括举债、赤字、私有化、财政伙伴关系,等等。税收与预算这两个主题之间的联系纽带置身于有关收支关联的研究中。这条纽带尤其是有关税收功能的分析的产物。这一分析构成了发达民主社会的主要预算来源,如此便牵涉到了与政治科学的关系。

(二)与政治科学的关系

财政社会学是一门政治社会学,后者是政治科学的组成部分[①],是一门不仅与国家、权力有关而且牵涉公共行为(政策)的科学。它与政治科学有别,因为它关注的是社会(甚至是非政治)事实。不过,考虑到税收(以至高无上的权力为基础)的起源及其干预性,财政社会学必须对公共行为(作为政治选择)问题给予特殊对待。全球化"危机"(近来则是金融市场)开启了变化的过程。与该过程相关联的财政社会学质疑了国家的财政干预,此种干预既是权力又是民主的表现形式。

税收的政治社会学与民主社会中的义务、约束以及财政公民权(fiscal citizenship)有关。从历史上看,税收的政治维度是在与国家构建、西方宪政制度以及行政集权的联系中确立的(Ardant, 1965:7; Schumpeter, 1954:249; Berck, 1980:17)。它有着深厚的根基,我们会对此、对财政国家演化中的决定性时刻做详细的回溯(第四章)。税收在其兴起之时是以至高无上的权力为基础的,从那时起,它便在政府合法性的问题上居于核心地位。税收引发了财政领域的反抗,后者又激起政治运动(Ardant, 1971:400; Campbell, 1993:175; Leroy, 2003:220)。另外,在关于财政国家危机的反复讨论中,产生了税收的政治性。财政社会学还提出了涉及公共决策、改革、官僚制变化等若干因素(Leroy, 1993;参见第八章)。比如,所得税的案例(Leroy, 1996)表明:

[①] 关于真正的政治社会学的可能性以及它相对于(被看作单数或复数的)政治科学的地位,人们反复进行过讨论。我们的意图不是加入这些讨论。同样,我们可以承认,与社会有关的事实(社会现象)几乎总是带有政治意味。但是,这种"意味"或多或少是强大的。而政治科学专注的是有着强大政治维度的事实。学科间的边界不仅依赖于认识论问题,也取决于社会问题(在考察权力的地位时,在知晓创新让边界、名称和内容各不相同的它们的学科重组、建立和谐关系拥有广阔空间时)。

从税收的社会功能出发,经典的决定性因素①不足以对案例所分析的那个政策做出思考。在这里,税收社会学与干预型国家的社会学联系起来(Mann,1943)。它质疑了限制税收国家的政策(Cox,Lowery,1990),后者背后的力量是 20 世纪 70 年代的新自由主义运动。经济—金融全球化面对的是法律监管的弱点。通过这一点,财政社会学对有关税收社会功能的疑问做了研究。

(三)与法律的关系

由于税收社会学对财政法与社会之间、社会在法律中的那个组成部分与法律在社会中的那个组成部分之间的相互关系感兴趣,它同样是一门法律社会学。它有别于专业化实证法学中与普遍性问题无涉的纯粹技巧。

我们要从这个角度打开整个研究领域的大门。对法律社会学来说,确保对财政义务的尊重尤其提出了一个问题,即与公共机构对欺诈条件的确定有关的社会机制(参见第八章)。财政程序的辩证法因国家而异(Leroy,2008),它让管理部门的权力与纳税人的权利处于对立状态(Leroy,2007:22)。社会因素(尤其是收入)决定了一个案件是否要提交给法院审理。这些因素连同各国在对商界的行政监管上所表现的差异(参见第十章)必须被纳入思考范围。税收的法律社会学凸显了干预性财政法与有关财政控制的法律之间的对立。实际上,后者的目标是对法律赋予的有利条件做出质疑。它尤其对法律在行政上的应用感兴趣,为的是确定财政法给予商界的机遇(约束程度、清晰程度、等等)。

(四)与经济学的关系

财政社会学是一门经济社会学。它是与理性选择理论(尤其被用于个体在税收事务上的决策)所做的关键对话的组成部分。必须指出的是,尽管新的经济社会学获得了成功,它在这个领域仍显得形单影只②,相比之下,社会经

---

① 也就是左右分野、经济与法律约束,以及危机情势。
② 不过,它牵涉公共社会学,经济社会学把福利国家研究(Huber,Stephans,2005:552-569;Block,2005:512-516)放在比税收研究更优先的位置上。

济学所处理的问题要老得多。① 无论如何,税收的经济学维度是显而易见的,凯恩斯、斯密、李嘉图、熊彼特、帕累托、韦伯等学者已然证明了这一点。

税收的经济社会学对如下事物感兴趣:功利主义的理性模型的相关性(参见第九章);经济全球化与税收之间的关系(Leroy,2008);新自由主义意识形态的影响;与经济限制的决定论有关的批评(参见第七章);"社会契约"的类型,关涉分别以企业(资本)和工薪族(劳动者)为对象的征税;反财政话语的经济基础(参见第六章);指涉绩效且日益增长的商业力量;等等。在经验材料(尤其来源于心理学与历史学)的基础上,这些问题得到讨论。

(五)与心理学和历史学材料的关系

财政社会学使用心理学、有关税收的社会心理学和历史学的材料。事实上,这些学科处在经验材料供应者的地位上。社会学往往将这些材料融入覆盖面广的理论模型。正如奥地利奠基者们所理解的(Schumpeter,1954),历史学是财政社会学所用的最佳研究路径之一(第四章)。就这层意义而言,人们还必须提到加布里埃尔·阿丹特(Gabriel Ardant,1971)的工作,对于与经济交流的发展相一致的整个税收史,他提出了一种理解。为了给出另一种阐释,我们必须援引历史背景,对财政公正进行分类。比如,在封建制背景下,将财政特权赋予那些保家卫国者看起来或许是公正之举。在西方民主社会背景下,一种演化性关系已然在财政公正与财政平等之间确立,直至与福利国家相等同的税收再分配观念的出现(Leroy,2002:86—100)。

至于心理学、有关税收的社会心理学,它们享有跟社会学一样的地位。社会学在这些研究中发现宝贵的经验材料。1960—1980 年,用问卷做的民意调查提供了与纳税人态度有关的材料(Dubergé,1961;Schmölders,1973;Vogel,1974;Dornstein,1976;Lewis,1982;Spicer,Lundstedt,1976;Keenan,Dean,1980;Grasmick,Scott,1982)。相应结果对于要将其融入理论之中的社会学家来说是富有兴味的(Leroy,2003)。事实上,这些研究一般

---

① 由此,埃齐奥尼(Etzioni,1998)支持与社会经济学有关的道德范式,他保留了税收作为研究对象的地位(Etzioni,1986)。参见《社会经济学评论》(*Socio-Economic Review*)中的研究。

忽略了有关公共政策分析的难题,逃避了对财政事实的理论探究。[①] 他们正确地坚持了一种必要性,即思考经济刺激与纳税人的回应(决策)之间的各种态度(Lewis,1982)。他们对主观性的财政压力(Vogel,1974:50)、与财政公正有关的情感,以及人们在伦理上对令人愉悦的财政公民权所持的态度感兴趣(Reckers et al.,1994:827)。

在该领域,与经济学家的关键对话(建立在民意调查材料的基础上)看起来收获颇丰。[②] 经济心理学的研究系统地运用了实验技巧,通过对变量的严格控制,意图检验经济学得出的结论。此种研究让如上对话的面貌焕然一新(参见第九章)。由此,就纳税人的行为而言,人们便可以获得大量的经验材料。超出理性选择(自利)学派狭隘框架的理论探究在合理性上得到了证明。比如,就令人愉悦的财政公民权而言,近来的研究通过实验探索了参与式民主的好处(Alm et al.,1999;Feld,Tyran,2002;Torgler,2004)。

财政社会学当然能调动其他的学科为己所用,即便这些学科并未从这个角度提出系统性的研究方案。比如,人类学处理的材料对于知晓传统社会中"强制性征税"的基础是有益的,与礼物的象征性、社交性特征的关联,以及与出现经济剩余再分配的关联提供了少有人利用的研究方向。宗教史处理的材料同样旨在理解从宗教奉献到税收的过渡。语言学通过对财政词汇的理解,让人们得以理解税收的社会功能。

结　论

财政社会学这个"市场"的制度特征解释了它的不均衡发展。干预型国家接二连三的危机(先是发生于20世纪70年代的危机,后是与经济全球化相联系的危机)所创造的社会政治变迁情势为我们打开了新的视角。20世纪90

[①] 有关税收的(社会)心理学当中的某些观念看起来是可疑的,比如迪贝热(Dubergé)提出的与"特征简况(characterological profile)"有关的那些观念,或者,施默尔德斯所捍卫的关于"国家的财政精神(fiscal mentality of nations)"的那些观念。此种观察根本没有在相关研究中去除人们对于经验的兴趣。

[②] 比如,克洛特费莱特(Clotfleter,1983)假装在经验上确证了身处高税率环境的个体所拥有的财政公民权小于其他人。另一个案例:避税趋势看起来与个人所知的避税者数量是相关联的。

年代,财政社会学经历了更新。尽管如此,一门社会科学(以有关社会问题的雄心勃勃的认识论为基础)所用的方法及工具仍有待发展。对于超越针对这门混合学科的阻力而言,资本主义经济—金融全球化的难题形成了有利的背景。因此,财政社会学的目的是在与社会相关的总体科学框架下,在该学科的社会政治维度上,研究纳税公民与干预型财政国家之间的关系。它使用本学科的经验材料,或者使用具体学科的那些材料(以被选定的规范性视野为依据)。

第四章 税收国家演化的政治逻辑

　　财政社会学奠基者们的贡献之一是阐明了税收国家出现、演化的重要性。从历史上看，从中世纪以降，西欧现代国家的创建便与王室税收的产生有着紧密关联。这个过程很难加以分析，根据所涉国家的不同，它的发生形式或多或少带有纯粹性。难处在于如何选择，如何在等级划分的基础上讨论那些决定现代国家特征的标准，如何区别分析的相关层次，而路径、理论和建模并不总是协调一致的。通过纳入马克思主义的生产方式分析，经济学研究路径对封建主义向资本主义的演化发生兴趣。但是，在这里，马克思主义的三阶段分期（古代社会、封建社会与资本主义社会）与法国历史学家的分期并不对应，后者将封建中世纪与"近代"君主时代区分开来。现代国家出现的因由同样是不同解释所指向的主题。

　　前文已表明熊彼特的如下看法：对于封建制的变化，社会性质变化的解释要远远强过社会经济模式危机的解释。[①] 马克斯·韦伯的理论忽略了公共财政的影响，他坚持认为：现代国家的合法暴力具有垄断性；科层化是一个过程。不过，尽管所提出的标准具有多样性，[②] 历史学家们还是强调以常规税收作为

---

　　① 与向雇佣军求助（作为贵族战争职责的替代方案）相伴的是事实上的采邑传承、私人领域（有别于公共领域）的构建（参见第二章）。
　　② 某些历史学家(Chevalier, in Genet, 1990:9)对如下标准做了强调：抽象性；内部的政治（而非宗教）合法性；对公民来说，公共权威具有垄断性（凭借在涉及国家机器专业化时所享有的权利、所承担的义务，此种垄断性排除了宗教、贵族或巨富的权威）。其他历史学家(Bérenger, Tollet, in Genet, 1990:44)保留了如下标准：王室对所有个体至高无上的权力；地方或区域层次的行政；私家军队的缺失。并且，他们直接将财政维度纳为现代国家的判断标准。

财政资源①构成了现代国家起源的一个基本要素。

由此,与现代国家某种政治自主有关的观念得到了普遍承认。② 在这种国家里,税收(在最初的时候,它是与战争融资联系在一起的)扮演了一个关键角色。此种地位并未排除对现代国家的经济、社会、意识形态基础连同如下引人注目的事物的研究:商人、国家债权人的作用;与某些社会团体(贵族、城市资产阶级)的联系和(或)斗争;立法者确立最高统治者权威的努力(手段是在借鉴教会法或罗马法时调整封建法的覆盖范围)。由此,某些时刻、某些君王的当政时期具有了决定性意义,比如法国"美男子"腓力(Philippe le Bel)③、加泰罗尼亚的"庄重者"皮埃尔在位时期。战争通过改变封建援助的覆盖范围,构成了税收产生的因由。君王必须限定自己从王产(领地)获得收入,以此"自食其力"。此种观念被国家税收的正当性所取代。除了与国家有关的观念、现实得到认可,"团结一致的情感"亦成为民族情感的先声(Le Mene,1987:241):现代税收国家诞生看似是民族国家诞生的伴生现象。对税收国家政治逻辑的研究是从税收国家的历史起源(与中世纪的现代国家有关)开始的;而后,此种研究的兴趣在于税收国家在16—18世纪哲学著作的一些精选片段中的概念化;再后面,此种研究展开了类型学分析,它坚持认为与发达国家有关的干预型国家还在形成过程中。

一、西欧现代国家的税收起源

欧洲现代国家的诞生构成了一个难以解释的复杂过程。历史学家们探寻"现代国家"概念的功能性特征(Genet,1990)。他们尤其想知道它是产生于中世纪,还是属于16—17世纪(Follain,Larguier,2005:19);它是否形成了一种一般模式。财政社会学家并未尝试明确地解决这个争议性问题,虽然如此,他们却能获得一些一般的教益。由此,众所公认的是,王室税收扮演了至关重要的角色。至高权威在主宰与妥协之间被拉扯着,通过这一紧张局面,同意原

---

① 而不是以地产(domaine)和王室财产(矿山、关税、道路通行费以及货币)作为财政资源。
② 即便某些马克思主义者将国家归结为由经济基础决定的简单上层建筑。
③ "很显然,'美男子'腓力统治时期构成了一个重要转折点,与此同时,这也是一个真正的出发点。这个统治时期对国家来说,是法学家们构思国家架构的时代;是国土重整而且军事行动往往面临困境的时代;也是税收成为必需的时代。"(Rigaudière,2003:524)

则(民主议会制的根基)的兴起获得助力。封建制变革让欧洲税收国家变得与众不同。

(一)王室税收的制度化过程

集权税制参与了中世纪西欧现代国家的形成过程(Genet,1990;Bonney,1999)。现代国家是源自封建制渐进变革(12世纪以来)的一种特殊政治组织形式。被归因于君主制的税收旨在发展国家,维持它的统治。若干过程让王室税收的兴起在历史上具备合法性、获得保障成为可能。与战争(在中世纪欧洲可谓连绵不断)的关联具有极端重要性。其他过程,比如法国法学家的法律、意识形态研究,[①]某些君主的作为,封建援助体系覆盖范围的扩展,财政权宜之计的制度化,等等,解释了上述变革。

正当战争"成为国家的一项具体功能"(Genet,1990:263)。通过税收为此提供资金支持标志着逻辑的改变(相比封建聚敛而言)。在法国,君主政权在"财政国家(the State of finance)"的框架中,投入"50%的收入(平均值)用于军队,在战时还要多得多"(Chaunu,1977:17;48)。税收与战争之间的关系还凸显于英国的案例中,尤其是在13、14世纪的战争年代(Prestwich, in CNRS,1987)。在英国,叛乱所指向的并非王室征税这一原则,尤其是在战争证明了各种需求的合理性之时。在乡村,叛乱牵涉王室税官的榨取、腐败,或者是领主的收入(seigneurial takings);在城市,叛乱者常常指责城市精英的种种特权(Hilton, in CNRS,1987:171)。与战争相关的财政需要既对征税有所求,亦证明其合法性。正如熊彼特在谈到向雇佣军求助时所表明的(参见第二章),对兵役封建义务的赎买铺设了通往税收的道路。

人们以战争为论据,说明从传统的封建援助体系向税收定制的演化。起初,只有封臣对其领主负有财政援助义务,相关情形共有四种:长子的骑士授予礼;长女出嫁;缴纳令国王得释的赎金;圣战。根据封建法,军事援助义务必须要由国王手下的封臣(ban)亲自完成。国王手下的封臣可以动员本人属下的封臣(arrière-ban)和平民(manants)。相关演化包含在对统治合法性的证

---

① 法学家们尤其从有关采邑的封建法中借引如下箴言:"举凡采邑,莫非王土(le roi est souverain fieffeux)。"以此形成一条容许国王扩展封建援助覆盖范围的金科玉律。

明之中,其依据是"普天之下,莫非王土",由此,国土防卫职责便落在了所有臣属而不单单是封臣肩上。在法国,"美男子"腓力统治时期(1285—1314年)具有决定性意义(Vuitry,1883:142;Favier,1978:173;Rigaudière,2003:533)。这位国王努力对封建援助加以扩展或做出调整,通过对兵役的取代,使封建援助变成一种财富税,并且确立了商品销售税以及等于商品价值百分之一或五十分之一的直接税。封建军事义务首先被取代了:不同家族(feux)为军队的输送提供资金支持;而后呈现在人们面前的选择是或亲身服役,或缴纳税收;最后,通过给国家(pro republica)而非君王或领主缴税,保卫国家的正当性得到彰显。在14世纪的加泰罗尼亚,"庄重者"皮埃尔的领导下发生了一个类似的过程。[①]

由此,通过"区分公共主权者(public sovereignty)的权利与有关私人财产的那些权利"(Vuitry,1883:4),封建援助覆盖范围的扩展带来了税收的合法化。在英国,作为主权者封建权利的产物,与正义法(the law of justice)有关的传统义务演变为牵涉刑罚、罚款以及税收(服务于盎格鲁—诺曼国家的利益)的真正税制(Wagner,1913:264)。同样,通过限制享有豁免权的团体的特权,英国在中世纪的直接税呈现出相当整齐划一的状态(比大陆更早)。但是,其他的过程也发挥了作用。在法国,盐税(gabelle)起初(1315年)与食盐贸易监管制度有关。这一经济管理力量旨在与价格投机做斗争,确保短缺时期针对民众的供应(Rigaudière,2003:566)。此种情况证明了王室食盐垄断体制的合法性,[②]涉及管理机构的建立。该机构的职能由王室的一项职责(后来演变为一种常设税)加以保障。就食盐垄断(其组织形式多种多样)的案例而言,[③]"税收源于人们期盼于福利国家的一项特权的实施"(Hocquet,1990:119)。证明税收国家合法性的另一个案例是君主国某些财政权宜之计的应用。由此,经济或军事因由说明了对法国出口控制(Rigaudière,2003:569)的合法性。这是一个在食物(谷物,等等)短缺时期不剥夺一国食用产品、不以有

---

① 对卫国条款(Princeps namque)的求助被转变为一种由所有人缴纳的税收(即便有一些细节问题);参见Sanchez Martinez,2005。
② 食盐是非常有用的食用产品,尤其被用于保存食物。
③ 食盐垄断的组织、覆盖范围以及产生的影响在欧洲因地而异。在法国,食盐被认为是国家财产,但是,作为一种商品,其供应者是私商,存放地则在王家货栈。

助于繁荣或国防(黄金、马匹、武器,等等)的产品供应他国的问题。与这些禁令相伴随的是需缴费才能获得的特殊出境许可。"美男子"腓力授予这些许可证,它们"同时创造了事实上的垄断,以及一种税收资源"(针对某些商人)(Favier,1978:187)。一种执掌外贸监管事务的官僚制度建立起来。常设间接税①的合法性由此通过豁免权的授予得到证明。正如这个案例所表明的,税收国家获得认可的一个要素是贵族和城市在总量上获得了多少特权。

(二)对税收的认可

对税收的认可问题是社会学的一个关键问题。人们在剩余产品(出现在社会中)的分享以及从礼物到税收的过渡中寻找这个问题的人类学根基。历史学的视角同样让税收建立的大致情形的更新成为可能。徭役向货币税收的转变构成了重要的一步。如前所见,封建援助和兵役的演化是欧洲现代税收国家的组成部分。什一税和各类宗教税同样为君主国家的税收铺设了道路(Biget,2002:650)。② 什一税的合法性一开始在主教和教士所提供的服务那里得到了证明,对它的征收还被用来救济贫民。

税收得到认可的观念的出现并不是一条坦途,抗税的历史证明了这一点(参见第九章)。在现代国家诞生时,君王、领主与城镇之间竞争,以及对话与联合的关系在有关税收国家构建的政治事实中占了很大的分量。③ 筹集的钱财同样以反对国王诉求的能力让不同群体得益。熊彼特(Schumpeter,1954:13)谈到了"宫廷浪费",作为从领主到廷臣的普遍转化过程的发生条件(参见

---

① 1305年的法令尤其禁止出口多类商品:它牵涉一个授予豁免权的管理部门(关系到港口、海关、各类管事者……)的创建。出口税将逐渐转变为两种间接税,即出口许可税(Haut passage)与一般出口税(Rêve)。

② "什一税是一种一般税,它最早是在乡村社会环境下被征收的。毫无疑问,它与领地税收、城市税收一道构成了君主国家税收的矩阵……献给上帝的税收为存留给君王的税收做了很好的预备,因为君王的和平参与到了上帝的和平当中。"

③ "中世纪君王的收入仅仅是以领主身份获得的收入,并不带有真正公共税收的性质;王室税收源自封建援助。但是,这一转变直到一场漫长的斗争后方才发生:君主政权(同时是地位最高的封建主)被迫与级别更低的领主及其封臣交锋,还与平民、有产者,直接依附于这些领主中的任何一个、间接依附于君王的平民,在公社(communes)中组织起来的有产者交锋。这场斗争将延续超过一个世纪,见证百年战争的所有灾难;它将显明人们在公共补贴的问题上对拥有和获得相应的投票权是有所求的。"(Vuitry,1883:420)

第四章 税收国家演化的政治逻辑

第二章)。社会学家埃利亚斯(Elias,1974)研究了宫廷社会的"声望支出(prestige expenditure)",它也解释了此种与权力有关的逻辑。在法国,贵族领薪、被授予各种职务以及领取津贴(Genet,1990:266)便是这一过程的证明。正如托克维尔所表明的,贵族对侍奉君王的喜好胜过管理乡间地产也是导向行政集权的一个因由(参见第一章)。对这些阶级来说,税收豁免在大多数时候令新税得不到支持成为可能。"美男子"腓力的作为对君主国家税收而言具有决定性意义,对于这种有利于领主的五十分之一税或百分之一税,他放弃了其中的一部分(Vuitry,1883:147;Favier,1978:176)。在中世纪末卡斯提尔的案例中,"税制结构具有偏向性,有利于占据主导地位的阶级,这就增进了对它的认可"(Menjot,2002:204)。关于盐税,相关制度同样让贵族受益,他们还免于缴纳这项向民众(尤其是乡民)征收的间接税。①

除了贵族,城市和教会②同样能从新税收中获益。由此,对税收的抵制得到了克服,尽管在某些时期,此种抵制有着强大的力量。与城市精英的协商成为可能,因为国家税收是叠加在城市税收之上的。14世纪,君主政权与大城市之间那种结盟—竞争的一整套关系在法国得到了演示。国王需要以封建援助形式发挥作用的战争补助,城市的诉求是以国王授权城市征税(octrois)作为对其经济贡献的犒赏。最终,将王室税收与商业经济之间的关系凸显出来成为必要。我们看到,在出口禁令上的豁免权有利于某些商业公司,比如那些由(私人)银行家掌控、贷款给国王的公司[由此,这些人成了(公共金融家)]……在旧制度下,包税组织中的挂头衔者通常是放款(预付款)给国王的商人,他们的倚靠是自己在后来征收的、作为返还款的税收。这些"商人银行家"(Bouvier,Germain-Martin,1969:58)组成了一个有影响力的精英群体。在法国,他们通常挂着公职(接受职务),由此在18世纪成为富有进取心的强大金融家(Chaussinand-Nogaret,1993)。

尽管在历史上有各种变异形式,现代税收国家的根基在于税收的合法性。

---

① 盐税是君王委托总税务司征收的,损害了实行自主管理的那个体制(再封建化)。佃农(或担任相应职务者)提前缴纳所要求的钱财,令自身免于被征税。高级贵族买下因租借或职位而产生的权利,或者,为了获得报酬,他们放出资金(对预付款来说,这笔钱是必需的)。"直至旧制度末期,与旧制度融合的重要人物一直是盐税的主要受益者。"(Hocquet,1987:215)

② 有关教会在现代国家诞生中的作用,参见 Genet,Vincent,1986。

此种合法性是纳税人所认可的。"最早的结构性变化涉及税收的合法性……税收……来自臣民,为的是满足接受税收的那个超凡存在(即国家)的需求。"(Genet,1987:5)在英国,对税收的认可带来的是议会;在西班牙,带来的是立法机构(城市在其中发挥了重大作用);在法国,带来的则是三级会议。作为一种制度,议会制以对税收的认可为基础,英国是它的发源地。在战败于布汶(Bouvines,1214年)之后,"失地王"约翰试图通过实施新税重整旗鼓。面对贵族的叛乱,他承认了1215年的《大宪章》(Magna Carta)。按照它的要求,征税需获得王国大议会(Great Council)的授权。国王寻求撤销《大宪章》。贵族们渴望掌控税收。他们之间的冲突导致了实权落入议会(其规模扩大了,包括但不局限于贵族和高级教士等其他阶级)手中。1628年,议会发布了《权利请愿书》(Petition of Rights),重申了税收需经认可的原则。但是,与议会认可税收有关的英国史充满了变故。事实上,君主政权,比如查理一世治下的君主政权(1649年),常常竭尽全力撇开议会施行统治,由此,也费尽心思在未得授权的情况下征税。英国革命的第一个标志性事件是查理一世被处决,其结果是税收需经认可的原则得到重申。最后,1688年的《权利法案》(Bill of Rights)在现代预算法的起源阶段,以一种明确的方式确立了议会的税收权力。①

  法国史有所不同,其缘由在于议会法律并未像在英国那样获得认可。三级会议的建立在领主资政的封建传统中找到了自己的起源(Hervieu,1879)。和所有地方一样,战争为税收提供了合法性,但是,对封建援助的要求发生在资政会议的框架之下。起初,辨别三级会议相对于传统封建资政会议的特殊性并不容易。在如上两个案例中,如果说国王的意志是扩大咨询会议的规模,那是成问题的。此外,教会也有代议制(教会会议、大公会议以及主教选举看起来已被人们用作一个案例)。转折点是在"美男子"腓力治下的1302年。在巴黎,扩大了的会议举行第一次集会,②可被算作三级会议的首次会议。13世纪,贵族、高

---

① 人们在法国的案例中发现了议会制与预算法实施之间的历史关联,尽管是以一种更为粗略的方式。就该案例而言,议会制真正发挥作用是在1814—1830年的复辟时期。

② 为的是在与卜尼法斯八世(Boniface VIII)相敌对的冲突敌对中获得支持,卜尼法斯八世在库特莱(Courtrai)战败。

级教士会议的规模扩大了,变化的源头在于城市代表。① 在税收领域,1303年和1314年的扩大会议拨出了助战款项。1314年的会议尝试为税收许可确立一个先例。直至1355年,才召开第一次由来自三个等级的当选代表组成的三级会议。1484年,选举扩展到所有的行政管辖区(baillages)。但是,君主政府与领主们之间的竞争并未像在英国那样产生同样的结果。国王的权威得到了加强。1343年,腓力六世国王从三级会议获得了休战期间的征税权。弗朗索瓦一世或亨利二世从未召集三级会议,他们更喜欢向贵族和城市议事会议求助。三级会议在很长时间里没有召开(比如,在16世纪上半叶,即1506—1558年),从1614年(路易十三此时仍未成年)直至1789年,也未再召开。在法国史上,对税收的认可是从中世纪开始萌芽的。它将在《人权宣言》的第14条中发现人们为此奉献的大量心力。它构成了现代税收国家的一条原则。

(三)现代税收国家的特征

借由税收国家的创建,封建社会政治体系发生了剧变。相比封建税赋,此种税收有某些独创之处。它成为常设性的、由中央管理的收入;它不再简单地与领主的领地挂钩,而是与王国(全国)的疆土相关。从那时起,此种税收便以国家主权在法律和政治上的概念化作为基础。② 它要变得合法,需要征得纳税人的同意,从而满足公共利益的融资需求。最后一个特征关系到此种税收的发展。现代国家是以某种层次的税制为基础的。③ 起初,这一税制旨在为战争融资;而后,是为了履行其他功能。按照设想,此种税制拥有一个由多样

---

① 因为十字军的问题,腓力·奥古斯特(Philippe Auguste)已将一些有产者招聚至巴黎。1262年,为了修订度量衡,圣路易召集了来自巴黎、普罗万(Provins)、奥尔良(Orleans)、桑斯(Sens)和拉昂(Laon)的有产者。
② 人们发现,这个概念在哲学中也得到了阐释(参见下文)。
③ 就法国而言,即便由于材料来源的缘故,对相关数额的还原仍只能求得近似值,克拉玛格兰的计算(Clamageran, 1867:XXN)还是让人们看到了征税水平的提高(1439年,170万镑;1547年,740万镑;1645年,8900万镑;1715年,1.555 5亿镑;1786年,8.8亿镑)。这一进展虽然没有排除停顿不前或稍有退却的时期,但结论仍是站得住脚的,即便是在把币值的影响、经济财富的发展变化考虑进去的时候(Chaunu, 1977:47):税收国家发展于14世纪初、15世纪中期以及17世纪。它在16世纪近乎保持稳定;在18世纪有所退却(相比之前的世纪)。在考察法国、英国与西班牙在1250—1500年的收入时(参见 Bonney, 1996:150),奥姆罗德(Ormrod)提及"税收革命",旨在表明中世纪末欧洲税收在"某个有别于'国家'与更具条理性的概念的演化"中的作用。

化征税组成的结构,为的是获得各式各样的经济与社会收入来源。

由此,看起来,财政在现代国家创建中的作用与韦伯对国家的分析(Weber,1971)有所出入。差异之处与解释这一重要过程并研究国家作用的路径还有国家的某些特征有关。税收的作用在中世纪现代国家的创生中得到了凸显。正如财政社会学奠基者们所强调的,对财政手段(尤其是应付战争)的寻求是与韦伯模式的那些内容有关的首要标准。国家税收在历史上的确立出自君主政府,它决定了管辖和行政组织的过程,以及相关法律的细化(导向公共暴力的垄断)。历史学分析证明了从功能上研究现代国家的路径[①]的重要性,以及社会政治体系中各种国家功能(尤其是财政功能)的重要性。从组织(指的是与西方理性化趋势保持一致的科层化)入手研究国家看起来便是功能性国家建立所产生的一个结果了。通过抽象成文法的发展以从理性上赋予国家合法性是由一种必要性决定的。此种必要性就是通过一种意识形态的方式,并且(或者)以公共利益为基础,为国家的各种功能(在很大程度上由税收以及它们的用途决定)寻求正当理由。

哪怕将与现代国家的组成部分有关的主要因素和历史上的因果顺序弃之不顾,现代国家的某些特征仍然与韦伯的理想类型相距甚远。相关讨论令人感到棘手,因为正如韦伯所强调的,模式并不复刻真实。由此,基于这个援引,人们可以承认的是,对合法暴力的垄断确是现代国家的一个特征。不过,在许可税收的问题上下断言定然是不轻松的,常常也是不完满的,由此建立的社会学肯定不是韦伯的社会学。按照韦伯的配对(包括"支配"与"合法性"的搭配),现代国家的理性在形式以及法律上都不可偏废。不过,在现代税收国家中,要做同样的搭配,具体的正当理由在一开始与封建援助的扩展、进攻性或防御性战争的融资有关。它代表的是对具体情形的概括而非相反。它的根基在于与情势有关的理性(认知方面),与贵族(以及与城市)的关系则构成了它的依仗。在其他时候,支配是粗暴的,法国绝对君主国便是一个案例,它放弃了为自己寻求合法性,不再让三级会议召开。具有关键意义的是权力的力量而非国家的合法性。涉及官僚政治发展的一个事实得到了证明,即便此种发

[①] 在这个意义上,马克思主义的研究路径也是重要的。由此,相关论争便涉及国家功能的性质、国家自主能力(相对资本主义)的可能性,以及阶级斗争的范围。

展与功能性国家所经历的一个理性过程非常相似。不过,这种国家的理性更具争议性,哪怕在"理想类型"的问题上,人们在认识上表现出来的弹性令国家的这个特征得到更好地捍卫(为此,要被保留下来的是有如下发展趋势的机构:转变为国家行政部门。它们以等级制的方式得到创建,受一般规则的引导,等等)成为可能。无论如何,法国的案例验证了横亘在现实与模型之间的巨大鸿沟。①

与现代税收国家特征有关的另一个方面必须加以强调。对税收公平分配的追求在现代国家发端时并不存在,正如旧制度下的法国的案例所表明的,该国存在着与被授予的特权有关的严重税收不公现象。同样,在法国,就对税收认可的确立而言,纳税人的代表依循的是不公平的三个等级的划分。不过,正如克拉玛格兰所强调的(Clamageran,1867:XXXVI),"分配上的极度不公会减少相应的产出"。此外,英国的案例给我们提供了启发,该国的税负更轻,分配更显公平,对税收的认可有着更坚实的代议制基础(Tocqueville,1998;Mathias,O'Brien,1976:604;Tilly,1986:292;Chaunu,1977:47;Bonney,1996:XXXI),它跟财政公平与公共财政控制(在这里,掌控者是议会)的"民主化"之间的联系有关。

就构建合法且强大的公共领域(区别于私人领域)而言,现代税收国家有别于封建财政体系。② 对熊彼特来说,在中世纪的情势下,公法与私法之分毫无意义可言(参见第二章)。封建财政并非无感于税收,但它们摆脱不了领地的政治、法律、经济和社会体系。领地税赋并未将主权者的权利与财产的权利区分开来。国王和任何领主一样,必须以自己的财产、属下领地的收入为生。③ 尽管王室领地得到了扩展,如上制度却陷入了危机,面对支出问题不再

---

① 法国政府并不总与韦伯的模范现代国家的标准保持一致。如前所见,一些税收(诸如盐税)导致了某种再封建化;税收外包体系通过一种并不总是有利于税收国家(榨取、更少的产出、金融债权人为确保相关方面认识到预收款项的压力)的方式塑造了种种制度。与一些职能和职务有关的腐败确保了国家的收入。相比之下,公共职位的荣耀仍不能得到很好的保障。

② 不过,对于历史意义上的现代税收国家的财政体系与不止于此的各种体系的评判标准,J. C. 瓦凯做了公私之分。此种区分旨在"对有别于个人经济、基于一种更高的需求建立起来的抽象以及无形实体予以优先认可"(J. C. Waquet,1990:176)。

③ 正如历史学家奥姆罗德、巴塔(Barta)(参见 Bonney,1996:66)所强调的,"国家构建的真正潮流与'当代'公共财政的真正发端或许只能在国家公共权威从上至下掌控封建私法的时期以及在更多经济活动受制于政府税收的地方才能得到辨别"。

有足够的能力。这一危机并不单纯是经济方面的,其缘起在于以采邑为基础的封建政治和社会关系发生了更变。除了面临一些阻力,税收国家的创建还有其助力,即主导阶级在新的王室税收中的利益共享(表现为豁免权、收入的共享以及对部分支出的侵吞)。与财政社会学意大利奠基者们的论点相一致,支配与强制并非微不足道。不过,税收国家的常存仍建筑在其作为一个至尊权威、作为一个组织(其社会目标是追求公益)所具有的合法性的基础之上。现代国家主张税收要获得认可,它以此有别于压迫型国家、强制型国家,即便它可以通过"合法暴力"(韦伯)的方式令以合法方式决定的纳税义务得到履行。王室税收在历史上的出现表明了某种形式的支配,但是强制只有在社会契约合法的情况下才能实施(参见第十一章)。

同样,我们不可将现代税收国家贬损至掠夺者(寻求将其收入最大化)的境地。布伦南(Brennan)和布坎南(Buchanan)的利维坦(税收宪法必须对其加以限制)理论[1]并未回应此种情形。税收决策过程将各种政治力量纳入了考虑范围。各种冲突与对合法性的追寻对当局与特权团体的协商产生了约束作用。非长期性的认可(法国)周期性地发生更变。在英国,这是议会控制的本质所在。税收水平定然是可观的,但是,逆流也是存在的,比如在法国。[2]非法税收引发了抗税行动。

在中世纪欧洲,现代国家的模型在各处并未以相同的样式出现,在某些国家还出现得较晚。西班牙的模型是特殊的(Rucquoi,1990)。王权是强大的,因为它被赋予了疆土再征服的神圣使命。它是卡斯提尔(Castilian)的集权模型与阿拉贡(Aragonese)的非集权模型相融合的结果。封建化发端于14世纪,可谓姗姗来迟。城市富有影响力,广受认可。在中世纪末的东欧,波希米

---

[1] 布伦南和布坎南(1977年)认为,税收国家是一个利维坦,它寻求自身收入的最大化,与此同时,在政治或选举上不受严格束缚:"尽管如此,我们的讨论在很大程度上是借助'垄断型'政府的话语来措辞的。在此种政府中,报酬最大化源自部分程度上不受束缚的政客—官僚在势力上的极度膨胀,而非民主的政治过程本身。"征税权以强制为基础,独立于公共产品的供应:"税收是强制的手段,让政府在当下的缴税意愿无需以回应性、个体化方式表达出来的情况下,将负担压在人们身上。"民主的意涵只有一个:负担实现了最大规模的转移,从少数人身上转移到多数人身上。他们提出如下建议,即对与限制税收利维坦的权力有关的某种税收宪法进行思考。

[2] "妨碍15世纪的税收在路易十一在位时期结束之前达到14世纪的水平的是如下因素:处于低谷的人口数量;战争的破坏;经济崩溃;国家向前迈进,它不会再被牵绊了。这依据的是它自己的动力机制。"(Chaunu,1977:145)

亚(Bohemia)、匈牙利、波兰以及奥地利没有现代国家的特征(Berenger,Tollet,1990),税收国家由此拥有多个面相。在罗马帝国,它的资源取自战败者上缴的贡赋;其他资源基本上来自帝国的领地、没收的物品以及币值的各种变动。税收在地理上表现得并不均衡(罗马城和意大利的税负很轻),在社会上也是如此。① 内部税收(interior taxation)因贡赋、领地财富以及奴隶制而成为可能。此种税收的弱点与掠夺性国家的形象相对应。掠夺通过贡赋表现出来,得利者是占据主导地位的某些群体或大众。在历史上,这样的掠夺屡见不鲜。② 但是,它与哲学观点所凸显的"现代国家"观念是相对立的。

二、观念史中的现代税收国家概览

博丹、波舒哀、斯密、孟德斯鸠以及卢梭的财政著作(就对这些作者的选择而言,我们并未将一些任意和武断的方面排除掉③)确证了主权与合法性之间的紧张关系在历史上的重要性。它们与现代税收国家(其根源要追溯至中世纪)长达300年(从16世纪到18世纪)的制度化进程相关联;其中包含了对于财政社会学的原创性贡献,由此表明了从该角度重读观念史是饶有兴味的一件事情。依据视角是法律—政治的(博丹和波舒哀),还是经济(斯密)的,或是多元的(孟德斯鸠和卢梭),它们代表了财政现象研究路径的多样性。

(一)博丹的看法:主权与对税收的认可

让·博丹(1530—1596年)是让主权成为国家之至要性质的第一个哲人。"主权"这个概念标志着政治思想中的一个分水岭④,它为现代国家的定义铺

---

① 某些社会群体(比如军团士兵与退伍老兵)的豁免权属于特殊情况。
② 比如,在中世纪末,人们便在一种与针对控制不严的地区所征的税(appatis)有关的惯例中发现了这一点。"在这样的地方,对税收的天然认可,以及足够稳定的法律、秩序都是不存在的。"(Contamine,2002:11)这种税表明了进行战争者与被饶恕者或被保护者之间达成的安排,其表现形式是某种贡赋(通过服务或货币实现)。
③ 比如,沃邦(Vauban),法国名人,17世纪末《王室什一税》(*La dime royale*)一书的作者,尽管对经济分析和理财术感兴趣,此处却不给他存留位置。有关中世纪、文艺复兴时期的税收理论,参见Isenmann,1996;关于17世纪和18世纪的税收理论,参见Bonney,1996。关于18世纪官房学哲人犹斯提(Justi)的贡献,参见Peukert,2006。
④ 在历史上,如我们所见,法兰西国家的构建可以在中世纪找到源头,尤其是与"美男子"腓力(1285—1350年)的统治和法学家们的作为有关。

设了道路。在《共和六书》(Les six livres de la République)中,他在财政问题上获得了重大进展,并以如下箴言作为第六书第二章的开篇语:"财政乃共和国之神经。"(Bodin,1986:35)由此,将他的财政学说摆在主权理论面前从而使其获得相应地位便是一件饶有兴味的事情了。

主权带有永恒、绝对和不可分割的性质。此种权力是国家而非政府的属性;政府有别于国家。主权者与臣服于他的被统治者相分离。他服在神法之下,但是拥有神(神圣自然法之源)的形象。他的权力是不能质疑的。[1] 主权的第一个属性通过无需寻求认可的普通法的确立得到呈现[2]:"至高君王第一个与众不同之处便是有权对众人(一般情况下)与各人(特殊情况下)颁布法律。但是,光有这一点是不够的。因为在那些比他权力更大(不是与他平起平坐或比他权力更小)的人没有表示认可的情况下,他也必须随机应变。"(Bodin,1986:306)在讨论主权各种属性的那个部分,征税权被包含在所列举的所谓"主权权利"当中:"在同一种发布和破坏法律的权力之下,与主权有关的所有其他权利和特异之处都被囊括在内:……对臣民征税、豁免其责任或取消其补贴的权利。"(Bodin,1986:309)他还稍做延伸,通过与封建税(taille)的联系,对如上分析做了确证:"至于以封建税、各种税收加诸臣民头上或对部分人施行免税的权利,同样有赖于创建法律、确立特权的权力。"(Bodin,1986:334)

第六书特别讨论了财政。不过,在该书中,博丹财政学说是以更温和(甚至是自相矛盾)的面貌——相比绝对税收主权理论而言——出现的。的确,他明确地训诫道,对税收的认可是必要的。它与第一书确立的理论相悖,后者与征税权的内容相关,"在臣民不表认可的情况下,没有任何君王拥有对其征税的权力,亦无权规定此项义务。"(Bodin,1986:71)考虑到与如上分析有关的历史背景,必需的认可指的便是三级会议的认可。但是,博丹还引入了"公益"观念(尤其与封建税有关),而在第一书里,它是作为税收主权(它是无限的)的属性得到呈现的。他引用了与圣路易有关的证据,从而为论点提供支撑:"既不

---

[1] "在神之下,世上没有一人大过至高君王。他们被神立为他的代理,以统御他人。由此,为使众人竭尽忠顺以尊奉、敬畏君王之威,胸怀万般敬重去感受、谈论此事,君王的品质问题务要小心对待(因为他藐视至高无上的王和神)。"(Bodin,1986:295)

[2] 惯例无法限制国家主权,即便博丹有时在案例中对前者有所援引:"法律可以打破惯例,惯例必须顺从法律。"(Bodin,1986:308)

第四章 税收国家演化的政治逻辑

要收封建税,也不要从您的臣民那里获取援助,除非应急之需或显而易见的好处迫使您这样做,除非基于公义的因由,除非是在逼不得已的情况下;如果您不行此道,您不会被看作君王,而是会被看作一个暴君。"(Bodin,1986:7)就如何看待税收的作用而言,博丹的财政理论标志着一个进步。对于国家的绝对税收主权(按博丹的话说,是主权者的绝对税收主权),他在对征税目标的研究中并未下斩钉截铁的正式断言。国家财政必须是健康的,"建筑在无可置疑与长期存在的一个基础之上,并且获得了基础的保障。"(Bodin,1986:36)

就收入来源的任何选择而言,一项预备性的举措便是确保人口得到统计,这是通过对每个人的财产和收入进行"评估"实现的。第六书的第一章详述了这样做的种种好处,但没有为了论证确立(或重新确立)该举措的合理性而直接提及主权。在有关财政的章节中,我们同样可以发现此种谨慎态度。这部分内容在"为财政筹集资金的七种方法"(Bodin,1986:37)中首先提到了领地①,"领地是最可靠的筹资渠道……也是最实在的渠道"(Bodin,1986:36—37)。税收作为最后的筹资手段被提及②,"第七种方法与臣民有关,此种方法绝不应被采用,除非所有其他方法都无能为力,共和国面临着非常之需。"(Bodin,1986:67)博丹抢在葛德雪(财政社会学的奥地利奠基者)的思想(参见第二章)之前,将糟蹋公共领地所产生的有害后果凸显出来。③ 不过,他并未无条件地为废除税收提供辩护,"在共和国中,要说在什么事情上频频看到变化、暴动以及破坏,那就非过重的负担以及税收莫属了。要防止这些弊害,唯一的办法是废除非同寻常的补贴、负担,撤销令人们忍受它们的事由。但是,人们万万不能像有些人那样,从一个极端跑到另一个极端,废除所有税收、援助以及封建税;这些人既没有资金,也没有领地,为共和国提供支持。"(Bodin,1986:73)

博丹捍卫的与财政有关的政治观念带有驳杂性。它反映了与历史上王权

---

① 我们要知道"公共领地与君王的祖产(是)不同的,由此,对至高君王来说,对领地的收成和收入使用不当便是非法的;此时,对所有人来说,共和国处在升平与自由状态"(Bodin,1986:42)。

② 在税收之前,能够派上用场的其他收入来源有对战败者征收的贡赋、礼物、盟友的奉献、君王的牟利活动从商(traffique;Bodin,1986:60),以及对商品运输征收的关税。

③ "故此,君王在对手下臣民征税(或者,寻求没收其财产之方)一事上不受限制。公共领地必须是圣洁、神圣以及不可分割的——众民族、君主们都奉此为不可置疑的普遍法则。"(Bodin,1986:39)

与封建势力之间的斗争有关的种种矛盾。它还展现了税收作为一种义务表现形式(对至高权力的义务)与作为一种得到合法授权的奉献(针对与公益有关的支出)之间的紧张关系。它再度拾起传统的领地理论(君王必须"以自己的财产为生"),确立了国家税法的绝对主权,最终承认了征税要获得认可的需求。它关注税收的功能,尤其是赶在曼以及税收社会学的奥地利学派的研究前面,论及税收施行的社会控制(参见第二章)。财产和收入评估由此执行了与掌控风俗和社会公义有关的社会功能:"由此,人们看到,很少有不用评估人和评估而能达致秩序井然的共和国的。"(Bodin,1986:10)评估是用以统计人口、估算其财产以及控制某些类别的行为(驱逐游民)的有用手段。这还是一个"根据每个人的财产平等分配负担和税收"(Bodin,1986:15)的问题,因为"由于评估的缺陷,贫民会受敲诈之害,富人总是逃避负担"(Bodin,1986:18)。此种功能性的公共财政观念同样在提出的建议那里获得了阐释。真正的(而非个人的)封建税的确立旨在救济贫民。对奢侈性支出的征税①之所以具有合理性,是因为没有人是被迫消费奢侈品的。有关夸耀性消费的社会学分析还带来了一种象征性视角(Veblen, *The Theory of the Leisure Class*)。同样,针对贫民的支出被认为是必要的。

就税收国家树立自身合法性的方式而言,我们通过领会言外之意,还可从如上功能性观念获得提示。事实上,对于平常税、非常税以及"意外金"(accidental funds)(Bodin,1986:69)("三者彼此相像")之间的区别,博丹费了好一番笔墨。这一点很有趣。它让人们看到,对与法律—政治范畴的内容(尤其是前沿问题)有关的研究如何参与了将现代税收国家建立包括在内的那场巨变。② 导源于主权(作为一种权力)观念的财政理论竭力超越于此。为此,它对与采邑专有财产有关的领地观念做了拓展。统治者与被统治者之间的关系

---

① "但是,如果有人问征税有什么方法,可以令神得荣耀,让共和国受益,系以善人的愿望为据,令贫民得救济,答案是对如下事物征税:它们毫无用处可言(如果不是让臣民变得骄纵、受到腐蚀的话),所有奢侈物、各样小型珠宝、香水、镶金带银的衣服、丝绸、绉布,以及布满黄铜、辫线装饰与织物的布料便是如此。"(Bodin,1986:81)博丹指出,此种税收不会抑制消费,"因为人的天性就是这样,以至于他们发现不了有什么东西比对其施以严禁的事物还要柔软并美好的"。

② 关于这个问题,参见第一部分;此外,关于领地理论的模糊性,参见 Scordia,2002。关于模糊性税收(对旅行的征税表明了这一点)的案例,参见 Lassalmonie,2002。关于某些基于主权之力量的封建税(比如对使用财产的征税)的混合性质,参见付税使用领主器具(banalité)的案例。

及其可能的缺陷(后来在财政社会学意大利奠基者们的精英主义理论中占据了中心地位)早就由博丹做了理论探讨。再往后,正如我们借助托克维尔论及革命的社会学(第一章)所看到的,相关疑难产生了变动,朝着财政负担是否公平的问题转变。不过,进入17世纪,博丹观念的踪影仍见于波舒哀的著作。

(二)波舒哀的看法:对税收的需求以及适度的税收

雅克·贝尼涅·波舒哀(Jacques-Benign Bossuet)的著作《源于圣经的政治》(*Politique tirée des propres paroles de l'Écriture sainte*)写于17世纪,但是,保存下来的不同版本是后出的。① 第六书第二篇阐述了对税收的需求:"人需向君王缴纳税赋"。(Bossuet,1967:194)人们必须容许君王保卫国家、个体,"如此,说句实话,税赋不过是人的财产中上缴君王的一小部分,为的是让君王拥有拯救一切的手段"(Bossuet,1967:196)。波舒哀的税收观念与博丹的税收观念相近。从社会学来说,波舒哀的税收观念预先防止了税收以义务的形式出现,也就是"承认了至高权力",即主权(Bossuet,1967:196)。税收无法构成主要的公共资源(和博丹的看法一样)。它排在第四位,位居贸易、航海(第一资源),领地(第二资源),以及加给战败者的贡赋(第三资源)之后。波舒哀建议,如果不在征税问题上寻求认可(如同博丹所提议的),那么要注意的是税收之适度,"君王必须征税有度,不压垮民众。"(Bossuet,1967:386)他提到所罗门的金科玉律,"为了取奶,按压乳房太过,让乳房变热,用力揉弄,此人最后得到的却是黄油;擦鼻子用力过度,此人会出血;对人压榨太过者会激起反叛、暴动。"(Bossuet,1967:386)18世纪,税收问题在不同的基础上再次得到探讨(尤其是得到自由主义经济学的奠基者亚当·斯密的探讨)。

(三)斯密的看法:从经济学信条到道德视野

亚当·斯密被认为是自由主义经济学的奠基者之一。在其印制于1776年的著作《国民财富的性质和原因的研究》(*An Enquiry into the Nature and Causes of the Wealth of Nations*)中,他就税收提出了一些要义(Smith,

---

① 有人在这里提到一个带有雅克·勒·布伦(Jacques Le Brun)的介绍、注释的关键性版本(Geneva,Droz,1967)。

1979)。第一个信条证明了关涉纳税人利益的税收原则的合理性,即一个国家的主体须为支持政府作业贡献。他们的身份是大型领地的共有者。他们在该领地各有其利益所在,针对那些对应的成本,他们均有缴纳税赋的义务。接下来的两个信条关涉财政技巧,不得有任何含混(这有赖于提出清晰准确的规则①);对纳税人的妨碍也尽可能的少。② 最后一个信条更直接地与经济相关,即对任何税收的构思都需达到如下目的,即尽可能让人们少缴税,在进入国库之前,需将这笔钱财留在他们手上。在此处,斯密描述了有可能的四个缺陷,以此对自己的思想做了具体说明:为求增税而求助于中间人,从而导致民众的非必要增负;税收可能具有让经济活动失去动力的性质;与恶税有关的重罚摧毁对社会有益的活动以及税收的来源;必须避免的各种烦心事项。

这些常识性信条在接下来比较有关租金、利润和工资征税方法的探讨中得到了遵循。从根本上说,此种探讨属于财政技巧的范畴。有人会保留如下看法:清晰、简明之要求仍是一个连现代税制都远未达到的理想。问题毋宁在于知晓国家干预在何种程度上是由税收提供资金支持的。斯密认可国防方面的公共干预、对财产与民众的保护(司法)、涉及公共利益的某些大型公共工程③以及针对贫民的公共教育与宗教教育。④ 但是,斯密偏向于国家的不足之处,针对社会国家(social State)的非特定形式,或者现代意义上的收入再分配,并未大略地提出任何建议。有一点后来也在帕累托(参见第二章)那里得到阐述,即国家财富增加被认为是改善贫民生活条件(通过劳动力市场工资状况的改善来实现)之必需。在《国民财富的性质和原因的研究》中,尤其有许多段落是反对自由贸易所面临的障碍的,由此,对市场之于国家的优越性的自由主义解读获得了合理性证明。⑤

不过,按照如上解释的设想,在斯密(Smith,2001)尤其有意以《道德情操

---

① 据斯密所言,"每个人当缴纳的税收或纳税份额必须是确定而非含混的。何时纳税、缴纳方式、纳税额都必须是清晰、精确的"。

② "任何税收须得一次性令人知晓情况,且要依据人们所能设想的、对纳税人妨碍最少的方式。"(Bossuet,1967:457)

③ 利于贸易的交通动脉(道路、桥梁、运河……),或者设在险地、用于对外反击的堡垒。

④ 斯密认为,"公共教育与宗教教育机构的支出无疑是造福全社会的,从结果上看,如果没有存在不公的情形,一般性纳税可以为这些支出提供丰足的资金来源。"

⑤ 此种解读始自新古典主义经济学家,其根基是"自由放任"的观念。

论》(印制于1759年)为出发点所构建的道德哲学中,产生了一条认识上的鸿沟。就斯密体系的连续性、连贯性而言,无论此种情况意味着什么,[1]应该强调的是,公正旁观者(impartial spectator)的视野构成了规范公共行为的一个标准。对这一观念的深彻探讨超出了我们的目标,该观念却将一条研究财政社会学的有趣路径呈现在我们面前。一些看法的出现事实上可以通过旁观者,即公平(equitable)旁观者,来解释公共舆论(Boudon,2001)。比如,有关法国的最低收入,对公共舆论的经验研究(Forsé,Parodi,2004)证实,身处公正旁观者的地位,[2]在没有限制性对应物的情况下,一个人所选择的往往是此种社会保障利益的增益。[3] 这个结果很可能超越了在经济思想史上留下深刻印记的斯密理论,为道德社会学以及对公共干预融资的伦理学研究提供了一种重要的方法论。道德哲学仍是财政社会学的灵感来源之一,这一点在孟德斯鸠身上同样可以得到证明。

(四)孟德斯鸠的看法:政治自由与相应背景

孟德斯鸠(1689—1755年)《论法的精神》(*L'Epprit des Lois*)让哲学家们、历史学家们、社会学家们以及法学、政治学学者做出了不同的解读。[4] 第十三章讨论的是税收。其出发点不是主权而是财产。税收是对财产的征税,换取的是一种某人财产得到保全的保证,"国家收入来自每个公民从自己财产

---

[1] 一般而言,围绕功利性利益(utilitarian interest)展开的《国民财富性质和原因的研究》被认为是自主性经济科学的奠基之作。这一解释尤其是以如下有名引文作为依据的:"我们所望的衣食之源不是屠夫、酿酒人或面包师的善心,而是他们对自身利益的关注。我们不要把自己的目光转向他们的人性,而是要转向他们对自己的爱。我们对他们所言及的从不是我们自己的需求,而是他们的利益。"不过,斯密的政治经济学同样可与其对情感、行为的伦理学分析相联系(Sen,1991)。这亦可被解读为斯密道德哲学体系的一个要点,该体系赋予同情原则以重要地位(Biziou,2003)。在国防、治安以及收入问题上,公义原则在治国大道上的应用得到了研究(参见《国民财富性质和原因的研究》)。

[2] 公平旁观者(equitable spectator)有别于斯密的公正旁观者或休谟的明智旁观者(judicious spectator),因为"与后两者不同,我们不需要就个体的同情心做出一个人类学假设。我们避免了从这个假设产生的功利主义问题。按照这些问题的设想,自私和同情的分量需灵活对待以求得平衡"(Forsé,Parodi,2004:42)。

[3] "这将它引向一种带有社会连带主义色彩(solidaristic)的看法,其缘由不在于同情或愤世嫉俗,而在于论点具有足够的适应性,可以被其他任何一个人接受。"(Forsé,Parodi,2004:87)

[4] 参见R. Aron,1967:25—76(他让孟德斯鸠成为一个社会学家);C. Larrère,2002:124(他坚持的是税收的政治维度)。

中献出的一部分,他们求的是自己的剩余财产获得保障,或者是愉悦地享用它们。"(Montesquieu,1748：XIII,1)①但是,孟德斯鸠的税收理论超越了如上关涉财产的保障税概念,它之所以富有兴味,其缘由是他在分析上所选择的方案的多样性。

正如第十三章的标题②所表明的,政治自由蕴涵着选择的空间。③ 以如下"通则"为依据,纳税额与治国本质之间的关系得到了阐述:一个国家在政治上越自由,税收便越高(反之亦然)。"对应臣民的自由,一个国家可以征收更高的赋税;缰绳如果拉得更紧,国家便被迫放松要求……在温和的国家,赋税之重会得到补偿;那便是自由。在专制国家,有自由的对等物;那便是更轻的赋税。"温和的治理让更高的税收获得允准,条件是税收不会得到滥用。④ 就此处而言,在没有诸多精确细节的情况下,对税收国家的法律、政治分析与各种政体的宪政目标(这在《论法的精神》中具有核心意义)联系起来。

由此,税额与国家的经济财富相联系,这使得孟德斯鸠对税收增加于经济有利的观念做了批评。⑤ 同样,针对商品税,孟德斯鸠特别对税收面临的经济限制做了具体说明,即"商品与税收之间存在某种关联是必要的"(Montesquieu,1748：XIII,8)。我们还知道,在此种经济维度的意义上,孟德斯鸠在别处

---

① Montesquieu (Charles-Louis de Secondat), *Œuvres complètes*, Paris, Seuil, 1964. 人们应当记起在18世纪,适用于财产的保障意味着财产及其收益的保全是有依凭的(享用财产意味着身为所有者的事实)。

② 第十三章的标题是"赋税、国库收入的多寡与自由的关系"。

③ 对孟德斯鸠来说,"政治自由根本不在于做人想要做的事情。在一个国家,也就是存在法律的一个社会里……自由是做法律所容许的一切事情的权利"(Montesquieu,1748：XI,3)。

④ "由于温和的治理产生的影响是可钦羡的,他们便舍弃这种温和;由于征收了大量的税,他们便想竭泽而渔;他们忽略了是自由之力带来了这件礼物,反令自身转向什么都带不来的奴役。"(Montesquieu,1748：XIII,15)

⑤ "赋税规模就其本身而言是好的,不过在说这个的时候,不探求因由是何其糟糕的一件事。"孟德斯鸠(和休谟一样)讨论了来自重商主义的如下观念,即税收创造财富。他很偶然地预见到了与财政抑制因素有关的现代观念,"但是,如果专断权力剥夺大自然的奖赏,人会对劳作再生厌恶。"(同上) 这一分析也出现在大卫·休谟《道德、政治与文学论集》(*Essais moraux, politiques et littéraires et austres essais*)中有关税收的那一章。在历史学层面,孟德斯鸠还批评了从欧洲王公的需求那里得到合理性证明的增税:"王公的敕令……总在说他们的需求,从来不提我们的需求。"(Montesquieu,1748：XIII,15)在谈及与军队数量增长相关的"赋税一再增加"(Montesquieu,1748：XIII,17)现象时,他再次提到了如上批评。

提出了与令人愉悦的贸易有关的种种美德。①

社会对税收之认可的重要问题最终浮出水面。孟德斯鸠把这个社会学问题放在心上,对商人缴纳无痛商品税的机制做了如下描述:"商品税是人们更无感的税种……基于此,重要的是,纳税人是出售商品的人。他很清楚地知道,他并非代表自己纳税;购买者作为实质的纳税人,将税与商品价格搞混了。"(Montesquieu,1748:XIII,7)税收社会学另一个被提及的方面是与税收的具体联系的重要性(Montesquieu,1748:XIII,9),它与对不同税收管理体系(或是由包税人或是直接由国家管理)各自优点的讨论相关联。此种"具体联系"形成了公民的公平感,"借助对国家的管理,君王可以做主根据自身或民众的需要,加速或推延征税。包税人用尽一切手段让国家一贫如洗,借助对国家的管理,君王可以让国家幸免于包税人的巨大得益。通过对国家的管理,君王让民众不会看到令他们感到痛苦的暴富景象"(Montesquieu,1748:XIII,19)。

在社会学中,孟德斯鸠的研究路径有赖于税收与自由的关系。该路径为托克维尔所继承(参见第一章)。托克维尔有时被认为是19世纪的孟德斯鸠,在自己的研究框架中,他分析了自由在其有关革命、民主的财政社会学里所发挥的作用。20世纪,阿丹特的历史社会学将对作为自由经济所使用的一种手段——税收(无障碍的经济交流的发展令其成为可能并具有了合法性)——展开研究。用现代经济词汇的话来说(税收对商品价格产生间接影响),最终,人们会看到,赋税归宿机制让一种社会逻辑发挥着作用。纳税人将税收与消费税联系起来,他们的认知理性可以解释此种逻辑(Montesquieu,1748:XIII,9)。18世纪,卢梭会对孟德斯鸠的观念进行讨论。

(五)卢梭的看法:社会不公的矫正

让·雅克·卢梭(1712—1768年)在《政治经济学》(*Discours sur l'économie politique*)中研究了税收。② 他认为,税收与所有权相冲突,后者"在

---

① "贸易对毁灭性的偏见有矫正之力。有一条近乎具有普遍性的规则,也就是,无论何处有令人愉悦的礼仪,何处便有贸易。何处有贸易,何处便有令人愉悦的礼仪。"(Montesquieu,1748:VII,1)
② 参见 Rousseau, *Œuvres complètes*, Gallimard, La Pléiade, 1959。

某些方面甚至比自由还重要"(Rousseau,1755:263)。的确,"在这里,人们应铭记,社会公约的基础是财产"。和他所提到的博丹一样,按照卢梭的建议,能够提供帮助的是公共领地的收入。此外,在提及"税收、捐献这两项令人烦恼的财源"(Rousseau,1755:269)时,他总是提及博丹,力主税收需得到认可,这不是"因为个别的意志……乃是出于夹杂着众多声音的公意,是以不强行摊派的比例税作为基础的"(Rousseau,1755:270)。

首先,和孟德斯鸠一样,卢梭的分析也处在经济学与政治学的交界处,"政治经济学"的著作名便由此而来。立法者的第一职责是让法律遵循公意,如此,"政府便遵从法律"①(Rousseau,1755:250)。不过,这是不够的;作为公共经济学的第二条规则,同样必要的是,美德要占据统治地位,"为了维护统治,礼仪的作用无可替代。"(Rousseau,1755:252)由此,他讨论了实物税(real taxes)与人身税(personal taxes)的优点,并和他所征引的孟德斯鸠一样,预见了经济归宿的问题。不过,他表明,在某些案例(玉米生产者)中,税收是无法转嫁的。与孟德斯鸠相反,对于"与私人个体财富成精确比例……更适合自由人"(Rousseau,1755:270—271)的人身税,他给出了积极的看法。

其次,卢梭之超绝,在于他对富人特权所做的猛烈批评,②以及他对税收必须矫正之社会不公的关注。他敏锐地察觉到公共美德缺位下的政府缺陷,③遂在关注母邦之爱和公共教育之后,提出均富建议,"被滥用的法律既是强者的攻击性武器,也是他们对抗弱者的盾牌。公共财产的托词对人们来说总是最危险的瘟疫。对政府来说,最有必要或许也是最难的便是秉持公心,一视同仁,尤其是保护贫民免遭富人欺凌……由此,政府最要紧的关切之一便是防止财富分配的极端不公。"(Rousseau,1755:258)说到课税对象,他的主张

---

① 卢梭具体指出,在所有的公共决策问题上都召集全国性会议是不必要的,"因为领导人非常清楚,公意总是倾向于最有利于公益的那一派,这一派也是最公正的;是故,为了确保公意得到遵循,人们只应存公正之心"(Rousseau,1755:251)。

② "社会中的所有特权不是属于强者或富人吗?所有有利可图的岗位不是被他们填满了吗?所有好处、所有豁免权不是为他们保留的吗?整个政府机关不是偏袒他们吗?"(Rousseau,1755:271)

③ 在深入讨论税收之前的段落中,他分析道:"很快,美德的奖赏便被劫掠的收益所取代。"(Rousseau,1755:253)"那时,天职的呼声再也不在人心中发出声响,作为替代,领导人被迫使用恐吓的手段,或是以明面上的利益引人上钩……政府剩下的那一点力量,被它的成员用在了乱斗和相互倾轧上,国务却被抛在一边,或者,只在个人利益有所需求时(并且,要以个人利益是否能调动他们作为依据)才得到处理。"(Rousseau,1755:253)

倾向于追求公民在所得税、必需品征税上的认可。和博丹一样,他尤其建议对奢侈品征税,与此同时,他强调"就人们能放弃使用的事物而言"(Rousseau,1755:278),表达认可便无必要性。

最后,通过指斥不道德政府中税收所存在的缺陷,卢梭超出了税收分析的框架,认为它是对所有权的侵犯(其合理性得到了证明)。税收国家的合法性对领导人的美德有所要求,"在民众这边,他们察觉到领导人的贪婪以及他们超出公共需求之外的胡乱开支。当他们看到自己所需之物被剥夺,用来供应其他人的奢侈用度……恐怕最廉明的政府都无法挽回信任。即便纳税出于自愿,也不会带来好处;如果他们是被迫的,就是不合法的;由此,人们面临着两个残酷的选项,要么让国家灭亡,要么就触碰神圣的所有权"(Rousseau,1755:264)。在卢梭身上,人们发现了与税收国家(与对统治阶级需求的满足相联系)有关的意大利财政社会学思想的另一个先驱。政治合法性难以构建。相比税收国家的干预,其收益几何证明了此种国家的合理性。政治合法性是以得到此种证明的税收国家为基础的。

三、税收国家的分类研究

以收支关系难题为出发点,相关分类综合参考了税收水平与国家干预水平,为的是确定税收国家的四种形式,干预型国家便是从它们当中兴起的。

表3 税收国家的类型

税收水平＼干预水平	低	高
低	自由国家	税收国家的危机
高	浪费严重的国家	干预型国家

(一)自由税收国家

税收水平低与公共干预水平低联系在一起是"自由国家"概念的特征。此种理想类型的原型显然是19世纪的法兰西自由国家。在古典财政或曰自由财政时代,人们的意图是限制国家的作用,其缘由在于政治信条和经济理论。

在这套说辞下,国家只限于在主权方面发挥作用(外交、安全等)。经济竞争和看不见的市场之手占据统治地位,按照人们的设想,它们是繁荣的保障者。税收国家由于经济、社会干预的禁令而受到限制,不唯如此,在涉及经济主体的行为时,它也必须保持中立。税收在财政上发挥的作用是有严格要求的,也就是要覆盖有限的公共支出。这便是英国学派(斯密、李嘉图和他们的门徒)的观念。

新自由主义意识形态将最小政府(minimum state)的观念传播开来。正如我们将在第六章所见,反税话语以及对福利国家的批评之所以被接受,可以用几个因素来解释(Leroy,2009)。这有赖于相关论证体系运用经济认知去创造社会共识的能力。反税话语虽说以功利主义经济学的成果为基础,由于社会背景上的因由,对所有社会群体(不仅是那些拥有更多收入者)来说是更让人信服的。经济学已成为对战后现代社会治理具有参考价值的社会科学。公共选择不再作为社会的政治选择而是作为经济效率在管理方面的受限因素得到讨论。由此,预算执行可以充当国家抽身而去的借口(以避免浪费的用意为依据)。

(二)浪费严重的国家

税收水平高与干预水平低相联系代表的是一种浪费,可以解释它的因由包括腐败、低效率、压迫,等等。作为一种类型,浪费严重的国家并不是一个理论范畴。在许多国家,每年的审计法院报告充斥着公共资源浪费的案例,它们与失控的支出相关。更为严重的情形是国家的腐败,我们可以将其定义为统治阶级侵夺公帑的系统性组织行为。以鲍里斯·叶利钦治下的俄罗斯为例,在寡头暴富的背景下,腐败国家中的公民们表现出来的信心缺失解释了税收道德(tax morality)的滑坡。[①] 通常而言,此种情形在民主国家是不可思议的。因为这些国家正确执行了对财政的控制,即便当下的新闻经常揭露某些政客

---

① 出自阿尔姆等人之手的材料(Alm et al.,2005),以欧洲,甚至世界的价值观(包括一个与税收道德有关的问题)调查数据作为基础。它让人们看到,公民对国家的信心缺失解释了俄罗斯在1991、1995年间税收道德的滑坡。这个国家被认为是腐败的,面对逃税、黑手党等问题束手无策。而后,根据1999年的数据,对国家的信心提升促进了税收道德。

的不端品行。一项衡量72个国家合法性的研究[①]表明,对法国、新西兰这类底蕴深厚的民主国家的归类并不令人满意,不过,西欧和盎格鲁-撒克逊国家(亚洲国家尾随其后)的排名很高。

  腐败、民主与经济之间的关系是复杂的。大多数专家认为腐败具有消极作用。出自德鲁里等人之手的材料以1982年至1997年100个国家的数据为基础(Drury et al.,2006),其结论是:一方面,腐败对民主国家的经济发展并无重大影响,因为民主会减弱腐败之于经济发展的消极影响;另一方面,它确实影响到非民主国家的经济表现。佩莱格里尼和格拉格的著作(Pellegrini,Gerlagh,2008)利用107个国家的数据让人们看到:以进出口衡量,市场的开放(全球化)对腐败没有影响。另一方面,腐败与民主的持久性是负相关的关系,而政局不稳(以否决者的人数来衡量)则与加增的腐败有关。出自耶林等人之手的材料(Gerring et al.,2005)将民主定义为一个政治上的资本市场。利用20世纪的长期数据,他们证明了如下流传广泛的观念:民主对经济发展并无令人满意的影响,如果所做得比较是与不同国家民主水平相联系的话。通过打造有利于投资的制度化氛围,它只会产生间接影响。但是,把民主当作资本市场来衡量,则其与经济表现是正相关的关系。对乌干达企业的研究(Fisman,Svensson,2007)凸显了腐败对企业的严重负面效应(微观层次的分析):"贿赂"在比例上每增长1%,与其相联系的企业增长率便会减少超过百分之三个点,这一效应是税收所产生的效应的三倍。最后,罗思坦和尤斯拉纳(Rothstein,Uslaner,2005:48)在另一项经验研究的基础上,强调不公与整体信心的缺失相关,即便信心对不公并无直接影响(以基尼系数衡量)。国家的良性循环将低水平的不公、高水平的信心、诚实的政府以及覆盖广泛的社会政策结合起来(Rothstein,Uslaner,2005:67)。无论如何,人们清楚地看到,民主往往有减少腐败的作用,哈利姆对1982年至1990年49个发展中国家官僚腐败的研究(Halim,2008)尤其证明了这一点。[②]

  [①] 该研究使用了三个指标。第一个指标与公民在法律规范方面的期望相联系("对合法性的看法")。它表明,国家通过与这些期望相符合的方式行使政治权力。第二个指标("对合理性的看法")以对共有原则、观念、价值的遵从为基础。第三个指标("赞同的行为")与赞同的具体行为相联系,包括良好的财政公民权。

  [②] 更准确地说,议会民主与政府腐败的减少有关系。司法体系的达标程度也是一个重要因素。

腐败对某些种类的税收（也就是那些要求纳税人、政府机关之间要经常互动的税收）收入尤其有影响。对17个发展中国家的研究表明，关税、进出口税以及消费税的数额受到了负面影响。其他税收的数额则并未受到很大影响；从统计上说，在税收总收入与腐败之间并无突出的重大关联（Iman，Jacobs，2007:19）。

　　不过，有一点很清楚，即浪费严重或者说腐败的国家一般既缺乏财政手段，又不具备为公共项目融资的合法性。在这些背景下，社会干预主义（social interventionism）同样不易被接受，因为社会信任处在低水平。正如财政社会学的意大利奠基者们所坚持的，将庇护主义纳入思考范围同样是明智之举。庇护主义使得政府将种种好处赋予支持它们的不同社会阶级或群体，由此争取税收资源。不过，考虑到资源与支出之间的关系，庇护主义以及类似的财政资源分配形式与"浪费严重的国家"并不能直接挂钩。事实上，为了确保效率，一个前设条件是资源要达至充分层次，如此，干预型的税收国家更与此相合。庇护主义合法性的问题不属于此处所做的分类研究的内容，它牵涉到税收功能的问题（参见第十一章）。

　　由此，虽然自由主义信条、浪费不是可以忽略的现象，此处讨论的两种国家即自由国家、浪费严重的国家，却与税收收入（包括社会保障）与公共支出水平高的发达国家的当下情形对不上号。

（三）税收国家的危机

　　处在低位的税收水平与处在高位的干预水平带来了税收危机的问题。"税收危机"观念和我们在葛德雪著作的核心部分所见到的那个观念（Goldscheid，1967:202）很像。根据这位马克思主义作家的看法，与君王从自己的财产获得大量收入的旧社会相反，从结构上说，资本主义国家的财政体系便是贫穷的。对葛德雪而言，国家必须扩展自己的公共领地，[①]以便避开税收危机，应对社会需求。奥康纳的新马克思主义理论（O'Connor，1973）[②]以不同的方

---

　　①　企业国有化是与葛德雪的观念相对应的一种方式。
　　②　参见哈贝马斯在财政危机与国家合法性危机之间确立的关联（Habermas，1978）——国家财政手段的缺失削弱了与工人阶级达成的社会妥协。

第四章 税收国家演化的政治逻辑

式提出问题,"资本主义"国家越来越多地通过公共支出进行干预,以为经济提供支持,它会发现自身背上预算赤字,在增税合法性的问题上束手无策(在这个意义上,这些税收太脆弱了)。这些理论的吸引力尤其体现在它们坚持税收国家的合法性具有重要意义。正如人们在熊彼特身上看到的,在发达国家,税收国家的内在脆弱性并未得到验证。[①] 在发展中国家身上,创建真正的税收国家尤其是一个问题(参见第五章)。

税收收入的增加(包括社会保障水平的提高)与不受欢迎的财政决策的存在[②]同样与税收国家危机必不可免的性质相矛盾。即便在经济危机时期,支出在资金上仍有几种可能的来源,包括税收、贷款、削减预算、私有化,等等。[③] 税收与国家支出之间并不是一种机械的、决定论的关系。它尤其牵连到政治选择。除了对税收改革做出解释的经济、地理政治危机,坎贝尔也提到了税收国家危机的问题(Campbell,1993)。以德国为例,施特雷克为了分析政治上对公共财政有塑造作用的种种约束和机遇,从制度主义视角做了探索(Streeck,2007)。皮科克和怀斯曼(Peacock,Wiseman,1967)认为,税收容忍度因战争而有所提升,从而为支出提供资金,但是,而后,人们回不到从前了(一种棘轮效应),公共支出(以及为其提供资金的税收)由此常常呈现出增长的态势。跟这一与不可逆性有关的理论相对,我们应该提到如下一点:在新自由主义观念的影响下,某些国家的支出遭到削减。同样,战争与税收国家的发展之间的关系[④]导致税收增加,用以为战争支出提供资金支持,而这种关系并不是普遍的。以19世纪的拉丁美洲为例,"战争并没有塑造国家"(Centeno,1997:1598)。

[①] "迄今为止,税收国家的体系遭遇了所有挑战,在具体情形下,无论它在何时未能胜过挑战,人们所能发现的缘由都不是它的本质所固有的。"(Schumpeter,1954:25)

[②] 参考如下案例:在法国,左翼政府在1983年展开了严格的施政,右翼政府实施了退休制度改革;在美国,1916年至1986年所得税一而再再而三地增加;在欧洲、美国,尾随支持银行体系的激励政策之后的是2008年8月的危机,等等。

[③] 正如戈尔德在对六个美洲国家的研究中所指出的(Gold,1995),预算方面的权宜之计以及财政的创新是拓宽选择范围的策略。金、古尔表明(King,Gurr,1988),政治决策者由此维持对地方政府的高水平补助(1972年至1982年),以为危机时期的公共危机提供保障。在20世纪80年代的中国以及20世纪90年代的秘鲁,改革使得预算赤字减少,公共支出迅速增加(Toye,2000:41)。

[④] 参见皮科克和怀斯曼涉及战时支出顶峰的理论(Peacock,Wiseman,1967),它与有所提升的税收容忍度有关。

有关税收的认知理论（Leroy，1996：41；2002：16）表明，危机被用作认知论据，以证明税收变化或预算政策变化的合理性。危机是一个过程，并无信息可以提供。与美国国内有关社会保障的争论有关的经验数据（Jerit, Bqrabas，2006）表明，情况如何呈现受制于论据如何呈现。错误信息使得人们高估社会保障危机的严重性，对美国体系的崩溃做出（错误的）预测。这一论证将在第七章得到发展。

（四）社会干预型国家

干预型国家在此处是由高水平税收与干预界定的。此种国家在不同层次上与发达国家当下的情形相对应。由此，从 1914 年以来，先是福利国家、而后是凯恩斯主义国家的现代财政便是干预性质的。税收不再如自由主义时代那般是国库的供应者。除了传统的财政功能，干预、再分配功能（Musgrave，1959）变得明晰起来。根据曼的看法（Mann，1943：225），税收逐渐从公共财政领域（财政功能）转移至社会学领域（社会层面的功能）。尽管新自由主义努力限制税负的产生（Cox, Lowery，1990），税收功能的演变却并未导致社会干预主义的回退（参见第十一章）。尤其在欧洲，税收收入（包括社会保障）所占的比例（在 2006 年占国内生产总值的 38.3%）仍保持在高位。

我们应该记起，福利国家顶着某种社会正义观念（作为对工业社会弊病的批评，兴起于 19 世纪）的名头，代表了公共干预主义的一种形式。福利国家的黄金时代对应于战后持续发展的时期，它同样展现了凯恩斯主义政策（以支出为手段的经济行为）的普及。20 世纪 70 年代的经济危机同样是福利国家、凯恩斯主义国家的经济危机，这些国家的融资陷入了困境。不过，正如我们在税收危机中所看到的，解决之道有赖于人们在政治上热切盼望的社会公共行动。这是一个有关民主选择的问题，即便而后的政治决策涉及优良公共管理的问题。

社会保障水平是各国所期盼的，它决定了可以在艾斯平—安德森所做的分类中占有一席之地的那种福利国家形式（Esping-Andersen，1990）。[①] 欧

[①] 参见第五章表 3。不过，近来的社会保障改革所构建的往往是混合模式，比如法国引入了"社保"税（CSG）和全民健康覆盖（CMU）。

洲、世界价值观调查表明尽管列国之间存在差异,欧洲人仍对福利国家心存依恋。公共舆论尤其赞成在失业水平高企时实行最低工资。如下材料以欧盟民意调查为基础,显明了失业水平与最低工资之间的关联。福塞和帕罗迪(Forsé,Parodi,2002,2004)让人们看到与有道德的公民("公平旁观者")有关的一个经验事实,即在允准社会政策的问题上,引导他们的并非其自身的利益。林奇和米斯凯拉对 1992 年和 2001 年的 11 个欧洲国家做了研究(Lynch,Myrskyla,2009),它证明了如下结果:在形成自己有关公共年金领域社会性支出的看法时,年金受益者并未受到自私的利己主义的驱动。在人道主义思潮的框架中,甚至美国的公共舆论看起来都对以贫民为目标的社会项目有利(Feldman,Stennbergen,2001)。对经济合作与发展组织 14 个民主国家(1980—2000 年)的研究(Brooks,Manza,2006)表明,在政治上倾向于大众对福利国家的维持(以及由此对社会干预资金来源的维持)而言具有重要意义。尤其是在自由的福利国家,领导人必须将公共舆论纳入考虑范围。

对经济合作与发展组织国家的一项研究证明了如上结果。它们表明了尽管税率很高,公民们对福利国家传统制度还是心存依恋(Bay,Pedersen,2006:421)。北欧国家的成功融合了高质量的社会保障与高水平的税率,它证明了这一事实。由此,高水平的社会保障并不必然与经济效率相悖(Headey et al.,2000;Steinrno,2002)。与森(Sen,1999)别无二致,我们可以坚持认为,广义的社会服务(教育、健康,等等)在社会的幸福上发挥了作用,对经济发展做出了贡献。2008 年 8 月的危机之后,欧洲和美国实行了为世界银行结构提供支持的激励政策。它们再度成为税收国家干预特征的标记。一旦我们承认干预型国家的重要性,便必须对财政社会契约的类型有所思考,此种契约是民主国家税收收入(包括社会保障)的特征(参见第十一章)。

结　论

就现代税收国家的历史和思想起源来说,它是专属于欧洲的。税收的历史令人心潮澎湃,它是西方自由民主国家的根基之一。税收与自由,以及税收与公民认可的真正关系在程序上对义务——因为税收而确立的有利于国家的义务——形成了制衡。从根本上说,税收国家的合法性便是干预型公共行为的合法性,比如,在给财政社会政策提供资金支持上,税收尤其能产生影响,甚至是决定性的作用。困难(这在发展中国家表现得更为突出)在于将国家的永久合法性呈现出来。有关新自由主义全球化的各类思想既非倾向于税收,又非倾向于支出(被认为与市场效率相对立)。不过,如我们将会看到的,福利国家有时对经济全球化有极强的阻碍作用。税收国家的危机总是政治的危机,即便经济情势发挥了作用。某些国家,比如那些独联体国家,便有机会通过避免制度的复杂性(这是发达国家旧制度的特征)定义新税制。其他国家尝试改革它们的税制。在别处,人们要达到的并不是简单的经济目标,这就让税收收入(包括社会保障)成为政治工程的组成部分,而政治工程最终要回归社会层面。

第五章　公共财政体系

　　财政体系被界定为与公共收入和支出有关的整个体系。在发达国家,税收占据了中心地位,至少对欧洲来说,它让现代国家发展的历史遗产延续下来。从第一次世界大战与1929年的危机以来,工业国家的财政体系便在干预政治的影响下有所调整。第二次世界大战后,凯恩斯主义国家经历了快速扩张。尽管20世纪70年代发生了危机,凯恩斯主义走向衰落,在税收收入水平保持在高位之时,以税收、公共支出为手段的财政干预仍未被人们弃而不顾。2008年夏的危机所产生的影响通过重新确立了以支出为手段的公共行为的地位,以求为银行部门,甚至经济提供支持。由此,削减税收收入不再受美国危机全球化波及的大多数国家的议事日程之中。

　　种种相互关联塑造了公共财政的不同组成部分以及公共财政的经济、法律和社会环境。受惠于系统性分析,① 人们可对这些联系做出思考。从这个

---

① 系统性分析坚持把系统看作相互联系的一系列单元。它强调反馈效应,以及至关重要的复杂性维度。诸多特点从相互关联中产生,从而构成一个不可还原为系统组成部分的完全的整体。要理解系统,必须研究它的组织状况,此种状况是以系统的结构性、功能性方面为基础的。帕尔森(Parson)的社会理论便是一个例子。类型建构(construction of typologies)是阐释系统结构多样性的手段。一般而言,社会中的系统对其所处环境来说是开放的,这或许是某些演变的起因。系统分析的奠基者们有:诺伯特·维纳(Norbert Wiener),他是控制论兴起之时的数学家,是用于防空炮的自动化系统的发明人(这一系统尤为强调"反馈"概念);沃伦·麦卡洛克(Warren McCulloch),仿生学(修复学)和认知科学中的联结主义(connectionism)兴起之时研究大脑的神经生理学家;卡尔·路德维希·冯·贝塔朗菲(Karl Ludwig von Bertalanfy),《一般系统论》(General System Theory)的作者;杰伊·W. 福雷斯特(Jay W. Forrester),电子工程师,他尤其在减缓经济增长的问题上对罗马俱乐部有所影响。纽约的梅西(Macy)会议(1946—1953年)让来自若干学科(包括社会科学)的研究者得以聚在一起。埃德加·莫兰(Edgar Morin)、J. L. 勒穆瓦涅(J. L. Le Moigne)以及H. A. 西蒙(H. A. Simon)之类的作者强调了研究系统复杂性的重要意义。政治系统是伊斯顿(Easton)所做经典分析的对象。

角度看,从今日起,财政体系看似可做如下划分:国家财政;地方当局的财政;国家联合组织(联邦主义、欧盟,等等)的财政。税收不仅是公共财政的核心要素,它也是大型自治体系(它证明了对专属于该领域的公共行为的研究是合理的)的组成部分(参见第六章)。由此,就某些一般趋势而言,系统性(宏观)分析层次的采用赋予了我们启示,不过,对于因税收、公共支出而来的社会现象的多样性,它也是无法做出解释的(参见其他各章)。此处保留的选择便是在有关经济合作与发展组织国家的比较框架下,将税收收入制度与支出联系起来加以介绍,而后对发展中国家的个别案例进行研究。

一、税收收入的系统分析

在不尝试对公共财政与整个环境之间的相互关联做深彻研究的情况下,我们以示意图形式,对税收收入与预算－税收法律、与经济以及与公共支出增长之间的关系做了如下呈现(参见图1)。

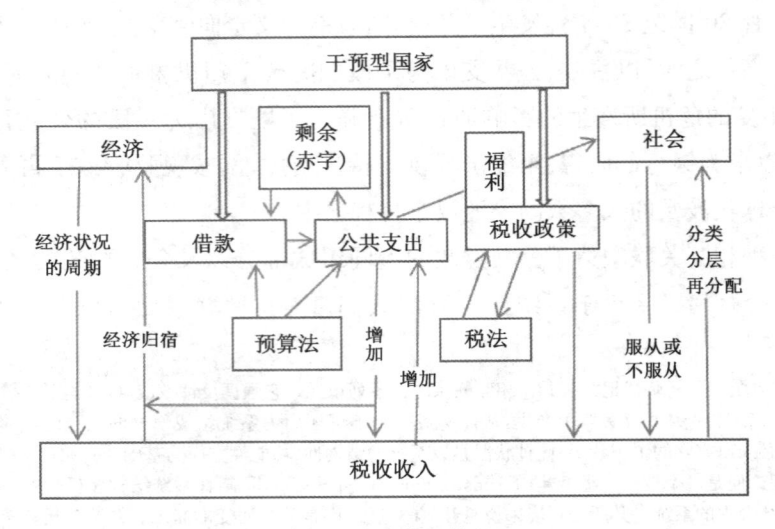

图1 税收收入体系

(一)与法律之间的相互依赖

从法律上说,我们要通过以下两个方面来理解财政体系:一方面是预算法和公共会计规则;另一方面是税法的条款。预算原则的发展以及与认可税收有关的职责(参见第四章)充当了议会民主的基础。通过此种方式,再加上就税收展开的投票,年度原则(授权并实施的期限是一年)、统一原则(以单份文件确定全部预算)、普遍原则(不存在收支间的分配或补偿)以及细化原则(给出支出的细节)成为议会在政治上掌控政府的法律工具。财政体系的划分还使得人们以另一种方式思考国家财政、地方财政以及(欧洲的)共同体财政。比如,有关公债控制(必须限定在不超过 GDP 的 60% 的范围内)、公共赤字(不超过 GDP 的 3%)控制,《马斯特里赫特条约》《阿姆斯特丹条约》[①]确定了规则,旨在对欧盟成员国的公共财政管理施加压力。不过,这一法律限制的效率在很大程度上有赖于对成员国决策有控制力的政治过程(参见第八章)。

税法针对纳税人设立了税务规则。税法依政策而变,对税收收入产生影响。税法的来源是由以下几个方面决定的:宪法、国际条约、与实施有关的法律,以及规则中的税收条款。宪法与具有宪法价值、从属于合宪性板块的文本、原则包含了一些条款,它们在法律上构成了税制中某些重要因素的基础,尤其是议会与政府之间、国家不同行政层级之间的权力分配以及各样的原则。[②] 纳税面前人人平等的原则受到普遍认可,但是,其覆盖范围(由宪法法理加以具体说明)因国家而异。在世界层面,尽管有国际组织(比如经济合作与发展组织)的建议、报告,国家的税收主权仍是铁律(Leroy,2006)。税法因国而异的特殊性(Leroy,2007)见于列国税收收入的差异。宽松税收(derogatory taxation)的重要性(参见第七章)也表明了税收收入的局限。同样,逃税(欺诈)及合法避税问题要依税务和审计规则来决定。

反逃税斗争由此必须将加速进行的税收全球化(导源于经济及金融全球化)纳入思考范围。就税收控制事务而言,税法当力求在政府权力与纳税人权利(保障)之间寻找平衡。在许多国家,税务部门的控制手段得到强化,为的是应对国际性逃税。对政府与公民关系的比较研究(Leroy,2008)表明,尽管存

[①] 《马斯特里赫特条约》在确立欧元作为欧洲单一货币的问题上发布了"趋同标准"。与公债、赤字有关(也就是税收收入为国家层面各部门、地方当局以及社会保障提供资金支持)的主要标准再度为《阿姆斯特丹条约》所确认。

[②] 比如,就德国的财政联邦主义而言,联邦与州共享立法权,而以联邦为具有优势的一方。参见 Preisser, 2005。至于意大利的情形,2001 年对宪法所做的修正强化了地区的权力(Succio, in Leroy, 2005)。

在某些特殊性，不同法律制度之间还是有一定程度的趋同的。纳税人义务和权利的大小、①诉讼规则，以及税务稽查员的监管权力构成了具有利害关系的法律问题。不过，这些问题的覆盖范围或多或少因国而异。我们会看到，在社会学上，税控法律的实施有赖于在组织运行中普遍存在的行政监管（第七章）。伴随电子程序、数据库（存储）的发展，以及互联网的运用，在税务部门与纳税人之间产生了新的法律问题，如电子政务（Sacchetto, 2008）。②

至于国际条约，我们必须首先提到旨在避免重复征税现象（出现多次）的协议。这些协议除了一些例外，都是双语的。经济合作与发展组织推出了一个标准样板（Succio, 2006），或多或少推动了各国对如下问题的认识：所有协议的特殊内容取决于两个签约国之间的协商。经济合作与发展组织的标准样板同样提出了解决争端的友好程序。一般而言，协议至少要涉及对个体、企业利润的征税，尤其要将"一国境内应税常设机构（permanent establishment taxable）"的观念包含在内。有一些条约适用于国家联合组织。这些条约的影响构成了与列国税制之间的相互联系有关的另一个领域。

比如，共同体法案影响欧盟成员国的税收收入，令各国税制发生变更。用于协调税制的法律工具便是指令，一旦经过转化进入各国税制当中，指令便在遵从共同体法案规定的意义上对税法进行调整。海关关税被取消了。1985年的《单一欧洲法令》（Single European Act）彻底废除了欧盟的内部边界。欧洲的税法协调尤其涉及 VAT，即《罗马条约》的第 99 条（后成为《欧洲共同体条约》的第 93 条）。欧洲税制对其他税收形式来说并不那么先进，③不过，它是通过欧洲法院（简称"ECJ"）的法律安排构建起来的。④ 每个成员国的税收主权构成了难以克服的障碍，其缘由尤其在于在相关领域，所有决策都需遵从一致同意原则。

---

① 义务如上交纳税申报单、提供协助、提供信息，等等；权利如获得信息、进入对抗性程序（adversarial procedure）、获得税务律师的帮助、求援，等等。

② 签名认证、保密、隐私保护、网络向用户开放等问题。

③ 目标是避免歧视，尤其是就企业合并制度或如何确定企业在若干成员国的利润的事宜而言，此外，对另一个成员国公民的收入如何征税也与此相关。

④ 该法院看起来（Maltrot de la Motte, 2006）甚至要取代共同体的决策机构（欧盟理事会、欧盟委员会以及欧州议会）。在不忽略法律安排所遭遇的反转的情况下，欧洲法院看似掩盖了与欧洲税收协调（Leroy, 1995；这是一定数量的指令所涉及的问题）取得的进展有关的疑虑。

上面提到了起标准模板作用的协议。除此之外,经济合作与发展组织的贡献还涉及有害的税务实践。国家之间的税收竞争就相关原则而言是无可置疑的是,它与对列国所做努力(令其税制对投资者更具吸引力)的指斥并无干系,而与终结伤害性的反竞争实践有关。此种柔性法律通过在法律监管上尝试提出建议,以对税收收入产生影响。在经济合作与发展组织内部,成员国与相关国家的专家、代表展开协商。这个组织由此设定了以标准为基础的"规范",[1]以在优惠制度(preferential regime)具有伤害性的时候做出决策。许多报告并未对影响问题避而不谈,因为大多数国家废除或更改了税制,其目标是为了将对经济合作与发展组织所做的观察纳入思考范围。不过,"竞争"仍是一个关键概念,与此同时,离岸地区提供宽松的并旨在避税的法律措施。努力地管控避税天堂的成效有赖于各国的意志,这种意志可让各国与其税收主权相绑定,从而对国际压力形成拒斥。2001年美国遭受的"9·11"袭击(恐怖主义受到资助)以及2008年的金融资本主义危机表明了逃避税收的"避税天堂"的严重问题。由此,我们必须考虑经济因素。

(二)与经济的关联

以经济类型为依据,财政体系并不都是一个样子的。直至柏林墙倒塌,人们可以在工业国、发展中国家以及实施计划经济的国家之间对公共财政进行划分。从苏联解体以来,即便有人依据先进程度做了进一步的划分,我们所做的区分却是这样的:发达国家的财政体系、向市场经济转型国家的财政体系、发展中国家的财政体系。财政体系与经济之间的相互依赖通过许多方式呈现出来。如图1所示,税收收入水平取决于三个主要因素——税收政策、公共支出与公共债务。首先,经济情况对税收收入水平有影响。以经济衰退而言,有"自动稳定机制"在其中发挥作用:在干预型国家的回应缺位的情况下,税收收入减少,社会保障支出增加(尤其是补偿失业损失的支出)。其次,在经济增长

---

[1] 参见经济合作与发展组织在1998年的报告(Harmful Tax Competition: An Emerging Global Issue),以及居于中间层次的不同报告以及它们相对于"经济合作与发展组织有关伤害性税务实践的研究项目"(The OECD's Project on Harmful Tax Practices)所做的更新。2000年,这份报告的题目是"朝向全球税务合作"(Towards Global Tax Cooperation)。

的情况下，税收收入增加为新的支出（或者是偿债性支出）提供动力。增长与衰退的经济循环由此产生影响。在法国，2003年法国储蓄银行集团（Caisse d'Epargne）所做的一项研究（Les Finances locales à l'horizon 2007）表明：一方面，经济循环（以GDP指标衡量）与四种主要地方税的根基的演化之间存在关联（针对1995—2002年这一时期）；另一方面，地方当局决定的税率看似对经济趋势更缺乏敏感。同样，在1982—2002年这一时期的经济循环与地方投资循环之间，可以确立一种关联。

反过来说，税收收入在经济上是有归宿的，[①]这就产生了税收法定债务人（tax legal debtor）转嫁税收负担的问题。在某些情形下（尤其是在垄断的情形下），企业可以将所有或部分应缴税收转嫁到其商品的价格之中。与经济归宿有关的实际情况难以衡量，依情形而异。它取决于经济上对需求（需求变动相对商品价格变动的反应程度，即需求弹性）的敏锐感知。附加税（简称"VAT"）的特征是它在经济渠道上持中立立场，因为所有企业将相应税收从自顾客那里征收的附加税中扣除，以此让因购买（其商品的）行为而支付的附加税重新回到它们手上。由此，实际纳税人便是承担了融入商品价格中的附加税的顾客。在20世纪90年代经济全球化的背景下，一些国家（尤其是欧盟的新成员国）采纳了"肥胖税"，用以增加税收收入。这一策略所包含的一条内容是，涉及对自然人收入与企业利润的征税，要实行独一无二的低税率。不过，在向自由市场经济转型的国家（参见第十二章），这一策略看似并无成效（Keen et al., 2008）

至于公共支出、投资支出、某些运营开销（购买）以及某些转移性支出，它们通过刺激经济，带来了税收收入的盈余。我们尤其可以记起，通过采购合同与不同种类且由经济合作与发展组织或欧盟控制的公共授予（public grants）以及公共部门的商品、服务消费等形式，由税收收入提供资金支持的公共支出同样是对企业有利的。公共支出旨在改善企业的经营环境，通过运输、电信网

[①] 我们已经看到，帕累托对此类计算持拒绝态度（不过，并非其所有门生都是如此），以其与政策方面的现实（这是财政体系的基础）并不对应。此种立场或许趋于极端，但是，它呼吁人们不要忽略公共决策的社会政治特征，不要对理性选择模型（以行为主体在经济中的自身利益为基础）做过分笼统的陈述。

络基础设施的创建与维护、劳动力培训,等等。

借款不是税收收入的组成部分,①但是,它们在多国的公共资金(public resources)中占据了重要地位。它们意味着由税收提供资金支持的支出,这些支出又与多年的利息、本金偿还有关。美国房地产市场在2008年发生的危机对银行、对股票市场并且对"实体"经济产生了影响,这使得各国政府将支持银行部门的举措和经济上的通货再膨胀(reflate)计划付诸实践。相关公共支出有很大一部分的资金来源是借款。增长的公债将不得不从投资回报(如果投资带来了收益)和税收中偿还。对欧盟来说,经济上的通货再膨胀计划付诸实践,资金投入会达致2 000亿欧元之巨(其中300亿列入欧盟预算),也就是说,达到了欧盟GDP的1.54%。② 据估计(Saha, von Weizsacker, 2008),减少的税收与额外公共支出的GDP占比在欧洲是0.87%,在美国是2%,在中国是7.1%。据欧盟委员会估计(Jamet and Lirzin, 2009),欧盟的GDP在2009年下降了1.8%;美国,2.2%;日本,2.6%。不过,情况因国而异。对有27个成员国的欧盟来说,在2008、2010年之间,公债将达到极高的水平——平均从GDP的58%到71%。在美国,根据行政管理和预算局(Office of Management and Budget)的预测,2009年2月的7900亿美元的计划将带来达到GDP的12%的赤字。③ 由此,2010年,债务应该与85%的GDP相当。

(三)发展中国家公共支出的增长

公共支出增长的现象对应于从现在起应得名"托克维尔与瓦格纳定律"的规则。④ 正如下面的专栏所显明的,为了解释公共管理的发展,经济学家提出了各样的解释。他们确立了财政体系与经济发展水平尤其是经济发展类型之

---

① 某些公共服务虽不被归入税收收入,其收取的费用同样提供了另一个公共收入来源(尽管不那么重要)。

② 资料来源:2008年11月26日,欧盟委员会(COM, 2008, No. 800),欧盟经济刺激计划;欧盟理事会,2008年12月。

③ 1980—1988年R. 里根担任总统期间,赤字规模最大时约占GDP的6%。1988—1992年G. 布什担任总统期间,赤字规模最大时约占GDP的5%。1992—2000年B. 克林顿担任总统期间,从1998年开始产生盈余。2000—2004年G. W. 布什担任总统期间,赤字规模最大时达到了GDP的3%。

④ 如我们已经看到的,托克维尔的先驱性研究预见到了瓦格纳定律,故此,我们要公平对待他的研究。

间的关系。我们在第四章还注意到了,对欧洲国家来说,战争在国家税制形成中发挥了特殊的作用。这一现象同样可在两次世界大战那里观察到,这两场战争对 20 世纪的财政体系产生了重大影响(Peacock,Wiseman,1967)。此处给出的是美国的支出案例,它表明对解释干预型国家的支出增长(由此,也是对解释税收收入的增长)来说,社会公共行为产生的影响可谓关键所在。

专栏 2　　　经济学中研究公共支出的一些经典方法

瓦格纳(1835—1917 年)将公共支出的持续增长归因于工业化以及由此导致的城市化。国家通过一般性管理、治安、教育、社会行为和基础设施方面的支出,展开越来越多的干预。对奥地利经济学家来说,这一历史规律极富建设性,因为它同样是从社会进步的压力中产生的(Wagner, 1967:8)。经济发展产生了收入,刺激了对公共产品的需求,这就带来了以收入为资金来源的支出。从经验上说,发展中国家的案例(参见下文)表明了人均 GDP 与财政压力之间的关系,但是,经济发展与公共支出之间的关系并不总是按照瓦格纳所显明的方向发展的。对九个工业化国家(1953—1992 年)的研究(Koren, Stiassny, 1998)得出的结论如下:对德国、英国、荷兰与美国来说,收入享有的优先地位得到了验证,与瓦格纳理论相合;但是,支出之于收入的优先性可证之于奥地利、法国和意大利;至于瑞典、瑞士,则无所谓趋势的存在。另一项研究(Midtbo, 1999)覆盖了 100 年的时段,它表明在三个被遴选出来的斯堪的纳维亚国家(规模小、开放且奉行社团主义),收入与支出之间的关系是按照瓦格纳定律的方向发展的:经济发展方面的进步伴随的是公共支出的增加。而在三个盎格鲁—撒克逊国家,收入、支出之间的关系却是凯恩斯主义类型的,也就是说,公共支出被用来刺激增长。有关挪威教育支出(从 1880 年至 1990 年)的一项研究(Falch, Rattso,1997)证明了瓦格纳在薪资增加、教师数量增长问题上提出的相关因素的重要性。就法国而言,工业化与支出增长之间的确定性关联仍未确定(Delorme, André, 1983:105)。从社会学看,将如上路径应用于后工业社会并不十分合适,但是,它清晰地显明了支出增加的历史趋势,与此同时,对社会经济分化和新的社会需求的出现亦表现出兴趣[效法涂尔干的

《社会分工论》(*The division of social labour*)]。

根据鲍莫尔(Baumol)定律,生产率低的部门(教育、健康……)要求国家的干预,为的是应对需求。此种需求导致相关公共支出(对个人活动来说,这些支出带来的收益更少)的增加。

根据马克思主义理论,为了弥补资本收益率的下滑,国家花费的资金越来越多,而这一点是有争议的:诚然,对资本家来说,社会支出降低了劳动力成本,不过,此种支出也取决于社会运动;行政支出确保了资本主义社会的运转;战争支出并不具有经济性,即便战争是为资本的利益服务的。

皮科克和怀斯曼(Peacock,Wiseman,1967)尤其强调了两次世界大战所起的作用。在和平时期,人们对税收的保留态度使公共干预受到限制,相比之下,战争增加了人们对财政压力的容忍度。由此,为了满足社会需求(公共支出的不可逆性或棘轮效应)(比如瓦格纳提到的那些需求),用于战争的资源被消耗掉。近来某些国家公共支出的减少否定了棘轮效应。从社会学看,认为纳税人对税收天然怀有抗拒之心的观念是错误的。另外,战争与税收国家发展之间的关系并不具有普遍性,就19世纪拉丁美洲的案例而言,其战争支出的资金来源并不是税收(Centeno,1997:1589)。对税收的认可(Leroy,2003)取决于国家干预的政治合法性,以及社会在自身作用问题上建构起来的理性(认知理性),而危机并非一无是处,严格说来,它不是一个决定性因素,不过,它为征税、国家干预的合理性提供了论证依据。

公共选择学派提出了一些与公共支出增长有关的理论。尼斯卡宁(Niskanen,1971)通过与公共服务管理者有关的官僚漂流(bureaucratic drift)解释了公共支出的增长。这些管理者倾向于让自己的预算最大化。在这里,甚至不用讨论公共选择学派所运用的有关功利性利益的理性最大化模型(Leroy,2007:18)的局限,我们便能指出,经验性研究并未确认如上理论。比如,有一项研究(Ryu et al.,2007)使用了1 175个美国行政管理人员给出的应答,它表明:如果官僚的偏好在数据上与预算项目有紧密关联,那么,管理人员的影响力(管理者)与议会同样是重要的(与信贷项目

> 相关联)。另外,官僚的偏好并不总是指向最大限度地增长。相比前一年,1998年26%的信贷需求有所下降或是原地踏步;74%的信贷需求与更高的预算有关,其中的基本部分(占比为86%)所寻求的资金数量并不算多。最后,我们必须指出,由于与目标(结果或执行)预算有关的改革的推广,行政部门管理的真实成本变得更好理解了。
>
> 公共选择学派还坚持认为,在压力群体的影响下,公共支出增加了。这些群体竭尽全力让自己所享受的公共服务由(非组织化的)全体纳税人/投票人提供资金支持。这些群体的影响力因为如下事实而得到强化:有的时候,它们集相关公共服务享受者与提供者的身份于一身(Stigler, 1972)。在经验上也可以通过某种方式加以确认,比如,在英国的教育与健康领域(McNutt, 2002:114)。同样,有关丹麦的调查(Winter, Mouritzen, 2001:132)表明:公共服务的享受者、提供者对公共支出之需求大过其他人,对削减支出的反对胜过其他人。但是,依据压力群体在多大程度上能够通达决策机构(不同国家、不同时期与不同部门的情况并不一样)以及其他可变因素,对这些群体的影响不可做一刀切的对待。
>
> 有关公共支出增长的一个"新"理论(Meltzer, Richard, 1981)探讨了以中间选民理性模型为基础的再分配。它确认了不公平可以解释公共预算的增长,其中,不公平的滋长意味着对进入政府考量范围的再分配的需求。不过,从经验来看,这一理论没有得到验证(参见第六章)。

在更普遍的层面,依据与干预型国家的联系是否与资本主义或民主有关,有两个主要理论将各种特殊解释纳入自身之中。瓦格纳提出了与干预型国家有关的资本主义理论。他分析了与工业化、城市化需求有关的公共支出的增长。税收收入构成了他的出发点,具体地说,经济增长创造了收入,从而为需求提供资金支持。有关公共财政的民主理论则可参考托克维尔的先驱性研究,如我们已经看到的,他探讨了政治、社会和经济与认知因素的累积效应。有两点很重要:第一,上述两位作者都有一个信念,即相关的演变进程构成了一种进步；①第二，他们在解释方面分歧更甚（资本主义对民主），在路径方面差异更少（因为这两位先驱者研究了多个因素）。

公共支出和税收收入的演变与干预型民主的强化有关，后者将贫困、教育、健康、失业、退休以及家庭纳入自己的管理范围。这一事实证明了与政治选择有关的民主理论的合理性，从而站在了市场效率理论和公共行为受限理论的对立面（参见第七章）。此刻，我们要注意林德特的看法（Lindert，2004：12）：尽管各国情况自有特异之处，在1880年之前，经济合作与发展组织成员国的社会支出都是无足轻重的；而后，缓慢发展的态势持续至"二战"之时；飞速发展的态势则延续至20世纪80年代，之后，由于新自由主义对福利国家的质疑，此一态势稳定下来，或者说稍稍慢了下来。

表4　　公共支出的演化（用在GDP中所占的百分比表示，单位%）

	1880	1913	1920	1960	1974	1987	1995	2004
瑞典	n.d.	10.4	10.9	31	48.1	59.4	66.8	57.3
法国	11.2	17	27.6	34.6	39.3	50.9	54.4	50.6
意大利	n.d.	11.1	22.5	30.1	37.9	50.8	52.3	48.5
德国	10	14.8	25	32.4	44.6	47.3	57.1	46.8
日本	9	8.3	14.8	17.5	24.5	32.7	36.3	38.2
英国	9.9	12.7	26.2	32.2	44.8	42.9	45.2	43.9
美国	n.d.	7.5	12.1	27	31.7	36.3	35.7	36.5

资料来源：Carone，Schmidt，Nicodème，2007（n.d.指无数据）。

民主化②是与社会权利（由此也是与服务于广义"社会保障"的公共支出）的扩展相伴而来的。这一现象对作为一个整体的发达国家（包括自由福利国家）来说是确凿存在的。事实上，尽管产生了某些特殊的后果（有时是矛盾的

---

① "它（民主政府）没有背离自身的民众起源，于是付出巨大努力，满足社会中的下层阶级的各种需求，为他们打开掌权之门，使幸福与光明扩散至他们中间。它扶持贫民，每年向学校投入大量财富，为所有的服务掏钱，给予政府中的低级官员慷慨酬报。如果说此种治国方式在我眼中是有用且合理的，那么，我不得不承认的是，它耗费不菲。"（Tocqueville，2004）

② 尤其与"政治表达"的扩展有关（Lindert，2004）。

后果），①福利国家的主要趋势是人尽皆知的。起初，就有关社会干预的支出而言，对19世纪工业社会乱象的带有民主色彩的批评证明了它的合理性。社会权利通过社会公民权实现了政治权利（Marshall,1950），这意味着民主的扩展（Rosanvallon,1981）。同样，福利国家与经济发展相关，后者将需求转向健康、教育之类的服务。劳工运动的力量也被提了出来，用于解释社会保障的快速扩张。这个因素在工人阶级动员理论中居于核心地位（Korpi,Palme,2003），对社会—民主类型的福利国家是有利的。

从历史上看，我们可以识别出三个阶段。第一个时期便是从19世纪末至第二次世界大战福利国家在工业国家中的兴起。第二个时期是福利国家的黄金时代。除了以支出为手段的经济行为、社会行为，它还对应于战后的发展、凯恩斯主义政策（走向合法化）的普及（Webber,Wildavsky,1986:562）。最后一个时期始于20世纪70年代的危机。它是福利国家在意识形态上遭到某种质疑的一个阶段。不过（我们将回到这一点），公民们仍属意于维持社会保障，在许多国家，尤其是欧洲，社会支出的数额仍保持在高位。

表5　　　　　　　美国的支出结构（以在GDP中所占的比例计算）

	防卫总支出	社会总支出	其他支出的总和	联邦转移性支出*	联邦社会支出	联邦的其他支出
1952	15%	3%	6%	3%	0.8%	2%

---

① (1)存在若干种类型（Korpi, Palme, 1998）。(2)俾斯麦主导的社会政策是集权制度而非工业国民主化的产物。(3)比较而言，美国在社会权利上严重落后了，在部分程度上，"人道主义"文化占据的优势可以对此做出解释（Feldman, Stennbergen, 2001; Steensland, 2006），自由福利国家必定不能取代个体的责任，必定只能对某些情形下最穷困潦倒的人施以援手，慈善机构亦可介入其中。(4)就西班牙的情形而言，如果关于工人阶级力量的指标仅仅是掌权政党的话，与权力资源有关的路径（对工人阶级的动员）并未得到验证；如果我们添加与社会骚动、与政党内部的隶属关系、与工会有关的指标，这一理论便具有更强的适用性（Claramunt, Arroyo, 2000:275）。(5)围绕社会权利达成的多种妥协使人们将民主观念分解为多个更细微的可变因素：政体、专家政治的力量、权力联盟、国家与商界以及与劳工界之间的关系，等等。(6)不过，根据对拉丁美洲17国（1980—1992年）的一项研究（Elrown, Hunter, 1999），在将"各种约束因素"纳入思考范围的条件下，政体（民主政体对极权政体）的影响仍是一个决定性因素；极权政体中的社会支出对经济约束更为敏感；民主政体中的社会支出则对与受益压力群体有关的政治约束更为敏感。在缺乏收入时，与维持高水平社会保障的民主政体相反，极权政体会削减社会支出；在收入较高时，极权政体社会支出的增长更为迅速。

续表

	防卫总支出	社会总支出	其他支出的总和	联邦转移性支出*	联邦社会支出	联邦的其他支出
2005	<5%	12%	12%	9%	3.2%	3%

资料来源:Bayoumi, Gonçalves, 2007(*对联邦下属各州和对地方政府的转移性支出或拨款)。

以美国为例(参见表5),社会支出在很长的时间里呈增长之势。美国公共支出的演变首先可由第一次世界大战的影响加以解释。1913年联邦对自然人征收的所得税、诞生于1909年的公司税成为主要税种。第二次世界大战和1929年的危机促进了收入与支出的增长。就公共行为所扮演的角色而言,相应观念的改变对其他国家来说可谓司空见惯。这种改变是以"新政"("New Deal" programs)这一特殊形式呈现在世人面前的。国家在国际上扮演的角色亦可解释这一演变,尤其是就冷战时期而言。根据贝尤米和冈萨尔维斯所做的一项研究(Bayoumi, Gonçalves, 2007),从1927年至1952年,联邦政府(公共支出)规模的增长在很大程度上与用于防卫的支出有关。支出增长之势持续至20世纪80年代;进入20世纪90年代,增势稳定下来;而后,呈下降之势。整个第二次世界大战后期还以赤字为特征(只有极少数例外)。总支出(各管理层级归总起来)有所增长。从结构角度看,军事支出有所减少,只有几个时期属于例外,它们分别与20世纪60年代至20世纪70年代初的越南战争、20世纪80年代里根的国防工程以及伊拉克战争(有待验证)有关。如表格所示,军事总支出的减少由社会支出(总支出与各管理层级的支出)的增长和转移性支出(对各州与地方政府的拨款)的增长补足了。后两者在很大程度上解释了美国公共支出的增长。

如果社会支出在很大程度上解释了发达国家公共支出的增长(由此,也解释了税收的增加),那么,根据社会保障的融资体系(因国家之不同,或以公共资金或以个人保险金作为基础),大的影响或多或少是存在的。由此,除了税收收入水平,我们还必须探讨税收收入的分配。

二、经济合作与发展组织的公共收入与支出

税收收入的定义是服务于公共管理和无直接报偿的非自愿缴款。1914

年前,税收收入仍是有限的。在战争、1929年经济危机、福利国家建设等多种因素的综合影响下,公共支出尤其在广义社会领域有所增长。有关经济合作与发展组织的比较数据证明,就长期而言,税收收入增长与公共支出增长相伴。收支体系的结构与功能连同社会行为领域的生长部分(growing part)同样经历了某些演变。

(一)税收收入的增长

各国财政体系自有其无法在其他国家身上还原出来的特殊性。不过,我们可以看到一些大趋势的涌现,其中,发达国家税收收入的增长便具有重要意义。

税收收入比率提供了有用的信息。从社会学看,它还成为一项用于评价群体福利的"社会指标"(Leroy,2007:99)。不过,即便不谈对作为衡量标尺的GDP的批评,[1]对税收收入比率的总体比较仍有很大局限。比如,经济上的可接受税率之间的差异取决于一国融入国际经济的程度。依据支出(由此,也是依据以公共收入为资金来源的商品、服务),我们在相关问题上尤其不能做一刀切的处理。在很大程度上,国家之间的差异可由社会保障的融资方式加以解释。完成融资要么是通过公共资金,要么是通过个人保险金。从技术角度看,有一些操作对税收收入是有影响(或没有影响)的。比如,法国国家雇员的薪资属于公共支出,其支付不像其他国家那样是不含税的(这是一个增加税收收入的程序)。税式支出会让公共收入减少,而它们可被预算支出(补助与拨款)取代。

考虑到这些局限,在国际比较中可以用占GDP的百分比来衡量税收收入比率(尤其是对发达国家来说)。就经济合作与发展组织国家而言,该比率达到了一个很高的水平,即便因为国家的不同,有重要的差异存在(参见表格)。长期的观察(材料来源:经济合作与发展组织,2008年)表明税收收入是持续增长,在若干时期内则保持相对稳定的态势。故此,在经济合作与发展组织内部,平均比率(用占GDP的百分比来表示)在1965年是25.6%,在1975年是29.4%,在1985年是32.7%,在1995年是34.8%,在2005年是35.8%。

---

[1] GDP来自诺贝尔奖获得者库兹涅茨(Kuznets)有关国民经济核算的著作,这让人们从20世纪30年代起便能对一国财富的演变进行衡量。2008年,法国成立了一个由诺贝尔经济学家获得者约瑟夫·斯蒂格利茨(Joseph Stiglitz)担任主席的委员会,用以提出GDP以外的其他指标。

1965、1975年间,经济合作与发展组织平均增长的 3.9 个百分点覆盖了所有成员国(增长比率略低的意大利是一个例外)。1975、1985 年间,平均增长的 3.3 个百分点几乎再次覆盖了所有成员国,构成例外的只有爱尔兰和土耳其(在很勉强的意义上,还可以算上美国)。1985—1995 年,有 2.1 个百分点的平均增长,但是,这一次,有 10 个国家的比率增长较低(20 个国家的比率增长较高)。1995—2006 年,1.2 个百分点的平均增长并不高,此次又有 10 个国家的增长下滑。此种情形离开 2008 年危机的背景便是无法维持的,其缘由在于以支持银行为目标的支出,以及经济上的通货再膨胀计划(由此,税收在未来会有所增长)。

以 2006 年(参见表 6)作为参考年份(经济合作与发展组织,2008 年),我们可以做出如下区分(要知道,这类划分有时会产生门槛效应):

税收收入比率很高、超过 40% 的国家,即北欧国家(丹麦、芬兰、冰岛、挪威和瑞典)、奥地利、比利时、法国、意大利。

税收收入比率高(大于等于 35%,小于 40%)的国家,即德国、西班牙、匈牙利、卢森堡、新西兰、荷兰、葡萄牙、捷克共和国和英国。

税收收入比率居于中间水平(大于等于 30%,小于 35%)的国家,即澳大利亚、加拿大、希腊、爱尔兰和波兰。

税收收入比率低(小于 30%)的国家,即美国、韩国、日本、墨西哥、斯洛伐克共和国、瑞士和土耳其。

表6　税收总收入占 GDP 的百分比(以经济合作与发展组织成员国为样本)

	1975 年	1985 年	1995 年	2005 年	2006 年
经济合作与发展组织成员国的平均水平	29.4%	32.7%	34.8%	35.8%	35.9%
欧盟成员国的平均水平	32.2%	37.6%	38.9%	38.7%	38.7%
欧盟成员国与经济合作与发展组织成员国的平均差	2.8%	4.9%	4.1%	2.9%	2.8%
瑞典	41.2%	47.3%	47.5%	49.5%	49.1%
丹麦	38.4%	46.1%	48.8%	50.7%	49.1%
比利时	39.5%	44.4%	43.6%	44.8%	44.5%

续表

	1975 年	1985 年	1995 年	2005 年	2006 年
法国	35.4%	42.8%	42.9%	43.9%	44.2%
挪威	39.2%	42.6%	40.9%	43.5%	43.9%
英国	35.2%	37.6%	34.5%	36.3%	37.1%
德国	34.3%	36.1%	37.2%	34.8%	35.6%
美国	25.6%	25.6%	27.9%	27.3%	28.0%
日本	20.9%	27.4%	26.8%	27.4%	27.9%

资料来源：经济合作与发展组织，1965—2007 年的公共收入数据，2008 年整理。

欧盟成员国的税收收入比率在均值上高过加在一起的所有经济合作与发展组织成员国。1975 年，比率之差约为 2.8 个百分点；而进入 20 世纪 80、90 年代，差值超过了四个百分点。伴随欧盟的扩张，由于新成员国的低税收收入比率，差值变小了（2006 年为 2.8 个百分点）。故此，2006 年，15 个欧盟成员国的平均税收收入占 GDP 的百分比是 39.8%；19 个欧盟成员国的平均税收收入占 GDP 的百分比是 38.7%（材料来源：经济合作与发展组织）。1985 年以来，这一百分比一直在 35% 以上。对欧盟 27 个成员国来说，2006 年的均值是 41.1%（材料来源：欧盟统计局）。对一些国家来说，情况也会因时而异。对欧盟 27 个成员国当中的 8 个国家来说，在 2001、2006 年之间的五年里，税收收入水平至少有 2.5% 的变动。[①] 对其他国家来说，税收收入水平维持了稳定。不过，尽管存在上述各种情形以及可能的门槛效应，2006 年的欧盟成员国税收收入水平（占 GDP 的百分比）仍可被划分为四组：

在平均水平以上（大于等于 43%）的高水平国家，按降序排列依次为：瑞典、丹麦、法国、比利时、奥地利和芬兰。

接近平均水平的国家（大于等于 38%，小于 43%）：意大利、德国、荷兰、斯洛伐克和英国。

低于平均水平的国家（大于等于 33%，小于 38%）：希腊、冰岛、波兰、马耳

---

① 2001—2006 年，奥地利，减少 2.7 个百分点；塞浦路斯，增加 5.4 个百分点；西班牙，增加 3.1 个百分点；爱尔兰，增加 3.3 个百分点；卢森堡，减少 4.4 个百分点；马耳他，增加 2.7 个百分点；葡萄牙，增加 2.5 个百分点；斯洛伐克，减少 3.9 个百分点。

他、保加利亚、捷克共和国、卢森堡、塞浦路斯、葡萄牙、匈牙利和西班牙。

低水平国家(小于33%)：罗马尼亚、斯洛伐克、立陶宛、拉脱维亚和爱沙尼亚。

对于种种差异，我们主要以20世纪70年代的危机以来社会保障的发展来解释。该危机制造了大规模的结构性失业。相比美国、日本之类的国家，在欧洲，公共行为的边界是不同的。除了欧盟(15个成员国)的财政压力更大，我们还注意到了一个趋势——对劳动者的征税更重。

用两个与税收收入之影响有关的论断作为结论是合宜的。第一，税收收入水平与经济增长之间的关系并不是对立的，由此，以公共收入(税收)为资金来源的高水平社会保障与经济效率并不是对立的(Headey et al., 2000)。尽管实行的是高税率，北欧的社会保障模式仍然有力地扛住了经济全球化的冲击(Steinmo, 2002)；第二，在发达国家税收收入规模与经济不平等所带来的限制之间，或者，更准确地说，是在税收收入比率与贫困率[①]之间，人们能观察到很强的关联。然而，当税收收入比率增加时，贫困率会下降。

(二)税收收入的结构

财政体系包括各种资源，它们不仅为各样支出的资金来源提供保障，而且要履行其他职能。我们已然看到，对封建政权来说，领地收入是重要的(参见第四章)，而后，王室税收取其而代之。[②] 来自战争贡赋的收入(比如在罗马帝国)总是构成了一种为掠夺型国家的支出提供资金支持(以求对其本国公民征收更少的税)的手段。对一些国家来说，得自自然资源(尤其是碳氢化合物)的收入尤其具有关键意义。就地方财政的问题上，税收和关税的税额有时令人感到惊讶，即便地方当局通过征税以及国家的拨款得到了最大头的资金支持。在大多数发达国家，财政收入构成了公共预算的主要收入来源(参见表格)。即便财政体系包括各样的进项，其收入的根基却是为数不多的公共收入，即所

[①] 贫困率是相对的，因为它是由实际生活状况而非少于中间收入的一半(50%，它将全部人口分为两个群体)来界定的。税收收入水平不是影响贫困的唯一因素。

[②] 税收结构是以财政地理和历史为基础的。领地和税收所占的比重有着各种情形，并且总是因国而异。

得税、社会保障缴费、消费税、公司税以及财产税。

表7　　　　　　　经济合作与发展组织所覆盖地区的税收结构

	1975年	1985年	1995年	2005年	2006年
个人所得税	26%	30%	30%	27%	25%
社会保障缴费 （雇主） （雇员）	18% (10%) (6%)	23% (14%) (7%)	22% (13%) (7%)	25% (14%) (8%)	25% (15%) (9%)
一般消费税	14%	15%	16%	18%	19%
公司所得税	9%	8%	8%	8%	11%
特别消费税	24%	18%	16%	13%	11%
财产税	8%	5.5%	5.5%	5%	6%
其他的税	1%	0%	1%	3%	3%
税收/薪资与劳动所得	1%	1%	1%	1%	1%
总计	100%	100%	100%	100%	100%

资料来源：经济合作与发展组织，2008年（圆括号中更小的百分比是经济合作与发展组织计算出来的近似值，其对总体结果影响甚微）。

完成于20世纪的税收收入的现代化是一个真正的突变：新的综合税（synthetic taxes）的引入可以对此做出解释，此种税收带来的进项并不少（由于有人享受财政优惠而导致税基遭到削弱的情形是一个例外）。除去传统的财产税，关税之类的旧税种、对某些类别的商品或服务所征的特别税（上表中的特别消费税）或是被现代的一般公共收入所取代，或是处在衰落之中，对特定商品、服务所征的类别税（category-based taxes）便是如此。在这里，显而易见的是，经济发展创造了各样的公共收入来源，这便为综合税的征收提供了有利条件。

我们必须指出，传统上的重要税种所得税仍是经济合作与发展组织所覆盖地区的第一大收入来源（就均值而言）。一国经济发展与个人所得税的地位之间的关系仍可得到证明。不过，自20世纪七八十年代达致巅峰之后，这一收入来源的地位便不断下滑。2006年，所得税在收入中占25%的比例。另一个变化便是社会保险缴费的增加。2006年，它达致巅峰水平，与所得税不相上下。这一事实确认了社会支出和福利国家的重要性。1965—2006年，由雇主、雇员共同承担的社会保险缴费增长了50%。表7所涉情形产生的一个重要后果便是间接性消费税的增加,确定无疑的是,后者尤其与附加税的普及有关。此表所涉情形产生的另一个后果是,公司所得税保持了相对的稳定。1980—1990年,在部分程度上,公司税(针对公司的征税)(法定)税率的下调为税基的拓宽所补足。最后,财产税(由此,也是遗产税)的相对缺陷必须联系再分配加以探讨(参见第十一章)。

一个至关重要的突变与福利国家有关。公共资金或个人保险金都可成为社会保障的资金来源。在与社会保障有关的公共融资体系中,我们依据资金来源是税收,还是由雇主和雇员承担的社会保险缴费(这是对薪资的征税,其他资金来源不那么重要)进行相应的区分。艾斯平—安德森(Esping-Andersen)的分类构成了一个很好的出发点,即便各样改革对福利国家类型(演变的方向是更具混合性的模式)的纯粹性有所影响。

> **专栏3　　　　　　艾斯平—安德森的类型划分**
>
> 社会学家艾斯平—安德森(Esping-Andersen, 1990)做了如下区分:
>
> 与普惠福利国家有关的社会民主模式即贝弗里奇(Beveridge)的模式,在该模式中,所有人受惠于以税收为资金来源的高水平社会保障(斯堪的纳维亚国家),它对应于强大且有组织的劳工运动。
>
> 与以保险为基础的福利国家有关的保守模式(俾斯麦的模式),在该模式中,雇主受惠于以缴费(来自薪资)为资金来源的社会保障(德国、比利时、意大利和日本)。该模式的特征是教会具有影响力,劳工运动受到抵制。
>
> 与以税收为资金来源的福利国家有关的自由模式,不过,国家干预是以最贫困人群为对象的(美国模式)。在该模式中,大多数人使用的是个人保险金。该模式中的力量对比对劳工运动来说更为不利。

艾斯平—安德森的分类有一个演变过程,因为从那时以来,作为多国所推行的改革的产物,许多体系发生了融合。与薪资有关的社会保险缴费的负担(Norregaard, Khan, 2007)被计入用工成本,在15个欧盟成员国,它占GDP的百分比在1995—2005年间下降了三个百分点,在10个欧盟成员国则略有增加。在15个欧盟成员国,就平均状况而言,对应低薪资的社会保障缴费在2000—2006年有所减少。法国一直吸引着人们的关注,因为该国与薪资有关的社会保障缴费负担已然让社会保障资金来源中的税收部分有所增长。对经济合作与发展组织的平均状况而言,社会保障缴费保持着稳定状态。不过,情形因国而异。对应低薪资的社会保障缴费在英国、日本、墨西哥和土耳其有所增长。

专栏4　　就社会保障缴费占GDP的百分比对欧盟27个成员国的分类(2006年)

百分比在均值以上的国家(大于15.5%):(1)法国(以18.3%的百分比排名第一);(2)德国;(3)捷克共和国;(4)奥地利;(5)比利时。

百分比接近均值的国家(10.5%~15.5%):(6)荷兰;(7)斯洛文尼亚;(8)希腊;(9)西班牙;(10)意大利;(11)瑞典;(12)匈牙利;(13)葡萄牙;(14)芬兰;(15)波兰;(16)斯洛伐克;(17)卢森堡。

百分比低于均值的国家(5.5%~10.5%):(18)罗马尼亚;(19)爱沙尼亚;(20)拉脱维亚;(21)立陶宛;(22)保加利亚;(23)英国;(24)塞浦路斯;(25)马耳他;(26)爱尔兰。

社会保障缴费水平极低的国家:(27)丹麦(占GDP的百分比是1.9%)。

注:欧盟27个成员国的平均值为13.8%。分类按照降序排列。

资料来源:欧盟统计局。

如上分类表明了社会保障融资的俾斯麦模式的重要性,此种模式建立在以薪资为计算对象的社会保障缴费的基础之上。它尤其表明了位列顶端的五个国家所做的选择是非比寻常的,这些国家的劳动力所缴纳的社会保险费用是最多的。从用工成本的角度看,这些缴费是加于薪资之上的一个负担(与薪资税相关的其他收费亦应纳入思考范围)。不过,我们还必须审视税收端,看看福利国家是如何得到资金支持的。

关于发达国家的公共支出,我们可以注意到它们如出一辙的多样性。在对营运支出(operational expenditures)与投资支出做出特别的区分后,紧接着,我们要从功能角度讨论公共支出,这是有好处的。我们要区分债务成本支出、养老金支出、国防与公共秩序支出、一般公共服务支出、教育支出、健康支出、失业支出、家庭事务支出、住房与其他公共行为支出。对其他细分出来的财政体系(国家财政、地方财政或社会财政)来说,对公共支出的功能性呈现亦可发挥作用。由此,它还能发挥作用,在社会保障覆盖范围(普惠程度)的问题上为我们提供参考。另一个问题是对财政体系的再分配特征进行探讨。同样饶有兴味的是了解公共收入的性质、演变与社会保障的融资之间达成的妥协(参见第十一章)。缴费的结构性演变同样与人口的老化和新风险的阴影有关,比如不稳定或大规模失业(这些问题因为2008年的金融危机而更加恶化)。

三、发展中国家的情形

发达国家财政体系的演变并不见于发展中国家的情形。发展中国家面对的是公共支出的资金来源难题。从历史上看,如我们所见,出现于欧洲的现代国家以高水平的税收收入、税收来源的多样化(结构)为特征。20世纪,发达国家民主政府的运作起自1914年,其根基是在经济上以凯恩斯主义为特征、在社会上以福利国家为特征的公共干预主义。这就带来了很高的税收收入,尽管有新自由主义发出的质疑(20世纪70年代)以及全球化产生的影响,此种情形仍然延续下来。对发展中国家来说,财政体系并不是以欧洲现代国家在自由民主政体发端时的历史传统作为基础的。此外,对于情势的差异决不能等闲视之,不同国家对待自然资源的案例便是明证。不过,面对常见于多个国家的挑战,人们提出了政治路径的问题,旨在纠正发展中经济体中的公共财政失误。

(一)税收收入的弱点

在发展中国家,税收国家的制度化遭遇了重重阻碍,比如税收收入所表明的缺陷。就1975—1989年这一时期的平均水平而言(Zee,1996:1660),发展中国家(56个国家)税收收入占GDP的百分比是16%;对发达的经济合作与发展组织成员国(24个国家)来说,相应比例至少是三分之一。1995—1997年(Tanzi,Zee,2000:8),两者的相应百分比分别是18.2%和37.9%。由此,发展中经济体来自税收收入的平均公共资金连富裕国家的二分之一都达不到。

发展中国家的税收结构同样反映了某些差异。1975—1989 年,平均而言,关税与有关国际汇兑的多种税收代表了发展中国家总体收入的 26%—30%,而对发达的经济合作与发展组织成员国来说,其所代表的总体收入不到 5%(1985—1989 年是 2.2%)(Zee,1996:1661)。相比富裕国家,在发展中国家,对个体的征税(个人税与社会保障缴费)所占的地位一般不高。根据一项对 1990—2004 年 65 个国家的研究(Gambaero et al., 2007),在经济合作与发展组织成员国,平均而言,仅个人所得税便达到了 GDP 的 13%,而发展中国家的全部税收平均而言仅相当于 GDP 的 15.6%。

(二)增税的困难

显然,发展中国家的经济机构给税制套上了紧箍咒。根据瓦格纳的"定律",增税与经济发展水平是协同并进的关系。如经验研究所表明的,"一国财政压力有多大可从该国的人均 GDP 得到很好的解释"(Moisseron,1999:104)。以财产(或土地)税为基础的税收更适于农业占据主导地位的经济体。地下经济部门的存在天然构成了税收收入的损失,即便人们必须扣除掉由隐性税收提供的收入(参见下文)。由此,税制发展取决于地下经济的萎缩,由此,知晓地下经济的规模、成因以及后果便是有益的。关于规模,[1]它看似是因国而异的。

在发展中国家,税收国家面临的障碍并不是微不足道的。关税削减是新自由主义视野下的经济全球化所培育的一种"市场"观念的组成部分。此种全球化常常对发展中国家造成伤害。"华盛顿共识"是由国际货币基金组织和世界银行在 1980—1990 年推荐的,旨在稳定债务,让市场自由化,尤其是通过私有化削减公共支出。此种共识的影响力却是消极的。[2] 市场狂热导致发展中国家人力资本的退化,从经济角度看,这是有利于并不稳固的金融优先地位的(Stiglitz,

---

[1] 有一些方法有时给我们带来不一样的结果,它们可以用来衡量地下经济的规模:对代表性样本的直接调查,国家支出与官方收入的差异,官方统计的劳动力数量与实际劳动力数量的差异,借助用电量展开的估算,以货币或现金需求为基础的计算,以及以一些指标为基础的计算。

[2] 比如,根据对中美洲五国(1975—1995 年)的一项研究(Jonakin, Stephen, 1999),一个矛盾的现象是,教育支出的减少或停滞伴随着债务利息的增加。

2002，2006)。俄罗斯日益走上国家资本主义的非民主道路。2008 年夏的银行危机的"全球性"后果让全世界的经济步入衰退，带来激起贸易主义本能反应(有利于关税的合法性)的风险。

专栏 5　　　　　　　发展中国家地下经济的规模

科巴姆(Cobham，2005)估计，发展中国家地下经济的规模高达 2850 亿美元。对 32 个拉美、加勒比国家地下部门规模(21 世纪头十年)的一项研究(Vuletin，2008)揭示了一些重大差异：六个国家的情况无需过分忧虑(在 GDP 的 15% 到 25% 之间)，六个国家超过了 GDP 的 50%(其中，巴拉圭与尼加拉瓜达到了 70%)，其他国家居于它们之间。有四个原因得到了探究：大体上，对被遴选出来的那些国家来说，财政压力(税负：35%)、农业的重要性(31%)、劳动力市场的僵化(26%)以及通货膨胀可以为解释地下经济的规模做出贡献。

但是，每个因素的重要性因国而异，这就为任何意图在缩减地下经济规模的改革带来了一些启示。比如，财政压力对七个国家来说是主因，农业的重要性对四个国家来说是主因，劳动力市场的僵化对两个国家来说是主因。这三个变量需加以考察(通货膨胀仍是一个更加靠边站的因素)。就结果而言，地下部门往往会让社会保障缴费减少，中等教育的注册率、工人的入会率降低。[①] 这些研究确认了收入损失与地下经济有关，尤其是对附加税来说。农业在经济中所占的规模与税收总额是一种负相关的关系。事实上，在发展中国家，政府是难以从农业部门征税的。同时，在城市环境下，从商业企业或其他企业征税要容易一些。

我们还须记起，在历史上，殖民财政体系在一些国家推动了国家的去合法化。抗税与对殖民地税收的其他抵制形式显明了国家在历史上的非法性。最后，面对经久不衰的腐败风习，国家的征税常常表现得合法性不足。透明国际(Transparency International)的报告强调了以行政权力的政治干预和"贿赂"为表现形式的腐败。比如，根据 2006 年 7 月至 9 月对 61 国的 59 661 人所做

---

① 这些因素对民主福利国家的发展来说是至关重要的。

的一项调查,超过 40% 的受访者宣称在最近的 12 个月里行过贿。问题最严重的国家是非洲、拉丁美洲国家和独立国家联合体(简称"CIS")的成员国。欧盟、北美的问题很小(行贿者不超过 5%)。在非洲,行贿司法体系的平均耗费超过了 70 欧元(堪称第一大支出项目,而且数额在不断增加);在拉丁美洲,这一耗费约为 240 欧元(第二大支出项目)。

税收收入观念仍与宗教捐献或家庭团结[①]有着紧密关联,对国家来说是颇为棘手的事情。最后,我们必须提及移民对其母国的转移支付资金的重要性。这些钱构成了在由至亲和姻亲组成的网络中进行再分配的资金流,这些网络在社会经济体系而非税收中有着更为深厚的根基。

(三)食利国家

一些发展中国家就其收入而言属于得名"食利者"[②]的那类国家。食利国家所食之利有两种(Moore,2004:305):来自自然资源(如石油之类)之利;来自地缘战略资源之利,这些资源带来发展援助,比如法国对非洲法语区的发展援助。自然之利与所受援助的关系是一方面;国家类型是另一方面。这两方面都不能随意加以质疑。经济、政治和社会因素都濒临险境。一个牢不可破的事实是,食利国家处置的资源是无需在税收问题上征求大多数公民的意见的。非财政性的财政手段通过一种"欧洲方式"抑制了财政民主化进程。从关联性上看,食利国家与外部世界相联系。在很长的时间里,食利国家处在发达国家主导的一个中心的外围地带。发达国家利用原材料,促进本国的经济。食利国家依赖富裕国家购买原材料或提供金融援助的战略。其主权则依赖外部的承诺。即便这一事实在今日仍有一定的正确性,食利国家却早已成为世界经济中的行为主体。它有能力通过对生产国的重组和(或)对销售量的控制,将压力施加于原材料市场。通过积累货币储备,它已成为金融市场的玩家。左派在委内瑞拉或玻利维亚这类国家的掌权是以干预型国家回归作为标

---

① 移民人士汇给自己的家人以及仍留在母国的那些"债主"(他们组成了一个网络)的资金。
② 熊彼特在涉及与企业家国家相对的财政国家时,在特殊意义上提到了"食利国家"的观念(参见第二章)。

志的。① 石油美元的回收利用很好地证明了这一现象。流经世界金融中心的资本被投入西方经济尤其是美国经济当中。食利国家对财政体系尤其是对收入数额的影响在经验上得到了探究(参见专栏6)。自20世纪90年代以来，得自碳氢化合物产品的收入的存在使得税收收入减少了，而外部援助对税收国家有着积极影响。

专栏6　　　　食利国家对税收收入的影响

根据对出售碳氢化合物资源的30个国家的一项研究(Bornhorst et al.，2008)，从1992年至2005年，其平均收入在总公共收入中所占的比例从49%(或者说占GDP的百分比为15%)升至60%(或者说占GDP的百分比为24%)。该研究从数据上证明，税收收入的数额与碳氢化合物利用带来的收入数额是负相关的关系。比如，碳氢化合物收入增加1%，相应地，等于0.19%GDP的其他收入便减少了。以食利为基础的国家确实是税收国家的障碍。

有关发展援助的国际政策是与其效用有关的争论的主题。从经验上看，问题是要知晓援助是否替代了受援国的国家税收收入。关于这个主题，经验性的研究并不多。②

针对从1970年至2000年这一时期，古普塔有关107个发展中国家的一项研究(Gupta et al.，2003)得出如下结论：外部援助被定义为所获的全部补助、全部借债，也包括税收收入的减少。借债对税收收入形成补足，相比之下，补助产生的是消极效应。就近期而言，这些从数据上得到的结果不再得到验证。

财政体系的变化发生于20世纪90年代，这很可能与提升制度质量(quality of institutions)的计划有关。实际上，在发展援助近期(1990—

---

① 在委内瑞拉和玻利维亚，碳氢化合物出口确保了超过一半的税收收入。从合同(系与大型跨国公司签订)再协商以来，自由主义政策得到修订，国家控制了很大一部分石油工业，社会政策得以付诸实践。该政策使外来投资出现了一定程度的下滑，但是，由友好国家(中国、俄罗斯、伊朗，等等)构建的一个网络使得情况发生了变化。

② 相对收入，有些专门的材料对支出的兴趣更大，包括投资、为赤贫者提供的服务(教育、健康，等等)、企业的税收减免、生产性或非生产性支出，等等。

2004年)对财政体系的影响的问题上,有关65个国家的另一项研究(Gupta et al.,2007)给了我们新的启示。就被遴选出来的那些国家的平均值而言,税收收入相当于GDP的15.6%,个人、公司与资本税相当于GDP的4.43%,消费税相当于GDP的7%,国际汇兑税相当于GDP的3.36%。在外部援助(补助而非借债[①])与税收总收入之间,可以发现一种积极但微弱[②]的关联。依据税种之不同,同一效应的意涵并不一样。对个人和公司与资本税来说,相应关联产生的是消极效应:替代效应在此类直接税中兴起,幸运的是,这一效应是微弱的(平均而言,不超过GDP的5%)。但是,对于最重要的收入即间接(消费)税、国际汇兑税来说,外部援助产生的是积极(从数据上看)效应(用占GDP的百分比来计算)。腐败是一个极具解释力的因素。事实上,税收收入与制度质量有关,或者根据流行的术语,与所谓的善"治"有关。

由此看来从20世纪90年代以来,国际组织和发展中国家的政府将目光投向制度质量是有其合理性的,其目的是防止外部援助对财政体系的驱逐效应(eviction effects)。

(四)何种政治解决方案?

在征税方面,现代经济的发展创造了新的可能性,不仅如此,它也让一个复杂的公共财政管理体系运作起来。参照西方资本主义的案例,通过征税机遇(对新的经济活动征税)的创造及其所意指的新社会模式,农业经济向工业经济的过渡提供了改进税收收入体系的机遇。这些征税机遇与新的经济活动有关,包括对市场部门中的企业所征的公司税、固定于城市化区域的个人所得税、对消费所征的一般间接税(附加税类型),以及加于薪资之上且由雇主和雇员缴纳的社会保障费用。

近期的某些变化看似确认了如上看法。比如,间接消费税的负担在发展

[①] 因为外部援助如果是以借款形式获得的,结果就不那么显而易见了。
[②] 关联是微弱的。因为增加的援助相当于1%的GDP(表现为补助而非借款),与此相关联的税收收入的增长只有0.077%。

中国家变得更加重要,相比之下,人们注意到,对经济合作与发展组织成员国以及欧盟本身来说,这一负担只是稍微加重了些。1990—2002年(Norregaard,Khan,2007),对非洲国家和那些亚太区域国家而言,间接消费税占GDP的百分比在4.6%~5.4%之间;对拉丁美洲和加勒比国家来说,相应百分比在4.1%~8.8%之间。这一现象在很大程度上是由于关税以及国际汇兑税的减少而产生的。多个国家采纳了附加税(1989年,48个国家;2007年,143个国家),尽管就事实而言,相关的操作碰到了一些困难(欺诈),尤其是在地下部门具有重要地位的时候。

另外,人们必须知道,税收收入意指经过国民经济核算之追溯的税收与(公共)社会保障缴费。如今,在发展中国家,一部分税收收入是以隐性税收的形式存在的。此种收入不被官方包括在内,针对非官方外汇市场的监管以及通货膨胀尤其构成了它的源头。对国家来说,有时,它是收入当中不容忽视的组成部分。

总而言之,各国的情况并不一样。亚洲新兴国家的经济不同于非洲或美洲国家的经济。各国自有其特异之处。许多发展中国家(至少是在那些无自然资源之利可食的国家)正在经历税收国家的强化过程。即便当下并未彻底完成变革,一些国家仍然削减了自己的关税,尤其是在世界贸易组织(简称"WTO")协议的框架之下。法国在2007年2月启动的地中海联盟(Union for the Mediterranean)计划[①]同样意味着减少关税壁垒。为了弥补对外交易收入的减少,这些国家通过实施附加税和(或)尝试改进对个人和公司的征税,对本国财政体系做了改革。

20世纪60年代,卡尔多坚持认为(Kaldor,1963)发展中国家的问题是学习如何正确地征税。对减少贫苦、促进经济发展来说,让公共服务获得资金支持是必不可少的,为着这个目标,真正税收国家的创建是一个关键性的财政问题。正如博丹所表明的(参见第四章),征税同样是国家主权的组成部分,它确立了让发展中国家摆脱外部监控的一个方法。最终,这是发展中国家政治制度实现民主化的一条宝贵道路,尤其是借助有效个人所得税的确立。欧洲现

[①] 地中海联盟旨在重新推出欧洲与地中海国家之间的睦邻政策,从1995年巴塞罗那进程(Barcelona process)的失败中走出来。

税收、国家与社会:干预型民主的财政社会学

代税收国家走过的历史表明,永久税的设立要有公民的认可。由此,在改善教育服务、社会保障和健康(在一些发展中国家带有紧迫性)的问题上,税收民主化给我们带来了希望。事实上,依据有关政治选择的民主理论,公共支出费用的承担者掌控支出,其题中之义便是税收国家的存在。虽然如此,确切来说,考虑到与社会团结有关的种种机制的运作(地下经济、宗教赠礼、大家庭的团结、与移民的关联,等等),我们必须构建一条特殊的(社会学—人类学)研究路径。

结　论

对发展中国家来说,政治上的问题在于构建合法的税收国家。此种国家在经济上要保持稳定,在社会上则要适应各国内部的特殊性。至于发达国家,财政体系的扩散强化了相关干预的复杂性(Leroy,2007),即便国家层面或国家保持了自身与相关方面的关联。通过税收的财政功能,税收与支出体系联系起来。这一功能还通过税式支出的增长,以反面方式得到呈现。此种支出意味着放弃来自一部分税收的收入,以求令人获得社会或经济上的好处。除了自身与税收的关联,财政体系还被划分为国家财政、社会财政、地方财政和超国家(比如欧盟)财政。尾随最近数十年的分权运动之后,多个国家的地方财政经历了特别的发展。另一方面,欧盟财政仍处在低度发展的状态,在欧盟这一层级,各国预算政策的协调仍属适度。[①]

通过这种方式,财政体系不再像19世纪经济与政治自由主义在发达国家当道的古典时代那样,局限于为国家财政提供资金支持。不过,在很大程度上,公共财政体系仍聚焦于国家税制,在干预型公共行为(与其他行为主体有关)的意义上,后者仍是不能轻视的。当代财政体系同样以干预型公共行为在

[①]　欧盟预算约相当于成员国总GDP的1%。预算的大头是为共同农业政策、区域政策提供资金支持,但是,在缺乏协调性强的政治计划的情况下,由于预算的限制,相关制度仍为实现自身的合法性而奋斗(Leroy,2004)。欧洲统一税收的确立遭到拒绝,这与各成员国缴费的局限融合在一起。《马斯特里赫特条约》借助相应标准的实施,追求预算纪律的目标;《阿姆斯特丹条约》则对与预算纪律有关的时长做了延伸。通过预算纪律,欧洲公共财政的情况同样变得明朗化。以经济危机为例,当GDP降幅超过0.75%时,条约文本容许的公共赤字便能超过GDP的3%的限制,如若GDP的降幅在0.75%到2%之间,则相应处置必须获得欧盟委员会的授权。

财政上的复杂性为特征,这在税收收入分类的多样性以及得到资金支持的公共服务的多样性上得到了很好的证明。如下一章所描述的,税法的复杂性会让这一现象变得更加突出。此种"复杂性"因涉及财政特殊情形(宽松征税)的政策而加剧,当代发达国家的经济与社会干预主义可以对其做出解释。这些国家同时以税收和公共支出作为公共行为的工具。

以税收、公共支出为工具的干预主义导致了尤其以福利国家(特别是欧洲的福利国家)的社会行为为基础的社会分层。事实上,社会财政体系塑造了战后的工业社会。对社会融合、政治民主来说,该体系对经济全球化、当下危机的适应力是一个关键因素。尽管做出的干预行为带有复杂性,体系本身的注意力却集中在一些设立于20世纪且数额不小的一般税种上,这带来了不菲的收入。同样,健康、教育上的社会支出构成了公共预算的主要项目。

我们还可提及其他因素,①尤其是私有化以及联合融资(co-financing)的复杂做法。私有化(1977—1999年,121个国家中,实际操作的案例数为2 459)和任务外包令财政体系得到调整。② 私有化政策对应于经济发展的高级阶段,也就是拥有强大流动资产的金融资本主义阶段。自从2008年夏的危机以来,一场反向运动已然发生,若干国家继续对银行(有破产风险)实施国有化(有时是部分国有化)。传统的财政体系观念局限于自主法人的收支,联合融资的逻辑同样对其造成了搅扰。合同("合同化")应用于公共部门不是一个新现象,此种做法在工业国家发展起来,金融伙伴关系的兴起即与其有关。有关公私伙伴关系(简称"PPP")的机制扩散开来,尤其是在欧洲(Parker, Hartley, 2003:98)。③ 至于发展中国家,世界银行清点了1990—2001年存在于132个国家、动用了7 500亿美元资金的2 500个项目,关注的重点区域是东南亚、南美。

最后,比较机制即比较主义(comparativism),成为财政体系演变中至关

---

① 欧洲地方公共企业[真正附属于地方当局(资本一般为它们所持有)的企业]的发展同样证明了相关的变化:2004年,在25个欧盟成员国(资料来源:www.dexia.org),我们清点的各国属下企业数量为16 350家,营业额为1 380亿欧元,从事各样活动的雇员人数是1 125 000。

② 外包并不意味着将国家资产出售(私有化),而是将公共任务托付给私人部门。在公共服务上,法国在很长时间里一直运用特许、委托机制,虽然如此,借助业务(诸如军事装备)分包,外包潮流已变得更加引人注目。

③ 英国提供了一个案例:1987—2005年,该国签订的合同为665份。

重要的关键因素之一。作为一个变化过程的模仿并非属于此类的一个新的现实。作为认知工具,在社会学的两位奠基者奥古斯特·孔德和埃米尔·涂尔干看来,比较方法是替代自然科学实验方法的最佳选择。社会学家加布里埃尔·塔德(Gabviel Tarde)甚至认为(1895年),模仿对社会来说是具有基础意义的法则。通过这种方式,制度模仿以及对外国"模式"的着迷有时能为有益的改革提供助力。不过,就税收收入而言,为着追求一种意识形态的陈述,此种比较的局限被遗忘了。此种陈述利用数量上的指标,扭曲了政治上的涵义。此种一般层次的系统性趋势必须结合对财政政策产生的社会变迁的研究才是完全的。

第六章　财政政策的基本要素

即便制度方面的某些潮流（比如分权和联邦主义）令相关分析变得温和，税收国家的主权力量仍是一个事实。税收国家起源于王权（参见第四章），从那时以来，它便具备了干预性。尽管财政体系走向分裂（第五章），此种国家仍在众多选项中居于中心地位。正如欧盟税务决策方面的成员国一致同意原则所表明的，税收国家在相关领域的法律权能（Leg al Competence）使"公共政策"一词被保留下来。在许多情况下，合法的权威是国家。观念、群体和党派偏好是社会的特征，它们通过一个中间变量即公共政策观念对税收政策产生影响。此种社会维度在制度上完成了对干预型公共行为的塑造，此种行为不是以国家为中心，它承认国家的真正自主性。

一般而言，专家们会对一个或两个特殊因素有所偏好。比如，威尔达夫斯基（Wildavsky，1985）提出了一种预算文化理论，它与源于观念作用的一些解释联系在一起。制度和观念是斯坦莫的探讨对象（Steinmo，2003），相比之下，在艾森斯坦那里，具有优先地位的是利益集团（或阶级）与意识形态的结合（Eisenstein，1961）。坎贝尔认为（Campbell，1993）危机是变化的因由，他同样强调利益集团对税收政策的实际内容具有决定作用。新马克思主义的理论家们（O'Connor，1973）在社会阶级的框架中分析了税收国家的危机。科尔皮和帕尔梅（Korpi，Palme，2003）将阶级与党派变量等联系起来。有时，一个特殊变量（比如投票类型，或联盟的性质）会受到质疑，尽管如此，它取决于遴选出来的某个一般性因素，也就是所引案例中的种种制度。

此处探讨的财政公共行为被放置在基础分析的层面，后者包含如下内容：

观念、制度、社会经济群体以及左右之分。[①] 涉及民主和资本主义框架的宏观分析在第七章受到质疑,相关背景是公共行为基础层面与全球层面之间的主要过渡性变量。此处(第六章)的设想是,制度通过两个因果性因素,即源自社会分层的群体或阶级,以及受到社会文化启发的观念,将社会在民主方面的选项化为具体形式。同样,资本主义框架并非相关模型的内生之物;通过一种经过简化的方式,人们可以在群体(商业共同体)和观念(比如新自由主义意识形态)中找到它。

一、观念的影响

涉及有关资本主义的文化研究路径、宗教社会学以及价值理性,马克斯·韦伯的著作可谓人尽皆知。以此,观念研究的大师早已存在于世。我们还看到,对帕累托来说,现代民主有以诈治国的倾向,它们通过意识形态方面的原因("派生"),证明有利于统治精英的税收掠夺是合理的。虽然有这些著名的先例,坎贝尔(Campbell, 2002)却表明,直至 20 世纪 90 年代,学者们对观念之于公共政策的影响并未做过多探讨。按照构思,不同观念成为占据主导地位的自利范式(得到理性选择理论的支持)的替代选项。这些观念汇聚了不同的文化、理论、价值、信念、意识形态、世界观以及思维方式。源自文化的观念属于一个社会、不同阶级或不同社会群体,它们有别于属于政治领域的观念。相比与财政决策行为主体直接相关的那些观念的情况,就社会文化的情形而言,相应的影响更具间接性,更具扩散性(参见图 2)。由此,在为多数人或某些群体所共有的一种文化转变为预算观念之前,相应的过程是漫长而不确定的。同样,它还必须作为与公共项目有关的观念,出现在公共议程中。此种产生影响的方式是一个与公共行为有关的过程,后者包含了社会维度,通过其效力,它成为涉及公共政策的一个因果性因素。

[①] 我们的主题与涂尔干在《宗教生活的基本形式》(*The Elementary Forms of Religious Life*, 2001)中表达的方法论观念保持一致:"由此,每当我们意图解释某些人类的事务时……便有必要从回溯其最原始、最简单的形式开始。"不过,回溯至原始的形式并不是一个问题,从基础的税收政策"因由"层面出发(参见第七章),为的是辨别并解析公共行为所具有的复杂形式)才是。再分配的特殊情形在第十一章中得到了研究。发达国家社会支出的普遍增长尤其带来了一些系统性变化(参见第五章),我们不会回到那里。

第六章 财政政策的基本要素

(一)源自社会的观念

一些基础性原则对一般的财政体系以及具体的税收政策起到引导作用。我们已在第四章中看到如下表述:"君王必须自行承担本人的用度。"也就是说,以自己的领地为收入来源。这构成了封建时代财政体系的指导原则。在经济学中,布伦南和布坎南(Brennan,Buchanan,1977)尾随罗尔斯,采用了契约的视角:他们提出了以经济观念为基础的财政宪法,旨在限制往往将自身收入最大化的利维坦国家。

历史上的一些案例证明了观念对税收政策的影响。比如,20世纪初,在大多数工业国家,永久累进所得税的观念成为现实。此税是以创设于19世纪中期的英国所得税为模板的。以征税实现平等的观念意味着对富人的课税重于穷人。它与税收面前人人平等的原则展开交锋,而税收面前人人平等是为了让相同处境下的个体受到同样的对待。税制以关税、消费税和财产税为基础。还有一个观念尤其要注意,为了避税,穷人可以抑制消费。所得税的创设开启了一场意识形态战争。由此,在美国(Eisenstein,1961:18),此税的累进性被斥为共产主义者的武器,是对文明的打击,根据最高法院在1895年波洛克案件(Pollock Case)中的说法,这是对美国宪法的侵犯。在法国(Leroy,1996),针对所得税创设的批评同样是恶毒的。比如,著名经济学家勒鲁瓦·博利约以从其"科学"权威那里获得认证的意识形态论据对改革大加挞伐(Leroy-Beaulieu,1906:178—186):

> "累进税制是一个被情感冲昏头脑的简单理论……对国家来说,从比例上看,它在护卫、保障大笔财产上的花费小于……小笔财产……相比出身中下阶级的人那又沉重又笨拙的交通工具,或者农民的轻便推车,富人们的漂亮小车对道路的损坏要严重得多吗?……举个例子,如果我们讨论法国的债务,其源头几乎完全可以追溯至两个系列的事件:法国大革命及由此而来的第一帝国;1848年革命及其产物第二帝国。此时,我们能坚持认为这些事件导源于上层阶级吗?……由此,累进税理论并不是理性的……另外,该理论之所以是危险的,是因为它以平均负担(equality of sacrifice)原则作为出发点,它有想要矫正社会不平等

159

的趋势；在这里，致命的后果会产生。"

在法国，我们还可提到反对废除"入市税"的主张。入市税是原来针对某些进入城市的商品征收的间接税（从 1795 年至 1941 年）。1870 年，色当市的市政委员会对该税的合理性做了如下论证(Leroy, Tisserand, 2003)：入市税是无害的，"就在每个公民在日常支出上花钱之时，他为市政支出中属于自己的那部分掏了腰包"。入市税是公平的，因为"消费最多的……是缴税最多的人……如果贫困构成他的障碍，便可免于为一部分市政支出出钱，这与他对权利的放弃是对应的。由此，事实是，人们在缴纳经过分解的间接税时几无感觉。对穷人来说，这是一种更公平、负担更轻以及更能被接受的税"。入市税的费用算不上高，最终的论点是，入市税会产生良好的预算效应（"在废除一种税收之前，我们必须知晓我们要以何种税收取而代之"）。除了这些历史上的案例，我们还应提及美国社会学家威尔达夫斯基的文化理论。该理论强调财政体系与社会主导价值观之间的相互依赖（参见专栏7）。

专栏 7　　　　　　　　预算文化的影响

A. 威尔达夫斯基以政治文化为基础，提出了一种有关公共预算的社会学理论(Wildavsky, 1985；Webber, Wildavsky, 1986:560—615)。他区分了能影响预算制度的四类文化。文化指向让社会风习具有合理性的共享价值观；它是一种价值理性，根据价值观对意图进行考量，意图实现与否则不是必然要考虑的问题。在现代社会，没有任何文化对其他文化拥有彻底主导的地位，这是对社会群体价值观的研究所确立的一个经验事实。由此，今日的国家支出规模便与昨日的政治文化的作用密切相关，我们不能忘记：平等主义文化的发展解释了公共支出的增长。有关市场文化的社会理念是自动调节，它减少了对权威的需求，与此同时，对源自劳动分工的社会竞争持接受态度。此种文化对收支有限制作用；它拒绝通过预算再分配使差异趋于均衡。有的社会存在身份分化现象，制度化等级制(Institutionalized Hierarchy)文化让这种社会中的非平等集体秩序具有合法性，它对收支有促进作用，针对赤贫者实行轻度再分配，有规模很小的赤字。平等主义文化（威尔达夫斯基的说法是"宗派主义者"）设想了一种与自愿

> 联合(voluntary association)有关的生活,它努力减少各种不平等(种族、亲子关系、师生关系、官民关系、男女关系的不平等,等等)。它建议将收入从富人那里转移到穷人手上,对社会项目大加鼓励;但是,由于对当局的不信任,它抑制了征税,由此产生的一个趋势是赤字的出现。威尔达夫斯基增加了第四种预算制度,即宿命制度(Fatalist Regime)。这种制度下,预算策略并不存在,其缘由尤其在于超强约束所产生的作用。当情形不对时,市场的支持者们会将责任归于个人的非生产性或政府对商业的妨碍,平等主义者会指斥制度(当局要为不平等负责),等级制的拥护者们则会将一些反常之人推出来。

(二)公共财政观念

以政治议程为中心的观念[1]通过预算法的构建成为现实。这个构建过程的不同阶段在历史上与议会制度的快速发展相关联。为了更好地控制政府,议会依赖的是仍在许多民主国家发挥作用的预算原则。[2] 议会权力普遍在走向衰落,即便各国的表现并不一样;预算原则的重要性下降表明了这一点。全球预算观念的演变首先以观念的转变为特征,由 19 世纪的古典或自由主义观念变为形成了一系列条理清晰的预算价值观的观念。19 世纪,自由主义观念通过带有如下几点特征的公共财政限制国家的干预:公共财政的中立性、预算平衡、限制支出与收入、排斥借贷。此种观念风行于世,直至"一战"之时。正如曼所观察到的(参见第二章),从 1914 年开始,重大的变迁发生了。在两次世界大战和 1929 年的危机让支出成为必要的背景下,在凯恩斯主义经济观念的影响下,有关公共财政的干预主义观念变得盛行起来。借由公共支出做出的经济行为受到鼓励。赤字在某些情况下具有了合法性。所有发达国家在第二次世界大战后会运用凯恩斯主义的政策。福利国家的发展同样证明了社会

---

[1] 关于观念对社会支出的影响,参见 Jacobs,2009;关于德国和英国的第三条道路,参见 Hudson et al.,2008;关于英国的治理,参见 Bevir, Rhodes, 2003,2004。
[2] 每年就预算进行投票并执行下去、预算要统一(必须经过重新编排载入单独的一份文件,提交给审议会议)、支出讲求专业化、以总体收入原则为依据编制预算(普遍性)(禁止以特定收入补偿特定支出或者是针对特殊支出挪用特定收入)。

支出增长的合理性。

从20世纪70年代以来,凯恩斯主义的观念已受到质疑[①],新自由主义的市场观念扩展了自身对公共政策的影响。从意识形态看,这一观念借助了全球化,从而推行去监管、私有化等举措。它建议控制支出、债务以及公共赤字,减少税收收入,废除福利国家,等等。不过,新自由主义的观念在社会、政治上引发了强大的抵制。它构成了一种有影响的意识形态,而不是一种与税收政策有关、获得众人同意的观念。此种意识形态证明了里根和撒切尔政府供给端经济政策的合法性。经济全球化的加速始于20世纪90年代,通过提及"市场效率"理论,从而推动社会支出和资本税的削减,人们从中发现了此种意识形态再度发挥论证作用的痕迹。然而"福利国家的适应力"理论坚持维护社会支出的地位,以其为弥补全球化种种影响(尤其是对赤贫者的影响)的手段。实际上,通过1980—1990年为国际货币基金组织和世界银行所共享的"华盛顿共识",新自由主义意识形态在国际层面成为现实。为了让市场自由化,这些组织建议削减公共债务与支出、推行私有化、去除对劳动力市场的监管,等等。

经验上的发现(参见第七章)并未确认由经济全球化导致的国家普遍收缩。我们已然看到(第五章),税收收入、公共支出在许多国家仍然保持了高水平,欧洲福利国家对全球化则持抵制态度。至于对企业的征税,我们注意到从20世纪90年代开始,所有国家公司税的法定税率都下降了。对经济合作与发展组织的成员国来说,平均税率从1995年的38%滑落至2005年的28%(Norregaard, Khan, 2007)。此种滑落带有普遍性,不同国家有不同的情形。七国集团富国的税率仍然高企(从1995年的45%左右下降至2005年的35%),在分类中仍居于顶端。欧盟新成员国则站在另一端,其税率是最低的,从1995年的30%降至2005年的20%。15个欧盟成员国的税率从1995年的38%变为2005年的30%。拉丁美洲国家的税率从30%变为28%,略有下降。不过,在经济合作与发展组织成员国,官方税率的此种滑落一般为税基的扩大所补足,[②]是故,同一时期,得自公司税的税收收入(用占GDP的百分比

---

① 参见撒切尔与里根政府的政策;在法国,1983年的"紧缩转向"(rigor)构成了转折点。
② 参见Devereux, 2006。

来衡量)反倒有所增长。另一方面,在发展中国家以及在向市场经济体转型的国家,人们注意到某种停滞(有时是税基受到侵蚀)现象。对于这一观察,宽松征税或定额税(flat tax)机制的普及(为了吸引公司)可以做出解释。由此,新自由主义理念以经济全球化为借口,力推对资本有利的设想。

至于对自然人的征税,我们观察到从20世纪90年代以来所得税边际税率的普遍下降。就经济合作与发展组织成员国的平均状况而言,边际税率在1995年至2004年从49%降至43%(Norregaard,Khan,2007)。对七国集团成员国来说,税率下落了八个百分点。对欧盟来说,税率下降同样可被观察到,但是,我们必须注意15个欧盟成员国与10个欧盟成员国(在2004年要低15%)在边际税率上的差异。此次,与税率下降相伴的是经济合作与发展组织成员国(包括欧洲国家)的税基遭受轻微侵蚀,发展中国家的情形却不是这样。

新自由主义改革观念并未取得完全的成功,因为它引发了抵制,此外,税收必须确保其他的功能。由此,就整体而言,观念改变了已经达成的妥协的意义(参见第十一章)(有时是以激进的方式),但并未改变妥协的存在,比如支持福利国家的工人阶级与推动废除对大型(跨国)企业减免税收的资产阶级之间的妥协。不过,世界范围内不平等的加剧表明富人的税负减轻了。

20世纪90年代末,一种新观念逐渐让新自由主义观念走向完满,它是以公共管理绩效的形式表现出来的。此种管理观念获得经济合作与发展组织的鼓励,以目标或结果预算的形式,在许多国家(包括欠发达国家)产生了影响。它意味着以各种指标对所获得的结果(与公共项目融资所求目标有关)进行衡量。相应知识框架是新公共管理的知识框架。在法国,公共绩效观念被采用了,其具体内容体现在2001年8月1日颁布的《财政法组织法》(简称"LOLF")中。现在,政府实施了公共政策综合改革计划(法语"RGPP"),以求对政策的效能进行衡量。在世界范围内,一个趋势是公共服务的局限通过管理效能得到检验、辩护。公共账户透明化的民主主张同样被派上用场。

绩效观念通过社会公共项目对社会进行政治监管,相较过去的预算观念,它呈现出一种原创性特征。当然,它仍然以传播一系列价值观作为目标。但是,与作为参照的古典自由主义、凯恩斯主义的观念相反,人们不再将绩效观念当作政治与经济价值观(它们在社会上得到捍卫)的财政后果加以分析。绩效观念往往提出预算绩效,以其为政治上的主要价值观。在把如上推理往前推进时,一个矛盾应运而生,监管具有参考价值,为了编制要经过财政上的讨价还价的政治计划,与公共政策有关的监管本身具有了财政性质。提出与财政绩效有关并作为公共行为的主要决定因素的管理参照系是令人不安的。事实上,此一趋势的产生会损害以有关经济监管的社会理论为基础的政治选择(计划)。在民主社会,公共项目的政治合法性必须以公民为基础。同样重要的是要知晓涉及每一项特殊的公共政策(支出),如何清楚表达此种新的预算管理观念。我们不能排除一种演变,它的方向是绩效指标的某种标准化,[①]在某些情况下,还有民主社会对相关信息的利用。不过,有参考价值的政治体系被稀释至消失的风险是实实在在的。在此种情况下,与公共行为有关的管理观念将沦为一件额外的对抗公共行为的意识形态武器。

(三)观念的接受

托克维尔的相对受挫理论(第一章)表明在总体情况有所改善之时,税收不公如何在大革命前夕成为法国民众的不可承受之重。在这一背景下,人们对革命观念和对启蒙哲学的接受获得了助力。如今,高水平管理(专家治国)以及和软性法律有关的专业技能的影响是十分重要的。媒体同样在话语接受上发挥了作用。但是,对意识形态传播做出解释的论证的本质是什么?这才是最重要的问题。与新自由主义反税话语的接受有关的案例说明了这一点。

与税收政策、公共支出有关的高水平管理发挥了重要作用,即便它在不同国家以不同组织形式体现出来。在瑞典,1950—1960 年(Steinmo,1993:122),争论转变为政府与商界和工会代表对征税技巧的讨论(它是去政治化的)。专业技能或多或少是共有的。在法国,政府(财政部门)实施的高水平管理受益于大量高级官员(所谓的"énarques"[②])的参与。在美国,此种高水平管理与国会有关(参见下文)。高水平管理更多通过论证而非高级官员在组织中拥有的权力发挥作用。由此,人们在更多借助论证(一般而言是经济方面的)

[①] 比如,行为指标与结果指标之间的关系,一般指标与目标指标(target indicators),可归因于政治的指标或不可归因于政治的指标,管理支持(management support)功能(采购)所享有的地位,等等。

[②] 法国国家行政学院(École Nationale d'administration,简称"ENA")的毕业生。

而非某种限制手段达到说服目的的能力中,追求与软性力量有关的机制。论证依赖于意识形态的影响(在下文中得到具体描述的那种意义上的影响),而非实施限制的力量。由此,这些非正式规范成为税收政策中未做规定的法律来源之一,即所谓的"软性法律"。

在很长一段时间里,软性法律源出于税务管理实践。管理带来了理解法律的训示(信条)。谈论法律是什么(而不是立法者或法官是什么)越来越成为一种趋势。管理文本取代法律规条成为司空见惯之事。结果,针对保护纳税人从而应对管理信条变化的影响的问题,一些国家建立了一些机制。全球化产生了影响,因为它增加了源自企业的税收计划的复杂性。作为回应,税务管理部门强化了自己的控制机制,以美国政府为例(Joyce,2008),这些部门发布了在其看来属于欺诈性质的税收计划(软性法律又一次出现了)清单。

软性法律所在的领域尤其是在国际事务中发展起来的。国际货币基金组织特别发布了研究报告。虽然没有专家正式参与其中,报告本身却得到了他们的认可。经济合作与发展组织通过下属的财政事务委员会,确认了成员国的好做法。它发布了比较性的数据、报告以及建议,后者一般得到了遵从(尤其得到欧盟的遵从)。如同已然讨论过的竞争力、治理和绩效,税收归宿在经济观念的框架中得到分析,这些观念在政治上并不是中立的(Mahon,McBride,2009)。基金会、智库之类的民间组织(Leroy,2010)同样通过观念参与了相关的权力运动。这些组织依赖自己在专业技能上的力量,通过否定直面经济约束的政治选择①的可能性,对税收政策加以引导。由此,通过自身所做论证所体现的理性,它们施加了一种非正式的影响(软性力量)。

考虑到游说性的论坛在封闭网络中的运作,它们通过专业技能具有了反民主的特征。这个现象就其本身而言并不是全新的。坎贝尔(Campbell,2002)引用了对英国自由党社会政策之兴起的研究。这些研究表明,决策者常去一些相同的会社,后者类似于支持改革的知识分子。但是,这些网络的国际维度是借助比较主义的影响(第五章已经指出比较主义对财政体系的影响)产生的。针对企业的国际会计新准则得到采用则为我们提供了另一个案例。卡

---

① 参见1970—1980年针对处在困境中的国家的调整性政策;1980—1990年的"华盛顿共识";而后是对经济、金融上的新自由主义全球化的呼吁(这带来了次贷危机)。

普隆(Capron)和夏培罗(Chiapello)的研究(参见 Capron,2005)表明,一个与国际会计有关的民间委员会[1]的观念如何被强加给了欧盟。这个专业委员会(美国人在其中的分量过重)得到私人资本的资金支持,它利用了欧盟在调整其会计准则(通过指令)从而适应全球化上的无能。名为"国际财务报告标准"(简称"IFRS")的准则在官方层面被应用于欧洲国家,由此让盎格鲁-撒克逊民族的金融资本主义观念具有了重要地位。比如,在给企业资产定价时,得到重视的是市场价值,而非传统上在若干国家被使用的对其传承价值(patrimonial value,即收购价格)的算法。由此,私人组织取代了欧洲国家的主权。

媒体根据自己的眼光,亦参与到公共财政信息的大众传播中。在税收政策带有意识形态色彩的时期,相关信息的特异性表现得更为浓烈。而在平常之时,相关信息反而是去政治化的。相关信息依循的是政府当局的预算和财政议事日程,后者则来自官方材料。不过,有的时候,这些信息同样借助财政方面的专业技能,从而在大学、医院等机构效率低下的问题上吸引读者。在尊崇公民信息自由的民主社会,出现偏差的风险算不得大问题。媒体多样化才是一个关键的挑战。实际上,依据国家和主题的不同,媒体对财政信息的处理或多或少仍是有所进步的。论点的呈现在涉及公共财政情形时影响了公共舆论(Jerit,Barabas,2006)。

科学论证推动了反税话语在决策者与公众当中的传播,此种论证的存在(或不存在)解释了对反税话语的接受(Leroy,2009)。由此,用雷蒙·布东(Raymond Boudon)的话[2]来说,反税话语[3]成为一种意识形态。对于战后社会的治理而言,经济学成为参考性的学科。反税话语的影响得到了推动。它是以科学知识不准确的系统化作为基础的,此种知识先是围绕着凯恩斯主义福利国家的经济分析、后是以交易的全球化为中心聚合起来的。在此背景下,由于以经济知识为基础,反税意识形态会被人们更好地接受。此种意识形态

---

[1] 国际会计准则委员会。

[2] 此种意识形态是一种"以科学论证为基础的信条,被赋予了过度的或者毫无根据的可靠性"(Boudon,1986)。这一定义是重要的,因为,和现代性一道,与社会、政治事务有关的信念让科学的权威成为一个参考标准。

[3] 有许多著作是为广大公众创作的,它们传达的是反税话语,而一些纳税人组织也接过了此种话语。在这里,我感兴趣的是经济理论在意识形态方面的用途,因为这些观念对税收政策和公共舆论的影响是重要的。

话语如若获得成功,往往将自己自封为真理,并且打造出共识并在社会中形成陈词滥调,在未经批判性审视的情况下得到大众的认可。

一些社会因素解释了经济意识形态对我们的社会的影响。尽管如此,相关评论算不上是什么新东西;早在1944年,弗里德里希·哈耶克便出版了自己的名著《通往奴役之路》。不过,直至2008年夏季爆发危机,这一背景一直是有利于新自由主义的批评被人们接受的。20世纪70年代的经济危机与福利国家的困境令发达国家在战争结束后应用的凯恩斯主义政策以及社会政策受到质疑。[1] 从20世纪90年代起,经济全球化现象让此种效应更趋强化。新的[2]国际化为市场效率(推动国家的收缩)的支持者们提供了经济论据。

同样,经济学在我们的社会中获得的地位解释了社会对反税意识形态的接受。[3] 大的解释体系(马克思主义、结构主义、功能主义和系统论)的霸权终结加剧了学科的专业化态势。为了从经验上验证波普所说的可检验假设(由此,所涉及的假设往往就不那么多了),也是为了控制变量,我们最好优先考虑默顿(Merton)的中层理论。全球化并未显明意识形态的终结,因为它同样激起了对单一思维方式(pensée unique)的反思。不过,与社会和政治有关的学科虽然构成了社会科学的"坚强核心",但是也因此加速走向衰落,这对经济学科和管理学科而言是有利的。

如我们已然看到的,公共财政政策观念同样向一种与市场、管理绩效有关的新自由主义意识形态演变。政治学在意识形态层面继续与经济学一决高下,与此同时,由于相关数学知识的发展(计量经济学),后者的力量得到加强,从而成了参考对象。它为公共选择的合理性提供证明。经济学霸权以及与此有关的新自由主义意识形态的影响由此确立了牢固的根基。在研究公共财政的研究路径中,可以观察到同样的演变。有关财政科学的伟大理论伴随干预型国家的出现而走向深入,它们对如下问题做了适当的处置:税务专家与预算专家之间的区分、法学家与经济学家之间的分野、在知识类型上以实用为追求的导向、顾问人员的专业技能……在功利主义范式的框架中,经济学家在有关

---

[1] 哈耶克与弗里德曼分别在1974年与1976年成为诺贝尔经济学奖得主。
[2] 参见第十二章以及 Leroy,2006。
[3] 关于哲学的反思,参见 Tucci,2007。

税收政策的规则上独占鳌头,它的假设并不复杂,但是相关的数学呈现殊不简单。就成文法与近期的法学而言,太多的法学家们深陷于其中晦涩难懂的方方面面无法自拔(这能给他们带来好处),将教条充作理论说明。公共预算的复杂性对从全球角度出发的研究路径来说并不是一个好消息,与此同时,相关领域也被置于新自由主义经济意识形态的毁灭性常谈的影响之下(参见专栏8)。

专栏8　　　　　　新自由主义意识形态的反税常谈

常谈一:纳税人之所以厌税,是因为他从经济角度出发,对纳税不感兴趣[道恩斯(Downs)的论点、风险理论、犯罪理论以及公共商品理论]。

常谈二:税收收入太高了,对经济增长有害,对逃税有鼓励作用(国家发展理论与拉弗曲线)。

常谈三:由于以更低的税收、更高的支出(对纳税人而言)为诉求,或者,相对于公共服务、再分配的真实成本,低估自己的税负,纳税人因此表现得不讲求实际(税收幻觉理论)。

常谈四:在全球化的压力下,税收减少与支出(尤其是社会支出)遭到削减(市场效率或国家收缩理论)。

如上情形促进了新自由主义教条的传播,富有声望的经济学科的代表们为此种教条提供了灵感。① 在财政领域,从20世纪70年代至今,就对新自由主义意识形态的解读而言,公共选择学派尤其充当了它的一个来源。此派的标志性人物是詹姆斯·布坎南,即1986年的诺贝尔经济学奖得主。

在与专家治国、软性法律有关的现象以及与意识形态接受有关的认知理论的影响下,观念对公共行为的影响机制浮出水面。就分析层次而言,此处与源自公共决策古典研究路径的权力关系分析无关。确定无疑的是,精英、寡头理论在高级行政官员的影响下得到了确认。社团主义、马克思主义或多元主义理论没有得到确认;但是,除了更为传统的变量(权力关系、利益集团以及制度之类),问题的重点还与论证的技术品质(technical quality)有关。

---

① 比如,哈耶克的观念为R. 里根和M. 撒切尔(1979年掌权)的施政计划提供了参考,这些观念由此获得了世界性的影响力。

二、制度形塑

即便不像某些理论惯于声称的那样能解释一切事物,制度仍然是重要的。人们必须再度提及托克维尔,为了解释法国大革命,他分析了王权在决策上的集权,以及政治自由的崩坏,保障巴黎作为首都的优势的税收激励;国家的干预性支出;中间机构在财政能力上出现的缺口。行政组织的运转在第八章中得到了研究。在古典意义上,制度研究是法学家们所偏爱的对权力与正式程序的研究。在更宽泛的意义上,新制度主义者还将塑造政治决策行为主体之间关系的各种规则纳入研究范围。由此,制度被界定为对行为主体的选择有决定作用的规则(事实上的规则或法律中的规则),它们不仅包括正式程序,还包括其他变量即选举制度、否决点(veto points)与公共决策过程。相关分析以对法国地方税收改革与财政联邦主义的两个案例的研究收尾。

(一)制度的法律权力

制度塑造了税收政策的背景。在不回溯预算法与税法对税收收入的影响(参见第五章)的情况下,宪法制度的类型对预算政策与税收政策有所影响。由此,在古典意义上,这是一个对政府、议会各自权力进行评估的问题有关能力的分配、预算与税务程序等。公共财政起源于议会制,这是英国或法国的案例所表明的。[①] 由此,呈现在人们面前的议会是一个与古典财政体系有关的合法行为主体。如今,对预算权力的法律分析普遍显明了议会权力的衰落。不过,此种情形因国而异,下文精选的案例即是明证。在这方面,经济合作与发展组织指出,2002年,以各色条款和条件为依据,41%的国家是具备有效的修正性法律(amendment law)的。

在法兰西第五共和国治下,从1958年到2001年,宪政理性化的结局是更大一部分的财政权力被托付给了政府。1959年1月2日的组织法从法律上确立了政府相对于议会的优势。这是立法权的真正衰落。即便如此,由于它的存在,全国范围内的当选代表在某些决策上仍有影响力,尤其是在地方财政

---

① 参见第四章。在法国,伴随着复辟(始于1815年),议会权力开始在预算法重大规则获得崇高地位一事上发挥自己的效力。之前,大革命已经引入了征税需由议会认可的原则。

事务(参见下文)、避税窟问题上;①或者,他们通过信息和评价报告发挥影响力。《财政法组织法》(简称"LOLF";Leroy,2007)强化了议会的权力。它规定,议会拥有新的法律手段,将其自身定位为公共财政中的决定性角色。议会控制的效力是改革中的一个关键因素,因为它构成了对管理人(执行与管理)所享自由的制衡。法律手段的存在是为了让议会对公共行为做出评价,话虽如此,使用这些手段确有其必要性。对议会权力的行使而言,行政部门手下仍掌管着顺服的大多数人这一事实代表了巨大障碍。人们必须实实在在地强调《财政法组织法》的第48条,它规定在议会没有预先知晓政府报告会获得批准之前,需就预算展开定向性的辩论。归根结底,当下的制度发展趋势是总统地位越来越得到凸显,这让第五共和国行政部门大权在握的老现象变得更为严重,情势不容乐观。政府还针对公共政策(简称"RGPP")的一般性修订设立了一个程序,在政府的权威之下,该程序与《财政发组织法》形成竞争。由此,为了摆脱与公共行为预算限制有关的意识形态,问题在于将有关政治选择的真正民主理论推向深入。

专栏9　　　　　　　法国议会法律手段的强化

以下只引用主要条款。第57条规定,财政委员会"需追踪并掌握财政法的实施,发起对有关公共财政问题的评价"。该条预先处理了如下问题:文件调查、现场调查、强制性听证权(机密信息必须提供),以及②行政与财政信息的沟通。③第59条确立了"简易程序(référé)"的可能性。在"合理期限"内的文件交流遭遇阻碍时,该程序是对财政委员会的负责人有利的。在与财政法执行有关某些案例中,财政委员会的信息带有强制性。我们还必须指出议会对相关情况的掌握或评价,对问题进行通报,第60条的规定迫使政府需在两个月期限内做出回应,与结算有关的法律允许对预算实施

---

① 比如,在很大程度上,为避税窟设定的上限(2009年的政府财政法案对此有所规定)被议会打了折扣,为的是让某些游说者满意。
② 国防、安全、健康以及司法调查的机密除外。
③ 包括与对行政部门的控制有关的报告(前条注释中所列情形除外)。这些报告包含了丰富的信息。

第六章 财政政策的基本要素

> 进行控制,以该法律为主题的若干规定扩大了它的法律覆盖范围。① 第 37 条特别要求制订交由议会批准的资产负债表、损益表,以此对该法律的内容做了具体说明。政府推迟呈交结算表受到约束(第 46 条),为的是让议会能从速审查文本。② 第 58 条通过强化审计法院,③在议会援助的问题上确认了该机构的作用。最后,第 54 条给出了一个文件及信息清单,它们以引人注目的年度绩效报告(简称"RAP")对结算单形成了必要的补充。年度绩效报告让议会得以通过与年度绩效计划(简称"PAP",它们在初始性财政法案的附录中被呈现出来)所列信息的对比,对项目实施进行控制。年度绩效报告显明了要达到的目标,在那些寄予厚望的方面要获得的结果、支出、信用、项目成本、不同名目的信贷流量,以及岗位与人员的分配。第 41 条具体说明了新的财政法在结算法经过投票之前无法付诸讨论,这就在一定意义上确定了相关的程序。

在美国,国会通过它在财政方面的合法性,掌握了不容小觑的预算权力(Zoller, 2004)。对预算执行状况的估计得到凸显,表面上看,此举看起来限制了国会的预算权力,国会通过决议(1994 年 7 月 12 日的法案;针对总统决定的任务,它批准了大规模的拨款,以及信用的额度)看起来是被逼无奈的,否则就会造成政治危机。总统在预算上的估计数是以管理和预算办公室(与行政部门有关)所做的评估为基础的。尽管如此,在信用归属(credit attribution)上,实际权力仍掌握在国会下面的小组委员会手上。这些委员会可以处理议会的提案,在一个独立实体即国会预算办公室(简称"CBO",创建于 1974

---

① 根据《财政法组织法》第 12 条,与信用有关的付款与转移只能遵循财政委员会给出的信息。第 13 条规定,有关提前支付的法令(décrets)可以依据财政委员会的建议(必须在为时七日的期限内表达出来)制定。第 14 条还对财政委员会就信用终止(信用的使用已带来滥用问题)给出的信息做了规定。有关的某些案例中,财政委员会的信息带有强制性。议会依据对相关情况的掌控或评价,对问题进行通报,第 60 条的规定迫使政府需在两个月期限内做出回应。与结算有关的法律允许对预算实施进行控制,以该法律为主题的若干规定扩大了它的法律覆盖范围。

② 政府务必在 6 月 1 日前(在预算执行之后)呈交结算单。有人指出议会对于后来提出的那些结算法案并没有进一步的兴趣。

③ 第 58 条预先规定审计法院除了确认账目的规范性、诚实性以及可靠性(这些内容前已提及),还要起草预备性的执行报告(在政府起草其有关预算方向的报告时)以及与结算表相匹配的执行报告、与预先支付法令(要获得批准)有关的报告。

171

年)的协助下,让后者的内容变得更丰富。1993年8月3日的政府绩效法案要求推行对项目执行状况的评价。预算决议不被认为是法律,由此不受总统否决权的影响,小组委员会以部门为基础做出的决定(旨在确定项目支出细节以及调整支出)并未受到妨碍。行政部门的税收改革常有变化,即便是在选举获得强有力胜利的情形下。变化的促因通常是政治上的考量。

在英国,议会权力的受限是显而易见的。针对支出和针对收入的程序可谓泾渭分明。支出在两期程序的框架中受到审视。对"估计数(estimations)"的投票代表了在反对派倡议下,议会就所追求的政策展开辩论的机遇。这种辩论与其说与财政相关,不如说是政治性的(Baranger,2004)。但是,本年的预计支出总要经过投票。此后,"拨款"法案无需展开辩论,预算因此获得正式授权,钱就能花出去了。收入是另一个程序的主题。该程序带来的结果便是就财政法案进行的投票。由此,该程序所涉及的仅是税收收入与相关规则。就此而言,对这个诞生了议会制的国家来说,具有矛盾意味的是,此种制度运作表明了议会的衰落。行政部门以及身在其中的财政部门主导了决策。

从国家的宪政制度来看,议会权力或多或少是重要的。如果说在反方向上,政府权力还存在各样的情形,那么,此种权力本身却是万不可忽视的。切布卜从1970年至2002年对98个民主国家做了全面的研究(Cheibub,2006),它表明,相比议会制,预算赤字在总统制下得到了更好的控制(在数据上有关联),预算平衡会得到改善,平均而言,受影响的是1%的GDP。其缘由如下:在总统制下,公共财政管理的政治责任被投票者认为是行政部门职责的组成部分;在议会制下,大体来说,行政部门在选举方面的责任并不那么重。我们不得不指出,行政部门与审议会议各自的权力对地方预算有所影响。如果是以规范性更弱的研究路径为依据,那么,我们还必须指出其他的制度因素。

(二)其他制度性变量

新制度主义的研究路径将其他变量纳入思考范围。[①] 比如,斯坦莫比较

---

① 有关新制度主义的研究路径,参见 March, Olsen, 1984, 1989; Hall, Taylor, 1996。

了英国、瑞典与美国的财政政策史(Steinmo,1993)。他意识到,历史上的制度主义解释的不是实际发挥作用的各种选择,而是政策的某些特殊之处。比如,在英国,政府支配了许多集权机构,拥有制衡力量的机构则如凤毛麟角。通过将自身与其选举承诺(常见做法)分割开来,或者单方面做出改革决策,①或者激进地实施相关计划,②政府有机会实施自主的税收政策。在瑞典,工会、雇主和政府之间的妥协带有社团主义色彩。这些妥协之所以达成,其缘由在于资本、劳工之间的关系。在这个方面,1938年的改革会议[导源于萨尔特舍巴登(Saltsjijbaden)],让经协商达成的妥协发挥了作用。所得税、财产税以及遗产税而后还有间接税对所有纳税人(包括普通工人)有所影响。税收增加了,为的是换取经济繁荣。大公司(资本主义)从减税中获利,小企业受到损害。在美国,国会里强大的小组委员会(参见上文)以及联邦主义的活力如托克维尔所说的那般旨在避免多数人的暴政,哪怕是在获得重大选举胜利的情况下,它们仍对行政部门的税收改革进行调整。

选举制度对公共支出有所影响,③泰姆斯与爱德华对从1990年到2000年17个国家数据的研究(Thames,Edwards,2006)确认了这一结果:相比比例选票制,多数选票制与低水平支出(约为GDP的3%)有关。另外,在实行多数选票制的情况下,社会支出要更低。人们对此提出的解释如下:在多数选票制下,公共支出旨在满足让多数人的境况变得更好的某些需求;在比例代表制下,更大规模的公共支出被用于巩固联合政府。对两种制度之间的差异的衡量取决于党派占有的席位数:在多数选票制下,多数党的得票越多,支出便越少;在比例代表制下,各党席位所占的分量很容易对政府形成挑战。更普遍的情况是,许多国家采用了混合选举制度,也就是说,将多数选票制与比例代表制融合起来(两种制度所占的分量有着各种各样的情形),其对公共财政的精确效应有赖于各国的特殊规则。无论如何,我们当指出此种制度因素的影响。如果制度在一定程度上包含了比例代表制,后者所充当的便是"否决点"

---

① 名为"向贫困宣战的预算"(1909年)的改革即属于此种情形。它的目的是通过向富人征税,为社会保障提供资金支持。此项改革的决策者是劳合(Lloyd),不过并无配套行动。
② 撒切尔的税收改革(1979—1988年)属于此种情形。
③ 政党体系的制度化(Robbins,2010)或政党力量(Primo,Snyder,2010)也对政府支出有所影响。

的一个来源。

否决点对预算和财政决策的影响已成为有趣的经验研究的主题。根据否决点理论(Tsebelis,1995,1999),制度上遭受抵制的点越多,便越难以改变。无论怎样,否决点之形成取决于政党制度尤其是两院制(在议会两院不是经由同一方式选出或两院有着不同政治倾向的时候)、选举制度[(或对稳定的大多数有所助益,或对联合有所要求以(前引比例代表制的案例)]、游说的影响,等等。在这里,预算政策被当作集体行为问题得到探究,其中,政府或多或少受到驱动(尤其是根据政府多数派的构成状况),从而做出协商之举。克雷帕斯与莫瑟(Crepaz,Moser,2004)给出了有用的精确细节,其依据是15个经济合作与发展组织成员国从1960年至1996年的材料。这项研究区分了集体性否决点与竞争性否决点。① 就集体性否决点而言,组织力量大范围的"群集性"扩散推动了公共支出增长,因为联合政府要留心对承诺的信守(支出)。就竞争性否决点而言,相应的趋势是维持现状,因为组织之间是相互妨碍的,由此,支出的稳定性(有时是支出削减)得到了维持。借助否决点理论,与古典制度主义研究路径的对话有了可能,这会带来丰富的成果。此种理论引入了与权力的社会、政治扩散有关的因素。宪法事实(constitutional fact,即制度的实践)有着自身的地位,在很长一段时间里,对制度的法律分析本身是承认这一点的。比如,在法国,"多数派事实(majority fact)"让议会相对于政府而言显得温顺,即便它的预算权力得到了《财政法组织法》的强化。就竞争性极强的否决点而言,作为世界范围内大规模分权运动(以及联邦主义)的产物,在过去数十年里,有一些全新的源头被创造出来了。

(三)法国地方税改革的制度障碍

尽管遭受了许多批评,法国地方税的激进改革看起来仍无可能实现(Leroy,2004)。实质上,当下对地方税的批评涉及居住税、商业税,以及两类财产税(对建造性产业和非建造性产业的征税)。这些税收确保了对地方预算的

---

① 集体性否决点的指标有:比例选举制(促进了政党、候选人数量以及联合现象的增长);议会内部山头林立;"社团主义的"而非多元主义的影响(有利于某些社会群体)(这是平衡所要求的)。竞争性否决点的指标是:联邦主义的效力;两党制。

丰厚回报。① 为了将这些税收指斥为过时的、不平等的、②无效的、复杂的、不是非常透明的,对问题的相关诊断被汇聚起来。不动产的租价,也就是理论上一份产业在市场上所能收取的租金,被当作计税基数的依据。由此,这些与不动产相联系的税收被创设出来,不是为了将纳税人收入和个人境况纳入考虑范围。就居住税(半数房屋享有部分或全部的税收减免)而言,个性化做法得到了贯彻,虽然如此,这些税收的一个特征即以指标为基础是对纳税人财富的不充分理解。总而言之,20世纪70年代确定的租价并未得到修订。由此,它与房地产市场的现实是脱节的,不管人们做了多少调整。它造成了扭曲,比如新住宅与老住宅之间存在扭曲现象。批评集中在地方商业税上,在1999年和2009年姗姗来迟的不完整改革之前,工资与投资是征税对象。这些问题属于税基方面的缺陷,此外,还有地方社区税率不平等的问题。由于市镇的数量甚众(超过36 500个),③此种不平等尤其存在于市镇层次,即便不平等同样是地方自主性(通过税率上的投票自由具体化了)的体现(参见与法国的情形有关的专栏10)。

地方税改革直面如上批评,它遵循的是渐进性调整的路径,由此,此一改革的复杂性及其透明度的缺乏被凸显出来。在法国国内分权的背景下,地方税的变化所遭受的阻碍并非源于纳税公民(他们缺席了相关讨论),而是来自地方政治体系的运转。我们要讨论一个制度因素,它与民众授权(public mandates)的累积有关,这让当选代表能够在地方财政改革问题(以渐进主义为方向)的呈现上施加政治压力。这一问题从分权观念向(国家必须赋予的)财政手段方面的疑难转变。地方上的当选代表利用国家给自己的授权以及自己对参议员的影响,拒绝从选举上看对自己构成风险的"大冲击",与未竟改革有关的许多案例对此做了证明。

由此,1982年的分权并未考虑税收改革问题。它只是规定了在财政上对

---

① 2006年,在全球范围内,它们代表了地方当局运作资金中的34%。如果只涉及税收收入,它们相当于市镇税收的71.7%,部门税收的55.5%,地区性税收的52.3%。

② 国家拨款的效应并未充分纠正地方当局之间的不平等,在市镇(这些地方有最大的不平等),此种影响的表现是,相应数值从2000年的-13.2变为2006年的-15.8(材料来源:*Centre d'analyse stratégique*, January, 2009)。

③ 市镇是法国最低层次的行政区。

能力转移进行补偿的原则,而面对国家转移的某些职责的相关耗费,这一原则实际上并不总是有效的。2004年,该年的8月13日法案(得名"分权法案二")让分权获得了新动力。人们有意①通过"真正的领土共和"国(territorial Republic)框架下的管理现代化,让该法案成为以"近距离民主"(the democracy of proximity)"为基础的"真正的社会工程"。很快,这部有关分权的参考性法案有了最广受认可的表现方式,后者与地方自治有关。经过削减,此种自治的内容只限于就自治的财政手段展开讨论。由此,通过加入确保地方财政自治的条款,法国宪法第72条在2003年经过了调整。问题的呈现被限定在地方政治—行政体系的框架下,它使人们就与新的能力转移有关的融资问题展开讨论,与此同时,对税收改革的反思被排除在外。此种调整的逻辑对国家定位有所影响,国家拿出补偿金,以此作为蠲免地方税收的方式,由此成为排在首位的"地方纳税人"(2006年,在四种地方直接税中占四分之一的比例)。

专栏10　　　　　　　　法国地方税的调整

　　法国地方税在结构上的不动性可从历史上得证。不动产价值(被呈现为无形价值;充当计税基数)固定的原则盛行于19世纪。地方当局的特别附加税(centimes additionnels)是以国家税收为基础计算的,它发挥效力的时长约为200年(从1791年至1973年)。在它们的计算依据即国家税收被废除之后,这些税收得以确立的依据变成了"虚拟原则"。作为一种重要的间接税,入市税(针对城市)是对商品征税。督政府在18世纪末恢复了该税,它一直发挥作用,直至1941年(即便它不再适应于现代市场经济)。创设于1941年的地方税是一种具有累积性(不是中性的)的地方间接税,它看起来与附加税的引入并不相容。它被薪资税所取代,后者的重要性随着附加税的普及有所下降(两种税无法取得协调)。人们并未抓住这一激进改革的新机遇。相关的调整包括确立薪资税的缴纳方式——代表性缴付(representative payment),而后是以国家拨款(全球运营拨款)取代此种缴纳方式。

---

　　① 以《法国财政研究》中(*Revue française de finances publiques*, No. 81, March, 2003)与参议院议长有关的内容为依据。

渐进调整的逻辑仍是最近一个时期的特征。1959年1月7日的法令（ordonnance）废除了四种原有的直接缴费（它们带着税收的标签），并将不动产租价的运用普及开来。1980年1月10日的法案确立了对地方当局所定税率直接投票的做法，以求让当选代表们按照地方税调整的逻辑，拥有一种责任感，依据沃新恩（Voisin）报告，这一逻辑在时间上要先于此次改革。近期的其他调整涉及居住税个性化的运动，以及税收的蠲免。免税导致地方预算中的税收收入部分减少。由此，基于家庭收入的水平，半数家庭被免除了全部或部分居住税。私人的车辆税务登记证（2001年）以及确定由地区征收的部分转让税（1998年）和部分居住税（2001年）被废除了，这些举措仍是某些调整的组成部分。1992年2月6日的法案以及1999年7月12日的法案带来了地方税的某种"单一化"，因为在2008年，1224个市镇交互组织（集合了16 336个市镇）从单一商业税获益，此种税收的源头不再是市镇成员。地方商业税是多个精准的适应性举措所针对的问题，比如，以企业附加价值为基础的上限设定。1999年的预算法案将如下事项付诸实施：商业税税基中的薪资部分一律废除，为期五年。2010年的预算法案废除了地方商业税，用地方经济捐税（contribution économique territoriale）取而代之。此种新税包括对财产（比如原地方商业税中的土地、工业建筑）的征税、对附加价值的征税。这是最近的一次改革，它极大地改变了对企业所征的地方税的面貌。尽管如此，我们再一次看到，地方税制在全球层面并未得到改革。

（四）财政联邦主义

人们常从经济或法律的视角看待财政联邦主义。要理解若干部门之间在沟通、合法性以及权力问题上的财政关系，财政联邦主义还涉及政治维度。在这里，我们的意图仅在于表明财政联邦主义的制度对公共行为的引导作用。在理论上，财政联邦主义（即分权）陈述了论证相关选择之合理性的种种有利条件，这些条件具有经典意义。从经济视角看，要更好地适应公民的偏好，有资金来源的商品、服务看起来要好一些；相比中央一级，在次于国家的层级，对商品和服务的掌控状况也要好一些；就流动要素而言，次于国家的各种实体之间的竞争（竞争性联邦主义）被认为具有积极意义，它对公共预算进行限制，推动创新，有利于经济增长。[①] 尽管经济学研究路径做出了贡献（Ahmad, Brosio, 2006），人们偏爱的还是联邦主义的规范维度（它对真正完成的制度选择是不利的）。追随比利时联邦主义的案例（参见专栏11），为了检验与财政联邦主义有关的经济假设，对具体经验的研究仍有待发展。其结果便是，即便某些假设得到了确认，一些现象，比如许多税式支出（免税等）的存在、被采用的税率政策之间的差异与利维坦联邦主义的现实看起来仍是不对应的。

有关联邦主义的法学研究路径分析了宪法中联邦与联邦下属各州之间的能力分配。在它的推动之下，次于联邦的实体的财政自主受到叩问。税收分配、税基管理、税率、财政激励，等等，构成了税收权力的法律框架。与拨款有关的法律制度同样是重要的，比如分配规则、全球性或目标性，等等。有关支出的法律制度对各级公共部门的权力做了安排。管控贷款和现金储备的规则令有关财政自主的法律分析臻于完满。1914年前，在预算最小化的逻辑之下，（二元）联邦主义是以中央与下属各州财政权力的明晰分割为基础的。现代联邦主义具有干预性。以各种各样的变量组合（variable combinations）为依据，现代联邦主义代表了联邦能力的强化（对下属各州政府造成损害）。与竞争性联邦主义的经济视野相反，"合作性联邦主义"（原型来自德国的样板）在各级政府独有的职能范围之外，还带来了两方面的重要区分：一方面，是联邦与各州之间的能力划分；另一方面，是各州与地方当局之间的能力划分。在德国（Preisser, 2005），主要税种的共享在宪法上得到了保障；它确保了各州（Länder）在财政上的平等。合作性联邦主义模式是许多争论涉及的主题，因为从结构上说，新的州处于落后状态，融资困难。尽管如此，重新统一并未阻碍德国被归入世界顶级经济体之列。

[①] 经济分析提到了两种有关财政联邦主义的经典理论，即与仁慈政府（benevolent government）有关的功能理论（Musgrave, 1959; Oates, 1972），以及与让国家收入规模最大化的利维坦有关的理论（Brennan, Buchanan, 1980）。第一种理论坚持认为：财政联邦主义让公民可以更好地表达自己的偏好（可以因地区而异），并且可以努力确定三种经济功能在质的方面达致理想水平：经济稳定与收入再分配的功能必须以更高的水平为依据；商品、服务分配功能必须以更低的水平为依据。第二种理论坚持鼓励次国家级实体之间以要素流动为基础的财政竞争（Buchanan, 1950）。此种竞争限制了税收收入规模的最大化。蒂布特的理论（Tiebout, 1956）尤其涉及企业用双脚做的投票，也可供我们参考。

> **专栏 11　　　　　　　　比利时的联邦主义**
>
> 　　根据坎蒂隆等人对比利时联邦主义的研究(Cantillon et al.，2006)，能力分配带来了不同层级政府之间在若干社会政策上的分裂。但是，该研究捍卫了联邦层面的社会保障体系、累进所得税以及一些标准的定义(比如最低收入水平)。匹配再分配职能的排他性能力由此有了最高级别的地位。与古典(功能性的)经济理论保持一致，相关选择容许对收入进行再分配，从佛兰芒(Flemish)富裕地区流向更贫穷的瓦隆地区(Wallonia)。① 由此，两个地区之间的各种不平等减少了 75%(1997 年)。该研究还对再分配能力的转移(转向次于联邦的实体——这是比利时的一场争论的主题)的效应做了模拟：这类改革会加剧不平等(佛兰芒居民的可用收入增加 7%，瓦隆人的相应收入减少 4%，瓦隆的贫困率增加 5%)。另外，在这里，与次于联邦的实体之间的财政竞争有关的理论面对的是企业、民众在流动性上的缺陷(其缘由尤其在于语言差异这一事实)。最后，与地区偏好分化和地区创新有关的假设在经验上得以得到某种验证。②

　　罗登的研究(Rodden，2002)检验了国家(联邦制国家或单一制国家)拨款、43 个国家(1986—1996 年)的贷款法律制度的影响。结果并未表明拨款规模与次国家实体的财政不平衡之间有什么关系。一方面，贷款约束限制了赤字的可能性；另一方面，与贷款自由有关的制度、重要的拨款制度(由此，自有的排他性税收变得更少了)相结合，增加了赤字的风险。由此，从长期看许多国家(尤其是发展中国家)所走的这条道路是危险的。涉及印度联邦主义的另一项研究(Khemani，2007)同样对我们理解法律的作用有所启示。在印度，各邦确保了至少一半的公共支出。但是，只有约 30% 的财政总收入是为其自

---

　　① 对收入更高的佛兰芒居民来说，税收的累进性效应更强。由此，社会性转移支付的受益者主要是瓦隆居民。在缴纳税收、社会保障费用以及接受社会性转移支付之后，两个地区的不平等现象(基尼系数)减少了。按以基尼系数衡量的可支配收入计算，1997 年，佛兰芒人的相应数值为 0.225，瓦隆人的相应数值为 0.236。两个地区之间的不平等减少了 75%。

　　② 在瓦隆，获得硕士学位需用两年时间，相比之下，在佛兰芒，只需用一年时间。由此，通过联邦高等教育融资手段，佛兰芒承担了由瓦隆确定的额外成本的一部分。在低学历青年的社会整合方面，不同地区各自实行了创新举措。

身所有的资金。其他资金主要来自联邦拨款与贷款(很大一部分是联邦政府给予的)。确保各邦之间的拨款分配的是两个机构。其中一个在宪法上具有独立性,即"财政委员会";另一个从属于联邦政府,即"计划委员会"。独立机构的地位由 1950 年的印度宪法加以保障。研究表明,独立机构的行为能发挥作用,限制政府委员会以党派偏好进行拨款的特点[①](即委员会从属于多数党的事实、左右之分,等等)所造成的影响。

从政治视角看,近距离民主得到所获得的预算自主权的支持。它可以满足地方的偏好、地方势力的要求,并缓和某些乡村的种族紧张关系。最近数十年的大规模分权政治运动已成为现实,它奔向的是联邦主义。与其相伴的是拉丁美洲、亚洲、非洲以及独联体国家的民主转型。它还与欧洲原来的民主国家有牵连。由此,被试验过的制度安排的多样性让人们对财政联邦主义的传统理论展开叩问,为此提供灵感的是美国的特殊案例。[②] 如我们已经看到的,有关职能的法律分析发现了自己的用武之地,因为它为不同决策级别之间的权力竞争做出了安排。比如(Leroy, 2005),在俄罗斯,中央政府(2004 年)任命地区主官的决策便令该国联邦主义的效力受到质疑。集中资源的举措是从 1990 年开始实施的,它对联邦预算有利。在意大利,2001 年的宪法改革引入了重大的制度变革,它强化了地区的权力,地区由此在制度上拥有了很大的权力,并可自由行使强大的财政自治权。通过此种方式,地区主义向某种形式的联邦主义靠近。我们还必须强调此种变革的特殊选举背景。北方联盟所囊括的地区拒绝通过国家预算为贫穷的南方地区提供资金支持。此时,我们应该转向对利益集团的研究。

三、社会-经济群体

除了将自身动员起来对抗政府(社会冲突)的可能性,社会经济群体普通权力(Campbell, 1993)之实现有赖于它们通达组织的路径。而后,它们构成

---

① 独立的财政委员会将更多拨款分配给条件恶劣的国家,这是基于与政府委员会有关的党派方面的原因。事实上,就拨款分配的客观标准而言,这些国家的条件往往是合适的。标准五年一修订,涉及的拨款等于约 24%的国家收入。政府计划委员会分配的拨款等于 6%的国家收入,此外,它还能发放贷款(实际上以国家贷款的 50%为目标)。

② 比如,自由福利国家呈现了某种公共行为观念。

了压力群体。雅各布斯的研究(Jacobs，1987)提供了一个案例，它使用了1960年美国的材料。研究表明企业对财政政策的影响：企业规模与对它们所征税收的减少有关。对美国(1998—2004年)的另一项研究(Richter et al.，2010)表明：在某一给定年份展开游说的公司在下一年以更低的实际税率缴税。不唯如此，这些群体还通过它们的观念以及价值观做出干预。在许多情况下，它们捍卫自己的利益，但是，它们的集体行为可以采取覆盖面更广的社会运动的形式，以求挑战一个社会或一个时期的主导价值观。在此种情况下，这些反对派群体发挥对反文化(contra-culture)有利的影响。在本章基础性分析的框架下，我们必须指出社会经济群体的影响有赖于通达公共决策的路径。在马克思主义或精英主义的观念中，主导群体对自身利益是看得极重的。在多元主义观念(Dahl，1961)中，压力群体在政治市场上是相互制衡的。在新社团主义理论(Schmitter，1974)中，国家对与某些群体(工会)的关系持喜好态度。根据公共选择学派的看法，压力群体尝试让有利于自身的服务获得资金支持，掏腰包的则是无组织的所有纳税人或投票人。

压力群体的影响取决于它们的门路，依各国、各时期、各部门以及决策制度(参见专栏12)。战后法国的社团主义是以部门为基础(这一点表现得很突出)，它见证了组成高级官员的现代化统治精英的影响力。在美国，根据将行政部门、利益集团与国会下属的职能委员会联系起来的"铁三角"，(展开游说的)利益集团得到官方的认可。在斯堪的纳维亚国家或德国，工会在国家中央政府的层面是有影响力的，尤其是在左派拥有强大力量之时。不过，在大多数情况下，大量纳税人并未组织起来，成为压力群体。因国而异的制度安排具有重要性，即便在当代社会，利益表达有着各式各样的场合。对日本的一项研究与20世纪90年代的一次反财产税骚乱有关(Jinno，Dewitt，1998)，投机者们的群体动员之所以获得成功，其缘由在于经济部与财政部之间的组织竞争。

专栏12　　　　　　　　　群体规模的影响

奥尔森坚持认为(Olson，1966)，参与者的数量对群体效率有所妨碍：小群体很容易采取行动，收获有利于它们的公共支出；而在大群体中，每个人是行为结果的受益者，包括那些并未被动员起来的人("搭便车者")。奥

> 尔森的分析尤其提出了集体行为刺激因素（通过强制、通过预留的好处）的问题。由此，我们必须区分动员的条件（对不活跃的利益集团来说是难的）与成功的要素（有一点或许是重要的，即参与者的人数）。通过数据，另一项研究在经验上提供了对美洲48国父母人数之于教育支出影响（1960年、1970年、1980年以及1990年）的证明。参与投票的父母的人数越多，国家在教育领域的人均支出便越多（Miller，1996：179）。同一研究（Miller，1996：181）还通过1970年和1980年教育支出的案例（在得克萨斯253个县所做的研究）确认了这一结果。
>
> 潘普尔对从1959年至1986年18个发达国家有利于老年人的支出做了研究（Pampel，1994）。他强调了社会政治背景的影响。在美国，这项支出比针对年轻人的支出要多，这可以用多元主义背景（群体竞争、左翼政党的缺陷）来解释。此种背景容许许多群体（在这里是老年人群体）影响支出。对带有社团主义色彩（政府中的政党所给予的支持、工会在中央层面的分量、工人阶级的力量）的斯堪的纳维亚国家来说，老年人群体的规模并不起作用：如若左派当政，如若意识形态是普遍主义的，福利国家对年轻人和老年人是同样慷慨的。对社团主义不那么兴盛的其他欧洲国家来说，人口变量（以老年人群体的规模来衡量）对支出有着确定无疑的影响，包括左派当权的时候。

洛里与波托斯基（Lowry，Potosky，2004）研究了美国联邦政府给予各州并可自由支配的补助（1991—1998年）。他们衡量了组织化利益集团[①]在政治供应（political supply）和[②]潜在需求[③]上的影响。组织化群体的影响得到验证，它们构成了从数据上解释补助（除了针对农业补助）的第一要素。潜在需求有着显著影响力，但是，此种影响不若组织化群体的影响（除了在农业方面）那样大。政治供应的影响非常小（除了针对环境的补助）。

因此，如果说为了理解税收政策而不对压力群体的力量置之不理，那么，对于这个因素，人们也不应做过高估计。事实上，经验研究的很大一部分牵涉

[①] 也就是民间组织、非营利组织、市级以及地区级政府。
[②] 也就是在国会代表、立法委员会代表中所占的百分比，以及在联邦多数党中所具有的分量。
[③] 也就是城市人口所具有的分量、收入水平及其稳定性以及就业率。

的是美国的材料,在传统上更向利益集团敞开大门的那种制度背景下,这些材料并不具有普遍性。即便与公共决策有关的多元主义研究路径与其他学派相争竞,事实上,人们承认美国的利益集团拥有非比寻常的分量。如果说相应情形依各国历史的不同而不同,那么,国家的自主权或覆盖面更广的公共机构的自主权(或多或少是实实在在的),天然意味着相对于压力群体的某种独立性。

同样重要的是,我们要了解群体的价值观、文化。比如,在瑞典,从组织层面来说,就税收政策达成的妥协得到了如下事实的推动:工会与社会民主党接受了与资本主义的妥协。因此,以一个委员会所达成的一致意见为出发点,近期的瑞典养老金改革得到了详细阐述。该委员会由七个党派(在瑞典议会中拥有席位)中的五个组成,或者说,它们代表了85%的议会成员。借助改革必须长期确保相关体系的平衡这一观念,如上大联合能够为养老金的资金来源确立新机制。① 相反,某些党派或工会与资本主义决裂的意识形态对于妥协并无促进作用。

最后,压力群体所产生的作用在很大程度上以可用它们在与公共问题有关的观念上所做论证的影响来解释(参见图2)。意识形态的游说体现在对群体利益合理性的论证上,手段是利用与公益有关的理由。在税收事务上,以艾森斯坦(Eisenstein, 1961)为例,他认为税收反映了利益集团的意识形态。他区分了三种基本的意识形态:与能力有关的意识形态,它带来了对进步性(progressiveness)的推崇;相反,与障碍和阻力有关的意识形态坚持投资受到遏制,坚持经济发展(尤其是进步性)所面对的风险;与平等有关的意识形态推进的是个人在同一情势下享有平等待遇。人们必须对党派意识形态的情形进行探讨。

四、左右分野

事实证明,对于税收和(或)公共支出领域所遵循的政策,左右之分有时是一个具有解释力的变量。左派常在自己的竞选纲领中通过税收(或)社会支出捍卫再分配体系,以求减少不平等。但是,实际上,党派因素的影响是相对的("带有意识形态色彩"的某些时期以及公共支出产生更明晰影响的情形除外)。即便有些政治纲领带有浓厚的意识形态标记,在应用中,纲领的极端性

---

① 资料来源:*Conseil d'Orientation des Reiraites*, Letter No. 2, February, 2009。新体系(以世代为依据逐渐引入)取代了仅以制度(同时以分配和资本化为基础)分配为基础的那个体系。

全部显现的情况却是少之又少的。

(一)带有意识形态色彩(党派色彩)的时期

某些时期比其他时期表现得更具"意识形态色彩"。比如,以美国为例,对1994年的材料的数据分析得出如下结论:在税收的累进性(多多少少不可小觑)方向上,左右之分、党派间的竞争程度以及政治轮替影响了税收(Martinez,1997)。就英国的税收政策而言,斯坦莫确认了1946年与1975年间具有意识形态色彩的不同时期。① 正如对英国市政府的792份预算(1974—1988年)的一项研究所表明的(Page et al.,1990),左派的激进主义与撒切尔的自由主义之间的交锋对地方税收政策有着重大影响。

更仔细地考察公共支出是饶有兴味之事,因为公共支出通过其融资功能让税收政策发挥作用。在经验上,党派分野常常得到确认,尤其是在社会福利支出领域。② 对艾斯平—安德森来说,普世型福利国家有着社会民主的特征:在任何情况下在市场上出卖自己的劳动力,工人都可以不受相应限制的影响,此种国家便带有"左派"性质。我们还必须记住,以税收和(或)社会支出为手段的再分配制度会带来不平等的减少。

科尔皮与帕尔梅(Korpi,Palme,2003)为了理解福利国家,捍卫了"权力资源的研究路径"。通过1975—1995年这一时期的18个国家进行研究,他们发现相比政治因素(与从劳动力市场的阶级冲突中产生的权力相关),经济逻辑所扮演的角色没有那么重要。福利国家的收缩(适应情势的程度)几乎不取决于全球化,对抑制社会支出削减(依背景而定)的党派变量的依赖则多得多。左派为了防止失业状况恶化,便大幅增加社会支出(补偿理论),即便在公共财政境况变得糟糕之时,左派往往会削减社会支出。关于所有经济合作与发展组织成员国(2003年),近期的一项研究(Castles,2009)确认了党派变量对全球社会支出的影响。

---

① "每次工党当政,它便提高对相关群体所征的所得税,由此使得个人可支配收入(简称'PDI')减少。但是,在很大程度上,削减所得税的保守党政策对工党的行动形成了制衡。"(Steinmo,1993:47)

② 这些研究一般与经济合作与发展组织的成员国有关。关于拉丁美洲,我们可以提及休伯等人对18个国家(1970—1980年)的研究(Huber et al.,2008),研究表明党派变量在社会支出上并未发挥作用。

正如上文在税收问题上所说的,在英国,1970—1990年这一时期的特征是左右之分,在相应背景中,限制撒切尔政府之支出的意识形态占有突出地位。若干研究从经验上看指明了左右之分的影响(Lewis,1982,p. 166;Edgell,Duke,1982;Lewis,Jackson,1985;Page et al.,1990;Ibrahirn,1994)。在美国1992年总统大选期间举行的一次民意调查表明(Jacoby,2000:762),与共和党相反,民主党与自由派都倾向于公共支出。有关美国国会成员投票的另一项研究(Gill,Thurber,1999)表明,党派变量在共和党国会(1995—1996年)与民主党总统克林顿展开斗争期间,发挥了重要作用。就南美(1990—2006年)而言,哈特(Hart,2010)发现党派性是与税收收入有关的一个可靠指标。

(二)弱影响(对税收政策)与强影响(对支出)

由此,说税收政策或公共支出项目是由政治色彩(political color)决定(按照该词的准确含义)的便是不公之论,即便党派色彩这一变量能够发挥作用。在一篇综合性的文章中,坎贝尔(Campbell,1993:170)认为在美国,相对而言,左右之分对税收政策的影响是很小的。根据库萨克的研究(Cusack,1999;覆盖了从1961——1991年的14个经济合作与发展组织成员国),党派分野的影响有时是以一种出乎意料的方式发挥作用的。左派尽管对失业更为敏感,却实施了比右派更严格的预算政策(控制赤字);右派以减税为念,在削减公共支出上的效率却有所不足。我们还知道,在20世纪期间,美国联邦政府(共和党政府或民主党政府)一直(至少,直至20世纪70年代)对企业课税甚重(Morgan,Prasad,2009)。在瑞典,累进所得税的引入(1902年)有很大一部分可由国家财政需求得到解释,小部分可由左派的压力得到解释(Steinmo,1993:64)。美国、英国与瑞典的税收政策是以社会妥协为特征的。1920—1945年,很高的边际率(打击的是富人)适用于所得税,对企业利润的征税变得更加重要。反过来,所得税在所有社会阶级中的普及与有关消费的间接税的增长是有记录的。第二次世界大战之后,美国、英国与瑞典的当权右翼并未直接对所得税率的累进性再次发出质疑。拿印度联邦主义来说,根据卡曼妮的说法(Khemani,2007:481),在某些拨款的分配上,政府分配委员会倾向于对它有利的联邦下属各邦。但是,此种党派分野由一个独立委员会的存在加以制衡(参见对联邦主义的研究)。该委员会发放补助是以客观标准为依据。不过,另一项研究(Nichoson-Crotty et al., 2006;它讨论了1971—1996年50个美洲国家在支出上的选择)得出结论,左翼当政的国家更倾向于社会支出(在该词的宽泛意义上)。但是,米特博的研究(Mitbo, 1999,覆盖了100年时间范围)表明:从数据上看,用如上政治因素解释公共部门的发展犹嫌不足。他的研究牵涉六个斯堪的纳维亚和盎格鲁—撒克逊国家。左右之分的一般效应在有关法国税收政策的分析那里从未得到确认。

(三)法国税收政策的情形

卡约(Cailaux)所创设的所得税(1914年和1917年法案)让左翼改革潮流站在了右翼政党的对立面。不过,某些工业家参照英国所得税模式,对改革给予了支持,从而换取降低关税。同样,某些保守派认为,所得税是有益的妥协,为的是避免对社会不公或经济结构的更激进质疑。在第五共和国时期,法国左派当权之时,采取的是对股票交易收入(富人受益)有利的征税方式。另外,在很长一段时间里,限于胶着状态的税收政策之争(左派提议财政再分配,右派想要的是减税)在2002年的总统大选期间走向终结。左右之间达成的共识是削减所得税。事实上,左派创设了对大笔财产的征税,它也称为对财富征收的团结(solidarity)税,但是,其在总体税收收入中所占的分量并不重。

另外,以最高收入等级为打击对象的税率下调不再是法国左派的禁忌;一些左派领袖是此一观念的捍卫者。法国的左派和右派财政信条更为趋同,[①]这与实行于第五共和国时期的政策的合流是一致的(Leroy, 1996)。就最近一些年而言,左派的话语在某些点上有所变化。但是,2007年总统大选的筹备同样将分野展现出来。不过,话语与实践之间的鸿沟是如此宽阔,以至于我们很难预见如若左派重新当政会做出什么有效的决策。无论如何,尽管有某些社会保障举措,比如宣布发放积极互助收入津贴(简称"RSA"),最富有的

[①] 关于社会事务,在社会党重掌大权时,他们并未重新考虑1993年巴拉迪尔(Balladur)右翼政府的改革,后者收紧了获得养老金的条件。同样,2007年总统大选中的社会党候选人塞格林·罗雅尔(Ségolène Royal)未将废除2003年法案纳入自己的纲领。该法案与延长缴费年限(如要从养老金获益)有关,右派对它做了投票。

人尤其现任总统萨科齐的计划获得了利益。财富税的削减(右翼政府所为)、所得税的削减以及给予最富有的人的税收优惠都受到批评。

在"一揽子税务举措"的名义下,2007年8月21日(就在2007年春的总统大选与立法机构选举之后)的法案成为投票表决的对象,该法案对劳动、就业与购买力是一个利好。它包括一系列措施,据估计损失的收入每年约为1400亿欧元。针对财富的团结税的削减①成为赋予享有特权者的税收优惠,据估计,2008年的相应数额达1100亿欧元。削减遗产税、②父母有生之年对子女之赠与享受免税待遇(以每六年为期,每个孩子的额度是15万欧元)同样对最富有的人有利。从即时开始,95%(取代了改革之前的约60%)的遗产是免税的。与赠与享受免税待遇一道,据估计,这些举措每年相当于给出了2200亿欧元的税收优惠。就每年8亿欧元的预算成本(据估计)而言,"税盾"(tax shield)的强化基本上对最富有的人有利,针对年收入,"税盾"设置的上限是:所缴税收最高为收入的50%。③ 该举措有限制团结税(针对财富,简称"ISF")影响的效应。积极团结收入(简称"RSA")的创设是有所指向的,即补偿由于某种社会保障缴费的受益者的再就业而带来的可能性收入损失。④ 此一收入的产生是反就业陷阱(employment trap)斗争(损失了2500万欧元的收入)的组成部分,不仅如此,它也带来了有利于穷人的再分配。加班工时是免税的,不在国民保险缴费与税收,包括一般社会保障缴费(所谓的"CSG"),以及社会负债偿债缴费(所谓的"CRDS")的缴纳范围内。据估计,相应数额每年约为60亿欧元。但是,当下的危机会让这一项目大打折扣。总统的口号"要挣更多钱,就干更多活"尤其有利于高级管理人员,失业人员的就业则会受到阻碍(利好超额工作)。同样,有一种做法早就为领薪学生准备好了,也就是

---

① 其组成如下:投资中小型企业或基金会,所缴费用削减75%,最高为一年5万欧元;与主要居所的价值相对应的补贴增加20%到30%。

② 配偶间的遗产继承免税;每个孩子享有的免税额度从5万欧元增至15万欧元。

③ 从2006年以来,有关税盾的相关举措已付诸实施。通过确立税收天花板,税盾对最富有的人所缴纳的税收设了限。彼时,其所适用的对象是由所得税、针对财富的团结税以及地方税所构成的总体税收。从2007年8月21日的改革以来,一般社会保障缴费、社会负债偿债缴费亦被包含在内,它们是针对收入的直接税(指定用于社会保障)。税盾从60%降至50%。

④ 积极团结收入因2008年12月30日的法案而普及开来。它涉及"融入社会(insertion)"最低收入(简称"RMI")或者单亲补助(简称"API")的受益者。

在挣取最低工资的三个月内,可以享受免税待遇。据估计,由此带来的收入损失为 4 000 万欧元。最后,针对自住房的购买,削减贷款利息的做法每年将带来约 37 亿欧元的收入损失。

结 论

干预型国家的公共行为是以与税收政策有关的基本要素为基础的(参见图 2)。与理念相联系的观念和制度占据了中心地位;社会经济群体与左右之分也发挥了更为变化多端的作用。不同群体在意识形态上提出主张,为的是影响普遍的社会理念,以及有关税制的特殊观念。它们还充当压力群体,以图让相关组织将它们的理念、利益纳入思考范围,此举或多或少取得了成功。公共政策观念吸纳的理念来自在社会中传播的不同文化、价值观、意识形态,等等。它还依赖于高水平管理或与非正式规范(软性法律)的发展有关的网络提供或强行推出的专业技能。群体与左右之分的分量大小根据国家和时代的不同而有所变化,与此同时,观念、理念和专门技能发挥的作用是可持续的。税收政策与一些一般性因素联系在一起,即便本章对其功能的具体化做了详细说明,图 2 仍以示意图形式对其做了解析。正如下一章所表明的,某些结构性趋势被放置在更宽广的干预型民主与全球性资本主义的背景下,人们以此获得了关于它们的具体信息。

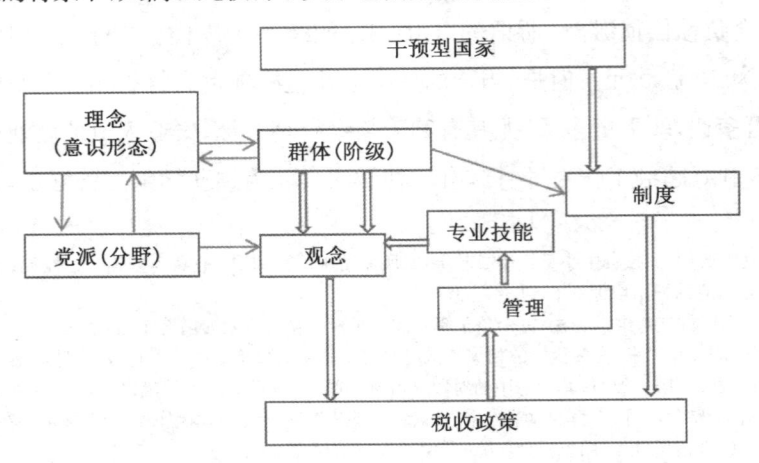

图 2 税收政策的基本影响因素

第七章　财政民主的障碍

"背景"的作用很重要，即便如我们在上一章中所看到的，为了瞄准与税收政策有关的基本要素，我们可以将"背景"要素放在一边。显然，资本主义、民主（或者，更平常的选举时期）、意识形态争论、危机等的一般情况，对需要借助税收和/或公共支出解决的公共问题的面貌有所影响。深受与确定性限制有关的意识形态影响的决策者仍会注意背景的作用，后者的大门向反思、变化和选择敞开着。如果说这不是一个全新现象（如税收国家为战争提供资金支持的案例所证明的），那么，伴随新自由主义市场观念的全球性扩散，它的确经历了一次决定性的突变。在这里，由于全球资本主义的实力增强并且迈向"金融化"，"危机"时期得到强化，被用来掩饰干预型国家的真正决策。有关各种备选方案的民主协商由此受到限制，尤其是受到关系即税收收入（贷款和税收）与公共政策（支出）之间的关系清晰度匮乏的约束。

将属于古典公共政策类别的财政行为囊括进来并不容易。的确，在实际上与社会生活和经济的方方面面都有关联的零散问题中，人们通过复杂的方式，把税收当作一种工具来使用。税收有为支出提供资金支持的功能，通过这一点以及激励、遏制手段的运用，税收以一种至关重要或曰互补的方式参与了所有的公共政策。财富的社会分层得到调整（财政再分配、社会福利得到资金支持），收入来源之间的差异带来了社会群体分类（店主、雇主、所有人、公司老板、行业人士、农民，等等）。税收推动了企业的诞生，某些部门的投资，创新，以及研究。税收将不同地区归类并组织起来，进入一个等级体系（免税区、生态保护区等），等等。的确，税收构成了富裕社会干预型公共行为的"硬核"。

结果,与全球性市场危机有关的各种确定性限制被搬上意识形态舞台,使得公共行为的"结构"(架构)带有了偏向性,从而削弱了民主。

一、驳背景要素决定论

某些例外情况,比如战争或社会经济困境,被当作起限制作用的危机来处理。与此同时,它们还提供了变化的机遇。同样的决定论构成了对"过去"之重要性(具有递增性)的夸张解释的特点。事实上,背景带有变化无常的特征(危机、意识形态色彩浓厚的时期、新当选官员、选举周期,等等),给公共行为留下的自由空间并不大,有关经济全球化和欧盟公共财政规范有关的案例证明了这一点。

(一)从认知角度研究危机的变化

正如我们在第四章中所看到的,危机总被认为是与税收政策变化有关的一个关键因素。从结构上说,税收危机是财政体系(处在变革过程中的社会经济框架)功能失调的根本性危机。对熊彼特来说,即便是在战时经济的背景下,税收国家的危机也是不太可能的。不过,在中世纪晚期的背景下,领地经济不再与私人领域(贵族军事义务的回购对其有促进作用)和公共领域之分的出现相对应。历史学家们确认了领地的财政危机,具体而言,国王不再能"仰赖自己的领地而活",从而需要来自税收的收入(Chaunu,1977:147;Favier,1978:170;Genet,1990:266)。即便坎贝尔提到了相关内容(Campbell,1993:167),尤其对税收国家危机论起到支持作用的是新马克思主义者,葛德雪(Goldscheid,1917,1967)与奥康纳(O'Connor,1973)早前被引用的标志性论文发挥了作用。

在发达国家的背景下,税收危机论是可疑的。在不重拾第四章所阐述的批评的情况下,税收收入的增加在很大程度上与福利支出的剧增有关,到目前,前者并未导致大型国家的破产。新的收入来源是存在的,比如,压缩免税空间,或者,像在法国那样(Leroy,1996),为了给社会保障提供资金支持,创设各种税收(一般社会保障缴费,以及社会负债偿债缴费)。福利国家的未来归根结底是一个社会政治问题。但是,人们还应强调认知因素的重要性。危机的背景充当了论据,让人们相信增加最大多数人的税负的必要性。它推动人们接受因限制性因素而得到合理性证明的改革,即便是在改革违反纳税人的各种利益(经济学家功利主义理性意义上的"利益")和(或)价值观的时候。由此,危机时代改革的合法性的确通过认知理性得到了解释。

其他危机,即带有经济性或社会性或与战争相关的危机(Peacock, Wiseman, 1967),构成了其他的背景。这些背景的直接影响具有系统性(参见第五章)。正如帕累托所指出的,经济增长背景带来的补充性收入使各种选择向人们敞开了大门。反过来,衰退在推动福利支出增加的同时,限制了征税(剪刀效应)。正如图3所示,干预型国家的预算对环境是敏感的,但是,经济约束并不起决定性作用。在经济危机背景下,真正的选择,或通过公共支出实现通货再膨胀,或通过严格举措(削减支出)实现相反的效应,无论此种选择是否有效。就业恶化(失业)表现的是糟糕的经济境况,后者可能是社会危机的导因。社会危机还可以有其他源头,法国大革命的情形即是如此。正如托克维尔所表明的,在法国大革命的案例中,大量因素累积起来,改变了政治制度极其不公平的税制。抗税(参见第九章)是社会危机的表征,集体行为否定了税收的政治合法性,有时,成功地让公共政策得到调整(政府选择以压制方式对待的问题属于例外情形)。战争带来了特殊的财政选择。比如,英国所得税确立于1798年,为的是给对法战争提供资金来源。之后,所得税被废除,复又得到确立,为的是应对尤其对普通工人造成影响的衰退(Ardant, 1972: 382)。对首个以持久方式确立所得税的国家来说,此种变化是符合逻辑的。该变化同样存在于美国。最早的联邦所得税的源起与美国内战所产生的财政需求有关(Leroy, 1996)。

在这里,真正的因果变量又一次带有认知性质。相关背景容许人们调整推理方式。危机连同其他变量对问题的一般方面产生作用,引导行为主体对税收政策进行调整。人们必须再次征引"华盛顿共识"的案例。1980—1990年,它充当了为国际货币基金组织与世界银行进行干预所用的意识形态,为了把诸国带出经济危机,减少债务、削减公共支出、市场自由化以及私有化是必要的。这一选择以绝对的经济必需品的面貌出现,在大多数情况下转变为大灾难。比如,对中美洲五国(1975—1999年)的一项研究(Jonakin, Stephen,

1999)表明,教育支出(人力资本)有所下降,最乐观地说,也是停滞不前。斯蒂格利茨是诺贝尔经济学奖得主,关于人力资本状况的恶化(有利于在经济上基础薄弱的财政优先事项),他的分析(Stiglitz, 2002, 2006)同样坚持了这样的批评。秉承华盛顿共识的专家们的经济论证事实上响应了新自由主义的观念,与背景有关的限制因素再度成为后者手中的工具。人们对相关纲领的接受由于其经济内核而获得助力("认知上")。

为战争提供资金来源的不止于税收一途,也就是说,还有如下手段:贷款、出售资产和削减某项开支。其中并不总是蕴含着财政需求,因为这也可以构成一种收入来源(参见第四章中提到的给罗马的贡赋)。比如,在路易十二治下(1498—1515年),境外战争带来了法国税收的下滑。我们还看到,拉丁美洲的战争并未涉及税收国家的扩展(Centeno, 1997:1598)。通过调整税基和(或)税率或授予免税待遇,税负可以加于穷人或富人、家庭或公司之上。由此,这确实是一个与濒临险境的合法性有关的问题(它有赖于以认知理性为基础的研究路径)。另外,危机与减速的阶段性更替也并不是新现象。

由此,在面对可供选择的各种选项时,与危机的社会经济背景有关的决定论呈现出可疑的面貌。也由此,2008年夏的危机再次提出了国家财政破产的问题。经济的系统性全球化解释了美国房地产的次贷危机从银行向股票交易所、而后从股票交易所向经济活动领域的扩散;它引发了若干国家的社会危机。我们在上一章中看到,国家通过公共财政展开干预,先是要为银行提供支持,而后是让经济发生通货再膨胀。由此,对许多国家来说,债务将有大幅度增长。不过,大型国家的公共财政不大可能崩溃。[①] 相关背景让政治选择的大门处于开放状态(甚至是对深陷困境的国家来说)。[②] 在这里,我们获得了一个听从葛德雪箴言的良机,即将银行国有化而不是仅仅放出贷款。在此情形下,一待经济增长呈倒退之势,国家通过国有化企业的利润,将能够把自己

[①] 在对44个国家(1790—2009年)的一项研究中,莱因哈特与罗戈夫发现(Reinhart, Rogoff, 2010:7),"显然,债务与增长之间并无明显关联,直至公债达到90%的门槛"(GDP的90%)。由此,公债即便是一个重大的挑战,对政治选择来说,却并非一个限制因素(决定论)。

[②] 对向国际货币基金组织求贷的国家来说,强加的约束条件(比如为了严控赤字削减公共支出)的合理性得到了多种论据的证明。这些论据令人想起20世纪80年代与"华盛顿共识"有关的意识形态。事实上,它是一个这样的问题,即债主被赋予特权,使追求如下目的的政治选择受到损害:以民主方式确保国家在经济上的未来。

的一部分支出收回来。同样,消费或投资的驱动可以放在特殊的位置上。如果缺乏严肃的监管,金融资本主义的失败会更加严重,尤其是在国际货币、股票交易所和银行秩序没有得到改革以及就业社会危机没有得到解决的情况下。的确,大量公共资金参与到对特权等级的拯救中,因此而造成的情形使人们想起了托克维尔所研究的法国大革命的背景。但是,危机的背景并不总是导向天崩地裂的乱局;它们常与公共政策的祥和时代联系在一起。

(二)渐进主义的伪证

渐进主义理论(Lindblom,1959)表明变化的发生伴随着小规模的调整。我们在前面引用过社会学家威尔达夫斯基(Wildavsky,1964)的文化理论(第六章),就预算渐进主义而言,他是要参考的权威人物。他分析了数届政府当政期间(1946—1963年)国会下属小组委员会在美国联邦预算信贷分配(拨款)上的决策,坚持认为预算在上一年度的基础上更新,稍做调整(比例不超过10%)。在一项比较研究(Wildavsky,1975)中,这位社会学家认为,渐进主义适用于所有公共预算,这一点同样得到了其他研究美国(Fenno,1973)、挪威(Cowart et al.,1975)、英国(Rose,Davies,1994)与法国(Sink,2003)的人的坚持。

渐进主义同时与决策惯性以及结果惯性(相对上一年度而言)有关。对此,我们应以批判性的态度进行评价。在2008年的危机后,公共支出刺激计划的规模表明了渐进主义理论的局限。当然,显而易见的是,在某些特殊背景下,预算在不同年份的变化幅度并不大。同样,没有人可以在变化有时是(并不总是)缓慢的这一点上表达异议。问题在于,渐进主义理论并未将自身局限在这些陈词滥调中(不过,这也是与所有科学知识有关的惯常做法)。它声称此种与"过去"有关的约束带有普遍性,并且毫不迟疑地通过描述公共政策之无法改变,将某种决定论具体化。根据一项研究(Jones et al.,2009;它以对九个政府部门的系统比较为基础),如果预算常常是渐进的,人们会发现大的变化。渐进主义理论类似于涉及"过去之约束"或预算惯性的相关理论,它通过相关方式否认激进改革和公共政策"大爆发"的可能性。不过,2008年危机的影响(使经济发生通货再膨胀的公共计划)表明,在预测公共预算数额(债务、支出，后来还有税收）的大变化上，渐进主义是有缺陷的。另外，在经验层面，尤其是就支出（在不那么特殊的意义上，还有收入）而言，渐进主义得到了检验。

在税收事务领域，与调整带来的小规模变化（它们受到某些政府的青睐，或在某些时期得到人们的偏爱）如影随形的，是产生重大效应的激进改革。我们看到，危机常常充当了创设新的税收收入和（或）使财政负担加重的借口。历史证实了税收发生的变化。以英国为例，该国的税收在1945年和1972年间经历了38次重要变化（Steinmo，1993:46）。撒切尔政府的激进改革带来了税制的重要调整，尤其是所得税边际税率的下调以及（社会保障）公共支出的削减：1979年和1988年间，改革的效果是，最贫穷的五分之一的人的负担（社会保障福利净值）从32%增至40%，而对最富有的五分之一的人来说，相应比率则从37%降至35%（Steinmo，1993:173）。人头税改革同样是激进的改革，它还激起了反抗。在美国，里根在1981年和1986年的改革也是从供给端经济学那里获得灵感。它没有渐进特征，即便其真实效应要有限得多。[①]就法国而言，在20世纪最后的20年里，一些新税（或被人们重新发现的税）得到实施，比如财富税、比例所得税（简称"CSG"）（为的是给社会保障提供资金支持）等。

相比与上一年度的简单比较，有时，对一些变化的观察并不是一蹴而就的。1914年以来税收收入的持续增长（参见第五章）连同一般合成税（synthetic taxes）的出现证明了如上事实。相关宽松举措（它们构成了追求经济、社会目标的"税式支出"）的重要性日趋增加。决策上的渐进主义设想以逐步的调整为前进之手段，它常常产生重要的中期或长期影响，正如削减所得税率的案例所证明的。重要的是，1995—2004年，就经济合作与发展组织的成员国来说，边际税率从49%下调至43%。税收收入结构所包含的是跨越长时段，以及以相似方式归类的同组税收，由于结构是相对稳定的，与税基和税率方面发生的变化有关的事实必定都不会被掩盖起来。税负在公民中间的分配会受到影响，不公现象的增加（税收再分配不再对其实现成功的抑制）即为明

---

① 受益于从国会而来的税收返还以及免税待遇，边际税率下调以及对某些避税窟的压制就显得不那么激进了。

证(参见第十一和十二章)。

至于公共支出,我们也必须提出保留意见(Leroy,2007:41),即便这不是一个与对如下看法的否定有关的问题:具有极强惯性的支出(债务、酬报、社会行为)是存在的。根据与决策有关的渐进主义,协商让上一年度的预算自动得到更新。但是,以美国联邦预算为例,管理部门要求大幅增加信贷(LeLoup,1978:495),后者未在总统的文件(它们被用于有关"递增"问题的研究)中得到反映。预算在某些时候可以是递增的,但之后就不是这样了。以多人合作的一项研究(Ryu et al.,2007)为例,它指出,1998年,美国50个州的1 175个管理部门的请求可做如下划分:5%,预算减少;21%,预算未变;74%,预算增加,即便要求大幅增加(超过10%)预算的只有14%。这些数字对应的是一定程度的递增(针对所考虑的年份),但是,事实可以发生飞快地变化,2009年美国公共支出刺激项目的规模即为明证。这类研究成果的普及导向了一种与预算更新有关的决定论。支出提案是动态预算过程的组成部分,该过程包含了对编制、投票、实施与掌控的区分。比如,对国会3000份与再分配政策有关的决议(1994—1996年)的一项研究(Potoski,Talbert,2000)表明,在编制预算期间,法案带有多维度的性质,这是为了获得广泛的政治支持。在投票阶段,为了得票,法案的维度经过削减,只剩下具有决定性的那个维度。在实施期间,我们会发现预算编制在维度上的多样性(文本内容不按字面意思实行)。

就法国而言,在1959年1月2日《组织法》所定的制度下,为了追求公共服务(第33条中"经过投票的服务")的展开,相关程序从法律上赋予了信贷以重要性。此种与财政手段有关的预算在与一般预算有关、需要经过投票的服务上,确立了一种全球性的单记投票法(global single vote),以此尤其对议会做了约束,对政府各部的限制则少一些(Leroy,2007)。至于预算编制的更新则与上一年度并不相同。另外,出自总理之手和确定框架的信函总是坚持抑制支出,协商是以预算的此种更新以及各部要求的新程序为基础的。伴随2001年8月1日《组织法》(简称"LOLF")的出现,"经过投票的服务"的观念不复存在(除非没有就预算法案进行投票)。对这一改革的接受表明了剧变是有可能的。就均值而言,在改革之前,各部的要求与政府设定的框架之间相差160亿法郎;而后,差值变大了(2006年为230法郎)(Lambert,Migaud,

2005：13）。就地方财政而言，对法国罗讷－阿尔卑斯大区的一项研究（Leroy, 2001）表明，尽管在财政上有很大的腾挪空间，大区主官所采纳的却是求稳定的政治选择：地方税率上调遭到拒绝，债务遭到限制（相比1996年，1997年偿付的债务增加了269%）。考虑到当选代表们所提出的修正案的数量，我们还注意到：与大区预算有关的争夺有时具有重要意义。拿法国政府各部门来说，它们事实上承担了社会行为（social action）方面的大量支出，马瑞尔的研究（Maurel, 2006）表明，2006年，对113个部门来说，它们仍有很大的腾挪空间。最后，正如对法国234个城市的一项研究（Le Duff, Orange, 1997）所表明的：腾挪空间有赖于决策者（市长）在财政风险（贷款、税收与支出）上的政治选择（策略）。许多国家服膺于欧盟有关成员国赤字约束的要求，它们的预算选择是多年度的（multi-annual）。通过一种更精致的与预算变化有关的观念，这些研究成果与决策的渐进惯性（incremental inertness）形成对立。

与结果有关的渐进主义（result incrementalism）最大限度地利用了总体公共预算中年度变量的缺陷，但是，总体支出仍维持在很高的水平。比如，对盎格鲁－撒克逊世界的研究将焦点放在机构层级上（是政府各部还是大的管理部门），辛克对法国的研究（Sink, 2003）涉及对支出的七种整合性分类。有时，得到衡量的只有预算的全球总量。一般而言，在此种整合层次上，年度调整相对所探讨的信贷总量而言是微弱的。但是，在材料的非整合性层次上，调整是存在的。在与法国预算有关的、更细微的层次上（Sink, 2003：187），28项预算中的7项变动极大。这一事实削弱了与结果有关的渐进主义。同样，如若实际支出的年度变动并不大，那么，财政法案所定的初始信贷的变动便是重要的，因为各种行为主体有了参与政治游戏的空间。法国的渐进主义还是议会软弱的产物。遵照2001年的《财政法组织法》，国家预算成为一种目标预算，不再是一种每年对手段进行更新的预算。即便预算总量稳定，剧变也会发生。这一事实带来了另一个方法论上的难题。根据对美国的一些研究（Kanter, 1972；Natchez, Bupp, 1973；Moreland, 1975），信贷重置调整了支出结构。莱卢普甚至谈论了渐进主义的神话（LeLoup, 1978）。同样有必要的是将预算相关事物（私有化、分权，等等）的调整以及变化的节奏纳入考虑范围。有时，一个决策对来年预算的影响是微弱的，但是，在之后，会产生引人注目的后果。在经验研究中,不具独立性的变量是上一年度的预算总量,这一事实让多年度的变化变得平缓(有时是让这些变化被隐藏起来)。全球预算总量变动不大的声明成为自明之理,它并未对若干年政治的腾挪空间预先做出判断。显然,工时或缴纳养老金期限的调整、以部门为基础或全球性的激励计划等在预算上产生了真正的影响。由此,人们应该还原影响以及开放性选项(源自经济和政治情势)的多样性。

(三)经济、政治背景的各种影响

有时,公共财政是在政治不稳定(导源于社会中的冲突)的背景下发挥作用的。以安内特为例(Annett,2001),他以种族-语言和宗教分化的全球指数为依据,强调公共支出被用来确保政治稳定。这一经验层面的研究成果为有关社会分化的经济理论提供了确据,后者预测了支出的螺旋式增长,它认为社会分化会带来政治的不稳定,而公共支出竭力平息种族和宗教冲突,作为抑制之策。

资本主义多样性理论坚持认为福利国家的多种形式、经济的多种类型在同一经济社会体系框架中是互补的。通过此种方式,霍尔与索斯基斯以协作型与非协作型(自由)市场来区分资本主义经济(Hall,Soskice,2001)。有时,该理论是以对福利国家分类的批评的面貌出现的,尤其是像艾斯平-安德森确立的分类(Esping-Andersen,1990),此种分类的依据是工人运动的力量。确实,由于未将不同经济背景的差异考虑进来,对福利国家的分析受到指责。就本身而言,资本主义多样性理论在其使用严格的(封闭)系统观念时便受到质疑,此种观念的内在逻辑难以解释社会变迁过程(除了渐进主义带来的变迁)的多样性。对经济与社会部门之间的相互依赖所做的系统解读有着如下意涵,即接受系统对多样化因素的开放状态(Becker,2007)。同样重要的是,我们要强调:对经济生产子系统来说,社会福利子系统并不是一直发挥作用的,因为它对应的是其他的动力类型(比如与社会民主扩展有关的那种动力)(参见第五章)。经济(市场)与社会(福利)相关联的观念塑造了一些一致看法,以事实上变动不居的妥协为基础,多个行为主体力图让这些看法流行于世(参见第十一章),从功能角度对福利国家的解读必须从税收国家开始,后者的构建乃是通过其自身在西方民主社会中的政治定义而非经济的竞争性。还应指出的是(Schröder,2009),资本主义多样性的理论可以与福利国家的分类相结合。① 事实上,所有这些路径都认可自由模式,但是在有多少模式可与其共存的问题上存在分歧。②

对政治和经济背景的回应或许是多样化的,纽约预算政策的情况可以为证。在该领域,坎托和大卫(Kantor,David,1983)借助相互交叉的两个变量即地方经济状况与市政府得到的政治支持(参见表8),对预算决策做了分类。(与决策和结果有关的)"渐进主义"有时被认为是预算决策中的关键变量,并且作为一种特殊情形出现在人们面前。在此种特殊情形中,有利经济背景下的政治支持是稳定的。由此,无需对预算做过多修正,便能满足支持市政府的群体的需求。从经验上看,渐进主义在1945年到1962年的纽约身上得到了验证。如若当权团队得到的政治支持出现下滑,而经济状况又是有利的(这会带来收入),预算政策便会带有"多元主义"的性质,这是从当权团队通过与各社会群体讨价还价以及运用(越来越多的)支出从而获得新的支持的层面上说的。这便是1962年到1975年纽约的情形。

表8　　　　　　　　　　　　　　因地而异的预算惯例

地方的政治支持地方经济	稳定	不稳定
增长	预算渐进主义(纽约,1945—1962年)	预算多元主义(纽约,1962—1975年)
下滑	预算精英主义(纽约,1975—1980年)	预算

资料来源:Kantor,David,1983。

如若经济状况不断恶化(这会减少腾挪的余地),而政治支持保持稳定,预

---

① 在人力资本领域(为经济服务的各种技能,以及教育领域的公共行为),资本主义多样性理论与福利国家的关联同样得到验证(Iversen,Stephen,2008)。
② 从法国监管学派的角度看(Boyer,2004),资本主义可以划分为四种形式:(自由)市场模式(澳大利亚、加拿大、美国、新西兰、英国,等等),进入20世纪90年代,此种模式带有了金融色彩;国家资本主义(德国、比利时、西班牙、法国,等等);日本与韩国,特殊的中层统合主义(meso-corporatist)模式;社会民主资本主义(瑞典、芬兰、丹麦和挪威)。从严格的经验角度看,阿马布勒(Amable,2003)提出了资本主义的五种类型:自由型、大陆型、地中海型、亚洲型和社会民主型。参见阿尔伯特的论文(Albert,1991),它区分了阿尔卑斯—莱茵资本主义与新美利坚模式。

算政策便会带有"精英主义"的性质。经济领袖对预算政策产生影响,其目的尤其在于避免企业的搬迁。受到损害的是其他社会群体,在某些计策(有意在某些项目上增加支出)的作用下,他们的要求归于无效。1975年,由于经济状况恶化与预算再分配的叠加影响,纽约市突然爆发了财政危机。这导致了州与联邦国家的干预,它们将商人主导的新的监管制度付诸实践。这个由精英主导预算的时期还有一个特点,即支出遭到削减。到1980年,这个时期宣告终结。第四种是与公共财政"控制"(约束)有关、经济状况恶化与政治支持下滑背景下的预算政策。支出聚焦于地方经济的重振,但免于受到饱受争议的地方经济精英的影响。纽约出现了这种情况,市政府的雇员和社会保障上的某些受益群体尤其心存不满。不过,经济的好转缩短了此种预算政策执行的时间。

根据政治周期理论,为了满足投票者的需求,预算也周期性地出现变动,这一观念尤其在公共选择学派那里得到支持。选举周期的观念由此意味着当选官员可以自主地将税收收入和支出派上用场。这标志着预算对选举日期的依赖。对当权团队来说,"投机周期"体现为选举前夕税收的降低和支出的增长。"党派周期"对应于当权团队当选后的那一年在预算上对政治纲领的实施。该理论富有吸引力,但是,如表9所示,它仅有很小一部分内容得到了验证。

表9　　　　　　　　　　　　选举周期对预算的影响

样本	时期	结果	作者
丹麦、芬兰、法国、意大利、挪威、瑞典	1978—1986年	支出增加得到了验证,与收入有关的内容没有得到验证	Mouritzen, 1989
92个居民数在10万以上的美国城市	1978—1985年	收入、支出增长尤其得到了验证	Strate, Wolman, Melchior, 1993
20个美国城市		收支增长得到了验证,过往决策的分量没有得到验证	Bhattacharyya Wassmer, 1995
10个加拿大行省	1951—1984年	社会支出、基础设施支出得到了(并不那么有力的)验证	Blais, Nadeau, 1992

续表

样本	时期	结果	作者
105个居民数在5万以上的城市	1988年	没有得到验证,支出依赖于财政政策	Bosch, Suarez-Pandiello, 1995
10个以色列城市	1964—1982年	没有得到验证,没有参选的候选人比其他人消耗的支出更多	Rosenberg, 1992
883个居民数在1万以上的法国城市	1988—1999年	与资本支出、债务有关的内容得到验证	Binet, Pentecote, 2004
地方当局(法国)	1965—2000年	投资支出得到了验证	Besson, 2002
91个居民数在5万以上的法国城市	1977—2001年	与公共支出尤其是投资有关的内容得到了验证	Foucault, François, 2005

资料来源：Foucault, François, 2005；Leroy, 2007。

这些就公共决策形式展开的争论虽未遭到忽略,但是,经济全球化所施加的限制在意识形态层面扩散开来,其结果便是这些争论不再那么引人注目了。

(四)全球化的经济意识形态

根据市场效率理论(Tanzi, 1995),经济全球化迫使政治决策者通过减税维持在投资上的竞争力。由于资本外逃、财政倾销(fiscal dumping)、财政竞争(企业搬迁)以及党派、工会力量的衰退,全球化削弱了福利国家。相反,补偿理论(Pierson, 1994; Garret, 1998; Scharpf, 2000)坚持认为,税收国家与全球化的消极影响(无保障、不平等)做斗争,为的是让劳动力、既得利益者满意,让根基深厚的各种势力得以行使否决权,或者是达成对监管和过往制度性协议(institutional agreements)的依赖。从方法上说,一些困难与所使用的指标有关。尽管如此,经验研究证明,经济全球化并不必然因为它时常抵制福利国家而摧毁后者。与全球化市场有关的决定论是站不住脚的。

从经验上看,全球化的影响依赖于所使用的参考指标。加勒特和米切尔(Garret, Mitchell, 2001)对18个经济合作与发展组织成员国(1961—1993年)的研究得出了如下结果:首先,以交易规模或金融市场的开放性来衡量,经济全球化不会让资本税降低,这一事实让有关市场效率的决定论失去了效力。至于公共支出,即便全球化令其总量缓慢缩减,这个结果在准确性上却并不足以为国家退却(市场效率)论提供支持。其次,在保留与对低薪资国家的依赖有关的指标时,公共支出有所增长,这确认了国家拒绝进行补偿的理论。再次,以外国投资指标来衡量,全球化对与失业按比例保持同步增减的福利支出没有影响。同样,这与福利国家的适应力理论形成了对应。

克雷帕斯和莫瑟(Crepaz,Moser,2004)给出的与 15 个国家(1960—1996 年)有关的数据表明,以贸易和资本去监管来衡量,全球化与社会转移性支出的数额是正相关的关系(在补偿理论的框架下)。但是,此种影响有时因当下的制度安排而受阻,根基深厚的不同势力之间的竞争带来的是维持现状的趋势。学者对 1960 年到 2000 年 18 个发达国家的研究(Ha,2008)的研究确认了如下结果:以进出口和资本流动来衡量,全球化令福利支出有所增长,即便在这个时候,"否决者"(制度性的阻塞点)的数量往往会在相反的意义上对相关影响起到缓冲作用。

科尔皮和帕尔梅(Korpi,Palm,2003)讨论了社会支出在 GDP 中的占比,把它当作与福利国家有关的一个指标。他们借助"(既有的)的各种权力资源"为这一路径做了辩护,用来解释 1975 年至 1995 年这一时期福利国家在 18 个国家中的退却。经济逻辑相比与权力(来自与劳动力市场有关的阶级冲突)有关的政治因素,所起的作用没有那么重要。社会行为的退却程度有一小部分取决于经济全球化,但是,其受党派变量的影响要大得多(参见第六章)。补偿理论同样被卡斯尔斯有关 2003 年所有经济合作与发展组织成员国社会支出的研究(Castles,2009)所证实。它将经过分解的社会支出纳入思考范围,表明了以进出口规模来衡量的全球化与有利于劳动年龄人口(失业者、残疾人、家庭,等等)的社会支出之间的负相关关系。另一方面,人们并未发现此种全球化与其他类型社会支出(健康、老年人,等等)有任何关联。

德雷尔(Dreher,2006)确认了全球化与社会-政治整合二者的重要性。鲁德拉(Rudra,2002)表明,在最不发达的国家,福利国家呈现出强烈的衰退之势,退却程度取决于上文所说的"(既有的)的各种权力资源"。但是,在另一项研究(Rudra,2007:32)中,鲁德拉强调,最不发达的国家总是让社会保障体系变得多样化,此种情况为一种制定自主社会政策的能力提供了证明。

凯特对 1973 年到 1999 年 14 个国家的研究(Kite,2002)运用了与国际经济开放性有关的指标,结果,并未在经济开放性与社会保障水平(以社会转移性支出、社会公共服务支出来衡量)之间发现任何清晰的关联。在现实中,非常开放、又是慷慨福利国家的富国是存在的。由此,与市场效率理论有关的决定论便失去了立足之地。在全球经济中,如果有人认为与(无组织)劳动环境的微弱力量相联系的最低水平的福利国家是一种优势,那么,这个看法并未得到验证(美国是一个例外,虽然如此,例外情形仍只限于 20 世纪 90 年代)。

斯旺克和斯坦莫(Swank,Steinmo,2002:643)强调,在发达的民主社会,针对商业公司的官方税率(也就是税收立法规定的税率)在 1981 年到 1995 年之间下降了,平均从 45% 降至 35%。但是,资本税的实际税率(将各样的扣税、减税考虑在内)是从 38% 降到了 36%。同样,与对公司和金融活动的征税有关的实际税率从 26% 降至 24%,而资本、劳动与消费之间的税负分配(税收收入在 GDP 中所占百分比的结构)仍是稳定的。许多国家通过扩大税基,对税率的下降做了补偿。比如,1992 年,所有国家都取消了给予投资的免税额度(Swank,2006:848)。

马勒和杰苏伊特的研究(Mahler,Jesuit,2006:500)确认了福利国家的适应力。从 1980 年到 2006 年,私人部门税前收入与社会转移支付的不平等加剧了,[1]与此同时,财政再分配(以税收为手段)和社会再分配(以转移支付为手段)也增加了该时期的可支配收入。维斯对 1985 年到 2002 年 16 个资本主义民主国家的研究(Vis,2007)将量的变化(支出额)与质的变化(社会立法)都考虑在内,也确证了福利国家的适应力理论。

由此,市场效率理论的过度概括带来了与全球化的限制有关的一种决定论意识形态。此种意识形态是从 20 世纪 90 年代发展起来的,有关公共财政的新自由主义观念因它而变得越来越强大(参见第六章)。在公共决策者眼中,它让金融资本主义罔顾规则的快速发展具备了合法性,走火入魔的金融资本主义又导致了 2008 年夏季的全球危机。一种(错误的)逻辑是:对经济(由

---

[1] 基尼系数平均从 1980 年的 0.404 增至 2000 年的 0.441。

此也是对就业)来说,世界市场是必需的(认知理性)。运用此种逻辑的全球化意识形态让人得以抑制公共舆论。在欧洲,与之并存的是公共预算所受法律限制的恢复。

(五)欧盟所施限制的政治性

我们已提及《马斯特里赫特条约》《阿姆斯特丹条约》为欧盟(简称"EU")成员国所定的规则。公债不得超过 GDP 的 60%的上限;公共赤字不得超过 GDP 的 3%的上限。在这里,与欧盟所施限制产生的影响有关的决定论视野同样是错误的。汉森(Hansson,2008:1022)的数据研究(1970—2002 年)并未发现这些限制对被研究的那些国家的支出结构有何影响。此外,法国和德国在 2003 年与 2004 年的赤字超过了授权限额。不过,尽管欧洲共同体法院(简称"CJEC")做出了决策,这些国家仍未受到处罚。《阿姆斯特丹条约》让最初由《马斯特里赫特条约》所定的规则变得宽松了一些,它清楚表明了共同体所施限制的政治性。拿经济衰退的情况来说,超出赤字上限是得到许可的。由此,在 2009 年 3 月,针对受到赤字超额程序威胁的成员国,欧盟委员会大幅提高了上限额度。我们甚至能预测欧盟所施限制将再度放松,如若这些限制使成员国受缚太紧的话。与共同体法案的狭隘视野相对立,欧盟决策过程从根本上说带有政治性。

财政事务所需要的是不确定性法则,如此,每个成员国才能在任何决策上自由行使否决权。与政治议价有关的案例具有典型性。与当下危机有关的背景提供了一个实例,这一背景还被人当作实施"庇护主义"举措(与对餐馆服务所征附加税有关)的借口。法国餐馆老板提出要求,力主减征附加税,从而能用节约的资金雇用更多员工。[①] 法国政府对该要求提供了支持,不过,它遭到了欧盟的拒绝,在附加税事务上,后者是一个重要角色。欧盟 27 个成员国有意为经济刺激政策提供支持,在此背景下,诸国在相关要求连续七年遭到驳回后,于 2009 年 3 月 10 日允准降低对餐馆服务所征的附加税。顺带一提,根据欧盟的监管(以议价为手段)模式(Leroy,2004),同一时期,还有若干其他活

---

① 此处的集体行为类型属于论证型(观念)而非冲突型(压力)。

动享受减税待遇：针对个人的各种服务、建筑工程、摩洛哥革（morocco-leather）制品、理发、自行车修理、里斯本的收费桥梁、塞浦路斯的高压气瓶、马耳他的食物……由此，与限制有关的意识形态的决定论用途便充当了复杂公共行为模式的根基。在此种模式中，财政干预难题的面貌遭到扭曲。

二、公共财政举措的布局遭到扭曲

税收具有特殊性。就其本身而言，它是公共政策（税收政策）的标的，是其他公共政策的工具。税收很少被认为是一个让国家实施民主干预的全球性社会问题。在与市场限制有关的意识形态背景下，因果偏差削弱了民众对税收在社会、经济上发挥作用的认可。财政体系关联全局的多个特点造成了公共行为的复杂性，这是一个早已存在的事实。复杂程度的增加又对民主制下当权决策者所做选择的透明度造成损害。

（一）因果偏差对民主的弱化

公共行为是因果偏差的标的。因果偏差取决于三个层次的分析，下图揭示了不同层次之间的相互依赖。首先，市场、制度性障碍（否决点、渐进主义，等等）、危机与经济全球化被错误地呈现为税收政策的决定性因素（决定作用被高估了）（参见图 3 中的宽箭头）。这些因素在战略层面被决策者所用，以求让"不可抗限制"的观念在公民眼中具有合法性。各种限制为渐进主义、否决点、欧洲（涉及相关国家）等施加的制度性约束提供了一定空间，与此同时，按照人们提出的看法，在一般经济层面，这些限制也是全球化市场和危机（导源于这些限制）所需要的。[①] 事实上，此种意识形态，即此种扩张的因果决定论（偏差），隐藏了一定数量的真实关系。

除了回应公共行为所受的限制，决策者所做的选择（参见图 3 中的窄箭头）并未以其他形式得到呈现。决策者的重要权力通过另外一种方式（表现出

[①] 涉及石油（比如，20 世纪 70 年代）、原材料、股票交易、房地产市场的危机；涉及某个特殊部门的危机；等等。

某些倾向)在各机构间分配,这一点并未得到强调。① 源自公共行为此种偏差结构的税务政策成了一个简单的技术、行政问题,它牵涉到在经济上如何适应市场的限制。基于收入再分配和社会分层的缘由,干预型国家的行为遭到否定。由于决策者在税收分类上做出的选择,某些社会群体虽然享受了优惠(企业的创建、对小企业的支持、对企业搬迁的抗争,等等),人眼所见的却并没有那么多,或者说,与市场有关的特殊经济限制对此做了论证。决策者权力以及干预性国家针对社会所做政治选择的自主性是一个事实。归根结底,在行政上,公共政策的此种结构掩盖了这一事实。

由于将所做的选择以及行使的权力隐藏起来,此种存在偏差的财政公共行为削弱了经典的民主机制(参见图3中的虚线箭头)。发挥限制作用的有两种情形,即危机和全球化。背景的多样性受制于这两种情形。不过,和经济全球化一样,危机同样为公民的各种论争和社会的各种选择(税收干预主义以及支出)打开了机会之门。由此,决策者提供的解决方案所展现出来的单调、划一粉碎了可感知变化的多样性。他们以市场为借口,逃避公民们的掌控。因为公共行为的因果偏差,民众对一众机构所拥有的权力以及与公共行为有关的诸多观念的政治合法性(民主便是以此为基础的)遭到扭曲。税务问题在结构上经过简化后,变成一种与限制有关的意识形态,这些限制将许多可能性从民主领域排除出去:由于技术官僚对经济上的"必要"决策所做的呈现,统治精英的政治选择被隐藏起来(参见上文)。

因此,税收在公共服务融资、经济、减少不平等(再分配)以及各地区可持续发展方面的重大作用往往与民主领域脱离了干系。税收的政治功能源自税收国家的历史演化,现在,此一功能却遭到藐视。从形式上看,经由诸多机构享有的选举授权(electoral mandate),民众对纳税的许可得到了确认。但是,本质上,这一授权是空洞的,由此,公民的论争越来越与有关限制的修辞脱去联系。税收与支出之间的关系或被人遗忘,或遭到歪曲。经过运作,在收支、资本税与所得税、社会支出与经济支出,以及得到支持与身处下位的社会—经

---

① 这里的权力是实实在在的权力,包括但不限于与政府、议会、行政部门以及税务法官的决策有关的(正规)法定权力。针对每个机构,人们必须考察谁是实际的财政决策者,比如美国议会的下属委员会,许多国家的行政首脑、财政部长,以及中央税务部门。

济群体之间达成的政治妥协往往不在公民们伸手可及的范围之内。

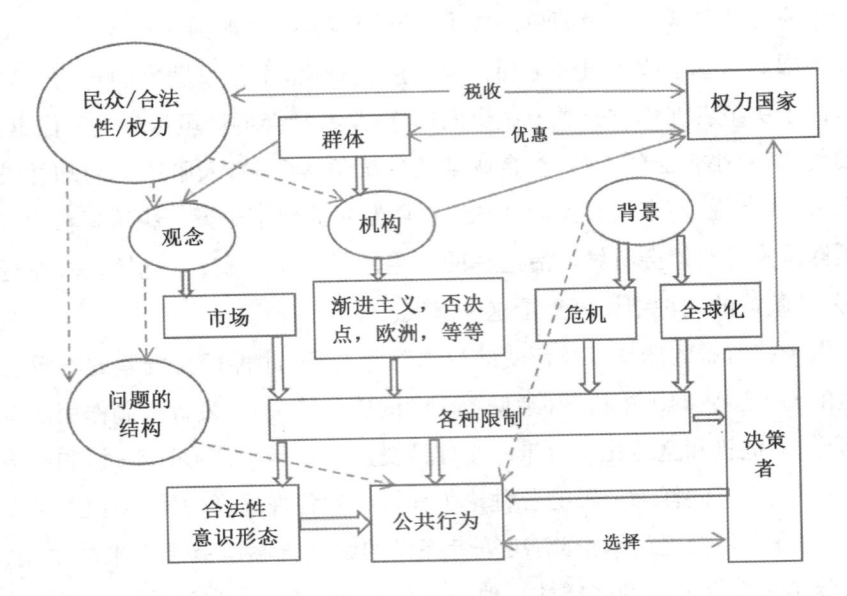

说明：粗箭头表明的是因果偏差，细箭头表明的是隐藏起来的真实关系，虚线表明的是弱化的关系(三个分析层次)。

图3 公共财政举措的因果偏差

在这里，人们应坚持决策者相对于社会—经济群体或多或少拥有强大的自主性。我们通过第六章的财政政策基本模型已经看到，通达组织的路径发挥了作用。如果是这样，以特殊优势为标准的社会分层构成了当权精英所行使的国家权力的一个特征。此种超越常规的权力让统领税收事务的税收国家失去合法性，作为一种与政治支持有关的基本机制，它与民主并无关联。① 与带有"多元主义"色彩的开放性有关的问题取决于到底有多少群体参与到了制度当中。答案因为国家、时代等方面（依背景而定）的不同而不同。对与全球市场有关的富裕民主社会来说，干预型国家的矛盾是清晰可见的，与经济限制有关的意识形态让决策者有权对所提供的分类解决方案进行评估。在这一结

---

① 此种分析令人得以通过展示一些特异之处，具体说明帕累托的一个财政社会学观念：在民主社会，政府通过诈术，求助于与市场限制、危机所带来的风险有关的意识形态（"派生物"）。但是，这并不意味着根据经济上的可能性满足当权精英的需求。决策者干预权的自主性被保留下来，在更大程度上，超常规权力（特权）的授予体现了此种自主性。

构中,我们明白了群体效率在很大程度上依赖于其论证性游说的质量,在当下各种限制被意识形态化的背景下,为了获得更高的效率,此种游说必须围绕着经济展开。

最后,作为一个整体的公民(图3中的"民众"),由于实行了尤其有利于某些群体的分类,对税收做出解读殊非易事。我们还要明白,在没有确认与渐进主义有关的决定论的情况下,决策者常常对不利于激进改革的那些调整举措(它们就最终的结果而言是重要的)表现了自己的偏好。同样,间接税(一般是以附加税为原型)重要性的增长是奔着民主衰败方向去的。与令人头晕目眩的宽松征税相似,此种间接征税程序的好处是谨慎周到(按照经济学的话来说就是"无痛");它与消费品价格而非社会问题有关(尽管如此,这些问题由于其对收入再分配的影响而享有至关重要的地位)。基于这个理由,对个人来说,对自身所承担的真实税负进行计算是极为困难的。最终,我们明白了要对中央集权(或联邦)国家与地方当局(和联邦下属各州)之间有关财政工具的制度性论争吞噬了近距离民主的财政关系给予关注。① 由此,财政社会契约(参见第十一章)得到修订、调整,最终被产生偏差的公共行为(复杂的税收工具化因此而生)所遗忘。

(二)税收被用作工具

人们越来越多地把税收用作一件工具,处理与经济、社会、文化以及地域有关的各种特殊问题。从全球角度对税制的条理性、公平性进行评估已成难事。干预型国家的税法预见到了许多具体的机制,如果对它们做出论述,我们将需要一整本书的篇幅。举例来说,我们可以采取以众多小企业为指定对象和对其有利的财政举措。在人们看来,这些企业有利于创造就业,有利于创新。但是,其他机制所瞄准的是其他企业,比如针对某些部门的投资,或某些活动的发展(比如研究)。拿对创造岗位一事进行奖励的税收激励来说,它是在社会中应用广泛、应对失业的一件工具(Faulk,2002)。在社会领域,慈善以及针对慈善事业、协会或基金会的捐赠受到鼓励。但是,调高了的特定税对

---

① 比如,如上文所见,自由的福利国家表达了与公共行为有关的某种观念。

烟草、酒精的使用起到抑制作用。税收对社会进行控制的观念是由曼提出来的,它得到了广泛的验证。在文化领域,税收激励的存在对财产传承有利(Leroy,1997)。税收正在(以一种不自信的姿态)变成一个生态政策问题。它预见到了环境保护举措的好处(节约能源、燃料无污染,等等)。地域的吸引力要求各国或各国下辖地区之间展开财政竞争。法国的地区规划政策同样将税收优惠授予了给各种活动提供宽松空间的乡村地区,以及贫困的城市社区。由此,在2008年的危机后,避税天堂成为坚决打击偷税漏税的政府重新关注的目标。我们当下所处时期的特点是税收的重要功能扩散开来了。

税收政策还通过某种方式(不管此种方式重不重要)与其他政策相伴随,为的是跟其他税收收入(比如社会保障缴费)或支出和借款(参见第五章)一道,产生系统性影响。在这里,我们可以引用针对美国(1988—2001年)的一项研究(Reed,2006),后者表明个体所得税的负担约有一半源自新的税收立法,剩下的则可归因于其他因素。就社会支出而言,税收尤其与它配搭着发挥作用。由此,减少收入不平等既要求以累进税为手段的再分配(这对富人的打击更重),又呼唤以社会转移支付(针对赤贫者)为手段的再分配。同样,先是在20世纪90年代由经济合作与发展组织推荐、后又为欧盟委员会所力倡的"工作福利制(Workfare)"政策引导若干国家免除了低收入个体的社会保障缴费,通过社会激励(调高最低薪资)和财政激励(负所得税)对回归工作岗位再度做了强调。

尽管在计量方面存在方法上的困难(Burnam,2003;Burnam et al.,2008),[1]许多国家还是以税式支出来满足社会和经济上的用途(参见第十章)。不过,对这些机制进行监管的法律框架是存在的。至于欧盟的成员国,对其有管辖权限的是适用于国家援助(State aids)的共同体法。[2] 欧盟委员会小心翼翼地让财政援助不对竞争产生扭曲作用,欧洲共同体法院的判例法对相关制度进行监督。在国际层面,世界贸易组织同样被引导着对各国在国际

---

[1] 尤其是,出于不止一个因由,我们无法计算税式支出的总额。比如,废除税式支出会涉及将常规税收(往往受益于常规性的税收减免)返还给免税纳税人。另外,定义的差别让比较变得复杂起来。在法国,税务委员会认为(Burnam,2003:56),75%的税务支出并未得到准确的估算。

[2] 《欧洲共同体条约》(EC Treaty)第87到89条。有关财政援助的法律制度,参见Lambert,2005。

贸易中授予企业的税收优惠进行控制。① 实际上,这个框架的合理性由市场的良好运转得到证明,不过,要对国家的干预进行检测,它仍有力所不及之处(这也不是它所追求的)。

这些特异之处淡化了税收通过重要的社会—政治功能所发挥的作用,因此让有关公共行为的因果偏差变得更加严重。我们务必谨记,财政支出的规模定然会让税收收入减少。问题所呈现的面貌会变得更引人注目,因为社会支出的融资表现为与民主福利国家的演化有关的成就之一。财政的条块化实行起来,同样会对经济的宏观调控发挥作用产生危害。最后,在当局的议事日程中,接受再分配功能存在着一些难处,因为在许多避税窟的推动下,公民,尤其是我们将回过头谈论这个问题大多数得利者得以避税。问题的碎片化由此滋生了问题的复杂性。

(三)财政公共行为的复杂性

财政公共行为的复杂性早就是一个系统性问题,因为在同一体系中的不同税收收入存在着相互依赖的关系(参见第五章)。各种指南和各个行政部门给出的指标将针对个体、房地产、大小企业等的特定税收规则做了区分。由此,干预型国家对作为工具的税收的多样化运用加剧了这种复杂性。税式支出的复杂化(Orsoni,2005)让税法变得更具专业性(免税、退税、降低税率、税收优惠或税收抵免)。

由此,税法变得越来越不明晰(尽管在 18 世纪,亚当·斯密给出过明智的建议),每年付诸实践的大量文本即可为证。法律的可靠性受到威胁,财政公民权遭受阻碍。专家们常指出美国税法的复杂性(Tillinghast,2003:62)。赤贫者尤其受到这一点的影响,在他们身上积压着一些问题(Holtblatt, McCubbin, 2003),包括受教育程度低,以及更艰难的家庭生活,这也呼唤着更大力度的社会转移支出(无论是否应该纳税)。由此,纳税申报单中的大量错误就变得显而易见了。在法国,2004—2007 年,涉及税收条款的法律每年平均

---

① 参见 2003 年 5 月 7 日由世界贸易组织争端解决机构(简称"DSB")做出的与对外销售公司(Foreign Sales Corporation,简称"FSC")有关的决议。该决议认为,在出口领域授予美国对外销售公司的免税待遇是不合规的。

有17部(Sénat,2008)。在同一时期,每年带有财政特征的法律条款数量为230。税法越来越带有专业性(Lopez,2008),而且常常也不准确,瑞典的情况即是如此(Brokelind,2008)。宽松征税在许多国家凸显了此种复杂性。法律规范的运用由此成为难事,尤其是因为法律和事实在相关领域并不好区分。此种复杂性为某些熟门熟路的社会阶层(一般是经济上的得利者)走歪门邪道、避税、进行税务欺诈(逃税)等大开方便之门。由此,一项使用了54个国家的数据的横向研究(Richardson,2006)表明,从数据上看,税制的此种复杂性是对逃税有决定性作用的主要因素。对不想(或无法)犯罪(欺诈)的那些社会阶层来说,此种复杂性是谬误之源,会导致制度的明晰程度变低。

财政政策所实施的公共行为带来了一个矛盾,体现在它想引导行为,却让法律变得更复杂了。对于这个歪曲的结构,一般而言,我们要从形式的简化、行政援助的加强以及电子政务方面寻求解决之道(Sacchetto,2008)。虽然如此,如果不对财政干预的碎片化进行叩问,这些解决方案仍会是不充分的。从这个角度看,清除对某些经典性的预算补助(budgetary subsidies)有利的特殊税式支出看似能带来更高的效率。另外,此种解决方案会拓宽税基,幅度之大不可忽视。与此同时,法律背景缺乏明晰性会对民主起到额外的阻碍作用。

结　论

遵照与马克斯·韦伯的理想型(ideal-type)有关的传统,科学探索过程的中心任务之一便是深化模型。这是一个通过选择相关因素、变量和指标,以求获得足够精确度的问题,为的是顺从波普的要求,即在经验上对理论进行证伪。由此,对理论验证而言,在方法上以数据选择、简化为手段将某些东西排除实有其必要性。因此,一个分析层次常以牺牲其他分析层次为代价,获得优胜地位。科学的分门别类(规模宏大的自足解释体系遭到排斥之后的产物)将这一现象凸显出来。一些经验性结论对经济理论做了合理性论证,对这些结论做过度概括的过程正在发挥作用。与限制有关的意识形态的反财政话语被接受堪称这一过程的实证。与市场、危机或全球化有关的经济限制的决定论将政治决策等其他可能的选项隐藏起来。与制度决定论有关的各样理论也是如此，它们否定涌现出来的各种变化（尤其是在收支之间的妥协中产生的那些变化）的真实性。不过，对税收收入与公共支出体系的分析已然证明了财政国家变化的真实性。上文呈现的事实、论证让与民主选择之不可能性有关的思想姿态彻底丧失效用。

将不同分析层次呈现出来（超出相关的跨学科要求，参见第三章）要求细致的思考，以求不带一丝夸张地总结特别的经验性结论。这同样是一个在不同层次之间（不仅是在微观和宏观层次之间，也是在理论和经验层次之间）寻索（居于中间层次的）转换性变量的问题，为的是让定性因素（与数据关联等有着紧密联系）占据一席地位。拿财政公共行为来说，在认识上对背景的定位充当了基本要素层次与本章所述其他层次之间的转换性变量。社会—经济群体形成了一个重要变量。这个变量与其说与社会或经济权力有关，还不如说与决策者所行使的国家权力有关。在税收与民众之间，这些群体同样处在转换性（居中）变量的位置上。在这里，群体通达组织的顺畅程度[①]仅仅代表了征税过程中的一个方面。在与限制有关的意识形态中，征税过程将国家权力[②]以隐身之民主的形式呈现出来。与选择有关的精英主义从有关专家治国的论证那里获得了合理性说明（并且被后者隐藏起来），这些论证因为与市场有关的经济研究而勃然兴起。此种专家治国制度在功能上弥补了相应的不足，它以超越常规的权力作为一件专断的工具。此种与干预型国家的公共行为有关的模式存在偏差，它没有把发声和反抗的权利留给民众。但是，它对民主的运转不仅有釜底抽薪之效，而且常常对之持否定态度。由此，官僚机构发现自身处在一个艰难的位置上，即在实际的社会罗盘（social compass）并不存在的情况下，对法律的实施进行监督。

---

① 多元主义、新法团主义、马克思主义、精英主义的理论等由此得到区分。
② 它超越了正规的领导人选举以及公共机构所拥有的强制权力。

第八章 官僚管理

"官僚制"是一个难以定义的概念,因为我们可以从不同的路径来分析它。首先,经济学家、社会学家、历史学家、商业管理者、律师等的科学行政观有赖于他们在佩戴哪一种学科和方法的"眼镜"。其次,对于官僚制,存在着三个视角下的分析。这些视角将官僚制分别视为:由相互关联的不同部门(执行组织章程中所规定的职责)组成的一个正规结构;一个让一群人运作起来的组织过程;有待评价的一系列结果。而某些理论综合了以上三个维度,马克斯·韦伯的著名模型便是如此,它包含结构性特征、与"法理"型("legal-rational" type)在西方的理性化历史有关的功能性特征,以及对效率的要求。米歇尔·克罗齐埃(Michel Crozier)提出的法式官僚制模型也是如此。我们的财政组织分析针对该模型做了一次具有批判性的对比。还有一种路径是借助公共政策界定行政在公共行为的构思(目标)、在解决方案的实施中所扮演的角色。[①] 这一路径带有一般性,它强调了公共行为的行政执行阶段的重要性。

我们将把特别遵照截然相反的传统、由某些马克思主义者或公共选择学派阐述的模糊理论或简化理论[②]放在一边。事实上,"批判性的"官僚制概念被呈现为一种普通的压迫机制,服务于资产阶级或资本,它对国家机器和决策者的任何自主权都持错误的否定态度(参见上文各章)。通过类似的简化方式,公共选择学派(Buchanan,Tullock,1962;Downs,1957)阐述的"功利主

---

① 根据琼斯的分析模型(Jones,1970),公共政策包括问题的确认、解决方案的构思、决策、实施、评价以及行动的终止。
② 其极端形式在许多地方勃然兴起,展现的是它在相关科学中的正统地位。

义"概念将行政机构视为独一无二的组织,组织理性意味着它要在人员、物资和预算上追求规模的最大化。依据利维坦税收国家模型(Brennan, Buchanan,1977:273;1980),官僚往往将自己的预算最大化(将收入最大化者)。这就导致了官僚制的越轨(Niskanen,1971),因为经济实效既不会带来鼓励,也不会带来处罚。

官僚制在这里被认为是一系列流程,人们因其而得以做出"真正的"并与组织选择(即与组织管理有关的官方目标)[①]相一致的决策。在同一个组织(企业、协会或政府机构)中,某些决策过程或许带有官僚制色彩,其他的或许不是。这个定义令人直面官方改革对决策之具体实施的影响,从而把变化问题化。作为官僚制下的一个过程,管理绩效通过其如何与组织成员的行为保持一致得到研究。作为与现代化有关的一个过程,对税收的公共管理在涉及公益(公共行为因它而获得合法性)的官僚管理的视角下得到审视。我们要为法国税务管理的现代化历史以及经济全球化背景下的税收管控机构存留两席地位。

一、法国财政官僚政治

直到1948年法国税务总署(Direction Générale des Impôts,以"DGI"闻名,即法国的税务管理部门)创建之前,税收的公共管理权是由遵循不同类型的逻辑的三个机构共享的。耗费20年时间,新的等级链条在结构和组织上归于统一。这是第一个改革,是法国战后现代化政策的组成部分,其宗旨在于改造行政结构,顺应税制(从那时以来由有更高的纳税申报潜力、带有干预性的各种综合税组成)演化趋势。进入20世纪90年代,第二波重要的现代化改造发挥了作用。它将与欧洲打造单一市场(这就废除了各国边界,推动了内部通行的附加税的产生)有关的新阶段纳入考虑范围。它将民生和工作境况的改善置于优先地位,以此也是对税务代理人的要求与对振兴公共服务的政府政策做出回应。在2001年的《预算法组织法》(简称"LOLF")通过之后,另一项改革被推至台前。此次改革与资源结构或重估资源价值并无直接关系,而是

[①] 这一定义与默顿的界定(Merton,1965:196)相近。默顿强调,"在真正的官僚制下,我们面对的情况如下:行为有很强的规律性;对所规定的行为类型要保持高度顺从"。

把目标放在对公共绩效(在公共支出丧失合法性的背景下)的衡量上。

(一)现代税务机构得到确认

1948年4月16日,法国税务总署成立,旨在将三个机构(即管理直接、间接税收收入与注册事宜的机构)合而为一。外部服务的合并殊不简单,因为这一过程从1948持续至1970年,比20年还稍长一点。我们要在范围大得多的参考框架(也就是第二次世界大战后法国社会的现代化框架)中审视此次改革的重要教训。事实上,虽然税收国家在各国都具有干预性,但在凯恩斯主义和社会福利的发展方面,法国的战后现代化问题自有它的一些特质。法国公共行为体系的新规范得到该国政府和精英的支持。这一新观念以法式规划为依仗,支持将国家敢于主义作为一种对市场规范不利的价值观。在这个时期,法国的宏大工业规划政策是由该国的大企业掌控的,这同样是"法国国家行政学院的毕业生"以及专家治国的时代。国家与高级行政官员由此在如上过程中占据了中心地位。根据一些政治分析者的说法,法国的公共政策模式构成了这一过程的鲜明特征,前者尾随着分权与欧洲共同体创建的双重演化步入危机状态。

至于税收政策,根据一般的现代化模式,在一群有高官身份且从声名卓著的国家行政学院(简称"ENA")毕业的财政稽核人员当中,再度出现了提高税收收入(为的是平衡战后的预算)的动机。与结构有关的渐进改革付诸实施,而对税制的激进变革遭到拒绝,尽管总工会(法国的一个工会组织)提出了强烈的建议。税务部门慢慢地回过头来,认可了税收作为经济工具的观念。提高税收收入另有1954年由莫里斯·洛雷(Maurice Lauré)创设(以对企业一视同仁的原则为基础)的附加税一途。

不过,布热德在1953年领导的抗税行动标志着改革(尤其是税收控制政策)的暂时中止。多方面控制(many-sided control)取代了三个机构以税种为依据的分头控制(不是很有效),前者的兴起是以如下争论为特点的:社会学意义上生产率与协商之间的妥协(参见下文),以及在纳税人与税收稽核人员之间达成的程序平衡都和对历史上抗税运动的恐惧有关。

现代化运动又一次在新政策(旨在创建一个让大量人民群众担负责任的

第八章　官僚管理

大型税收体系)的框架中启动。所得税、公司税以及(1968年的)附加税得到普及;伴随纳税申报制度、会计要求的发展以及财政干预主义的快速扩张(税制面貌因此而发生了极大的改变),征税手段得到调整。走向现代化的参照系为税务部门的变革尝试提供了灵感。这些尝试所涉及的程序与预算选择的理性化(简称"RCB")有关,灵感来源则是美国的计划项目预算系统(简称"PPBS")。这个问题牵涉到对我们今日仍不能否定的现代管理原则[①]的运用。管理原则是与组织有关的一个常量。其表现形式是成果控制,它是一种事后税收控制形式,通过生产率卡片(productivity cards)体现出来。

1970年,外部税收服务的变革最终实现了各种服务的合并。发号施令的各级机构归于统一。税务部门提供的107项服务取代了各部门提供的247项专门服务。152个税基评估与管理办公室覆盖了四分之一的国土,它们合并为一个功能性单位,三大机构原有的职能此时也经历了合并。从税务部门结构的视角来看,与管理职能[②]有关的法约尔模型(Fayol, 1962:19—47)尤其通过统一指挥("一个部门只接受一位领导的命令")与"统一管理"("所有活动都追求同一目标,听从一位领导的指令,执行一个规划")的确立发挥了作用(Leroy, 1994:822)。这一时期形成了以中央集权、严格并规范的税务官僚制大幅扩展监管的看法。事实上,如若这一模型确然构成了历史上政府曾经达到的某个层次,那么,我们有必要指出,其他的重要特征对此种论述有所修正。

由此,法国政府的"现代化"开端是以其在税制构建过程中管理以大众为对象的税制的能力为特征的。变革逻辑的聚焦点在于官僚制结构的调整与付诸实践的新税收政策(其起点是综合税的创设)之间的关系。这一模型一直延续至20世纪90年代的变革时期。

[①] "预算选择理性化任务在很大程度上受到了现代变革原则(这样命名很合适)的激励……这一信条逐渐跃出了私有企业的界限……尤其是涉及政府机构,简单的常识表明清晰界定目标、推动分层负责以及由此授权展开对行动效力的验证(源于事后控制)会带来很大的好处。"材料来源:Mission RCB, "Inquiry into the Central Administration of the Ministry of Finance," Paris, Ministerial Archives, 1969—1971.

[②] 按照构想,组织是为了生存不得不展现某些基本功能的社会组织,F. W. 泰勒的科学工作组织(简称"OST")即是如此。按照法约尔的看法,管理职能包括审慎思考、组织、发号施令、协调与控制。这位矿业工程师的一般管理原则高度评价了统一指挥的优胜之处,后者对应的是彼时为税务部门量身打造的结构。

(二)20 世纪 90 年代的管理变革

改造税收管理部门的意愿伴随着三个挑战同时出现的大背景：

(1)在适用于共同体内部的附加税新制度创建起来之后，欧洲出现了新的秩序。该制度源于被转换为法国法律(遵照 1992 年 7 月 17 日法案的规定)的欧洲经济共同体 1991 年第 680 号指令。

(2)在 1989 年的大规模罢工潮中，行政办事人员表现出骚动之势。

(3)米歇尔·罗卡尔(Michel Rocard)总理在 1989 年 2 月 23 日发出的书面指令，提出"振兴公共服务"。用户所享受的服务的改善必须与"振兴公共服务"的一般过程相联系。

解决这些挑战并非易事。彼时，法国税务总署(简称"DGI")界定了四个行动原则："让各个层级担责；为团队提供其所需的支持；内部进行更流畅的沟通；更好地管理人力资源。"[①]如果说这些概括性阐述在其本身而言并没有什么可争议的，对于逻辑的变化，它们也没有过早做出判断。通过付诸实践的物质手段，此种现代化尤其被理解为政府管理能力的提升，与此相伴的是服务电子化(包括提供给办事人员的微型计算机)的新潮流以及培训的强化。一如 1948—1970 年的改革情形，设立奖金的目的是为了推动人们对变革的认可和直接对社会需求做出响应。

此种现代化还有赖于企业不辞辛劳的沟通(在某些人看来带有意识形态色彩)，为的是缓解 1989 年社会冲突之后的动荡局势。从决策的视角来看，得到尝试的还有针对信贷和决策的某种分散化举措，但是，1995 年部门监察员(divisionary inspector)职位的创设尤其让等级秩序发生了改变。从那时以来，税务部门负责人便是地方服务的真正主管。2001 年，由于议会通过了经左右翼投票的一部组织法，发生了一次新的组织变革。

(三)《财政法组织法》框架下的行政绩效

2001 年 8 月 1 日的《财政法组织法》(简称"LOLF")开启了针对国家管理

---

① 资料来源：Direction Générale des Impôts, *Nos principes d'action*, Imprimerie Nationale, Paris, 1990。

的大变革。新的逻辑对财政透明度的提升、议会作用的强化起到补充作用,公共项目管理者的责任因前者而被推到前台。这些人必须对成本、目标和结果负责。公共管理现代化怀抱的雄心是让法国跻身实践绩效文化的列国大家庭(OECD,2007),并且或多或少取得了成功(Schick,2008)。与用于服务的各种资源有关的预算以及以服从为追求的管控被这样一种逻辑所取代,它更注重目标,以及对公共项目绩效的评价。由此,从此刻开始,法国战后的现代化观念由于以成果为导向的绩效管理而臻于圆满。它曾吸收了欧洲范围内的相应观念作为参考,其最终表现形式即是20世纪70年代的市场观念。[1] 这一新观念将管理以及对人力、财政资源的评估定为公共行为的核心内容,以此对与管理行为有关的经典法律观念构成了挑战。

表 10　　　　　　　　　　　　法国税务管理结构

任务	项目	目标	指标数
管理与对公共财政的控制	国家以及地方公共部门的财政、金融管理:项目156	财政公德	3
		税务简化	3
		反逃税	3
		收支管理	3
		服务于办事人员	3
	经济、财政与工业政策的指导:项目218	服务于办事人员	1
		人力资源	2
		支持功能	3
返税与减税	与国税有关:项目200	速度	2
	与地税有关:项目201	速度	1

资料来源:2006年的预算法。

管理者手上掌握了针对所负责的众多项目的总额预算(具有可替代性)新的预算结构在他的自由与相应绩效[涉及管理者年度绩效计划(简称"PAP")中所定的目标]控制或评价之间确立了平衡。国家指向公共政策的任务大约

---

[1] 1968年,欧洲共同体废除了关税。按照1986年《单一欧洲法令》(the Single European Act)的预见,到1992年底,会出现四种流动自由,分别对应货物、服务、资本以及人员。海关手续被废弃,从1993年起,共同体内部通行附加税。

有30项,包含约130个项目。需要部门之间协作的任务约有8项。[①] 目标评价的依据是三大类指标:与效力或牵涉公民的公益有关的社会经济指标;与涉及纳税人的效率有关的指标;与用户所享受的公共服务质量有关的指标。我们还可以确认与行为(关乎手段)和结果有关的指标。

从此刻开始,经济与财政部的行为便可归结为九项任务,其中的三项任务涉及21个项目,需要部门之间的合作。说到从2006年(此处之所以将其纳入讨论范围,是因为这是实施改革的年份)开始实施的财政法,按照其规定,法国税务总署承担的部门任务有两项,包括四个项目(简称"PR"),涉及23个目标(参见表10和表11)。为了实现真正的税收政策评估,绩效指标仍有可完善的地方。即便如此,其优点在于,这些指标尝试着让《财政法组织法》所需要的透明化路径具有可操作性。

与"税收公德"追求有关的指标仍有待改善。第一个指标衡量的是企业是否遵守法定截止日期纳税,对企业来说,这涉及任何以避免惩处为目标的财务策略的一项基本要求。第二个指标与对所得税责任的尊重有关。在这里,我们尤其看到了一个问题的再度浮现:官僚组织的衡量标准忽略了对纳税申报内容的基本管理。与纳税申报是否诚信有关的指标付诸阙如,在此种情况下,明知故犯的欺诈(确实难以衡量)并未被直接纳入考虑范围。第三个指标也就是在册(清册)税种的征收比率。这个指标虽然重要,但并不代表真正的变化。我们知道的是,第一年,在所有种类的税收(所得税、公司税)中,被征收的在90%~95%;在三年期之末,相应比例达到了97%~98%。在这里,为了弄清逃税(欺诈)现象的地理分布,检验经济(比如失业)、社会、宗教以及其他变量的影响,对持续存在的地区差异进行衡量并进一步做出解释或许是一件有趣的事情。

"反严重欺诈"的目标是重要的,其目的是为税收控制的效力、纳税申报制度的可靠性、纳税面前人人平等、税收国家的合法性做论证……此处关联到与纳税申报效率有关的指标。这些指标或许有助于人们就下文中再做描述的数据输出的特殊逻辑提出问题。确立与诉讼有关的指标(相关纳税人、欺诈类

---

① 比如区域性政策、养老金计划、研究、高等教育等。

型、结果,等等)或许是一件趣事。从本质上说,应对最严重欺诈的管理举措所占的比例也会成为反映进步的一个指标。借助与欺诈严重性有关的明确标准的扩散(为的是避免官僚组织制造数据大杂烩),①该指标会变得越发清晰。最后,我们最好对税收控制的成果做全面分析。

"税务简化"目标所指向的是 2003 年 6 月的一项政府决策。它包含九个承诺,尤其涉及回应的延迟、接收、信息、用户委员会、自动纳税、税务中介的设立,以及预先填好的所得税申报单的发送。幸运的是,在这些举措(回应需求、发放印制的表格、确认自身身份,等等)当中,有好些对应的是先前与常规公共服务有关的做法,不会让行政组织感到不适。由此,不经过努力,绩效便可达到优秀层次,因为在最初的指标当中,得到满足的已经超过了 95%。受托承担税务和解(tax reconciliation)之责的是某个行政人员,虽然如此,我们可将此种和解视为一种全新层次的沟通。预填所得税申报单的做法的确立表明了真正的进步。而法国是少有的在对工薪族课税时不使用源泉扣缴法(只要有所得便需纳税;对它的使用者来说,这或许是更为简单的解决问题的方法)的现代国家。

从税收社会学的视角来看,"税务简化"目标当中的两点内容具有积极意义。它们涉及行政语言的改进,比如(针对税收调整)提出以税收"矫正(rectification)"取代税收"纠误(correction)"、以"友好提示"程序取代税收纠误提醒(在所得税纳税申报与雇主、银行和养老基金做出的交叉检查发生冲突之时)的建议。政府接受了这些阐述,免于将纳税人的失误污名化为"欺诈"从而导致税收丧失合法性。有关税负最小化(tax minimization)的分类以及相关的具体影响因素,相关分析(Leroy,2003)表明,即便是在风险很小的时候,②管理部门更正错误的风格在重要性上也不亚于法律的性质和关联金额的大小。

"收支管理"目标旨在借助一个综合指标衡量行政管理成本。我们必须将

---

① 在这些标准当中,除了所牵涉的有关数量的内容,以及欺诈手段的性质还有惩处条件,保留如下标准堪称明智之举:刑事诉讼(发起并产生效力)率;所定罪行的性质;国际欺诈的占比;不同类型的违法商业行为(洗钱、恐怖主义,等等)的占比;广受认可以及受到争议的税收调整,等等。另一个明智之举则是对我们在衡量黑色经济(确实不易)时凭借税收控制的成果仍未发现的事物进行评估。

② 违反规则减少绝缘设备、在未通报染疾的情况下领取收入补助、在纳税申报表上填错了表格,等等。

相关信息与其他国家的情况进行对比,如此才能获得最全面的认识。就此而言,法国政府仍处于一种极为不利的状态,以税务工作管理净成本与净税收收入之间的关系来衡量,其1997年的干预比率(intervention rate)[①]为1.6%。[②]

表11　　　　　　　　　　　　法国税务管理的表现

目标	指标的性质
税收公德(项目156)	在法定截止日期之前纳税企业的占比 谨守所得税职责者的占比 在册税种的征收比率
税务简化(项目156)	项目进展速度 程序的非物质化率
反欺诈(项目156)	应对严重欺诈的管理举措所占的比例 税收控制作用下的征收比率 与罚款有关的征收比率
收支管理(项目156)	与收入干预(成本)有关的比率 与支出干预(成本)有关的比率 与生产率有关的综合指数
服务于办事人员(项目156)	15日内所处理的紧急退休文件的占比 一周内所处理的复归养老金(reversion pension)文件的占比 三周内所处理的信件(对电子邮件来说是48小说)的占比
服务于办事人员(项目156)	可到集体餐厅的办事人员的占比
人力资源(项目128)	在上半年举行的与评价、评论有关的面谈的占比 年内接受培训的C类办事人员的占比
支持功能(项目128)	采购的收益 在技术上为每个办事人员提供设备的运营性支出 与人力资源、后勤有关的服务人员的数量
速度(项目200)	提前30日退还所缴附加税的速度 在一个月延迟期限内处理IR诉求的速度
速度(项目201)	在一个月延迟期限内处理TH诉求的速度

资料来源:2006年的财政法。

"服务于办事人员"的目标体现在两个项目中,包括与延期有关的社会指

[①] 资料来源:Inspection Générale des finances, "Mission d'analyse comparative des administrations fiscales," No. 98, March 1999:11.
[②] 美国名列前茅(0.49%)。随后,我们可以可到:瑞典,0.52%;爱尔兰,0.83%;西班牙,0.89%;加拿大,1.05%;英国,1.12%;荷兰,1.23%;意大利,1.52%;法国,1.60%;还有德国,1.71%。

标(涉及对退休需求和邮件的处理),以及与可去集体餐厅的办事人员数量有关的指标。这些间接指标实际上并非绩效衡量所追求的主要目标的组成部分,虽然如此,它们或许有助于让遇到难处的办事人员心满意足。"人力资源"目标涉及上半年的面谈次数,以及接受培训之寻常公务人员的数量。该目标看起来同样与人们可能怀抱的期望有一定距离。与"支持功能"有关的目标推出了三个指标:采购的全球化;办事人员的设备成本;担负人力资源职责的人员的规模。第一个指标在管理中具有权威性。其他两个指标毋宁说表明了手段的重要性,而与效力、效率并无关联。最后,与"速度"有关的目标通过与延期有关的指标的运用,在两个项目中得到界定。

以上是对众多指标的简要分析,它足以表明政府的常规管理能力有多重要。由此,从这个视角来看,改革并不是微不足道的,即便它还未容许我们站在全球高度畅想在行政上付诸实施的公共政策。让项目的制定与传统部门架构保持一致是人们所做的选择。这一选择值得我们在得到改进的目标预算逻辑中加以重审。税收政策的功能(参见第十一章)并未得到评价,比如说,并未得到衡量财政支出(用于经济、各地区、再分配、不同社会阶层,等等)影响的那些指标的评价。关于纳税人面对税收时的理性,人们的认知并未受到质疑(参见第九章),又比如说,对税务诉讼内容的分析便没有对此加以质疑。正确的做法是,对与欺诈有关的复杂现象的探索,应以与反严重欺诈有关的指标为基础。把该指标与税法的复杂程度以及税务程序的影响放在一起,正确地看待它们,这对前者来说或有改进之效。

法国政府已经表明了在历史上的很长一段时间里,它是有管理能力(对纳税申报体系的管理、新税的引入、服务电子化,等等)的。合宜的做法或许是继续对这一维度做精确的衡量,因为这一维度很重要。尽管如此,《财政法组织法》深入阐释的那种逻辑尤其有一个目标,即了解该法之于税收政策的影响。但是,到如今,税务部门的演化尤其被视为由三种现代化所组成的一个序列,每一种现代化身处的背景各有不同,但是,在对有着各样手段的管理所做的评价中,它们都展现了某种连续性。战后身处现代化进程中的参考框架使得行政架构发生改变,从而适应在税收方面(尤其是针对经济发展)所扮演的干预者角色。对变革的抵制(我们看到,服务的合并耗时约 20 年)由于职工获得的种种优待而得到克服。20世纪90年代,欧盟成立所产生的影响,公共服务改革以及社会斗争的问题让政府得以强化管理的物质手段。① 近期引入的与官僚制现代化有关的绩效指标由于对管理绩效的坚持(参见第六章),有取代得到细化的与公共项目相关的政治观念之势。但是,行政演化的步伐并未停止。由此,相关行政架构的改革在其实施过程中是与税务总署和管理公共账目的部门的合并(源于2007年10月的政府决策)相伴的。新的公共财政总署(简称"DGFP")的创建会让针对所有纳税人的独特对话平台的搭建成为可能。②

管理控制(management control)的普及是一个与税务部门的运转齐头并进的发展趋势,对公共政策做出真正的评价只是其中的一个内容。它主要是一种与手段(而非仅仅与税收政策的结果以及反税收偏差)有关的文化,人们对它的赞扬今日犹存。的确,《财政法组织法》所求之预算透明意味着通过指标对行政行为为达目标所用的手段进行定量测定。但是,此种透明还要求对官僚制的运转逻辑(涉及行政目标的批判性定义)展开分析。问题有很大一部分是源自税收政策在连贯性上的欠缺(参见第十一章),这让为纳税申报制度(在民主税制中居于中心地位)可靠性提供支持的管理绩效变得复杂起来。

二、税收控制组织

对税收控制的研究对理解行政运作以及税收政策的有效性都是至关重要的。2009年4月2日二十国集团(世界上名列前茅的20大经济体)所做的决策(为了遏制存在于避税天堂的国际性欺诈)表明了这个问题的重要性。在法国,新税尤其是所得税的兴起[1914年和1917年的《卡约法案》(the Caillaux laws)]是与税收控制的逐步实施相伴的。但是,从20世纪20年代直至第二次世界大战结束,构成这一时期的特征的仍然是反抗税(包括欺诈)行动的无效性。直至1948年税务总署创建,人们以严肃的态度,为税收控制配置了组织资源("多功能"办事人员的设置)与法律资源。知情权和行政控制权令该机

---

① 相比之下,以市场作为参考对税收合法性有削弱作用,它证明了立法的变化(公司税和资本税)受到行政部门的控制的影响(参见第十章)。

② 2003年,把这些部门合并起来的最早尝试便遭遇了来自地方当选政客以及意欲保留乡村服务的人员的反对。当下的改革认为部分税务工作属于乡村财政机构的职责,以此让后者维持下来。对企业来说,独特的对话平台早已存在。

构享有重要特权,后者在 1986 年使经过核验的纳税人的权利得到加强,获得的保障也更有力了。从那时以来,相关的对立统一问题意味着我们要对如上两种不断演化的权力之间的平衡要给予密切关注。对行政决策的社会学分析将与经典模型有关的官僚组织的原创性凸显出来。控制者(审计监察员)不再按等级排列的各层级当中,他们发挥了至关重要的作用。按照人们的分析,此种作用以决策妥协(decision-making compromise)(在标准化数据输出与或多或少带有正规性的协商之间达成的妥协)的形式呈现出来。在与对企业的行政监管(隐含在经济全球化当中)有关的比较视角下,此种官僚制模型被其他模型取代了。

(一)与税务程序有关的对立统一

1986 年,右翼政府对议会下属的艾卡迪委员会(the Aicardi parliamentary commission)做了任命,旨在改善税收、关税管理与公民之间的关系。遵照该委员会的建议,发生了一个有利于得到核验的纳税人的变化。我们不细论 1987 年 7 月 8 日法案的相关法律措施,因为等级制掌控力的增强,以及人们采取了与提高认识和接受培训有关的举措,此次改革才成为可能。此次改革的一个成果便是某种组织规范、专门反映行政团体情形的某种社会表象(其表现形式是程序失误得到的关注令人咋舌)的形成。不过,与保护(涉及纳税人的权利以及对他们的保障)有关的形式主义并没有覆盖一切领域。[①] 相反,与限制有关的形式主义关联到纳税申报义务以及对行政需求做出回应的必要性。无论是文本还是法官,看起来都会对此施以严厉处罚。某些谋利者和熟知程序失误的专家利用了人们对形式失误的恐惧情绪。从社会学上说,此种情绪鼓励了相关部门展开协商。

更广而言之(Leroy,2008),与程序有关的一种辩证法在发挥作用。一方面,它反对行政部门旨在加强其知情权、探究权以及控制权(在不招致容易削弱其特权的若干反应的前提下)的要求;另一方面,它也反对提升纳税人所获保障的运动。此处(第二个方面)所谈到的运动在法律和政治上通常具有一般

---

① 针对形式或程序失误,法官对行政部门所宣布的处罚带有多样性,有时,处罚受到很大的限制。看到这一点就足够了。

原则的合法地位（理论上）。这是一个对纳税人权利进行保障（把它当作捍卫公民权的一种特殊情形）的问题。但是，人们还必须从社会学的视角出发看待问题。在这一视角下，就对纳税人权利和所获保障的利用而言，受到最大保护或者处在最有利地位的是各种社会群体，尤其对企业和巨富阶层有利。各种保障尤其涉及对账户（企业）和物理个体的核验（相关程序带有矛盾性，也就是说，这个程序在牵涉各方的正当听证之后，指向的是对个体税务状况的核验）。通常而言，这些核验指向的是大笔收入。① 寻常纳税人受到文件（只以纳税人的纳税申报文件为基础）的管束，法律保障不那么充分。实际上，此种管束有时往往通过并不那么具有争议性的政府高压行动。之所以如此，另一个缘由在于求助税务律师服务的经济成本。

　　就信条与实践而言，有时行政部门会采取某些举措，旨在促进沟通，或者说确立法律之外的保障。比如，针对地税，一种附带交叉审查的程序得到应用，尽管没有任何文本对此有所预见。如果征税程序带有随意性，在某些情况下，纳税人的论点会被纳入考虑范围。更晚近的时候，在行政部门的动议下，针对与文件之约束作用有关的事务，设立了税务中介。但是，这些做法并不容许人们在思考持续存在的反面案例时，就行政部门的善意给出一个一般性的看法。至于文件所施加的约束，行政部门并未将税收调整的财政后果表明出来。有时，行政部门以一种并不温和的方式运用了信息求取程序（表754），就对纳税人的保障而言，这一程序并未受到太多约束。② 从这个视角来看，在部门中设立某个中介本质上是为了重新平衡（reequilibrate）与纳税人的关系，后者是文件约束的对象，他的官方任务是改善行政部门与纳税人之间的关系，极力确保服务质量。由此，服务于寻常纳税人的调解文化便代表了一项进步。不过，不确定性仍然存在，因为税务中介属于行政部门，他有时将自己的职责与税务管理主管和（或）诉讼事务主管的职责累积在一起。

　　另一个案例与尽忠之责有关，这是行政部门在做调查和确定税收纠误措

---

① 相关部门尤其对不同税种做了如下分割：企业税（假如是大企业，企业税和业务处理税是分开的）；与行业有关的税收；与雇员有关的税收。针对企业和受益最大者的协商得到推动。

② 由此，这就避免了更难的以及与论证请求有关的程序。这一程序受到严格的监管（要借助法官的管控），其依据是《财政程序手册》（the Book of Fiscal Procedures）中的 L16 和 L65 条款。

施时不能慢待的一种行为准则。1996年,法国司法体系中的最高法院(*the Cour de cassation*)回顾了从2005年以来便出现在纳税人章程(第25页)中的这条原则的重要性。[1] 但是,以事实而论,在法官面前替换法律基础或者变换动机的系统性做法与该选择是背道而驰的。最高法院而非国务委员会(最高行政法院)的立场[2]必须推广开来。国务委员会证实,如上做法没怎么遵从与矛盾性程序(也就是要经过牵涉各方的正当听证)有关的原则。新发送的税收纠误提醒授权纳税人把自己的言论提出来,这一做法应加以普及。

为了对行政行为形成制衡,法官的作用可谓至关重要。由此,与探访和扣押有关的程序便受到严格法律规范的制约,后者限制了展开搜寻之时私人生活遭到随意侵犯的风险。一些管理措施是以与寻常纳税人有关的文件为基础的。和这些措施一样,很少有案件被呈交给法院。不过,即便如此,出现失衡危险的可能性却更大了,其缘由尤其在于法律框架(索取信息)并不具有约束力。如果组织逻辑是一种与控制措施的产出率有关的逻辑(参见下文),那么,行政部门的评价失误便是有可能的。在这种情况下,便宜行事的权力不再面临多如牛毛的限制了。最后,行政部门一定会通过法律修订,将在法官面前的丢分赢回来。比如,涉及对物体个体的核验,国务委员会认为:必须把非居民排除在核验对象之外。[3] 但是,1996年的补充预算法案拒绝了这一立场。行政部门地位在立法中得到确认是当下的惯例。

尽管如此,有关税务程序的权力辩证法与面向各样社会群体的管理策略却是相对立的。正如我们已经指出的,其中某些群体被赋予了重要的经济、社会特权。经济全球化加剧了税收国家的去功能化(对特权群体有利)(参见第十一章)。由此,斗争的矛头转向了官僚决策的逻辑。

(二)法国税收控制模式的原创性

这一模式的细致化源自研究工作,后者从组织社会学和认知社会学二者

---

[1] *Cassation*, Ch. Com., June 18, 1996, No. 1166, *Revue de Jurisprudence Fiscale*, November 1996, No. 1363.

[2] *Cassation*, Ch. Com., January 8, 1991, No. 88P, *Revue de Jurisprudence Fiscale*, March 1991, No. 377.

[3] *Conseil d'État* (State Council), July 20, 1996, No. 127982, *Droit fiscal*, 1996, 43, 1310.

那里获得了灵感(Leroy,1993,2002:38—42)。法国税收控制的实施包含了对公共官僚制来说具有"原创性"的若干特征。这一结论尤其以如下重要事实为基础:税收控制人员(审计监察员)被置于组织逻辑的核心位置,他确立了数据输出逻辑和协商之间的协调关系。

"数据输出"动力①意味着税收稽核人员不得不将数目精确的案例(每年12个管理措施)连同平均数不低的税收纠误提交给他身处其中的等级结构。相比其他问题(比如管理质量、诉讼案件数量、对欺诈的刑事处罚以及提供案例的频率),如上的输出"法则"似乎更具重要性。与数据逻辑有关的逻辑体现了与税收控制政策的目标逻辑有关的组织畸变。目标逻辑假定了两个原则:从法律的视角来看,它是一个严格运用税法规则(最重要的是,不动为了数据好看而随意展开税收纠误的歪心思)的问题;从管理的视角来看,它是一个将行政行为的目标定为反严重欺诈的问题。这两个方面同样与作为政治原则并得到法律认可的税收面前人人平等相关联,此种平等在社会学上的依据构成了征税的合法性。

对官僚组织行为的数据测量把截然相异的诸多情形(失误、有意违法、法律滥用、罔顾程序与内容所要求的条件、利益转移,等等)放进了同一个篮子。在它的作用下,重要的和(或)严重的欺诈、违规变得无足轻重;经过矫正的税收的实际征收、在诉讼后宣布的税收减免与它关联甚少。税负最小化的分类状况(参见第十章)表明,行政失误风险在结构(组织)上得到了此种与输出有关的逻辑的推动。这一逻辑甚至会导向正规的税收纠误。通过这些数据(很显然是令人满意的),行政部门论证了它的反欺诈行为在公共舆论和当局眼中的合理性。通过证明自己对欺诈行为的压制,行政部门保留了自身的自主权,而此种权利是政府、某些议员或社会阶层可能加以质疑的。不过,行政部门必须克制自己走向另一个极端,为此,它要避免滥用自己的控制权。呼之欲出的解决方案在于推动与被管理企业的协商。

与协商有关的限制构成了税控组织逻辑的另一个要素。这是一个避免冲突激增和对纳税人的反应进行管控的问题,因为行政部门的权力会受到质疑。

---

① 它给出了税收控制人员在施行管理后要求做出的税收纠误总量。

围绕反税展开的社会动员同样包含了就行政部门的做法提出的异议,正如抗税的历史所表明的(Burg,2004)。组织的选择可以用下面的话来表述:税控人须知晓如何令自己对税收的纠误得到认可,如何避免成为(难以驾驭的)系统性诉讼中的主体,以求不让人对其能力生疑,以及不让自己的时间被浪费掉。就法律而言,协商是层级体系在法律救济框架中的职责所在。实际上,税控人的作用也在于就施行管理期间的即时安排展开协商。协商的策略可谓多种多样。通常而言,税控人会对税收进行更多的纠误,以求与接受管理的企业在协议上更好地展开协商。为此,他在后来抛弃了附加税的一部分缺点,或者说,废除了一部分处罚措施。在这里,对与非正式协商的结果有关的限制所做的社会学分析成全乃至纠正了传统上对一种形式上的平衡(存在于行政权与纳税人所获保障之间)所做的法律分析。社会群体的协商权与运用税务程序的策略性能力并非对所有人来说都是等同的,在经济和(或)文化上求助于税务顾问的可能性在所有社会阶层中并不是平均分布的。同样,我们有必要将服务的地理分布、大量卷宗,当然还有涉及税控的档案的遴选纳入讨论范围。

  对工作方法的研究具体呈现了在组织社会学领域税法的实施状况。与税收纠误的深入推进有关的体系性框架搭建了协商的平台。

  对于税收稽核人员实施税收纠误(组织性的欺诈事实由此得到显明)的方式,有四种方法可对之加以说明。我们可以把第一种方法称为"数学方法",与它相关的是收入欺诈。它所针对的是小企业,后者的营业额要经过税控人员的还原,他们所依据的是对购买而后转售之物以及与已实现利润有关的计算的分析。此种数据建构对税控人员有利,这是因为它在性质上与科学相近(这与数字的客观性有关)。不过,数据分析、对某些信息的量化殊不简单(比如酒吧里的小物件和损坏物件)。运用与还原收入有关的数种方法因此成为必要,而这并不是一件简单的事情。由此,协商是以这些问题为基础的。

  第二种方法直接与法律相关。这里是说,该方法所指向的并非一般的法律,而是无可争议的违法行为,即在形式上,没有遵从时间上的限制,或者依规进行纳税申报,或者不满足附加税减免的特殊条件,等等。这种方法仍不常见,因为征税有一个特性,即它将与法律、事实有关的要素混杂起来。由于税收干预主义的缘故,这些要素的复杂性是难以理解的。此种情况将税收控制的明确使命具体化了,不过,有的时候,在涉及相关法律条款(比如与对形式的违反有关的法律条款)的合法性时,人们对其是有所争议的。

第三种工作方法被叫作"管理方法",因为它意味着对企业管理的效果进行评价。就法律而言,行政部门无法干预企业管理,企业享有自主决策权。但是,它可以批评管理的效果。在这里,我们发现了一些与支出有关的案例。这些支出并不合于企业利益,也不合于反常的管理行为。有关税收控制的管理模型的力量相比其他模型来说并不那么清晰可见,因为它直接依赖于企业的能力范围,而不仅仅是依赖税控人的税务技能。它的合法性在就业获得高度评价(在经济、社会层面)、经济全球化的背景下(参加第十二章)是脆弱的(参见第十二章)。

最后,还有一些情形比较复杂,也就是说,若干记录清单是混杂在一起的。比如,针对可疑客户的某个条款会引申出如下情形:损失具有比较大的可能性(严格的法律方面);失败的客户的精力被消耗完(管理方面)。

税收稽核人员是以组织内部核心角色的面貌出现的。我们可以谈论社会学意义上的"职业"(尤其是在面对与结果而非行为本身有关的控制之时)、专门的行话、专业技能和相互依赖的关系(涉及层级体系)。当然,层级体系有一些为税控人的工作搭建平台的手段:通过命令体现出来的监管的存在;根据结果对个人进行奖罚[①]的可能性;在文化上对税控人的作用给予高度评价。但是,税控人对税控过程要有即时的充分掌控(他在企业中是孤立的)。从社会学的视角来看,他会发现自己处在与组织化层级体系进行交流的地位上(Homans, 1958)。他让自己接受与输出有关的限制,但是,也要确保自己的技能以及安排自身工作的自由获得认可。他掌控信息以及由此带来的结果,而在他的上级那里,他在激发活力上的作用要优先于他在层级体系中所发挥的作用(尽管如此,通过记录和评价的形式,他在层级体系中所扮演的角色是能自我彰显的)。

由此,在一些经典分析那里,税控机构与原创性的官僚制模型形成了对应关系(Leroy, 1994)。此种"帝王般的"机构并不遵从严格的法律理性,后者体

[①] 其手段是在记录或评价上做出改进以及增加一些奖助。但是,职业生涯受到的影响是有限的,因为所有办事人员在不同层级间的晋升(有快有慢)依据的是资历。

第八章 官僚管理

现在运用公权力的特权,机械式地执行税法。这点出了结构性路径的局限。马克斯·韦伯(Weber,1971:226)所描述的官僚制的著名特征有一定的普遍适用性;①公共部门[它有自身的权利和职责(对公务人员来说)]的地位发挥了作用;层级体系实际存在着;在名为"税务程序手册"的专门指南中,人们把税务程序写下来并做出规定;税控人的能力在技术和地理两方面都得到界定。如我们所见,亨利·法约尔所说的管理职能看起来同样是税务部门某些方面的特征。不过,决策的逻辑不能从这些结构性观念中演绎出来。拿税控来说,人们必须在输出与协商的协调中寻找它的身影。执行这项工作的是一个至关重要但在官方层级体系中并未拥有很高级别的主体,即税控人。此外,某种形式的组织理性(与协商的结果有关)的存在与柯亨和马奇、奥尔森(Cohen,March,Olsen,1972)建构的"有组织无政府状态(organized anarchy)"观念是相对立的。

同样,将米歇尔·克罗齐埃提出的法式官僚制经典模型(Crozier,1963;1987:98)用在法国税务部门身上是很不合适的。克罗齐埃的模型包含四个适用于任何组织和任何国家的一般特征:不讲人情的规则;中央集权的决策;等级制中的每个层级都是孤立的;群体对个人的压力;与权力有关的平行关系的发展。根据克罗齐埃的看法,一个文化特征尤其与法国的情形相匹配,也就是对面对面关系的恐惧。而后,在与法国财政官僚制有关的模型中,规则并未通过一般的不讲人情的方式发挥作用,而是经过改造,用于经过深思熟虑的情形。对税收进行管理期间,决策更多地取决于税控人与纳税人之间的协商,而非依赖于层级体系;在此期间,企业内部做出决策,其依据并不是克罗齐埃模型中的集权过程;人们通过与数据输出有关的测量,②达成某种形式的评价;税控人直面企业老板及其下属委员会在企业中开展工作(他并不畏惧面对面的关系)。在人们眼中,他是一个专家(对税务程序的利用是题中之义)。的

---

① 根据韦伯的看法,结构性特征与西方的理性化(与"法理型"有关)历史进程有关。就税务部门的情形而言,官僚制的此种功能相对来说是比较重要的,正如我们所指出的,税务部门在它所处理的数据中将迥然相异的"欺诈"情形归并起来。

② 税务官僚组织并不是"无法根据自身失误对自我进行更正的"(Crozier,1963:239)组织,它的某些"功能障碍源自组织的僵化"(Crozier,1963:250)。我们也不能说税控人"不能成功地贯彻自己的想法"(Crozier,1963:254)。

229

确,税控人这个行当是有其特质的。① 协商的存在与输出、技能和文化管理这三个维度结合起来。

我们必须把这些结果和某些与变化有关的(潜在)因素放在一起做客观的审视。如我们所见,近期《财政法组织法》定下"反严重欺诈"的目标,从而让法律的实施得到具体的呈现。这一目标真正涵盖了多大的范围取决于与税收控制有关的决策逻辑的演化。从这个视角来看,法国模型必须直面与行政监管有关的国际模型。后者有利于全球化市场中的大企业,它会对法国模型的种种特质提出质疑。

(三)行政监管与新的公共管理

在不进行系统性对比的情况下,②我们将依赖与行政部门对转移定价(transfer pricing)的控制有关的案例(Sakurai, 2002)。这个案例构成了当前经济全球化背景下反逃税(与欺诈)斗争中最重要的问题之一。这一领域让我们有机会对各国的行政监管形式进行比较。此处对监管的探索意味着我们要把行为主体的问题、优先处理事项兼容起来,并且针对公共行为的运作之法,得出一些正式法则。③ 对全球化的顺应被用作一个论据(参见第七章),用以论证与跨国企业管理有关的合作型"行政监管"模式(也就是积极反应式的监管)。从这个视角来看,通过灵活地运用税法(让人们对世界范围内不同群体的利益进行评估),税控逻辑应能适应市场效率。

到目前,三种行政监管形式让欺诈或合法性有了具体的名目。在美国,监管容易引发冲突,因为行政部门(务税局)往往采用"咄咄逼人的"方式对待跨国企业在转移定价上(涉及位于不同国家但属于同一集团的公司实体之间的重做单据现象)的财务规划。在作为推荐方案的税收纠误举措上(Sakurai, 2002:183),美国的稽核人员会受到其所在层级体系的评价,我们必须把此事

---

① 在一本著作(*État modeste, État moderne*)中,克罗齐埃确认了自己的模型与此处的问题相关,并且指出,"所有可以起到制衡作用的事物,比如行当的特质……都已经变弱了。"(Crozier, 1987: 98)

② 有关该主题,可以得到的材料仍是不完整的。上面引用的樱井(Sakurai)的研究是以对(跨国企业管理者、税务顾问、行政当局)的55次采访为基础的。

③ 更为清晰的概念说明,参见第十章。

与法国对有关税控的数据输出的限制进行比较。不过,与法国的情况相比,协商在美国看起来要更难一些,其缘由在于强大的诉讼文化。法官经常发现自己处在仲裁税务争议的地位上,与转移定价有关的上诉的数量即是明证。

在英国,行政监管带有合作性质,其依据在于方法的灵活性。稽核人员掌管卷宗。人们所追求的是他与企业达成非正式协议。此种情形往往让人对没有足够能力与行政部门进行协商的小企业产生偏见。在日本,监管带有等级性(Sakurai,2002:187),这与该国的共识文化相一致。在人们看来,行政部门被放置在一个声望卓著的法定地位上。它在社会权力上一般是胜过纳税人的,尤其是胜过对转移定价有所利用的跨国企业。与社会地位高于企业的行政部门展开协商是稀松平常之事,不过,将案件呈交给法庭看起来仍有悖于日本社会的价值观。在日本社会看来,诉讼是逃税或欺诈的标记。带有等级性的监管避免了冲突,但是阻碍了法官通过释法对法律进行改造(interpretative adaptations)。公共政策的实施遵循的是一个复杂的等级管理结构所指示的道路,该结构对于决策有推延作用。日本政府表现出不情愿改革的态度,其对因税法而产生的多种可能性的解释是很严格的。由此,这对看起来屈服在政府地位之下的跨国企业来说就是相当不利的了。

澳大利亚的监管之道名为"积极反应式的监管"(Braithwaite,2007)。人们引用它,以其为国际诸多做法的最佳集成。萦绕在人们心头的想法是:经济全球化削弱了各国行政监管风格的差异。它以人们在新公共管理上应当追求的理念的面貌呈现出来。在澳大利亚,1997年的改革推动了与纳税人的合作,由此,也促使"咄咄逼人的"管理习惯被政府抛弃。我们可以区分两个阶段:与信息、对话、劝说,以及与针对有合作意愿的纳税人的自动监管有关的阶段(Braithwaite,2003:4);与以越来越高的刑罚等级(在合作之路行不通的时候)为基础的惩处策略有关的阶段。积极反应式的监管摈弃了以"大棒"为手段的压制性管理(凭借威胁与法律胁迫)。因为这种监管风格被认为是无效的,尤其是在面对复杂的欺诈之时。在这个意义上,墨菲(Murphy,2004:203)以对2 292个被控逃税的澳大利亚人的研究为基础,表明了如下事实:在行政部门那里遭到错误对待强化了欺诈意愿,这与对政府的信任的下滑是分不开的。

合作型监管获得了高度评价。就此而言,有一个观念起到了基础性的作用,它认为大企业需要的是特殊的管理方式。由此,一些行政部门对其管理做出变革,似乎想要采用此种针对商界的新监管形式(Job et al., 2007),其受益者在马克思主义者那里会被称作"大资本"。这一潮流同样包括对特殊组织结构的采纳,此举效仿的是若干国家对大企业采取的引导方式。当然,这一重组举措有各方面的严肃因由,我们可以列举如下:因跨国集团而产生的税收难题的复杂性;在跨国集团母公司所在的国家,与集团(母公司及其子公司)有关的税收管理是集权式的;与跨国集团有关的某些法律制度的特殊性,比如利润合并(profit consolidation);最后,还有公共财政赤字背景下跨国集团对税款收入的重要性。在这里,人们必须提到为了确保一定的税收收入,(有别于行政的)代理模式(the model of agency)被派上用场,与此同时,管理与税控问题被转包出去。正如意大利的情形所表明的(Adda, 2008),这些管理措施确立了代理人的报酬与征税水平之间的关联,对大企业的合作型监管得到促进。事实上,对与纳税人达成协议的普遍追求让不同社会阶层具备了最好的条件,以强势地位协商与它们(比如跨国公司)有关的税收事宜,即便这一逻辑维护了国家的财政利益。①

　　不过,积极反应式的监管提出了在税收领域建立国家和市场之间伦理关系的问题。在这里,对行政部门来说,即便通过相关的新组织更好地掌控跨国集团的税收优化策略是一个问题,解决方案却往往让享受优待的权利合法化了,而这有利于全球化资本主义中的经济主体。② 在经济全球化背景下,对大型跨国企业的合作型监管表现出来的不是对税法规范的遵从,而是对确认了市场优先性、带有意识形态色彩的新公共管理认知的顺服。③ 可以确认的是,有利于金融资本主义的新的国际会计准则(简称"IFRS")与其有相似之处。我们还可以引用与行政部门—纳税人关系有关的改革案例。在若干国家,有

---

① 在2001年实施此种新的组织结构之后,意大利的征税状况有所改善。
② 在对瑞士各州(实行强大的直接民主)的一项研究中,菲尔德和弗雷(Feld, Frey, 2002)发现,纳税人在行政部门那里得到了更好的待遇。如果发生失误,相关方面不会顺理成章地认为他们有欺诈嫌疑;如果轻微地违反税法,也不会受到严厉惩处。在此种情况下,合作型监管与民主达到的水平相联系,并非专为商界预备。
③ 有关市场效率理论,参见第七章。

人大声疾呼(理当如此)增进纳税人在面对行政部门时的权利。这些要求借助了对公共绩效进行量度的潮流,后者推动人们要求行政部门对自己的管理负责。

由此,在实施税收控制的情形下,此类税务程序改革对大企业有利,尤其是有更好的顾问的大企业。它们与 20 世纪 80 年代改革的联系是显而易见的。由于从政治领域到行政领域(相应的收缩是私有化的功劳)的转变,今日的问题在于通过绩效管理的确立对官僚组织进行改革(Leroy,2007)。这是一个与管理有关的幻象,在它之后进行的税务规划得到的高度评价又将幻象完美地呈现出来。在法律保障(大企业和行政部门之间的合作协议因此得到鼓励)的幌子下,逃税被论证为商业绩效中的策略性要素。事实上,在人们的设想中,逃税并不在经济逻辑的影响范围内,它反而是一种与增进资本主义行为主体的金融收益有关的狂热竞赛。我们明白了,行政部门给纳税人的财务计划所贴的标签对税收偏差来说是至关重要的(参见第十章)。

结　论

税务部门的"现代化"指的是一个多形态的官僚组织变革过程。其相关背景可谓五花八门,相应的解释层次也是多样化的。以法国为例,先前存在的多个机构的合并与旨在顺应某种税制的变革是如影随形的。该税制已然带有干预性,从那时开始便以已表明一般性("综合性")的各种税收为基础。这一变化是战后全球现代化参照系的组成部分。20 世纪 90 年代,第二次变革成为现实。其宗旨同样在于官僚组织的现代化,以求解决欧洲、社会以及公共服务的问题。近期的第三次变革把绩效逻辑引入了组织的目标当中,这一逻辑是由 2001 年的《财政法组织法》确立的。绩效指标反映了一定程度的进步,但是,为了达成对税收政策的真正评价,它们还需得到改进。对这些具有决定性意义的改革所做的探索终结于对与税控有关的若干案例的研究。对民主社会的纳税申报体系的可靠性来说,税收控制是至关重要的。税务程序是一种权利辩证法的主题,按照此种辩证法,行政部门的特权撞上了增进被管理公民的权利的运动。一些经典分析涉及了此种官僚制模式的特质,后者从施行控制的组织的多样态那里得到了解释。对输出结果的数据测量令人们想起了私人企业的逻辑，但是，前者并不完全服从于反（严重）欺诈斗争的法律理性。协商所依赖的行为主体的权力与技能、与对信息的掌握有关。他的作用受到高度评价，即便他在层级体系中并未居于上位。

对官僚组织现代化的分析有一个假设，即不同分析层次要结合起来，以求达成一个评价。在不忽略机构改革的情况下，明智的做法是以组织运作机制作为关注重心。在这个意义上，新的绩效指标（比如与纳税申报单数量有关的传统数据、与控制有关的输出，等等）往往太过忽略了决策过程。与行政官员相反，研究者不得不打开某些"黑匣子"，从而在自己与研究对象之间拉开相应的并具有关键意义的距离。这项工作并不简单，因为问题、结果都是复杂的，某些变化是在近期发生的（此处的情况正是如此）。对不同视角的理解内含某些缺陷。借助与行政监管有关的国际大背景，到目前为止，某些趋势已然出现。它们可以改变甚至是逆转自身，因为它们激发了反对的力量。

由此，即便对此做出评判的时机尚未成熟，我们仍然可以自问：2008 年夏突然爆发的世界性危机是否将改变国际税控组织？2009 年 4 月 2 日，二十国集团会议公布了避税天堂的名单。之后，如果相关措施执行下去，可能对反国际性欺诈的斗争起到强化作用。列国之间的行政协助传统将获得新的动力，当前，摆在它们面前的障碍是离岸区域、银行机密的存在，以及某些国家对传输信息所持的拒绝态度。目前，经济合作与发展组织所定的"黑"名单只包含四个国家，[①]在正在运行的政治机制的长期效果的问题上，我们不得不持谨慎态度，以求在财政上对资金流动进行监管。

在心里持如上保留意见的情况下，对我们来说，与新公共管理有关的自由主义认知的扩散所带来的风险看起来便具有了重要意义。税收政策缺乏条理、自相矛盾损害了（完全的）民主的实践，在这里，与其相伴的是资本纳税义务的削减。与对大企业的控制有关的合作型监管创造了某种与"贡献税"的政

[①] 哥斯达黎加、马来西亚、菲律宾以及乌拉圭。但是，海峡群岛（泽西岛等）、澳门地区、香港地区（依赖中国大陆）、美国特拉华州、怀俄明州、内华达州以及美属维京群岛并未出现在名单中，它们以打造实行优惠税制的地区闻名。经济合作与发展组织的"灰"名单包含 38 个国家，其中瑞士、卢森堡、列支敦士登、奥地利、比利时等国家在近期致力于展开合作。我们必须等待一段时间才能看到将来签署的（或在真正合作的意义上加以修订的）双边协议的内容。

治—社会原则(为公共政策提供助力)不相容的不平等。对卷入全球化的企业给予优待的要求使得针对巨富的再分配征税(redistributive taxation)丧失了合法性。它忽略了与税收政策在国家、欧洲以及世界各层面(即便"世界"这个层面看起来还远在天边)保持连贯性有关的难题。它忽视了与社会公平(关于税制)恶化有关的问题。以新自由主义意识形态为依循,行政绩效标准下的管理可以充当新的税收特权的幌子。尽管如此,从托克维尔的时代开始,"税收不公是最有害的,也最容易在不公之外,另外生出隔离感"。

第九章　个体面对税收的逻辑

　　尽管税收是一个古老的反思主题,我们还是在经典文献中发现了涉及纳税人、可以玩味的少量细节(参见第四章)。如我们在第二章中所见,财政社会学的奠基者们对税收国家更感兴趣,即便葛德雪(Goldscheid,1967:202)提出要在财政上对工人阶级与资产阶级进行区分。有关财政政策的分析(参见第六章)主要探讨的是压力群体。由于依循一条延伸至其他学科的研究路径,故此,涉及个体面对税收的逻辑,为了获得大量的经验材料,我们有必要借助历史学、经济学、社会心理学和经济心理学的著作。如本章标题所表明的,我们的探索构成了个人主义方法论(the methodological individualism)的组成部分。但是,它并不是完全以理性选择理论为基础的,但局限于自利(self-interest)逻辑。另外,它将个体的集体行为纳入考虑范围,考虑到与抗税有关的若干因素,这些个体通过自己的社会—经济地位,能够形成一个群体或阶级。但是,在下一章,我们会把税收偏差当作一个包括欺诈在内的社会—经济宏观现象进行描述。

　　因此,抗税的历史在这里并不是无足轻重的,因为它让人们看到了与个体税务决策有关的社会学必须加以整合的若干因素的多样性和复杂性。抛开经济、社会、文化和认知维度不论,抗税之举在本质上是政治性的。事实上,即便经济和社会框架对集体行为有塑造作用,即便反抗有着各式各样的理由,从终极意义上说,抗税是一种政治上的拒绝,即对制度权威的拒绝。我们要把对个体税负最小化的经验研究纳入思考范围,以求深化与纳税人实践理性有关的理论。与流行意见相反,个体对自己的纳税义务并没有系统性的憎恶。从经济学的视角来看,个体只要逃税便可立马从中获利。即便如此,有着利他觉悟的纳税人相信公民在公共政策融资上具有重要作用的可能性是存在的。经济利益(自利)是在最优算计(以决策中的客观因素为基础)的意义上说的。它并不(总是)对行为主体有决定性作用。行为主体的理性定然存在缺陷,但是,涉及他的价值观尤其是他的推理(认知理性),此种理性又不会违背逻辑。狭义理性选择理论(简称"RCT")借助的是功利经济理性。以此种理性为手段的研究路径的不足使得公民的贡献税受到高度评价。

一、与抗税有关的各种因素

从历史上看,[①]正如托克维尔和曼(Mann,1947)所指出的,抗税常与革命相伴。事实上,由于税收是国家的构成要件,抗税在众多的政治运动中居于核心地位(Ardant,1971:400,Tilly,1986:121,Berck,1991:23—35,Campbell,1993:175)。本部分旨在通过一些示例,对涉及抗税历史的主要因素加以呈现。集体性抗税的因由是复杂的,比如阶级斗争、国家的合法性以及社会经济变革。除了这些,我们还将集体性抗税理解为一种政治行为。

(一)阶级斗争

我们可以从相关社会群体、阶级的角度去探讨抗税。波奇涅夫(Porshnev)的研究(参见专栏3)为马克思主义的理论框架提供了说明。该框架在税收中看到了阶级斗争,这与财政社会学奠基者之一的葛德雪的观点很像。对波奇涅夫来说,17世纪,法国的税收对农民和城市平民造成了压迫,他们遂起而反抗,尤其是针对盐税官("gabeleurs")。

专栏 13	马克思主义对抗税的解释

苏联历史学家鲍里斯·波奇涅夫(Boris Porshnev)运用马克思主义[②]

[①] 参见1648年的英国革命、葡萄牙在1668年的独立(从西班牙独立出来)、1783年的美国革命、1789年的法国大革命,等等。

[②] 在对17世纪暴动的解释上,波奇涅夫和罗兰·穆尼埃(Roland Mousnier)分处争议的两端。穆尼埃这位法国历史学家拒绝将暴动看作阶级斗争的表现。事实上,穆尼埃认为,彼时的社会是等级社会,它以与社会地位有关的种种关系为基础,相比财富,荣誉和声望更为重要。阶级只有伴随着市场经济的得势才变得重要起来(从18世纪起)。

的方法(1963年),解释了1623年至1648年与阶级斗争同时存在的法国民众暴动。农民、城市平民在抗税斗争中并肩作战,为的是对抗封建主义和绝对主义的制度。城市平民是经历变革的封建社会中的真正无产者(没有财产,为了挣取工资出卖劳动力)。他们由匠人、小商人、失去社会地位的农民以及下层无产阶级组成。暴动不再像过去那样是手工业社团的运动,而是把矛头指向贵族、教士,以及资产阶级(尽管在一定程度上是不明确的)所捍卫的社会秩序。① 两股真实的力量彼此对抗:一方是抵制被税收(被定义为由国家集中征收的封建年金)剥削者;另一方是支持"国家……税制"的"阶级精英"(Porshnev, 1963:292)。其他因素并不具有真正的重要性,包括议会的反对、宗教问题、贵族对君主政府的斗争、各种社团,等等。国家掌握在具有经济统治地位的阶级手上,②并且通过税收控制为如下三种功能提供保证:维持压迫(司法系统与法律强制体系);将部分资产阶级与国家(各种职位)绑定在一起,以求避免他们与各平民阶层的联盟;通过各样好处(津贴),确保贵族获得集中征收上来(税收)的年金(租金)。这些"任务或多或少是贵族君主国的秘密……泄露秘密会在国内激起阶级斗争。由此,单单提及军事需求从而论证此种税收之轭的合理性并借此让公共舆论信服成为必需"(Porshnev, 1963:458)。暴动的深层次因由与经济有关,民众的贫困处境让人们无法承受税收重负。③

三十年战争垄断了武力,民众运动之力成了王权的彻底压制的拦路虎。这就带来了妥协,与此同时,也加剧了财政压力。但是,人们对制度丧失了信心,这便成了1648年投石党运动(Fronde)的背景。"在长达25年

---

① 资产阶级是暴动的参与者;有时,他们表明了同情性的中立态度。但是,后来,他们常常是镇压的帮凶。同样,某些下层教士有时也参与到暴动中。
② "最重要的是,国家是占据经济统治地位的阶级宰制被剥削阶级的工具。履行剥削者功能的正是国家的权力,它为了服务于宫廷而集中征收封建年金('租金')。由此,绝对主义的君主国就是对被剥削的大多数进行宰制的体系……两股强大的力量彼此相抗:无数黎民组成的大众反抗受到剥削;另一股力量则压制此种反抗。"(Porshnev, 1963:293—294)
③ "在乡村地区,税收不过是让已遭封建地主剥削的农民的悲惨处境雪上加霜。在城市,作为资产阶级一点一点展开的剥削的结果,贫民阶级落得一无所有。税负……让穷人陷入赤贫的泥淖之中。"(Porshnev, 1963:269)

的时间里所有发生在法国的平民运动都在投石党运动的政治危机中得到反映。"(Porshnev,1963:277)在这里,资产阶级(以及议会)而后还有贵族轮流做了尝试,利用民众反对税收之轭的不满掌控(而后背叛)了民众。

如上分析与对税收国家构建的政治逻辑(第四章对此有所探究)的分析并不是一回事。前者让经济决定因素的影响增强了,错误地使国家沦落为统治阶级的一件简单的工具,忽视了贵族与资产阶级的真正重要性。不过,它有一个很大的优点,也就是税收国家的制度化在彼时的法国得到了体现。这一制度化以战争需求为幌子,不仅仅在很大程度上将民众排除在外,也使他们成为剥削对象。一待各种条件与适于动员的特殊理由重新结合,暴动便顺理成章地成为对大多数人(各平民阶层)对税收的许可付诸阙如的回应。在上缴当局的税款成为一种经济贡赋之时,在政治上的改革方式变得不切实际之时,革命就不远了。

卡隆将1841年的抗税斗争理解为一种对政治公民权的诉求(其背景是,在相关制度中,以纳税为基础的制度的投票权专属于缴纳一定税收的富人),以此,他让自己的抗税研究得出如下结论(Caron,2002:300):"说到1841年的暴动,暴力的使用同样可以被理解为公民权诉求的一种形式,它本身反映的是一个平民阶级、城市和乡村阶级的漫长(至少是从法国大革命以来)政治化过程。"

(二)税收国家的政治合法性

抗税的历史提供了不可或缺的教训。税收国家的合法性是从封建体系的变革中逐渐建立起来的。由此,"美男子"腓力创建永久税的决定性举措招来了抵抗。针对商品售卖确立的永久税[由买家和卖家缴纳的一般税,名目是"特税"(maltôte)]在1295年被废弃,此举有利于向封建援助的回归(Vuitry,1883:147)。关于1548年发生在法国夏朗德(Charente)和波尔多地区的抗税斗争,贝尔切(Bercê,1991)指出,此次农民运动起于对盐税(所谓的"gabelles")制度扩展的回应。它构成了某个背景的组成部分——在这个背景下,相关学说与普遍意见仍把税收看作是例外现象,而君主据说是以属下领地的收入为用度来源的(参见第四章)。这一推理最终凝结为一个观点:那些近盐沼地区的丰富出产缴纳费用的义务并不公平。征收盐税的代理人的富裕堪称丑闻,其中同样蕴含了激发怨税情绪的一股决定性动力。王室当局想把正在建构的税收国家与原来带有封建性的社会结构分离开来。这一意愿由此构成了反权威活动的一个历史背景。不过,在这个背景下,一些长期性因素获得了激励,也就是与税收管理和课税商品的性质有了(公平的)具体的联系。

抗税斗争的政治维度具有重要意义。税收缺乏合法性是抗税斗争的起因。在英国,叛乱的矛头并不指向王室征税的原则,尤其是在战争为各种需求的合法性做了论证之时。在乡村地区,叛乱牵涉到苛捐杂税以及征税人的腐败或者其他什么的,其矛头指向的是领主的征敛、上缴给他的贡赋(比如与法律费用有关的贡赋)(Hilton,1987:171)。卡隆分析了1841年发生在法国的一场动员,发起者是属于自由保守派的财政大臣,反对的标的是"门户税与窗户税"改革,他指出(Caron,2002:124),图卢兹的抗税带有政治性。此次抗税动员了"民众与工人或民众与贱民,他们的社会与政治愿望遭到压制与拒绝,由此在那些占据主导地位的话语中被淹没了"。与税收有关的某些过程加剧了不公,由此,也使税收变得更不合法。在缴纳针对农民与非贵族直接征收的土地税(租税)一事上,我们在这里无法形容法国旧制度下建立的教区内的所有居民到底有多么的齐心。由此,一些人无力缴纳税款,责任反倒落在了已缴纳本人应缴税款的纳税人头上。直至1775年,对此类机制之不公有所了解的杜尔哥才废除了这一举措。

(三)经济与社会因素

阿丹特认为与抗税有关的经济决定因素发挥了作用。按照他的定义,税收是交换经济(exchange economy)中的一种自由手段。这位作者认为,税收"激发暴乱"(Ardant,1971:408)的原因有二:第一个原因是税收的新奇之处;第二个原因则与君主制、封建制之间的冲突有关,君主制以货币经济为导向,封建制则持续存在于封闭的经济中。如若交换经济尤其是贸易的发展不足,以货币形式缴纳的税收便更难以征收。如此,这就需要"有一些评估的方法。这些方法既带有不确定性,也令人动气"(Ardant,1971:409)。比如,17世纪欧洲的贸易放缓解释了该时期的许多抗税斗争。放缓的原因则是贵重金属的输入逐渐走向停滞。此种与经济交换有关的结构性论点看起来触及了问题的

第九章　个体面对税收的逻辑

根本。它显明了税收现象的多样性，但是就其带有决定论色彩的根基而言，它构成了一个可疑的模型。①

由此，正如我们在第一章中所看到的，托克维尔针对集体运动的影响因素，提出了基于对法国大革命的研究的另一种解释。阿丹特对大革命（尤其是税收改革的失败）的因由也从经济交换结构的角度做过分析（Ardant，1972：119），相比之下，托克维尔从反方向上表明了经济繁荣如何加剧了不满（Tocqueville，1986：1058）。他运用与相对受挫理论有关的多个累积性因素，提出了与抗税有关的认知模型②，在经济境况的改善过程中，税收不公变得更加不可承受。阿丹特的抗税地理学是以经济交换遭遇的客观障碍（涉及令人愤怒的征税做法）为核心的。托克维尔的革命地理学则与繁荣和征税举措的改进③（这激发了最富裕地区的居民能够觉察到的受挫感）有关。在这些地区，居民的社会经济地位越高，税收的残留缺陷（比如免税）就越不可承受。如果说相比经济交换的决定论，相对受挫理论更为重要，那是因为它证明了认知方法（参见下文）可以发挥特殊的作用，用在具体背景与财政不公感之间的关系上。

税收或许影响了一个社会的社会经济生活的集权过程，从而激发了反叛运动。以法国为例，1707年的反印花税增税的暴动便可由此举对司法程序成本的影响加以解释。在该时期的社会中，这些程序可是享有特权地位的。对（南非）斯威士人（Swazis）抗税斗争的一项研究（Crush，1985）给出了另一个案例，此次斗争指向的是英属殖民地政府④。强制与合法性之间的矛盾在此处表现得特别突出。1903年针对这个非洲民族确立的税收的主要目标有二：一，对殖民政府的公共收入形成补充；二，激发工作动力（旨在让人用从主人那里获得的工资缴税）。但是，新税让传统社会秩序彻底走向失序：农民们被迫卖出专门留给自己使用的部分农作物；许多家庭对婚姻的安排不再是把它当作扩展亲缘关系的策略，而是为了获得钱财；儿童遭到售卖，或者被迫存下其

---

① 即便这一模式也对其他因素敞开大门，比如征税技巧或得利者的态度。
② "主要是在所有税收的征收中，在那些统治者中间发生的变化才能看得最清楚。立法仍然是不平等的，还是像过去那样随意、严苛，但是，在执行期间，它所有的缺点却变得不那么严重了……情况变得越来越糟，最后奔向革命并非金科玉律……罪恶的程度减轻了，这是事实，但是人们的敏感性却变得更强烈了。"
③ 例如法兰西岛的行政区（所谓的"généralité"），"法国各地区不得不成为此次革命的重要温床，它们就是那些进步最明显的地区。"（Tocqueville，1998）
④ 殖民地征税的历史仍有待从抗税视角加以重审。

241

做工所得,为的是给自己缴税。考虑到纳税水平(the level of taxation)所带来的这些变化,逃税成为普遍现象。殖民当局做出的回应首先是加强控制并惩处,然而,情况并未好转,反倒因与税负最小化有关的激励性做法付诸实施(虚假的完税凭证、监管缺位,等等)而更加恶化。最终,由于强制力度不够,斯威士人获得了自己所要求的特殊权利,它们让纳税水平降低了。这一案例表明,资本主义(通过劳动者的劳动实现资本积累)的需求与强制不足以解释个体与税收的关系。合法社会秩序(在相对意义上的)恢复是一个补充性的维度。

(四)反税政治动员的复杂性

许多因素可以用来解释抗税行为。1978年加利福尼亚通过了第13号提案,其他州对税收设置了不同的上限。它们成就了一项颇为成功的案例研究(Cox, Lowery, 1990)。这些举措是公共舆论场的抗议(指向纳税水平)所带来的结果。为了对此次改革做出解释,布坎南利用了"搭便车"理论(Buchanan, 1979):改革得到了全民投票的许可,有关改革的陈述有着精确的目标,也就是对税收进行真正的限制(税收的数额与类型),但是,它并未具体说明要削减多少支出,这就给受益于减税的纳税人留下了一种可能性,即他们可以指望自己感兴趣的公共服务(支出)免遭削减。对未来的诺贝尔经济学奖得主来说,此种情形是一个例外,因为根据公共选择学派的看法(Buchanan, Tullock, 1962),在民主社会,支出面临的处境一般是有利的,在税收普及的同时,支出的受益者却是固定的。马斯格雷夫(Musgrave, 1979)参考了与通货膨胀相关联的税收增长,从而提出了另一个论点,即便真实收入并未增加,财产税和所得税负担仍会加重。他还提到了针对公共服务与政府的不满情绪。

这些解释假设纳税人的私利与反税动员之间存在着直接关联。不过,正如我们所见,相比那些简单至极、与自利理性有关的经济理论,影响抗税斗争的因素要复杂一些。洛厄里与西格尔曼(Lowery, Sigelmann, 1981)表明,与美国的暴乱(在1978年加利福尼亚通过第13号提案之时)有关的大量文献保留了八个有待验证的小变量,即私利、在全球范围内有所提升的税收压力水平、与所提供的服务有关的税收的低效(公共资源浪费)、税负分配的不平等、与总体经济情形对个人的影响有关的焦虑情绪、党派意识形态、对政府的不信任与信息的缺乏。数据分析显明抗税斗争与对当局的幻想破灭(不信任)之间存在着某种关联,这就确认了制度合法性作为牵涉财政公德的政治因素是发挥了作用的。不过,无论是单独拎出来讨论,还是跟其他解释结合起来一并进行探讨,没有任何一种解释是得到了有力且意义非凡的确证的。按照不同作者的看法,我们必须在这些解释所共享的假设(也就是暴乱是个体经济社会地位所发挥的一项功能)的脆弱性当中探明因由。我们应该将暴乱看作从政治上表达不满的一种社会运动,它寻找被具体背景中的个体视为有利的各种条件,以求将人们动员起来。还必须指出(Cox,Lowery,1990),此种抗税斗争对该时期公共预算增长的影响是很有限的。

如上分析由此将纳税人决策因由的复杂性、抗税斗争的政治性(最为重要)以及公共决策者所做选择的自主性凸显出来。与抗税有关的社会学还必须探索动员的条件,尤其是集体行为的"全部剧目"(或许在历史上是变化多端的)(Tilly,1986:16)。今日的争论感兴趣的是新的社会运动的影响,与反人头税的暴乱有关的案例即是明证(参见专栏14)。

专栏 14　　　　反人头税的集体行为

人头税是一种地方资本税,所有纳税人需缴纳同等税额,而不管他们的收入如何。1988年,撒切尔政府将此税当作其新自由主义计划(旨在限制地方公共支出)的一项打头阵的举措,将其引入。它在英国引发了一次重要的抗税运动。一项研究(Bagguley,1995)表明:新旧社会运动之间的对立并不必然具有重要意义。事关重大的因素既有经济上的(带有经典性),也有道德上的(不公有利于富人,伤害到穷人)。暴乱在组织上依赖与反抗有关的非正式网络,但也涉及工党激进派,(在地方层面)则涉及工会(它们所发挥的影响力是变化无常的)。暴乱中的大多数积极分子此前从未参与过早先的社会运动。卷入其中的社会群体同时容纳了公共部门的中产阶级、传统的低收入工人阶级。女性尤其被动员起来,特别是在家的母亲们,她们第一次发现有一种个体税也就是人头税摆在自己面前。活动形式多种多样(集会、书信,等等),而尤以拒缴现象为甚。因此,此次抗税斗争看起来融合了社会运动的新旧特点。

最后，我们还必须考虑社会历史背景，以求理解抗税斗争。如果集体策略的成本太过高昂，个体或许会转向与干预型税收国家的政策有关的其他税负最小化形式（逃税、避税以及为免税待遇展开游说）。

二、纳税人的具体理性

从 R. 布东（Boudon，1989；2003）的"宽泛"理性方法出发，对纳税人决策的分析显示了经济学文献中使用的标准功利主义方法的局限，基于客观因素的最优算计意义上的自利并不总是对行为主体的决策还决定性作用，这些决策的逻辑取决于它们的价值以及将与税收的具体关联呈现出来的认知理性。

（一）"功利主义"理性方法的局限

功利主义者的兴趣在于税负最小化，这一点虽然关系重大，却算不得独一无二。其重要性[1]在于，如若人们在税收上只做出没有公德心的行为，那么，干预型税制便无法存活。就功利理性的方法而言，纳税与有关公共服务供给的普通社会契约并无关联，但是，人们将其视为交换税的一种表现形式，也就是说，纳税人出价，交换自己所享受的服务。关于"欺诈"的主要经济模型[2]使用了期望效用理论（Expected Utility Theory；参见 Allingham, Sandmo, 1972; Yitzhki, 1974; Cowell, 1985）。这个研究框架是以理性选择理论（尤其是成本、收益分析）意义上的功利理性为基础的；反过来，税负最小化被视为与纳税方法和与控制手段有关的犯险之举，被列为犯罪行为，被视为对公共产品融资的一种拒斥。

就风险理论而言，税负最小化（逃税和避税）是与人们所期盼的客观收益有关的一个目标，相关算计与税率、与可掌控的程度，以及与可检测的程度、与法律上适用的处罚措施的多寡有关。常有人认为高税率促进了逃税，由此，官方对逃税现象的发展是有所低估的。沿着这条路，便会走向"威胁理论"，因为有人提出如下建议：以频繁的监察和严厉的刑罚施行有力的压制。在发达国

---

[1] 本部分以及下文包括了拙文《纳税人的具体理性》（"The concrete rationality of taxpayers," *Sociologia del dirifto*, March 2011）当中的部分内容。我们还看到，公民们基于与社会群体（他们从公民们那里获得好处）的自私利己主义无关的因由，支持干预国家的社会支出（参见第四章）。

[2] 经济学家并不总是对税务欺诈（逃税，在法律上被定义为违法行为）与使税收最小化的一般行为尤其是用聪明的法律手段（规则）缴纳更少的税（避税）做出区分。

第九章　个体面对税收的逻辑

家,这是一个看似不易达到的目标,因为在这些国家,针对欺诈的道德谴责是软弱无力的(参见下文)。第二条路径运用了犯罪经济学(Becker,1968)。后者以其他活动为比较对象,测定了与欺诈(逃税)有关的期望效用,并且同样提出了威慑建议。第三条路径以奥尔森所论的矛盾为基础(Olson,1966)。因此,搭便车者,即潜隐的纳税群体的成员,对于自己无论如何都会得到好处的集体产品的融资没有任何兴趣。

这些理论的结论是:纳税人客观上有令其所缴税收最小化的倾向,无论他们所用手段合法与否(除非施以严厉的处罚)。但是,针对这些理论,也有一些反对意见。与风险有关的客观因素以及纳税人真实行为之间的关系并不是机械的。① 经济学家一般忽略了由各种态度所构成的变量。这些态度在经济刺激与相关回应之间发挥着作用(Lewis,1982)。他们高估了自利的影响。关于公共收入水平的影响,相关的结果仍不明朗,并且,这些结果与熊彼特早就提出的、与财政能力限制有关的观念是对立的。在宏观经济层面,在经验上可证实的如下关系确实是存在的,即全球范围内的高收入水平(税收与社会保障缴费)与低速经济发展(与逃税有关)之间的关系。比如,尽管边际税率很高,美国在战后却经历了强有力的发展。在微观社会层面,巨富人群的税收公德弱于其他人在经验上并未得到证明。一些人发现收入与逃税之间的关联,其他人则对这一结论提出质疑。② 由此,从社会－政治的视角来看,人们应将社会可承受的税率纳入讨论范围。在其对20世纪70年代瑞典的社会民主制度的研究中,沃格尔表明③,53.5%的人估计自己所缴的税收数额是合理的,尽

---

①　比如,刘易斯从自己的研究中得出结论(Lewis,1979:253),交换模型无法解释所有材料。同样,贝克等人(Beck et al.,1990:88)指出,为了理解公民们的税收偏好,人们必须使用与行为有关的经济、社会－政治解释。

②　收入多寡与逃税之间的关联得到如下材料的力挺:Dornstein,1976;Clotfelter,1983;Pomnerrehne,Weck-Hannemann,1996;Hanousek,Palda,2003。但是,如下材料并未发现此种关联:Mueller,1963;Spicer,Lundstedt,1976;Citrin,1979;Grasmick,Scott,1982;Wärneryd,Walerud,1982;Beedle,Tayor-Gooby,1983;Furnham,1984;Richardson,2006;Gërxhani,2007。

③　在对瑞典所做的先驱性研究中,沃格尔讨论了具有解释力的若有因素:必须把握的风险;与参照群体(reference group)有关的规范;个体自身的价值观。此种分类并不完美,因为它将种种失误(被当局贴上"偏差"标签的非自愿行为)抛在一边(参见第十章中有关税收偏差的表)。其好处在于表明了如下内容:税收遵从有若干表现形式;与参照群体有关的经典理论(此处对它的领会与纳税人本人所知道的逃税者有关)产生了影响。

管税率奇高(Vogel,1974:501)。针对德国,施默尔德斯(Schmölders,1970)得出如下结论:对税收的反对并非客观税负的重要性所带来的直接后果。针对英国,刘易斯确认了这一论点(Lewis,1979:255)。针对美国,埃齐奥尼指出(Etzioni,1986:183),税务欺诈(逃税)与公共舆论中有关税制的不公感有关(针对1960—1980年),即便税率仍是稳定的。根据迪贝热对法国的研究(Dubergé,1990),60%的人将税收的"心理成本"(比如纳税申报的复杂性)而不是必须缴纳的税额纳入考虑范围。针对比利时、西班牙和瑞士,托格勒与施奈德尔(Torgler,Schneider,2007)在数据上并未发现税率与税收道德(从价值观调查得知)之间的关联。由此,取自拉弗研究的"太多的税收杀死了税收"的观念并未得到验证。

关于税务稽核的风险,一般而言,税务审计的平均频次并不高,由此,人们给予纳税申报义务的尊重应该比实际情况还要少。这一论断与效用最大化的路径相抵触。大量试验、研究[1]表明,逃税比例与税务稽核的客观可能性并无关联,除了在相关人员获得准确的税务稽核信息之时(Spicer, Thomas, 1982)。财政责任的启发式逻辑(heuristic logic)扭曲了纳税人(包括消息灵通者)对本人私利的呈现。那些纳税人已然经过了与本人纳税申报有关的审计,他们对税务审计概率的评估带有主观性[2](Spicer, Hero, 1985; Maciejvosky et al., 2006; Mittone, 2006:823)。从经验角度出发,还有人提出逃税倾向有赖于纳税人本人所知的逃税人数量(Vogel, 1974:505; Spicer and Lundstedt, 1976:300; Dubergé, 1990:230)。在自己所参照的群体的框架中,对逃税过程参与者数量的估计与对受惩处风险的估计有关(Welch et al., 2005:24)。税收道德与个体感知的风险(被抓住)的可能性(它并不是客观的)有关(Verboon, van Dijke, 2007:720)。根据前景理论(Kahneman, Tversky, 1972, 1973),与逃税时被抓住

---

[1] Spicer, Lundstedt, 1976:300; Spicer, Hero, 1985; Vogel, 1974:505; Dubergé, 1990:230; Webley et al., 1991:84; Reckers et al., 1994:832; Scholz, Pinney, 1995:497.

[2] 在已然经过审计的纳税人就税务稽核概率所做主观评估的精确影响上,大量试验得出的结果形成了鲜明对比:斯派塞、海罗(Spicer, Hero, 1985)提出,税务稽核概率在人们那里被高估了(由此,财政公德得到了提升)。但是,马切伊沃斯基等人(Maciejvosky et al., 2006)以及米托恩(Mittone, 2006:823)对相反的结果有所坚持(至少在进行稽核之后不久的那段时间里是这样)。"弹坑效应(the bomb crater effect)"的观念认为:同一时期,在同一个地方,对一枚炸弹的图像进行的审查不会连续出现两次。虽然有这些解释,看起来,税务稽核概率还是没有得到客观的评估。

有关的客观因素[1]对纳税人在其逃税决策中所计算的"主观概率"只有微弱的影响。前景理论相对于期望效用理论的优越之处尤其得到了达米和阿尔－诺瓦西(Dhalmi, Al-Nowaihi, 2007)的证明。比如,许多人估计在逃税额很高的时候,被税局部门抓住的可能性更大。相比税收减免被感知为一种收益的情况,在不得不缴税(被感知为一种损失)的处境下,逃税对人们更具诱惑力(关于此种"偏差",参见 Kirchler, 2007:133—142)。

由此,客观风险计算(和逃税有关)与个人实际行为之间并不存在直接关联。经济学方法并未将纳税人的主观理性(它尤其牵涉税收的合法性)纳入讨论范围。

(二)价值理性与税收合法性

纳税人并不仅仅通过以利益为基础的功利性方式做出反应,其对税收的领会还可涉及道德方面的态度,也就是韦伯所说的、相关的价值理性。就税收的起源而论,即便这方面的信息仍然很少,在我们看来,税收的确立却是与给上帝的宗教奉献转变为给国家的奉献相联系的。在税收国家面前,社会规范具有重要作用(Keenan, Dean, 1980; Reckers et al., 1994; Torgler, 2004; Wenzel, 2004; Alm, Torgler, 2006),尤其是在纳税人对与他有着共同遵守的社会规范的群体产生认同之时(Vogel, 1974; Wenzel, 2004)。和与社会科学有关的实验正好一样,世界价值观调查的数据也表明,即便道德方面的态度因国而异,它们对于纳税人的公德心是有影响的。比如,理查德森(Richardson, 2006)在自己的横断面研究中使用了 45 个国家的数据,确认了"税收道德"的影响,正如世界价值观调查所评估的那样。在这些价值观中,宗教信念的影响构成了一个难以解决的经验性问题(参见专栏 15)。

专栏 15　　　　　　　宗教与纳税人

针对拥有宗教信仰的纳税人态度的研究仍属凤毛麟角。[2] 弗恩海姆在对英国的研究(Furnham, 1983)中表明,遵行新教工作伦理的人对税收

---

[1] 稽核频次、审计某些收入的困难、欺诈或逃税的可能性,等等。
[2] 关于宗教与税制之间的关系,有一些研究。

相当排斥。格拉斯米克等人在对美国(包括新教徒)的研究(Grasmick et al.，1991)中指出，以宗教实践频次、认同为衡量标准，宗教信念对税务欺诈的倾向有抑制作用。根据维尔布恩和凡·迪克对荷兰的研究(Verboon, Dijke, 2007)，新教徒相比天主教徒和无信仰者，在财政上更有公德心(无信仰者在公德心的排名上位列最末)。托格勒(Torgler, 2003:297)借助世界价值观调查的数据(聚焦于加拿大)，得出如下结论，虔信与税收道德相关联，但是，前者是通过一种变化多端的方式与后者相关联，该方式因宗教(天主教、新教以及其他宗教)而异。在对32个国家1995—1997年的研究中，他仍借助世界价值观调查对这一结果做了确认(Torgler, 2006)。至于西班牙，阿尔姆、戈默将与参与宗教侍奉有关的事实选作指标，却没有发现有何关联存在(Alm, Gomer, 2008:84)。托格勒、施奈德尔(Torgler, Schneider, 2007:466)确认了就西班牙而言，虔信与税收道德并无关联，而此种关联在比利时、瑞士却有着重大影响。最后，韦尔奇等人在对美国天主教教区的研究(Welch et al.，2005)中表明，当大多数人认为本宗教社区的纳税遵从水平并不高的时候，个人的宗教信念对于逃税来说是影响甚微的。

不过，如果说道德价值观有时会发挥作用，那么，针对逃税的道德谴责(参见专栏16)却是相当软弱无力的(Leroy, 2003:232)。在个体眼中，纳税很少被感知为一项道德或社会义务。

专栏16　　　　　　　逃税在道德上只受到微弱谴责

根据1981年和2004年之间的世界与欧洲价值观调查，[①]"税务欺诈"仅被53%(所有国家的平均比例)的作答者看作是"绝无正当性"的。人们可以获得的经验研究对这些结果做了确认。就20世纪70年代的德国而言(Schmölders, 1973:106, 137)，有4%的作答者把逃税者比作窃贼，而43%的作答者认为逃税者是"精明的商人"。就瑞典而言，沃格尔的研究

---

① 为了回答"如果你有机会是否会行税务欺诈之事等"问题，调查提供了1到10级等不同选项。第1级可描述为"无正当性。"；第10级可描述为"总是具有正当性。"

248

(Vogel,1974:506)确认了针对避税的放纵倾向,税制漏洞被认为是逃税的理由。就英国而言,刘易斯(Lewis,1979:249)提到了在针对一些与税收有关的小疏漏的调查中,人们怀有一定的宽容之心。他得出结论:这些态度更多地取决于牵涉到的税额而非与逃税有关的道德价值观。基南、迪安对424个人所做的研究(Keenan, Dean, 1980)表明,相比其他形式的越轨行为(包括财政方面的其他越轨行为),人们很少表达针对逃税的道德谴责。就法国而言,根据迪贝热的研究(Dubergé,1990:225),在1958年有12%、在1986年有30%的作答者谴责逃税(要知道,民意调查对这些结果做了确认)。就澳大利亚而言,根据1998年的数据,埃文斯和凯利(Evans, Kelley,2002:253—254)指出,有32%的人认为税务欺诈性质极为恶劣,相比认为社会(福利)保障欺诈性质很恶劣的人所占的比例(59%),这个结果要低得多。就美国而言,格拉斯米斯克、斯科特对威慑理论的影响做了测验,得出如下结论(Grasmisk, Scott,1982:227):与逃税有关的负罪感微乎其微。以205个人为问卷调查对象、针对美国所做的一项研究(Burton et al.,2005)确认了如下结果:逃税并不被认为是一个严重的问题(在降序排列的五个严重性等级中居于第四位);在人们眼中,相比其他商业犯罪,逃税并没有那么恶劣。

其他价值观,比如,对一般性义务的尊重以及对所属或所参照群体所持态度的附从(关于职业文化的作用,参见 Ashby and al.,2009)也能发挥作用。此外,个体可以基于非道德的充分因由谴责逃税行为,比如,他本人无法逃税,或者,逃税将税负转移到了未逃税者的头上。纳税遵从就其基础而言是难以探究的,在规则内部化(interiorization of the rule)的意义上,它并未将多少道德责任呈现出来。另外,个体可以在将逃税评判为应受谴责之举的同时仍旧践行此事(Vogel,1974:511;Dubergé,1961:102 and 1990:226)。

相比道德价值观,税收的政治合法性更具有关键意义。税制不公感是逃税的助力(Etzioni,1986;Richardson,2006;Torgler et al.,2008:329)。税收的政治维度在历史上的确立与国家的诞生相关联(参见第四章)。税收通常在权力集中的意义上有助于勾勒现代国家在欧洲的面貌(托克维尔,参见第一章)。由此,为了理解纳税人的价值理性,税收的政治合法性便具有至关重要的意义。在这个意义上,纳税遵从(在这里是财政公德)构成了对当权政党的一种支持形式,在某些历史情势下,[①]还表明了对于政权的忠诚。有人从经验上证明了以下现象与纳税遵从之间的关联:对于母国的自豪感(Torgler, 2003:295;Torgler, Schneider, 2007);对政府与公共机构的信任[②](Slemrod, 2001:20; Bergrnann, 2002; Torgler, 2003; Alm et al., 2005; Torgler, Schneider, 2007; Torgler et al., 2008:332,:334; Rudolf, 2009; Torgler, Schneider; 2010);对公共资金的使用[③]。反之,在这些与政治合法性有关的标准付诸阙如的情况下,对当局的幻想破灭对纳税遵从具有消极影响(Lowery, Sigelmann, 1981; Beck et al. 1990:86, Alm et al.,2005)。我们还看到:抗税通常表明了对税收合法性的反对态度,人们感到税收带有随意性,此种情感并不是机械地与个体的社会—经济地位产生关联。最后,行为主体的认知理性(Leroy,2003)必须被纳入考虑范围,以便我们对其推理进行重构。

(三)认知理性

此处精选的案例表明,纳税人的决策并不独以本人的客观利益(自利)或本人的价值观为基础,它还呈现了一种与纳税人有关的认知理论。此种理论讨论了纳税人处理信息的方式。

纳税人的认知理性解释了对税务审计风险的评估。通常而言,纳税人并不知道在欺诈或逃税时被抓住的客观因素(经过功利主义经济学家的遴选)。纳税人依据自己能够获得的信息(逃税者的数量、从以前的审查中获得的教

[①] 比如,乔治·桑呼吁人们通过纳税支持1848年的共和国[见一本匿名小册子:《布莱斯·博宁给公民的话语》(*Words form Blaise Bonnin to the Crood Citizens*)]对以色列所做的一项研究(Dornstein, 1976)表明,近期的移民,尤其是那些来自不发达国家(在这些国家,税收的使用受到人们的争议)的移民,其纳税遵从度比以前的移民要低一些,后者相信为现代犹太国家获得资金支持做出的贡献是理所应当的。

[②] 比如,托格勒和施奈德尔(Torgler, Schneider, 2007)在数据上发现了税收道德(以欧洲、世界价值观调查进行衡量)与对政府、议会以及法律体系的信任之间的关联。

[③] 案例:对公共服务的满意度(Bergmann, 2002);对于社会通过公共产品以及公共服务融资所得的收益,人们怀有怎样的情感(Alm et Gomez, 2008:84)。

训,等等)展开推理,从而进行计算并做出估计,心理学文献把这些叫作"主观偏差",但是,从情势而言,它们的确是合乎逻辑的。由此,从认知角度来看,认为逃税数额越大风险便越高也是合乎理性的了,即便这与标准的概率计算并不相合。另外,我们已然看到,"数额不小的"逃税行为通常是税务部门的目标。同样,合乎逻辑的是,受过审计的纳税人对新的审查心怀畏惧,即便数学上的概率并未发生改变。而且,事实上,按照他们常常非常准确的估计,此后,行政部门对他们的档案会有更多的审查。最后,再举一个出现在上文中的例子,一个人倾向于给纳税额设限(纳税使他的现金流承受了压力)而非冒险让税收得到减免从而缓解压力是理性之举。不过,"客观地说",这里的风险以及由此带来的收益在如上两种情况下是一样的。

托克维尔的相对受挫理论在第一章中得到了阐述,我们用它来解释法国大革命与抗税行为。它还构成了这里的纳税人认知理性模型的组成部分。在对模型加以改善的背景下,合乎逻辑的是:持续存在的财政不公给人带来更大的挫折感。和满足感、幸福等一样,从社会学上看,对于税收,我们不能仅从公共收入(税收收入)所反映的"客观"负担的角度进行研究。我们还必须从人们所感觉的负担以及它与公共服务(支出)的具体关系的角度加以审视。

认知理性还提供了税收与公共支出关系悖论的解决方案。普维尼阐述了财政幻觉理论(参见第二章),公共选择学派又将它拾起来(Buchannan, Tullock, 1962)。该理论错误地对不切实际的精神和纳税人的非理性[因为他一方面要求税收更少,另一方面又想让公共服务(由此还有支出)得到维持或者被确立起来]做了强调。它或许从某些研究(Lewis, 1982:49; Winter, Mouritzen, 2001:120)或道恩斯的论点(Downs,1960;它想让税收在民主社会中成为人们厌恶的对象,因为人们看得见从自己口袋里掏出来的钱,而不怎么看得到所享受的公共服务)那里令自身获得了帮助。不过,其他研究对该理论做了批驳。

我们必须指出,如上悖论并不具有系统性。根据韦尔奇的研究(Welch, 1985:314),想税收更少又想支出更多的"不切实际者"并不占多数。按照大多数人的声明,他们所倾向的或是增税(旨在为所需服务提供资金支持),或是支出再分配,或是减少公共浪费。早先,柯朗等人(Courant et al., 1980:3)以2001年的大量问卷回答(密歇根州)为基础,提出不切实际者的数量并不多,大多数人是准备为自己所渴望的额外服务的资金来源付费的。另一项研究(Hadenius,1985)也表明,当税收与支出之间的关联显明在人们面前时,不满情绪会有所减少。有时,政治运动或媒体让公民们意识到税收与所享受的服务之间的关联,围绕加利福尼亚第 13 号提案所展开的争论即是如此(Citrin,1979:114)。在调查中,在人们被问及他们准备缴纳多少税收时,如果对于福利国家的支持变弱了,这并不必然表明一种普遍的拒绝态度,毋宁说它显明的是一个与优先性有关的问题(Beedle,Taylor-Gooby,1983:18)。正如布朗特对澳大利亚的研究(Blount,2000:287)所确认的,对削减税收和增加支出的需求并不必然是非理性的。厌税情绪可以将如下信念表明出来:国家能够(而且必须)通过另一种方式为人们渴望的那些支出提供资金。① 施默尔德斯(Schmölders,1973:40)早已针对 20 世纪 70 年代的德国指出这一点,在该国,80%的人认为,如果出现预算赤字,国家必须削减自己的支出,15%的人则赞同增税。肯普(Kemp,2002:146)还将同样的现象凸显出来。② 针对比利时、涉及 1 824 人、覆盖真正支出计划的一项研究(Schokkaert,1987)与公共部门的规模有关,它表明,大多数人在总体支出上倾向于保持现状,这就使财政幻觉理论(通过低估税收,它意味着公共支出的增长)失去了效力。通过这种方式,认知理性理论解释了公民们的一个看法,即他们对公共服务的需求可以通过不同方式获得资金支持,以此与相关材料很好地结合起来。这些方式当然涵盖了税收,也包括借款、减少浪费、对拨款的再分配、来自其他部门的补助、服务定价,等等。由此,在公民们提出其他的资金来源方案时(Leroy,2007:92),寻求更多的公共服务、更少的税收既不是不切实际的,也不是非理性的,即便他在对公共选择成本的准确估计上犯了错误。同时,"贡献税"的政治功能意味着"利他"公民的存在是有可能的,这与财政幻觉的经济理论相抵触。

就公共财政观的形塑而言,问题的框架同样是重要的。对美国 1992 年总统竞选的研究表明(Jacoby,2000:757),相比总体性陈述(赞同者比例为 37%),

---

① 即便是在危机背景下,国家仍有能力做出各样的回应,由此在财政事务上有所创新(Gold,1995)。

② "回应往往表明,政府应花费更多的钱……与此同时,让税收保持稳定或减税。不过,分析……表明这并不必然是与财政无知有关的一个案例,因为作答者常常想削减某些领域的支出,以求增加其他领域的支出。"(Kemp,2002:146)

第九章 个体面对税收的逻辑

如果对所涉及的部门做具体的陈述,那么,公民们会更多地持赞同增加公共支出的态度(比例为63%)。就第一种情况而言,不同变量(它们衡量的是对支出受益群体的态度)的影响要更大;就第二种情况而言,与人们所推动的思想有关的计划涉及政府本身,这尤其与总体经济情势相对应。党派变量往往在这两种情况下都发挥了作用。收入对全球性支出而言是一个重要影响因素,对具体支出而言则不是,这与我们的认知理论是相一致的。如果是全球性支出,推理方案便与财政有关(如何为公共支出需求提供资金支持),其结果是,收入对回应有所影响;如果是具体支出,相应方案便取决于与计划有关的偏好而不是公共支出水平。对美国的一项研究(Hansen,1998:519)同样表明,个体的选择更多的是导向合乎逻辑的集体偏好,因为向他们提出的问题是切合实际的,因为这些问题包含了可供替代的不同主题,与孔多塞·阿罗悖论(Condorcet-Arrow paradox)相反,此处的大多数偏好仍处在过渡阶段(由此也是合乎逻辑的)。

同样,我们可以借助认知社会学,对论及框架的文献所指出的框架性"偏差"的存在做出解释。此种偏差的情况如下:当选择涉及税率而非税额之时,从试验来看,以累进税方案为手段的收入再分配得到的支持看起来更为重要(McCaffery,Baron,2004:698)。相应的解释很简单,相比对应情形的具体性,人们买面包所适用的税率、所对应的税额必然是多种多样的。与对抽象税率的选择相比,这一点更具典型意义。与公正有关的具体观念认为,相比穷人,富人必须缴纳更多的税(这是合情合理的)。收入的差异必须是合理的,而在新自由主义全球化的背景下,情况却并非如此(比如领取过高酬劳的银行管理人员遭受了损失)。与财政红利评价有关的一项研究给出了另一个案例。涉及前景理论,结果显示:框架效应具有重要意义(Lozza et al.,2010)。如果将财政的意外补助描述为退税(减损),此种补助倒是被调查对象赋予了更高层次的重要性,相比将该补助呈现为增加的收入(收益)之时,他们在它被描述为退税之时会更热切地将其储存起来。我对这一结果的理解如下:顺应认知理性,调查对象认为,在退税情况下,金钱的损失会更少,但是,它确实是一笔损失。由此,他们偏好将补助储存起来(或许是为了缴纳接下来的税收)。反之,他们会使用补助用于日常的购物,当补助被视为额外收入之时,他们并不会将其储存起来。

253

针对消费的间接税的无痛性同样带来了一个疑难，而认知方法能够让人们解决它。这尤其是一个解释收入微薄者为何在不同调查（Dubergé，1961：140，1990：280；Schmölders，1973：79）中宣称自己支持间接税的问题，即便这些税使他们陷入不利的境地。[1] 答案很清楚：除非有精确的具体信息，否则，人们不会因为间接税与纳税人（他们对税收的性质所知甚少）的消费成本相关而将其感知为一个负担。个体是在总量意义上看待消费支出的，去除税收的买价（Purchase Price）与附加税的数额并未得到区分。由此，个体对税收的具体认知（或曰无知）虽说合乎逻辑，却是错误的。此外，认知理性解释了间接税的无痛感具有重要意义。比如，在法国，纳税人表达了（民意调查）削减汽油（间接）税的诉求，这与对一次冲突（2000年9月卡车司机们在道路交通中的冲突）的媒体报道有关，该报道坚持认为这些税收具有重要意义。有关减税的争论让若干欧洲国家陷入动荡之中。同样，争论为纳税公民提供了信息。由此，关于附加税，作为成功媒体报道（与争论相关）与批评（来自某些意见领袖）所带来的结果，此种间接税的无痛性得到的验证越来越少了。

各种意识形态、归因误差（attribution errors）以及神话的相关情况表明了公民与税收交织在一起的境况的多样性，即便客观地说，税收不当对此负责。[2] 在第六章中，我们看到，认知理论解释了作为新自由主义意识形态之根基的反税话语的传播，对经济全球化的论证强化了社会保障"危机"。在此种"危机"的背景下，对个体来说，相信税收国家退却的必要性（所谓的经济学家便力持此说）便是合乎逻辑的了。归因误差同样解释了个体的抗税行为（即便他不是参与者），因为他坚持如下推理（认知理性）：国家要为我的经济境况负责，但是，税收被用来为国家提供资金支持；由此，如若我的个人境况堪忧，缴税对我来说就不是必需的了。此种三段论就其将国家牵扯进来而言是不准确的，不过，它合乎逻辑地解释了纳税人在本人境况的起因上所犯的错误，[3] 这

---

[1] 他们将自己的收入花光，由此，征税对应的是全部的收入，相比之下，最富裕的人有存钱的能力。

[2] 阿丹特早已指出了此种"转移现象"或"归因误差"（Ardant，1972：654）。

[3] 此种归因误差在社会心理学那里得到了很好的描述（Heider，1944；Jones，Davies，1965；Kelley，1967；Weiner，1979）。该理论被如下文献用来解释纳税人的态度：Kaplan, Reckers, Reynolds，1986；Hite，1987。

尤其是因为哪怕是最具自由主义色彩的观念都承认国家在经济中的作用。比如,20 世纪 50 年代的布热德主义在经济上由小商人、匠人的贫困得到了解释,税收与税务部门则遭到狂暴的攻击。我们还可以提及与旧制度有关的某些神话,比如生命税(Bercé,1980),也就是对出生、婚姻与死亡征收的税。按照 R. 布东的理解,文盲社会有充分的理由相信生命税,按照他们的观察,税收是硬加给行政部门的职责。在与税收末日有关的神话(从历史上看,它在君主获得军事胜利期间尤其反复出现)中,我们发现了同样的认知理性。由于常设税收从性质上说很晚才出现,由于它们超脱于封建体系的逻辑之外,就像在历史上那样,它们不过是暂时性的。纳税人的理性按照西蒙的理解常常是"有限的"(Simon,1982),由此,身处其现实生活境况中的纳税人的具体推理逻辑对此做出了解释。

(四)作为一种具体关系的税收

与具体表达有关的原则(Leroy,1992)塑造了纳税人的决策。个体依据自己的具体情况、自己对税收的主观认知,以及所见的信息来源(对他来说看起来具有典型性和可及性的信息来源)进行推理。这是财政社会学的看法。它在经验上得到了确证。[①] 公民个体借助自己的熟人圈、媒体或咨询专家形成自己的看法;在公共服务、国家作用、[②]其与税务机关的联系等方面也形成了自己的观点。他在信息上的不足以及税法的复杂性使得个体的认知理性走向穷途末路。

---

① 比如,施默尔德斯在其对德国的研究(Schmölders,1973:74)中强调,"'税收'一词更多的是让某种关系(与人们所体验的某种事物的关系)产生了,而不是让国家观念出现了"。迪贝热(Dubergé,1961:57)表明,年长的纳税人基于生活方式,对税务稽核有更准确的估计,因为他们经历过先前与所得税有关的争端。我们还看到:与逃税者的联系在纳税人的决策中对其有引导作用,无论他对自己的纳税职责是否遵从。西特林(Citrin,1979:118)坚持认为,具体规划相比抽象目标来说更容易引起争议。罗伯茨等人表明(Roberts et al.,1994),个人倾向于累进税表(受打击最大的是最富裕的人)的偏好在人们从抽象问题过渡至具体问题时便减弱了。朔尔茨与平尼(Scholz,Pinney,1995:508)指出,对税务稽核风险的主观评估有赖于此种风险的具体性。布朗特(Blount,2000:287)表明,当人们给出有关目标性支出的具体细目时,只有少数人会支持削减税收与支出。科奇勒(Kirchler,2007:65)确认,对逃税的态度取决于个体的参照群体,这也与我们的具体表达原则保持了一致。最后,我们应该指出,涂尔干早就在《社会分工论》(Durkheim,1984)中提出了该原则,个体"做任何事情都逃脱不了一点,其职业活动每时每刻都在我们每个人心里留下生动且具体的印象"。如若此种具体(不理智)的职责分工让个体远离了这一认识,那么,对政府来说,其行为要促进普遍的团结便是难如登天的了。

② 参照群体理论的经典结论可以用在这里(Leroy,2002:68—69)。

由此，个体"所体验的"与税务部门的关系（Leroy，2002；Kirchler et al.，2006；Alm et al.，2010）对纳税遵从有所影响。[1] 托格勒等人同样表明（Torgler et al.，2008）税收道德与如下看法有关：税务部门是诚实的，它在帮助纳税人时，所做的工作是准确无误的。阿尔姆等人表明（Alm et al.，2010）来自税务部门的援助信息对纳税人的遵从有着重大影响（这是经过了试验的）。

由此，纳税人便在表达、决策上犯了错误。他错误地估计了税收对自己的打击，[2]有时未能意识到税收与公共服务支出之间的关联，常常迷失在技术细节里。[3] 比如，在法国，民意调查表明，许多人认为地方税只是给市政当局用的，而实际情况并非如此。我们还看到，纳税人自称对减税持赞同态度，与此同时，却要求扩展公共服务（因为他们认为还有其他的融资手段）。某些高收入家庭有时支持纳税，以求确保机构的运转以及[4]避免赤字的出现（Mueller，1963:232）。

作为对与税收的具体关系的研究，财政社会学让人们在一个原创性的领域对标准的经济学方法（以个体功利理性为基础）进行讨论。事实上，他的决策并不仅仅取决于利益，也来自政治价值观以及对与税收有关的社会现象的具体认知。与"交换税"有关的功利主义模型的相关性是有限的，因为与税收有关的社会现象同样给其他形式的社会学提供了舞台。财政社会学由此与理性社会学和经济社会学的进展形成了交叉检验的关系。公民赞同"贡献税"在道义上发挥了重要作用，以此，他没有追求自己的私利，没有将效用功能发挥到极致。正如我表明的〔从我对财政社会学最早的一些研究（Leroy，1992）算起〕，税收具有代表性的五种角色是以具体方式存在的，其中，必须得到鼓励的是公民的贡献税。

---

[1] 托格勒等人（Torgler et al.，2008）同样表明纳税遵从与如下看法有关：税务部门是诚实的，它在帮助纳税人时，所做的工作是准确无误的。

[2] 根据施默尔德斯的调查（Schmölders，1973:80），只有三分之一的人对自己的税负做了正确的估计。就西班牙而言，对主观税收压力做了研究的马丁、洛佩兹与洛博（Martin，Lopez，Lobo，2000:145-149）表明，1999年，56%的人发现自己缴了许多税，尽管税收收入所占的比例只有39%（比起其他欧洲国家相对而言并不算高）。

[3] 迪贝热（Dubergé，1961:53）表明，征税方法尤其让非专业人员犯难。比如，75%的人知道原则，但是，没有明细表的帮助，他们对以生活方式为基础的所得税并不了解。

[4] 这是孟德斯鸠的基本看法，它认为，对国家来说，税收作为对财产的征税确保了安全，也为人们使用私人财产提供了保障。参见第四章。

三、公民的贡献税

财政社会学证明,公民对于纳税从而为合法公共行为提供资金支持是持赞同态度的。他有利他的能力,而这是从20世纪70年代开始一直蔓延的新自由主义意识形态的陈词滥调所否认的。文化上的或普遍的厌税情绪、税收收入的有限(由于市场的效率与经济全球化的影响)以及不负责的纳税人的非理性(体现在他们对公共服务的需求之中)并不是不可避免的。即便税收在社会中发挥的作用有若干表现形式,公民"贡献税"的存在却是一个事实。而决定这一事实之覆盖范围的则是财政公共行为的特点。

(一)税收在社会中的表现形式

在某些情况下,税收带有无痛性(不可见),比如,针对消费征收的间接税并未让包含在商品价格中的税收被呈现在纳税人本人面前。除了这些情况,有五种税收形式是必须加以关注的(参见表12)。

表12　　　　　　　　　　　税收在社会中的表现

不可见税	并未在社会中表现出来,比如,作为间接税或附加税(但并非总是如此)
贡金税	人们感觉到税负不可承受
负轭税	人们感到税负很重
义务税	缴纳给当局的税收(欧洲税收国家形成的两大基础之一)——法律概念
交换税	纳税人为了他从社会中得到的好处(服务)而付出的代价——经济概念
贡献税	作为纳税认可的政治表现形式,按照纳税人的评判,为公共机构或政策提供资金支持是合理的

"交换税"是公共选择学派的信徒使用的概念。它采用的是与税收有关的一个经济观念。在人们看来,它是个体为了自己从国家(或者从另一个公共部门)那里获得的好处而付出的代价。[①] 如果税制对当局所做的贡献并未令其干预行为获得合理性证明,此时,交换税便会居于主导地位。根据奥尔森悖论,个体对于亲自为公共产品提供资金支持是没有兴趣的,因为他不缴税亦可

---

① 税收的这种表现形式也可被称作"收益税""支出税""代价税"。

获得公共产品的好处,该看法便是以如上方法为基础的。历史上有一个案例,选举权是要得到许可的,即获得公民权的决定性因素是纳税。这个例子同样表明了功利主义在社会学上的适切性。今日,为某些服务的享受而缴纳的费用在社会学上证明了以利益为基础的纳税许可观念。交换税概念最终与压力群体(要求税收优惠)理论对应起来。不过,如我们所见,以自利为基础的理论不足以解释纳税人的决策。

"义务税"从税收的法律定义那里获得了灵感。它是单边行为。从性质上说,它是以主权为基础的,涉及公共机构在财政上的无偿征敛。个体或多或少有一种明显逃避缴纳此种税收绝无可能的感觉。不过,此种税收义务感的相关因由就多种多样了。顺从的纳税人认为,个体逃税策略(欺诈)或集体逃税策略(反抗)即使带有合理性,也太过危险。态度漠然的纳税人不问自己有关税额变化的问题,其因如缺乏信息、缺乏让税负最小化的机会,或者不怎么有财务需求。道德高尚的纳税人不会过早判断税收的用途,等等;他认为遵从自己的义务是本分。由此,和接下来的税收表现形式一样,相比纳税的人,义务税更多关涉到对税收负有责任的人。然而,这不足以让税收义务合法化。

"负轭税""贡金税"指的是在某些情形下,税负被认为沉重得难以负担。这些表现形式与义务税并不是截然有别的,而是在一个连续体中处在不同的位置。若人感到约束较轻,税收便构成一项业务;若有过于沉重的感觉,税收便被视为专横的"贡金"。在这两种情况之间,人们会发现负轭税。贡金税是在罗马历史中兴起的。① 它可能招致从避税到抗税的各种反税回应,因为从客观上说,它构成了一种财务负担,而人们的不公平体验也是一个原因。事实上,与带有功利色彩的成见相反,人们并不只是将税收感知为一种约束(基于客观的财务原因)(参见上文)。

"贡献税"涉及纳税许可的政治表现形式。其涵义是,纳税人认为为机构或公共政策提供资金支持是合理的。此种表现形式与政治合法性有关,它包括了与程序民主有关、具有规范性的一面。从这个视角出发,近期的研究表明民主提升了财政公德(参见专栏17)。上面提到了与对政治制度的忠诚有关

---

① 起初,贡金是罗马公民为战争消耗所缴纳的费用,但是,后来,因为罗马公民不情愿出钱,这项费用被转嫁到被征服国家的头上。

的案例,除了它们,还有多个案例对与合法税收有关的此种税收表现形式做了论证。就法国而言,在受益于宪章的城市,地方纳税人批准(成文)预算说明的做法从13世纪便扩散开来。历史上出现过四种"古老的"且具有革命性的税收表现形式。从那时直至今日,政府还努力地推动公平的贡献税在社会上呈现出来。[①] 人们通过代表纳税人的会议对税收国家表示认可(参见第四章),相关的历史并不令人感到惬意。作为税收在社会中的一种表现形式,历史同样证明了贡献税的合理性。在对英国的斗争中,美国革命提出了认可原则("无代表不纳税")。社会经济危机时期与战争时期常常为人们认可税收压力增加提供论证(参见第七章)。[②] 以英国模式为依据,民主议会制的历史有赖于对公共支出融资予以认可且加以控制的权力。地方的直接民主经验(连同参与式预算)同样对如上观念做了褒扬。

> **专栏17   对选择的参与(民主)促进了顺从的态度**
>
> 财政民主被界定为民众对于公共财政选择的参与。它对财政遵从有积极作用。托格勒(Torgler,2004:34)通过试验表明,有能力选择威慑层次(审查次数、处罚等级)的事实促进了对于纳税义务(遵从)的尊重。与民主决策权、纳税遵从(税收公民权)之间的关系有关的其他试验(Alm, McClelland, Schulze, 1999; Feld, Tyran, 2002)对该研究做了确认。直接的(真正的)民主对纳税遵从所起的作用更为积极,这是波默林与韦克·汉内曼(Pommerehne, Weck-Hannemann, 1996)证明了的。托格勒、施奈德尔(Torgler, Schneider, 2007)通过瑞士的案例确认了这一结果。在瑞士,各州所授予的更多的参与权与更沉重的税收伦理责任相关联。财政透明度同样与选举周期对公共预算平衡影响的走弱有关(Alt, Dreher Lassen, 2006)。税收涉及公共行为的合法性(Leroy, 2002)。以全球范围内的人类价值观调查为基础,人们做了一些试验。以这些试验为依据,与机构的关系解释了纳税遵从问题上的差异(Cummings et al., 2004)。

---

① 参见针对老人的"完税贴"(vignette)(车辆税执照)、1976年针对农民的干旱税、针对财富的团结税,等等。

② 条件不让带有决定论色彩的意识形态偏见发挥作用,将可能的政治选择呈现出来。

从经验上看,已经有人证明,很多人乐意为在他们看来具有重要意义的计划缴纳更多的税(Mueller,1963:224;Beedle,Taylor-Gooby,1983:29;Welch,1985:316;Taylor-Gooby et al.,1999:192)。与公共选择学派的理论相反,某些人看似是基于道德因由对汽油税持赞同态度(Brodsky,Thompson,1993),①即便他们常常要用到自己的汽车。斯勒姆罗德(Slemrod,2001:13)指出,在美国,一些公民自愿在应缴税款之外,将另一笔钱财上缴国库,为的是削减公共赤字。此外,在自己能够确立与公共服务支出之间的具体关联之时,纳税人对税收会表现出更为赞同的态度(Hadenius,1985:351)。这些既成事实使人拒绝厌恶情绪是难以逾越的高山的观念。

(二)驳与文化上的厌税情绪有关的陈词滥调

关于普遍厌税情绪,存在着一种常识。涉及该常识,我们必须先将或多或少显得复杂、涉及带有文化性的厌恶情绪的理论放在一边。② 以文化决定论为工具的解释仍然富有吸引力(尤其伴随着并不可靠的"民族税收心态"观念的兴衰起伏)。为了对自己的调查进行解释,施默尔德斯对该观念持褒扬态度(Schmölders,1970),他的调查在其他方面可谓领风气之先。比如,根据这个观念,拉丁国家将因其心态而被人识别出它们的逃税习性。

为了表明与厌税有关的文化理论是不可靠的,我们可以追溯到欧洲与世界价值观调查的结果。一般而言,逃税遭到的道德谴责是微乎其微的,这让与普遍厌税情绪有关的理论获得了支持。但有时,逃税遭到了更有力的谴责:在丹麦,1981 年,有 67.6% 的人这样做;在匈牙利,1999 年,有 63.9% 的人这样做;在日本,2000 年,有 80.5% 的人这样做;在西班牙,1995 年,有 67.7% 的人这样做;在瑞典,1982 年,有 69% 的人这样做;在美国,1995 年,有 73% 的

---

① 由此,他们接受了与功利主义价值观理论并不相对应的公共利益观念。
② 伴随社会科学的进步,以人性(倾向于罪恶)为凭借的解释很少被人们援引了。

人这样做。① 这就让与普遍厌税情绪有关的论点失去了效力。② 由此,如上所做的第一种分析看起来为因国而异的可变税收心态(为每个国家所专有)的观念提供了支持,但实际情况并非如此。根据可以获得的长时段数据,就对逃税现象的谴责而言,维持高比例的只有日本和美国,由此,这看起来证明了文化上的高尚税收心态。然而,即便就这两个国家而言,相关比例也是变动不居的,比如,1995—1999年,相关比例从73%降至62%,1981—2000年之间,相关比例从74.2%升至80.5%。最重要的是,对其他国家来说,相关结果更明显地让民族心态理论失去了效力。瑞典常被当作典范来引用,1996年,该国公布的相关比例为48.9%;1999年,50.4%。西班牙是一个信奉天主教且理应更满足于现状的拉丁国家,1995年,该国的相应比例是67.7%;2000年,59.7%;2006年,65.7%。③ 1990年,西德的相应比例是29.5%;1997年,39.6%。法国人对逃税的谴责少得可怜(1981年,相应比例为47.8%;1990年,45.9%;1999年,47.2%),而德国人所做的谴责更少(1990年,相应比例为39.5%;1997年,39.6%)。由此,这些数据确认了,做出谴责者所占的比例因年份而异,如下案例进一步对此做了证明:1998年,捷克共和国的相应比例为39.6%,1999年为58.3%;1998年,匈牙利的相应比例为58.3%,1999年变为63.9%;1990年,德国的相应比例为39.5%,1999年变为56.4%。

这些结果提出了道德价值观所发挥的作用的问题,但是,并没有为一种带有意识形态色彩、以或多或少有些强烈(根据不同民族的心态)的普遍厌恶情绪(或与民族文化有关的某种决定论)为基础的解释提供论证。④ 由此,列国之间的差异便是一系列变量(在多少有些持久性的某种背景下,它们对公民有

---

① 在国际社会调查项目(宗教模块)的数据的基础上,埃文斯和凯利(Evans and Kelley, 2002:255)确认了如上观察。他们指出,在所得税事务上的欺诈因国而异。1998年,对列国按照顺序进行的分类如下,起首的是在逃税问题上包容度最高的国家:俄罗斯、奥地利、西德、拉脱维亚、爱尔兰、法国、东德、塞浦路斯、瑞士、荷兰、北爱尔兰与大不列颠,它们处在同一级;接下来是:菲律宾、匈牙利、意大利、智利、斯洛伐克、挪威;捷克共和国、新西兰与葡萄牙(这三个国家的比例相同);澳大利亚、美国与斯洛文尼亚(这三个国家的比例相同),最后是:瑞典、保加利亚、西班牙与日本。

② 同样,如果所有国家都有逃税现象,我们知道的是(尽管相关的衡量工作并不容易做):因为国家的不同,它所达到的水平是多种多样的。

③ 关于2006年的情况(Alarcon Garcia et al. , 2007:500)。

④ 自不待言,文化变量决不能被排除在外,但是,问题的确在于对这些"文化"价值观做出解释(以精确社会历史背景下行为主体的理性为依据)。

所影响)的产物了。当下,正如我们在第六章中所看到的,与厌恶情绪有关的经济理论享有很大的声誉。

(三)站在普遍厌税情绪相关常识对立面的利他主义

与厌恶情绪有关的经济理论是以如下观点为基础的:客观而言,个体对纳税并无兴趣,在被抓住和被处罚的客观风险普遍较低的时候更是如此。而现在,他的行为动机并不总是纳税人功利主义理性意义上的自利。如果税收国家具有合法性,他便有利他的能力。由此,厌税并不是普遍的。在厌税情绪存在于现实当中的时候,它所表明的常常是如下信念:国家能够而且必须通过其他手段为人们所渴望的支出提供资金支持;它有赖于从政治上对税收的各种功能(与支出有关)进行论证;当税收与支出之间的具体关联显而易见的时候,它的力量会变弱。人们必须铭记在发达民主社会,大多数纳税人是履行自己的纳税义务的。

功利主义观念认为,纳税人的收入越高,让税负最小化的兴趣就更高。从数据上看,这一看法并未得到所有经验研究的验证。对税务稽核风险的估计并不取决于简单的功利主义等式,而在于让"受到束缚的理性"伸展开来(Simon, 1982)。具体因素,比如受到审查以及逃税的经历,培养了纳税人的认知理性。由此,在对逃税(风险与具有相对性的机遇)所做的客观(功利主义)利益算计与实际行为之间,并不存在直接的关联。由此,功利主义模型(理性选择理论)对与税务稽核(审计)风险有关的实际评估、并不牵涉税收的某些归因误差(抗税)、对与税收有关的神话与意识形态的笃信以及部分赤贫者对间接税的偏好做了糟糕的解释。

研究逃税的经济方法忽略了传承自欧洲税收国家历史传统的政治合法性的重要性。我们在前面还指出了抗税斗争的政治性。今日,税制的复杂性与工具性让人们难以区分与干预型国家的功能有关的多种选择,也让贡献税变得更不可见了。此外,此种税收表现形式在国家干预不具有合法性(对公民来说)的国家没有什么伸展的空间,腐败的国家让我们看到了最极端的案例,我们还知道,浪费严重的国家同样面临着税收合法化的难题。

与厌税理论推广的功利主义价值观念相对立,公民是有利他之能的。尽管利他的因由仍受到争议,相关现象的实际存在却是无可否认的。从马塞尔·莫斯(Marcel Mauss)的《礼物》(L'essai sur le don)以来,我们知道了"冬季赠礼节(potlatch)"并未涉及纯粹的功利主义的自利逻辑。即便在真正与大公无私有关的是哪一部分的问题上,相关争论仍然没有弄出个所以然来。近期的研究提出建议,对与进化(它促进了人际合作)相联系的人类利他主义做出解释(Bowles,2006)。自然选择促使人们展开合作,个体从而知晓如何通过社会规范评价什么是理所应当的(正义)。某些作者还援引处罚机制的存在(Heinrich et al., 2006:1770)。这些机制或许也源自人类的进化,它们处罚的是不合作行为、违反人们所属社会群体(文化群体选择)的规范的行为。为了解释利他主义,其他专家(André,2008)提到了每个人都想维护的声誉。

在经济领域,最后通牒博弈(ultimatum game)意味着要一个人与另一个人分享一笔钱财,后者对此可以接受,也可以拒绝。如果此人接受,便留下自己的那一份;如果此人拒绝,就与这笔钱失之交臂。在功利主义的意义上,自利所要求的是提议分享的钱财要减少到最低程度,而且这笔钱会被接受(所得不多好过一无所得)。不过,最后的结果是,提议分享的钱财有时比(狭隘)理性所要求的要多很多,该结果与预测并不一致。这也确证了利他主义。在提议的接受者一方,与经济学中的自利相反,无论钱财太少还是太多,似乎都会被人们拒绝。不过,这些试验尤其关涉发达国家的学生,这就引入了一种与偏见(种族中心论)有关的可能性,它牵涉到试验是否有效。为了解决这个问题,海因里希(Heinrich, et. al., 2001,2006)在 15 个非工业社会做了许多试验,[①]后者由于各自的特征而呈现出不同的面貌。它们确认了,经典的自利模型并未解释出现在任何一个社会(作为研究对象)中的相应结果(Heinrich, et. al., 2006:1767)。经济上的利他主义由此是广泛存在的,[②]即便不同社会的情况并不一样。正如该研究所指出的,对经济选择做出解释的并不是与客

---

① 上面已经提及的最后通牒博弈;将某个变量引入最后通牒博弈(其手段是不让第二玩家有拒绝第一玩家所提议的那些钱财的可能;后者如果以自己的纯粹利益为重便不会提出零和方案)的独裁者游戏;第三方施行处罚的游戏(它在最后通牒博弈中引入了一种处罚机制,其实施者是第三方)。

② 即便在以何种方法对相关试验(针对的是公共产品融资的真正选择)进行概括的问题上,我们必须保持谨慎态度。参见 Laury, Taylor, 2008。

观利益有关的外源性变量,而是日常的社会经济互动(Heinrich et al.,2001:77)。换句话说,对行为有所影响的是具体背景。

在税收领域,我们可以举格申(Gershon,2004:206)所提出的一个简单的案例。它与慈善赠礼有关,对应的是一个遍布各处的习惯。然而,从经济上看,人们并无兴趣把钱交出去(缴纳),即便他们获得了普遍的减税待遇。究其缘由在于,相应操作的净成本仍然表现为一种损失。阿克特等人对 110 个参与者做了试验(Ackert et al.,2007),由此产生的结果并不那么清晰,但是,它们确认了利他主义的真实性。110 个人在一个群体中,必须要决定(1 430 "票")税前和税后的收入数额,其中,20%的人为了群体利益减少本人之所得(利他精神)。不过,我们必须指出,此类体验并未将与公共支出的联系以及与政治的联系考虑在内,正如我们已经表明的,这些联系往往对利他主义的强烈程度有削弱作用。

作为税收在社会中的表现形式(Leroy,1992),按照人们的分析,贡献税是人们所认可的对一般公共政策的缴费,它确认了纳税人利他主义的可能性。我们已然看到,公民们准备为合法的公共计划缴费,即便后者不会给他们带来收益,即便道德因由可以论证税收的合理性。人们达成了一项共识,即承认通过税收为弱势群体所享受的基本服务[尤其牵涉到广受赞誉的社会保障支出(参见专栏 18)]进行融资的需求。合法的国家由此具有坚定不移的干预性,因为公民们普遍对公共服务有所要求,尤其是在医疗卫生和教育领域。一个人的收入数额看起来只对支出需求产生了有限的影响(Schokkaert,1987:179)。如果是有明确受益者的具体支出,收入数额更是丝毫不起作用(Schokkaert,1987:179;Jacoby,2000:761)。

专栏 18　　　　　　公民对社会保障的依赖

调查表明,公共舆论认为社会服务具有重大价值,即便国与国、时代与时代、政策与政策之间的情况并不一样。欧洲价值观调查确认了(即便列国之间是有差异的)公民们对福利国家的依恋。拿英国来说,以 800 次采访为基础的一项研究表明,人们赞同国家以赤贫者为对象做出干预行为,并且准备缴纳更多的税,为相应支出提供资金支持,即便他们同时希望在面临风险时让个体担起多得多的责任(Taylor-Gooby et al.,1999:192)。

> 至于法国,对社会保障的好评除了表达对赤贫者命运的关怀,还将与生存有关的忧虑呈现出来。至于瑞典,1981年至1992年的民意调查的研究(Svallfors,1995)表明,以税收为资金来源、面向全民、覆盖面广的社会保障模式所得到的支持保持着稳定状态(根据政策的类别,支持率在66%到75%之间),即便针对官僚制和个人滥用权利的现象,有批评的声音出现。另一项研究(Steinmo,2002:853)表明,只有少数瑞典人赞同减税,如果此举必然导致公共支出的削减的话。根据在挪威展开的一次调查(Bay,Pedersen,2006:425),让每个人新增一份基本收入的可能性受到三分之二的调查对象的认可。就智利而言(Bergmann,2002:296),针对问卷调查的研究产生了如下结果:76%的人(人数是1160)对缴纳更多税收以求让穷人获益极表赞同,88%的人认为国家为根除贫困而做出的干预是"不可或缺的"。最后,我们知道,社会领域(教育、医疗卫生,等等)的公共支出一般得到了广泛的赞誉(Lewis,Jackson,1985;Bergmann,2002:297;Kemp,2002:100)。

(四)驳与税收局限有关的经济常识

税收收入与经济增长并不是对立的,前者也并不必然成为逃税的助力(参见上文"税收在社会中的表现形式"一节)。关于税收收入水平的影响,相关结果仍带有不确定性,而与拉弗曲线相悖。从经验上看,在全球范围内的税收收入水平与增长率之间,并不存在可靠的关联。在微观社会层面,诸多调查表明,我们必须将社会可承受的税负(还可以使用其他的说法,比如,人们对税负的感觉如何)纳入讨论范围。与税收收入所带来的客观负担的关联并不是直接的。我们还须通过税收与公共支出的认知关系(cognitive relationship)将税收的用途考虑在内。

(五)驳与不切实际(非理性)的纳税人有关的常识

我们在"站在普遍厌税情绪相关常识对立面的利他主义"一节中已然看到,纳税人并不是不切实际的,即使他要求更少的纳税与更多的支出(公共服务）。贡献税的政治功能与涉及税收幻觉的经济理论相悖，后者认为，非理性个体要求更多的支出与更少的纳税。从经验上看，尽管得到过一些验证，许多测验却否定了该理论。以认知理性为工具的方法解释了公民的如下看法：他对公共服务的需求或许可以通过多种方式得到资金支持，不仅包括税收，还包括借款、减少浪费，等等。由此，在这位公民给出其他资金来源时，要求更多的公共服务、更少的纳税既不是不切实际的，也不是非理性（取其广义）的。

结　论

面对新自由主义反税意识形态（参见第六章）的种种老生常谈，税收社会学的科学回答是符合实际的（参见专栏 19）。

专栏 19　　　　　驳反税的新自由主义意识形态

回应一（与第六章所探究的常谈一相对）：对税收的普遍厌恶并不存在，纳税人的推理依据不仅是自身的利益，也在于是否与自己的政治价值观、其所认知的信息相符；他有能力做到利他。

回应二（与常谈二相对）：税收收入与经济发展并不对立，并不必然鼓励逃税。

回应三（与常谈三相对）：纳税人并不是不讲求实际的，甚至是在他要求少缴税并多支出（公共服务）的时候。

回应四（与常谈四相对）：要提醒大家的是，[1]全球化并不为了满足市场的绝对命令而迫使国家收缩。

个体与税收之间的具体关联彰显的是纳税人决策的社会维度。与税收有关的社会现象并未简化为对私利的算计（以所接受服务的价格为依据），但是，它涉及从认知上将既定社会历史背景下的公平税收呈现出来。税收在社会中

---

[1]　如下命题在第七章中得到了证明，福利国家的抵制对经济全球化有害效应的弥补是存在的，也是可能的。这一点与市场效率理论相悖，后者坚持认为全球化对社会支出有削减效应。我们发现富国多对全球化持开放态度，它们本身是慷慨的福利国家（以北欧国家为例）。由此，全球化并未导致税收（尤其是资本税）的系统性收缩，在某些情况下，它甚至强化了社会支出。

的功能从根本上说带有政治性,即便公民与税收国家的认知关系将此种社会政治上的合法性问题与经济上的贸易维度结合了起来。与行为主体有关的理性理论得到了更新,它可以通过如上方式对规范面与经验面进行调和,因为公民的贡献税观念被确证为一个事实或具有可实现性。但是,税收的复杂性以及它作为政策工具越来越多地被派上用场隐藏了与公共行为有关的风险。纳税人厌恶所有税收成为印在人们脑海中的刻板印象。有人用它作为借口,将公民从税收政策有关公平的评价中排除出去(Leroy,2002:110)。政府必须主动将各种政治选择提供给公民,而不是赌投票者得到满足;赌压力群体得到认真地对待;赌公共舆论得到一片赞声;赌特权阶层得到维护。税收与支出之间的关联,社会正义以税收为手段的引导,以及经济干预策略尤其必须通过民主方式得到认可。在其他方面,个体或集体以避税形式做出回应,此种做法扩散开来。认知理性在方法论上的成功得到了论证,就此处而言,此种成功必定不能让人们免于对普通逻辑做理论说明,免于从以经验为基础的"道德"视角看问题。事实上,在现代国家财政的背景下,与议会对税收的认可有关的法律形式不再有足够力量塑造民主的政治原则。身处社会契约的框架(干预型国家的轮廓因它而形成)中,公民税的具体作用必须得到高度评价。

第十章　普遍化的财政越轨

　　无论是否以法律形式出现,无论是与个体还是群体有关,财政越轨都是一个让政治在社会的集体层面发挥作用的现象。它构成了税收的对立面,人们认为它对公共政策有所助益,其源头当追溯到历史上国家的诞生那里。在与"贡献税"有关的法律、政治原则以及议会认可程序之间,存在着微妙的平衡。由于干预型财政体系的主要功能变弱了,这一平衡对民主的重要性也经历了一个衰落的过程。对纳税人行为的权威分类如下:"合法"或"不合法"。这两个类别与社会政治层面的同意或拒绝(参与公益)越来越没有一致性。为了逃避税收,非正规部门和避税天堂在经济领域大显神通,通过涉及法律、有着巧妙安排的谋划,与税收优化有关的设计也在该领域普及开来。资本主义出现了异常,因为它对指向公共行为的"贡献税"持拒绝态度。但是,资本主义自称,在资本主义内部,对国家应尽的正规义务仍有合法性。这就是一种"诈术"[1]了。与此形成对称的是,公共行为通过一种带有意识形态色彩的方式,承认了市场的价值。它通过相关激励政策(在经济和金融全球化的背景[2]下,国家因此种政策而陷入相互竞争的境地),为合法避税提供了助力。财政方面的社会"分层"走向碎化,变为散落一地的风险。在它的助力之下,另一个与政策失能有关的过程发生了。细致规则的激增让财政规范性走向失范。由于国

---

[1] 与帕累托的看法相反,诈术不仅归属于统治精英,也见于资本主义与国家公共行为之间的对称关系中。资本主义让相关的避税与逃税策略(最优化)得到凸显,而国家公共行为让人们在国家、国际层面享受到特殊的免税待遇(在离岸之地)。

[2] 这个过程在某些方面类似于涂尔干的经济反常。参见第十二章。

第十章　普遍化的财政越轨

家授予的带有纵容性质的经济特权的增加，在全球层面就财政政策达成的妥协遭遇了阻力。以宽松举措为基础的征税往往作为公共行为规范发展起来，由此让经济异常观念被掏空了任何意涵。在探索有关财政越轨的信息后，我们的焦点将转向国家监管的演化，以求证明与经济运作有关的社会规范是如何受到质疑的。

一、财政越轨现象

尽管存在方法上的困难，对财政越轨的量度表明：就这个现象的重要性而言，人们可以将它视为地下经济的一个组成部分，或者单单是一种逃税现象（税务、社会保障方面的欺诈）。除了量度问题，人们还应点明当局（大多数情况下是行政部门）将逃税方式分为"合法"与"不合法"两个类别的过程；而后尝试依据纳税人类别，对越轨的表现形式进行分类。

（一）对地下经济与逃税的量度

对欺诈的量度具有不确定性，因为欺诈具有隐蔽性。人们所用的主要方法带来的结果并不一样，这就提出了方法上的问题。某些（间接的）方法将地下经济（也就是说所有未列入国家审计范围的收入）用作依据，对欺诈（逃税、逃避缴纳社会保障费用）进行量度。为了衡量地下经济，人们使用了几种方法，尤其是那些以货币交易量、（异常）现金需求（服务于地下市场）、（异常）用电量以及国民核算（比如收支之间）中的明显失误为基础的方法。与一种涉及多个变量的方法保持一致，某些计算是以对多个因素的融合为基础的。这些计算提供了对隐蔽经济（hidden economy）的估计。"隐蔽经济"是一个比逃税更宽泛的概念，究其缘由在于，它包括了未申报的劳动、走私，等等。其他（直接的）方法使用了与税收、社会调整有关的数据材料，或者是以逃税（或社会欺诈）为标的的调查材料。不过，这里所说的第二种方法遇到了获得可靠应答的难题。

根据科奇勒所做的综合测算①（Kirchler，2007：16—19），2000年，地下经济的规模在非洲、南美相当于41%的GDP，在欧洲的前社会主义国家相当于

---

① 同见Braithwaite, Schneider, Reinhart, Murphy, 2005: 95; Bajad, Schneider, 2005。

38%的GDP,在亚洲相当于26%的GDP,在经济合作与发展组织成员国相当于17%的GDP。相应比例最低的国家有:瑞士、美国、奥地利(小于10%)。就经济合作与发展组织国家而言,情况分述如下:美国(8.7%)、瑞士(8.6%)、奥地利(9.8%)、日本(11.2%)、英国(12.7%)、荷兰(13.1%)、新西兰(12.8%)、爱尔兰(15.9%)、法国(15.2%)、加拿大和德国(16%)、丹麦(18%)、芬兰(18%)、挪威(19.1%)、瑞典(19.2%)、比利时(22.2%)、葡萄牙和西班牙(22.7%)、意大利(27.1%)以及希腊(28.7%)。

就21个经济合作与发展组织国家而言,根据施奈德尔的计算(Schneider,2008:106),2007年,地下经济规模占GDP的比例(用百分比表示):美国,7.2%;瑞士,8.2%;日本,9%;奥地利,9.4%;新西兰,9.8%;荷兰,10.1%;英国,10.6%;澳大利亚,10.7%;法国,11.8%;加拿大,12.6%;爱尔兰,12.7%;芬兰,14.5%;德国,14.6%;丹麦,14.8%;挪威,15.4%;瑞典,15.6%;比利时,18.3%;西班牙,19.3%;葡萄牙,19.2%;意大利,22.3%;希腊,25.1%。

科巴姆(Cobham,2005)估计,发展中国家的地下经济相当于公共收入损失了2 850亿美元。

由此,对地下经济的评价干系重大,而这表明了这一现象的重要性。

如果我们采用联合国借助调查结果拟定的不完整排名①,我们会发现,2000年,比利时地下经济的规模占GDP的比例是4%,而不是先前调查中的22%;加拿大是3%而非16%;意大利是15%而非27%;美国是1.2%而非8.7%,等等。

如果我们参考对非正规部门的研究,相关估计同样变动很大(参见第五章)。以巴西为例,根据布莱廷的研究(Vuletin,2008:25),我们发现,该国地下经济的规模在2000年相当于约29%的GDP而不是科奇勒的研究所认为的39.8%;智利是33%而非20%;乌拉圭是37%而非51%;委内瑞拉是42%而非34%,等等。

根据施奈德尔和恩斯特的研究(Schneider,Enste,2000),依据所用方法的不同,1986—1990年相关数值变动很大:加拿大,从1.4%变为21.2%;德

---

① 资料来源:United Nations, *Non-Observed Economy in Nations Accounts*, Geneva, 2003。

国,从14.5%升至31.4%;英国从9.7%变为13.2%;意大利从9.3%变为21.3%;美国从6.2%升至10.2%。

关于德国,施奈德尔发现(Schneider,2008:102)2005年的比例差值约为12%,从3.1%(得自直接调查的方法)升至15.4%。

在更具限定性的逃税领域,量度之难同样是一个棘手的问题。关于美国,2001年,税务局(简称"IRS")估计税收流失(由逃税导致的公共收入损失)为3450亿美元(Shropshire,2009)。至于法国,2007年,税收与社会保障委员会(Conseil des prélèvements obligatoires)估计流失的税收、社会保障缴费在290亿至400亿欧元之间,或者说相当于1.7%~2.3%的GDP。就瑞典而言,2002年,据估计,社会欺诈与逃税在数值上等于5%的GDP(McManus,Warren,2006:62)。不过,我们必须谨慎地使用这些数据。确定失误、避税、逃税之间的区别并不是件容易的事。相关结果取决于对哪些材料进行研究的选择策略,有时则只需将得到正式通报而非(在诉讼后)实际进行的税收调整(税收纠误,参见第八章)纳入讨论范围即可。不同研究之间有很大差别,一些研究所呈现的比例差值为4%的GDP。沃特林、乌尔曼将一个具有原创性的结论(Watrin,Ullmann,2008)摆在人们面前。它通过一个试验表明消费税(附加税的一种)所带来的欺诈胜过所得税。这次先驱性的调查拓展了经济效率(与间接消费税有关)捍卫者与收入分配倡导者之间的争论范围。累进所得税的政治合法性捍卫了社会正义。事实上,除了这一点,该税(如果如下结论被确认了的话)还往往避免了欺诈对经济的损害。

财政法律产生了作用。比如,对通融票据(accommodation)相关支出给予税收优惠(要求显示票据)将牵涉到黑市活跃度的下降。它还直接影响了欺诈的定义。对欺诈进行定义并不那么简单,尽管不同定义的差异之处很显然是清晰可见的。如果我们遵循与违反财政法律有关的法律标准,那么,作为对法律的技巧性运用的避税必须被我们排除在外。如果我们将税负最小化全盘纳入,那么,我们就将逃税也包括进来了。最后,失误只是一种非出自本心的避税之道。欺诈(逃税)存在于一个由各样避税方式组成的连续体中。与欺诈有关的数据同样覆盖了截然有别的各种避税情形,包括欺诈的花招、虚假的财务计划、法律的滥用、隐瞒、疏忽、各样失误,等等。

(二)"标签化"财政越轨

财政越轨的一般分类(参见表13)的深化深受贝克尔与标签有关的社会学理论[①]的影响(Becker,1963)。它让人得以从如下两个问题出发来启动与法律和经济方法的对话:在纳税人一方,以税负最小化为目标的计划存在吗?在称职的政府一方,此举是被公共部门算作合法还是非法?[②] 引入税务计划观念界定了一种动态的财政越轨观念。在人们看来,此种越轨是法律部门所定行为条件与纳税人逻辑之间的碰撞。有所预谋的避税计划满足了法定条件,构成了逃税行为,换句话说就是熟练地利用各种可能性或法律的漏洞,以求降低必须缴纳的税额。预谋的计划被当局定为非法,构成了逃税行为,其中包含了或多或少显得复杂的诸多程序。与对法律义务的尊重相关联,如无预谋的计划,那就构成了纳税遵从。如无预谋的计划,但又违反了税法,那就构成了失误。

我们必须指出,纳税人有时对税收采取一种消极的立场(Caroll,1987;Webley et al.,1991:80)。税务问题的可见性涉及一些特殊事件,比如所得税的纳税申报期限,或者媒体对改革或社会动乱的报道。让税负最小化的机遇扮演了重要角色(Vogel,1974:507;Lewis,1982:158;Wärneryd,Walerud,1982:205;Webley et al.,1991:102)成了至关重要的一点,而这取决于法律上的征税方法,以及纳税人行为的经济条件(参见下文)。领薪雇员的收入是由自己的雇主申报的,对雇员来说,给他减税是很难的。对跨国企业而言,降低其税负等则有许多门路。

表13　　　　　　　　　　税收决策的分类

纳税决策＼当局决策	合法	非法
税负最小化计划	避税	逃税
无税收计划	遵从	失误

---

① 社会学家在定义"越轨"时,以行为与回应之间的相互依赖观念为依据。
② 在财政事务上,行政部门是在法官的控制下"表述"具体法律的。

第十章 普遍化的财政越轨

就互动游戏而言,法律越复杂,[①]财政越轨行为主体的操作空间就越大。条件优越的(几乎也是富裕的)纳税人制定计划。按照他们的辩护,这些计划没有跃出合法的避税范畴。相比之下,行政部门往往想把相关税收决策贴上"属于逃税范畴"的标签(欺诈)。这个社会政治游戏意味着在税法的深层次上,以及在税务检查(审查)层面,变动合法与非法之间的边界。呈现计划(尤其是通过词汇)的方式是由纳税人或其顾问选择的,为的是落在合法的避税范畴中(McBarnet,1991:341)。人们发明了合法避税的新花样,社会经济群体则对税收优惠提出要求(参见第五章)。在另一个层面,这些结果质疑了"享有特权的"纳税人,尤其是商界(Jacobs,1987)对税收的影响力。

至于当局,如上方法通过给予合法性标准以至关重要的地位,从而成为法律社会学的组成部分。它决定了法律、法官留给行政部门的以及与行动有关的实际可能性。这是一个理解当局如果以具体方式做出与"贴标签的"越轨现象有关的决策、行政监管如何实施的问题[②](参见第五章)。税控政治化有时导致了一些越轨现象(Leroy,2007:39),公共行为由此成为政治权力的吞噬对象。[③] 在其他情况下,税控政治化以更具体的政治干预的形式呈现出来。此种干预有利于那些当权者的朋友,目的是给审查制造障碍,或者是限缩审查范围。但是,税控政治化就其与国家合法性、税制公正性以及政策转化为法律的那些内容的联系而言,同样应该受到质疑。腐败的国家以一种专横的方式给逃税(欺诈)贴上标签。在这样的国家,纳税义务的意义在哪里?如果政策将不公正的税收特权给予巨富人群,这对普通公民的财务审查有何意义?

税法的复杂性涉及干预型国家对税收的工具化以及将法律与事实分开的难处。这让人们有了避税的机会,与此同时,避税与逃税之间的界限变得模糊起来。这个突出特征让对涉法(以及牵涉社会的)越轨现象的严重性的评估复

---

① 财政法律以不同范畴(逃税、避税和滥用法律)为依据,对越界做了规定(Leroy,2008)。
② 从道德规范的视角来看,行政部门必须客观地验证纳税人行为是否具有合法性,以此避免专断的决策,与此同时要保证他们的权利。从分析的视角来看,行政部门对税收政策的实施,组织层面对税法的理解,与相关领域行为主体有关的逻辑和工作方法,对于与行政标签(administrative labelling)有关的决策具有决定性作用。
③ 俄罗斯对尤科斯石油集团、秋明石油集团以及招人厌恶的非政府组织(身处2006年公布的法律框架中的非政府组织)的税收控制为我们提供典型的案例。这与对某些寡头侵吞国家财产行为的支持无关,但是,尊重纳税人权利的需要得到凸显。

杂化了。国家提供了合法的避税形式（税收优惠、免税，等等），而后，将对纳税人纳税申报规则的管控交到行政部门手上。在公共行为缺乏条理性的情况下，税收控制对给越轨贴标签的组织游戏做了强调，以其为官僚组织对法律的理解所界定的一项义务。

依据我们所讨论的那个分析层次，合法性标准有着多样的影响。对税收收入体系而言，由于预算收入遭到削减，合法决策（避税和重新配置）与非法决策（违法的逃税）所产生的消极影响是别无二致的。作为社会表征，一项经验研究得出如下结论：人们以相当负面的态度看待逃税，以中立态度看待基于税收因由的重新配置，以正面态度看待避税（Kirchler et al., 2003）。这些立场对应的是当局以法律为基础力推（旨在区分什么是受到许可的，什么是不受许可的）的"纳税义务"的性质。不过，我们还应考虑经济越轨的门道。

（三）以社会经济阶层为依据的税收越轨

财政越轨是一个普遍的社会现象，但是，它与所有"阶层"扯上关联的方式并不是一样的，因为不同社会经济阶层的避税机遇、门道是有差别的。从分类上说，逃税者的定义使用的是经典的社会－人口变量。此种定义并不怎么具有直接相关性。经验研究并未将连续一贯的规律性显明出来（参见专栏20）。

专栏20　　　　　社会－人口变量的不确定影响

关于年龄，某些作者确认了年轻人在逃税上更显任性（Keenan, Dean, 1980:214, Wärneryd, Walerud, 1982:200; Spicer, Lundstedt, 1976:300; Torgler, Schneider, 2007; Alm, Gomez, 2008:85）。不过，其他人并未确证年龄的影响（Mueller, 1963:233; Beedle, Taylor-Gooby, 1983:27; Torgler et al. 2008:336）。理查德森（Richardson, 2006:160）尤其在自己对45个国家的横向研究中没有发现任何关联（多变量分析）。就地方的全民投票（佛罗里达）而言，人们已经观察到与学校融资有关的一个代际分野，老年人对增税持有异议（Button, 1992:793）。不过，人们在其他领域并未发现这一分野。

关于受教育水平，结果同样是自相矛盾的。某些作者认为，受教育程度最高者相比其他人逃税最多(Wärneryd,Walerud,1982.200;Richardson,2006:164),其他人的研究则持对立看法(Wallsschutzky,1984)。托格勒等人同样发现了教育与税收道德之间的关联。受教育水平看似对有关公共支出的种种期望并无重要影响(Courant,1980:9),不过,采取如下做法的倾向却受到前者的驱动:通过地方上的全民投票(美国),以一种合乎道德的方式将公益表达出来(Brodsky,Thompson,1993:293)。

关于性别,相关的结果并无二致。某些研究发现,相比男性,女性对于公共支出(尤其是关乎学校的支出)融资是最表赞同的(Courant et al. 1980:9;Button,1992:793)。根据哈塞尔丁、海特的问卷调查(Hasseldine,Hite,2003:526),相比女性,男性看起来对于逃税更具容忍度(调查对象有430人),这就确认了沃格尔得出的结果(Vogel,1974:507)。性别的影响同样在卡利斯等人(Cullis et al.,2006)所做的试验中得到显明:男性对于如下"框架"更具敏感性,该框架使他们在税收以应缴款项(与税收减免相反)的形式存在时贬低税收的重要性。针对土耳其(调查),托格勒等人强调(Torgler et al.,2008:336),女性针对逃税的态度(税收道德)相比男性要更为消极。根据托格勒与施奈德尔的看法(Torgler,Schneider,2007),在瑞士、比利时以及西班牙,女性同样拥有更强大的税收道德。卡斯特伦格等人所借助的试验(Kastlunger et al.,2010)验证了如上结论。但是,对弗恩海姆(Furnham,1984:544)以及阿尔姆和戈麦斯(Alm,Gomez,2008:85)来说,性别与税收道德之间并无关联。理查德森在2002—2004年对45国所做的国际性研究(Richardson,2006)也未确认性别对逃税的影响。同样,一些研究表明(Courant et al.,1980:9),与家人同住者更赞同公共支出,但是,在此种情况下,问题同样体现为税收与支出被牵扯在一起。

至于党派偏好(对政党的认同),它看似并无影响。刘易斯(Lewis,1982:87)、缪勒(Mueller,1963:233)以及阿尔姆与戈麦斯(Alm,Gomez,2008:85)并未确认这一因素。

关于收入,经验研究再次表现出矛盾性,也就是它们否定了这一变量的一般影响(参见下文)。

> 关于社会阶层,基南与迪安(Keenan,Dean,1980:214)指出社会阶层对人们涉及逃税的言论是有影响的。相比之下,沃格尔(Vogel,1974:507)表明,蓝领工人显示了对逃税的一种赞同倾向(态度),但是并不经常做出这样的行为。

由此,对涉及逃税、避税的纳税人进行社会经济分层是合宜的。我们可以援引默顿在《社会学理论要义与方法》(Éléments de théorie et de méthode sociologique)第五章中有所阐述的看法(Merton,1949),[①]对社会结构、反常与越轨之间的关联发出叩问。对于社会提出的目标(比如挣大钱)以及达成手段所获得的认可,默顿形成了自己的反思。以这个具有两重意涵的问题为出发点,默顿在个体层面区分了五种行为适应模式,其依据是涉及目标与手段的回应是否积极。[②]

只要经验研究没有证明收入与逃税之间存在系统性关联(参见第九章),我们就无法直接给"收入"变量存留一个位置。显而易见的是,非常富有的人,尤其是那些大企业或银行的当家人,有多种手段利用税制的漏洞避税。在这里,我们不得不强调税负最小化(无论是否合法)也就是逃税机会这个基本因素,而且必须将该因素与复杂的税收政策工具化带来的逃税空间联系起来[③](参见第七章;Richardson,2006)。

我们必须将纳税人分为七个"阶层":

(1)大企业(尤其是跨国企业)与巨富。

一方面,考虑到内部审计制度的存在与领薪雇员的数量,大企业[④]隐藏收入、非法雇工、进行现金交易等殊非易事,另一方面,它们应用税收优化策略(规划),为此,它们通过复杂计划,竭力利用并且规避国家的法律规则。它们

[①] 莫顿对与手段(潜在的非法创新)有关的越轨主题做了解释:白领罪行之所以得到容忍,是因为在我们的文明中,财务成功(financial success)得到很高的评价,相比之下,普通犯罪更多的出自最贫困的社会阶层。

[②] 对目标的认可,对手段的认可:是,是(附和);是,否(潜在的非法创新);否,是(形式主义);否,否(退缩:社会中的边缘群体)。在这四种情况之外,默顿增加了一条:反抗。它的宗旨在于改变社会的目标。

[③] 针对美国,托格勒等人(Torgler et al.,2008:330)确认了复杂性导致了税收道德的滑坡。但是这一关联在数据上表现得并不明显。不过,这一结果并未使如下看法失效:复杂性对技艺最娴熟或享有最佳咨询条件的那些人的(合法)避税起到了促进作用。

[④] 大企业是营业额巨大的企业。如果是出售商品,则除税收以外的营业额要超过1.5亿欧元(或者是出售服务,则除税收以外的营业额要超过7600万欧元);雇用的领薪职员超过200个。

第十章 普遍化的财政越轨

或许还选择搬迁下属公司,以各种税务因由领取补贴。实行税收优惠政策的地区的存在(参见避税天堂)推动了资本的逃逸以及税负最小化。2008年夏季的经济危机凸显了对金融经济与税收竞争去监管化的有害作用,而50%到60%的全球交易是通过跨国公司进行的。其中一个手段在于对转移价格(换句话说,也就是更改母公司与集团属下分公司之间的交易价格)进行操纵(参见第八章),从而达到少缴税的目的。① 我们还看到,大企业通过游说组织(或智库),竭尽全力影响税收政策。2.巨富

税收优化同样关涉最富有的人(他们常常是企业老板或当家人)、若干行业的某些从业者、领薪职员,等等。谈到默顿的分类,我们发现自己处在某种与税收目的有关的越轨情形中,税收被视为企业的障碍,而企业用各种合法手段,或者(如我们依然看到的)竭力让合法性界限朝着有利于它们的方向转移,以此对障碍进行处理。

(2)中小企业与独立职业。

逃税通常是简单的,可以通过隐藏收入(销售不开发票)、收入不报税、支付不合理费用、在现金或商品上作假,②等等。艾哈迈德与布雷思韦特(Ahmed,Braithwaite,2005)以对具有代表性的澳大利亚人(2 040人接受调查)的问卷调查为基础做了研究。它确认了如下分析:相比其他人(从私人或公共部门那里领薪的职员),这类纳税人(小企业纳税人)的逃税更多,更不赞同用税收支持社会行为(但是,更赞同用税收为治安和国防力量提供支持)。这个阶层的越轨者既拒绝税收的目标,又拒绝税收的手段,但是,它与社会边缘群体的观念并无对应关系。

(3)领薪职员(管理人员除外)。

他们的逃税空间受到限制,只要雇用他们的企业或公共机构对其收入进行申报(或确认)。不申报收入并非易事,尤其是他们如果是全职受聘的话。这些领薪职员有时从财政政策提供的避税窟得利。由于会被判罪或者缺乏机

---

① 采购、财务成本、调研成本,等等。
② 某些类型的逃税在某些部门更为容易。比如,在酒店业、餐饮业、建筑业以及定制服装业当中,工作未经申报的情况有人们的推波助澜之功。相反,通过社会保障(医疗费用报销),医生的收入毫无秘密可言,他们的收入等从而无法作假。

277

遇，这一类型的财政越轨变得越发稀少。

(4) 劳动力市场中的被抛弃者。

工作未经申报确有可能，但是，这意味着为了达到在经济上具有可行性的规模，要有一个社会经济网络的存在。在缺乏可征税收入的情况下，财政越轨问题并未给予他们过多的关心。同时，他们要缴纳针对其消费所征的附加税，其结果是，他们给财政国家缴纳了可观的税收（考虑到附加税此种间接税的重要性）。有时，他们在法律对这类权利做出规定之时，享受到社会保障方面的好处（另一种具有可能性的越轨）。

(5) 犯罪经济。

它构成了一个特殊的部门（毒品、勒索、伪造文件、不同形式的非法交易，等等）。不得不说，这一类别使用的渠道有时与大型资本主义企业的国际财务并无二致。简单地说，"洗钱"一词指非法的交易活动，其缘由在于人（或物）受到的粗暴对待和/或直接侵犯；而在国际财务领域，人们更偏爱的是得到洗白的税收优化（或规划）观念。它们落到了税收滞纳（tax delinquency）范畴当中，与默顿使用的"社会边缘群体"概念更为接近。

专栏 21　　　　　　　　避税天堂

通过避税天堂流通的准确资金数量是很难知晓的。根据税收正义网（Tax Justice Network）的信息，2005 年，被放在避税天堂的自然人（富人）的收入据估计高达 8 600 亿美元之巨，或者说，税收收入的损失高达 2 250 亿美元。对发展中国家来说，资本逃逸尤其严重。它在阻碍真正财政国家（有能力通过民主方式提供某些精选的公共服务）的形成上发挥了恶劣的作用。根据恩迪乌玛纳、博伊斯对 40 个非洲国家的计量经济学分析（Ndiumana, Boyce, 2008），1970—2006 年，合法或非法的资本逃逸据估计达到了 4 200 亿美元之巨，而这些国家总计有 2 270 亿美元外债。当然，并非所有的资本流动都是非法的，但是，以避税天堂为渠道的资本流动带来的是税负最小化（涉及公共收入的损失）。

就英国而言，理查德·墨菲（Richard Murphy）估计（2019 年），每年与避税天堂有关的税收收入的损失高达 185 亿英镑。拆分开来，与个人有关的损

失是 85 亿,与企业有关的损失是 30 亿,与非法逃税有关的损失是 70 亿。就加拿大而言,根据劳宗、哈斯巴尼(Lauzon,Hasbani,2008)的研究,五家最大的银行通过它们在避税天堂所拥有的 89 家分支机构对避税手段加以利用。从 1993 年至 2007 年,避税额等于 160 亿加元,或者,在 15 年时间里,平均而言相当于它们所缴所得税总和的 30%。就美国而言,税务局(虽然它并不处理与国际避税有关的直接数据)对 2001 年流向离岸地带的避税额的估计在 400 亿—700 亿美元之间,至于与跨国企业之间的转移价格有关的避税额估计在 28 亿—530 亿美元之间(Shropshire,2009)。

困难(参见第十一章)在于对不同分类之间的关系(或许涉及冲突、妥协或利用)进行反思。我们不能把与社会政治妥协的存在、性质有关的大问题撇在一边。相关挑战尤其与中间阶级(他们要缴纳可观的税收)的整合有关,尽管他们除了受益于针对赤贫阶层的收入再分配,还从某些税收优惠中得到了好处。在默顿的分析中,对目标(它们被具体化为一个显而易见的事实)的关键反思的缺失限制了对于反常的反思。① 我们或许会感到惊讶,在对公共行为推出的规范以及目标的条理性与合理性进行判断时,从我们的作者那里得到很高评价的功能主义方法惨遭无视。在群体层面,我们应考察规定的行为模式的混乱之处,以此尝试着理解公共行为的规范意涵。

二、财政国家监管的越轨

监管的概念化是以公共行为的三个特征为基础的:第一,对与行为主体(他们遵循的逻辑是相背离的)有关的风险以及优先事项进行调和;第二,将有条有理的正式原则变为实操性规则;第三,在权力与政治合法性层次(political legitimacy scale)上要有精确的定位,在统治(作为强制推行公共规则的独一无二的权威)与治理(其标志是有利于私人部门的国家退却)之间不可偏执一端。② 必须具体说明的是,监管或许在某个政治核心的掌控之下,该核心设法

---

① 即便默顿很快借助神话的功能,对制度或进行论证,或加以拒斥。
② 当权威完全没有合法性并且拥有绝对权力的时候,它就将自己变成了一个暴君。在臻于极致的情况下,规则完全缺失的情况牵涉到无政府观念。此种理论框架已被用于对传统公共行为的研究,其基础是与规划合同(planning contract)有关的拙著(Leroy,1999),也被用于对欧盟的研究(Leroy,2004,2009)。

对其他人的行为进行大范围的定向(不是起到决定作用)。情况便是如此,这便是监管型国家所扮演的角色。① 严格意义上的监管瞄准的是如下情况:在经协商达成的妥协中,一些公共部门(比如民族国家、欧洲以及一些地方政府)面临的风险以及要处理的优先事项被纳入讨论范围。这一分析方法让人能够将伴随着监管权力(公共行为对市场施展此种权力)演化的规范性转变凸显出来。经济全球化的意识形态背景突出了规范性权力的越轨,此种权力往往会丧失其与税收政策重要功能(针对社会而言)的关联。这就造成了令人司空见惯的税负最小化现象。

(一)财政规范性的恶化

在大多数国家,国家不再是唯一的政治主体,也不再是唯一的法律权威。在税务领域,国家目睹了自己的主权遭到各样权力的挑战:针对欧盟成员国的共同体法案;在拥有联邦结构的国家,联邦下属的不同主体所拥有的财政权力;越来越大的地方政府的权力。不过,国家一般保留了若干重要的权力。

协调风险和挑战的监管由此在规模和性质上发生了变化。在全球范围内对税制不同主要功能所做的政治仲裁的作用下,监管发挥的作用越来越少,比如就凯恩斯主义福利国家达成妥协的案例(参见第十一章)。这并未将税收的民主维度纳入考虑范围,与该维度有关的重要选择越来越与民众相分离,从源头上破坏了人们对与欧洲税收国家有关的贡献税的认可。确定无疑的是,这些功能还未消失,尤其是在富国,其依据是围绕经济和社会支出的融资所达成的各种妥协。同时,财政政策根据国家和情况的不同,坚持对闭合区块(coherent blocks)或多或少加以扩展。但是,干预型国家的监管功能越来越碎片化。财政功能已然遭到借款的大规模运用的挑战和质疑。在财政支出被用来阻碍税基扩大的国家,比如在法国,财政功能陷入每况愈下的境地。税收对经济趋势的宏观调控经历了滑坡,从中受益的是分散的微观干预。财政功能借取新自由主义削减某些税收的税率的方法,以此让税收的作用丧失合法性,另外,由于间接税的增长,此举并不总是带来真正的减税。税收再分配在反不平

---

① 监管当局的情况是一个伪问题,因为这些机构的独立性建筑在文本的基础之上。该文本在政治上与国家对直接监管的放弃(不过,这是一个可逆的过程)是相对应的。

第十章 普遍化的财政越轨

等(伴随新自由主义全球化的高歌猛进,不平等态势越来越走向恶化)的斗争中收效不大。从形式上看,税收的属地性涉及国家主权。欺诈与超国家税务协调的失败在全球范围内蔓延开来,面对此种情况,此种属地性并未让人们整理出清晰的条理。

在对公共行为的更受约束的构想中,风险在国家和国际层面的缓和产生了作用。由此,全球性的监管逻辑在社会—经济的各种特殊主义中遭到削弱。税收功能的选择与组织已然丧失其一般的、具有规范性的作用范围。规范性对专门化以及适用于各部门的税制有造就之功,对社会来说,规范性的减损对指向公共行为的"贡献税"有破坏作用。它将重要地位授予市场规范。但是,在这里,有利于企业的具体举措同样常常在复杂的规则中陷入琐碎境地。作为一般法律原则的表现形式,税法规范的重要性由于这些规则而降低了。我们在公共支出的规范概念的演化以及与税收政策原则的更替有关的缺陷之间观察到一种非对称关系。

如我们已经看到的,关于预算事务,许多国家从 20 世纪 90 年代起便采用了与目标、结果有关的预算制度,其聚焦点在于公共管理绩效(参见第六章)。这一管理框架得到经济合作与发展组织的力推,让新自由主义对凯恩斯主义国家的质疑(起自 20 世纪 70 年代)延续了下去。人们因此提出了财政"宪法"[①]。它在性质上是有自己的条理的,即便人们因此对此种宪法的社会—政治目标以及它以自我为参照所做的定位产生了怀疑。重点在于要留心公共手段(public means)的使用效率。[②] 绩效被用作限制公共服务的一种规范,人们从中发现了涉及市场意识形态的一种关联。某些支出与绩效指标并无对应关系,废除这些支出是让国家削减支出的一种可能方式,此举顺应的是与市场效率有关的意识形态。尽管有这种关联,预算绩效规范仍拒绝参考任何外部的政治和(或)社会价值观。其规范性与外部无涉,全然带有让手段成为政治价

[①] 财政宪法在此处涉及哲学上对政治秩序奠基性原则的认可,此外,在发挥作用的以及与宪法价值有关的规则中,它也发现了一种法律意涵。
[②] 我们在某种意识形态形式中,发现了一个幽灵般的存在,它也就是一个浪费严重的国家的形象。

值观的工具色彩,公共管理替代了与公益有关的公共行为。为企业构思的方法①得到应用,极端新自由主义使用这些方法也没有了障碍。在最高的法律层级上,如果确立(或重申)与公共账户透明度有关的一般规范,让议会拥有相关的掌控、评价方法,那么,如上预算监管也由此带来了其他的可能性。评价规范由此包含了反制公民的权利的种子,即便代议制民主运作的制度缺陷大大削弱了此种民主的影响范围。此种真正的民主所走的路并不轻松,它使与社会－政治目标有关的另一次定位成为必要。

在税务领域,情况则有所不同,尽管人们所走的路在很长时间里与同样的(超规范的)元概念(meta concept)相联系。自由主义(19世纪意义上的自由主义)财政时期是禁止财政干预的,因为与国家有关的经济、政治概念(体现占据主导地位的资产阶级价值观)将国家的作用限制在与主权相关的国家功能上。根据该时期的主导型资产阶级价值观,税制、借款、税收以及公共支出就相关数额与功能而言应受到抑制。统一原则、年度原则、普遍原则、细化原则等较大的预算原则使自由主义议会政治达致巅峰。税收的根基与现代国家的诞生相关联。纳税人代表对税收的许可有了法律的倚仗。这些原则既为法律技巧(预算法)所用,又成为政治程序的工具。它们以受到限制的政治规范性(作为一个信条)、显现在工商业自由与社会民主的缺失中的市场反常为基础。② 不过,民主扩张由于此种预算宪法的存在而加速了。③

与公共财政有关的干预概念强调了与预算中立、与议会权力对立的种种关系。国家在危机发生时的经济作用(凯恩斯主义)与国家解决社会问题的能力(福利)(这是古典自由主义所反对的)受到高度评价。与凯恩斯主义有关的社会妥协的成功立即将一种规范的(外部的)连贯性带进了经济、政治和社会领域。预算原则得到调整,或多或少与每种状态(比如说为了促进设备方面的

---

① 这一运动当然更为古老。但是,对于规范遭到破坏的现象,我们要将其放在运动扩散开来的情境中加以考量;在大多数时候,也要将其放在运动神圣化(在法律规范的等级体系中被神圣化)的情境中加以考量。
② 马克思将真正民主的缺失描述为资本主义的一个固有特点,政治自由是属于富人的。相比之下,涂尔干首先将经济反常描述为劳动分工的一种病态效应,而后将其描述为经济中一个长期存在的要素。参见《论自杀》(*Le Suicide*);第十二章。
③ 预算投票是议会民主的一个重要事件,其演化态势是投票权的扩大(女性仍被排除在外),以及建立在人头税基础上的投票制度的废除。

公共投资)取得协调,公共政策的规划便发展起来……至于财政方面,以带有一般性的主要综合税为基础的体系(各种支出尤其是社会支出是由它批准的)的创建强化了财政功能。收入的再分配得到确立。当财政干预主义存在于世之时,合法性、平等性(以税收为手段)以及必要性这三大原则获得了全新(然而却是合乎逻辑)的意义。行政部门的决策权得到强化,为了顺应战后的社会经济变迁,行政部门利用了专家治国的技能,这标志着议会权力的收缩(不过,各国的情况并不一样)。

在新自由主义时期(从20世纪70年代以来),对干预型国家的质疑并未真正带来公共支出、税收收入的减少。在情势大好时,它们稳定地增长着;有时,在若干国家,在孤立的几种情况下,它们会有轻微的下滑。社会保障、医疗卫生支出以及劳动立法是对各类福利国家进行调整的改革的目标,目前,福利国家的瓦解并未成为现实。在财政层次,1970—1980年的削减所得税政策并未产生强大的效果。和改革社会支出的努力一样,如上举措遵循的是新自由主义的市场观念。从20世纪90年代以来,绩效使得预算法经历了一次全新的规范的综合。相比之下,税收政策则令人头疼,其特点是国家与干预主义之间日趋激烈的竞争。政策的重要功能不再呈现出和谐的分化态势,而是走向碎片化。干预型民主的重要税收原则[①]被抽空了(针对社会的)一般的、社会性的内容。欧盟的建立成功地对附加税做了协调,然而,欧盟内部已出现裂痕。20世纪90年代的经济全球化在社会层面缺乏价值上的指引(参见第十二章)。有关2008年危机的媒体报道表现出了对避税天堂的宽容,也显明了税法规范的滑坡。列国之间的竞争(为了吸引企业)推动了避税(与逃税)的全球化,与此相伴,公共政策在价值上的功能障碍令权力的根基受到质疑。

(二)监管权力的转变

作为一个概念,"政治监管"牵涉到公共行为的逻辑,尤其涉及公益和公共服务的意义。相反,治理表明了,对有利可图的市场利润的追求占据了主导地位。这取决于市场主导地位所依赖的新自由主义根基(正如2008年银行与股

[①] 参考财政合法性、平等性与必要性这三大原则的宪法价值。

票交易所危机所证明的),并且与有关国家削减支出和"市场效率"的意识形态是相一致的。由此,政治层面的权力划分就成了一个与事实有关的问题,财政社会学领域的反馈则在最佳的回应之列。由此,相关的概念建构便与机构和(或)个人对公共政策词汇的应用(基于交流、意识形态、协商、推广、丑化等目的)区分开来;科学性并不是他们的目标的主要追求。此种概念建构还表明了治理观念及其意识形态用途(作为与金融资本主义有关的一种新自由主义信条)被提得过于频繁。

迈向新自由主义的转折出现在 20 世纪 70 年代。20 世纪 90 年代则有经济的全球化。就在这些时期塑造规范(它们得到纳税人的尊重)的能力而言,税收国家的监管权力经历了一个演变过程。首先,议会通过税收合法原则表达的认可就其本身而言不再为国家在政治上的相关性提供保障。公民为带有干预主义色彩的合法公共行为做出贡献,相关的实际规范由于税制的重要社会—政治功能遭到削弱而受损(参见第十一章)。凯恩斯主义国家在社会层面的功能性契约(functional contract)受到质疑,这就损害了税收规范性的政治、法律维度的社会基础。与市场约束有关的意识形态将可能的选择隐藏起来,这就削弱了干预型民主的作用(参见第七章)。统治精英对社会的各种选择进行操控,其特点在于民主的缺失,这就造成了某种形式的政治异化。[①] 如我们已然看到的,存在偏差的公共行为往往将公民排除在外,与此同时,某个社会阶层却通过将政治决策的真实意义隐藏起来的税收成为受益者。在这里,我们碰到了依循个人主义路径的税负最小化研究的一个局限。[②] 它涉及极度受限的一种问题化(problematization)——越轨情形被化为市场与国家之间的关系。

事实上(这也是第二点),通过赋予市场规范极其重要的地位,公共行为让税收政策朝着与资本主义利润有关的治理的方向转变。跨国企业与金融部门得到优待,源自税收国家的重要社会—政治功能的监管受到损害。这尤其是欧盟(简称"EU")或大型国际组织(比如经济合作与发展组织)的行为所带的

[①] 用帕累托的话来说,这是以满足经济精英需求为目标的新诈术。

[②] 就揭露面对税收时的各种个人主义倾向而言,往价值理性和认知理性的方向扩展的个人主义方法论仍是有效的(参见第九章)。

第十章　普遍化的财政越轨

意涵。列国之间有税收竞争，这些组织是在接受相关竞争原则的意义上理解市场规范的。① 公司税税率的下调或者单一税机制（在某些国家，人们使用了一种更具累进性的方法）尤其显明了财政倾销的逻辑，此种逻辑便是税收竞争的明证。由此，干预型税法（以凯恩斯主义福利国家的功能性规范为基础）将吸引企业、资本的激励性法律凸显出来。一般规范其实与企业以及富人（在经济中有投资能力）的税负最小化有关。

不过，在发达国家，如果市场规范变得重要起来并且在税收问题上走上一条曲折的列国竞争之路，就会将完整的监管权威留给国家。国家定义了在本国辖区内适用的纳税义务。② 问题在于，通过此种方式形成的特殊规范已然削弱了涉及社会价值观、具有条理性的一种关联（从属关系都不用说了）。从此以后，以市场为参照以及（对社会而言）税制工具化类别的复杂化（与家庭、业主、继承、财富、领薪职员有关的税收，等等）便通过税法规范与税制重要功能的联系，让与此种规范有关的混乱现象扩散开来。税收政策在价值上的去功能化过程已然侵蚀了成形于"繁荣三十"年期间的社会契约的规范性内容。顺理成章地，到目前为止，无论福利国家遭受的侵蚀是多么的真实，涉及福利国家的妥协（让大规模征税成为可能）便展现了废除福利国家所面临的强大阻力。但是，财政权力在监管上的规范性地再定向是有效的。这导源于三个维度：民主异化；市场禁制（market injunction）；过度分层（hyper-categorization）期间社会功能性意识的丧失以及与"贡献税"有关的宽松举措的合法化。相关时期（1945—1975年）的各种综合性举措的合法性受到质疑。法律、政治与社会三方面多多少少达成了一种平稳的且规范的和谐状态（在这里涉及通过税收为公共服务以及经济行为提供资金支持），新自由主义的潮流却令此种状态变得脆弱。

这一演变过程带来了重要的结果。当法律不再具有普遍性而是有成为特殊案例汇编之势时，规范的政治基础（人们可以在以社会为导向的若干功能中

---

① 人们尝试着限制此种竞争，为此，有害的财政竞争受到禁止（参见第十二章）。
② 在发展中国家，或者，在近期接受了市场原则的国家，由于国际出资人（国际货币基金组织、世界银行，等等）的影响、外资企业的重要地位（参见与投资有关的宽松税收优惠）以及税收国家的弱点，税收国家的生命力常常处在不稳定的状态。

发现它)便崩塌了。唯一留下来的东西便是与义务有关的形式主义。对法律的尊重从而建筑在了服从(对于权威)、主观评估(针对权威所采用的压制方法,参见第九章)以及税收国家合法性的基础之上(以如上合法性为基础的情况越来越少)。在不信任权威的社会,[1]此种规范即便可能与议会的正式认可并无冲突,却不可能发挥充分的作用。存在偏差的公共行为通过以若干方式展开的干预,坚持对大多数公民尤其是大多数中间阶级征税并为此提供论证。存在偏差的公共行为还借助与全球化有关的意识形态为征税做论证。由此,它避免了对社会分层中的任意现象(由在经济上受到刺激的国家而起)以及相关分层的任意性进行质疑。对大多数公民来说,税收仍然受到认可,再怎么说,它还是他们不得不恪尽的义务。与社会问题、教育以及医疗卫生有关的公共服务得到高度评价,公民们以此对和公共政策有关的社会财政妥协仍有充分需求(即便政治决策制度排除了他们的参与);他们还质疑了国家的财政契约。尽管不信任制度、政治精英,他们(至少是大多数公民)对于为优质社会服务(广义上的)提供资金支持的作用还是怀抱信心的。

与市场约束有关的意识形态滋养了有关税收政策的认知理性。此种理性在民主选择的可能性上,对公民们有所误导。多少带无痛性的征税做法(比如包含在物价中的附加税,或者一早就从薪资中扣除的那部分费用以社会保障缴费或所得税的形式存在)的应用强化了公民们的疏离感。社会分层(税收分层)对市场规范做了过高评价、令其得到辩护,功能方面的合法性因此被抛弃了。而与此同时,伴随复杂的税务规则碎片化,社会分层让政策变得越来越特殊化。这些因素让人们得以隐藏与财政公共行为有关的新自由主义倾向。由此,民众抗议的形成暂时受到抑制。[2] 现在,我们明白了,此种(与认知理性有关)的疏离状况对公民们(从总体上说)继续遵守自己的纳税申报义务(与强调税负最小化收益的功利主义模型相反,参见第九章)的原因做了解释。他们并

---

[1] 在这里,我们偶遇了威尔达夫斯基的预算文化理论,唯独有一点,也就是,"文化"未被呈现为因由,而是在政治合法性上起作用的一个因素,其对税收政策的影响受到存在偏差的公共行为的扭曲(参见第七章)。对权威的不信任程度因国家和时期而异,但是,我们的社会的演化确立了论证权威之合法性(等同于不信任被公共行为定为非法的统治权力)的规范。关于对"不信任时代的政策"的反思,参见 P. Rosanvallon, 2006。

[2] 2008 年经济危机改变了此种状况。

不憎恶具有政治合法性的税收国家。

在井然有序的相互协调方面,国家税收政策和立法存在着种种缺陷。对大企业、富人来说,这构成了规避国家权威的助力。在与行政部门的联系中,立法的复杂性同样为一个与权力和理解有关的游戏提供了动力,其目的是给逃税、避税以及失误贴上标签。对普通公民来说,国家在税收上的权威更难以规避。但是,税收国家的合法性尤其受到质疑。人们不再认可它相对于市场合法性的优越性。如我们已然看到的,大企业纳入了风险管理(换句话说,对行政部门给大企业实施的税收计划贴上不讨喜"标签"的可能性进行评估),以此使税收优化策略成为它们的选择。[①] 有关金融利益的新自由主义意识形态传播开来,经济(与金融)全球化也提供了种种可能性。税负最小化的态势因为这些因素而得到强化。

(三)普遍化的税负最小化

最后,针对不同国家采用各样方案(法定税率的普遍下调、税收优惠、税收减免机制等),税收政策以此使得税负最小化具有了合法性。市场意识形态促使税收的社会功能在政治上丧失合法性,以此引发了列国之间的税收竞争。经济激励法律在税法内获得自主地位,社会干预法律(针对社会)沦为牺牲对象。在国际层面,[②]为了限制列国之间的有害竞争,人们做出了一些值得赞赏的努力。从本质上说,如果没有对这些竞争的合法性展开叩问,那么,这些努力便只是权宜举措。具有对称性的是,税务部门在法律上给逃税"贴的标签"成为一个越来越棘手的问题,只要大公司付诸实践的税收优化被认为是正常的。通过政策(以及由此通过法律),税负最小化的相关规范获得了合法地位。这一点以及它在企业管理中所占据的中心地位扭曲了财政越轨的定义和界限。越轨并非犯罪,因为后者表明的是对法律的违反,而越轨意指对社会规范、对构成其基础的价值观的偏离。不过,无论是越轨还是犯罪,都不能忽略它们所界定的权利与义务的合法性。

税控在历史上由于大型综合税的确立而拥有了合理性。这些税收让凯恩

[①] 精通税务的大型法务公司由此以国际税收计划等为售卖对象。
[②] 与欧盟、经济合作以及发展组织的端正行为有关的"法律"。

斯主义的福利国家获得资金支持成为可能。在为20世纪的社会所界定的社会政治目标中,税控是实现公民参与的一个手段。它为纳税申报制度的可靠性贡献了一份力量。从逻辑上看,税控起自公共财政体系。公共行为所追求的经济、社会妥协因为该体系而有了具体的形式。经济活动服从于社会保障(社会)目标,其中,税收和社会保障缴费占据了一个与社会支出有着紧密关联的位置(参见第五章)。这与时代的情形(经济要素的流动仍然受到限制)保持高度的一致,行政监管在或多或少令人满意的产出逻辑与或多或少具有重要意义的协商之间摇摆。至于原则,干预型法律以税收为工具,它处在合法的一般社会契约的框架之中,置身于战后经济和社会现代化的背景之下。就此种社会政治规范而言,对法律的不尊重构成了一种越轨。税负最小化只有严格地满足干预型法律所规定的目标、条件(要做严格的理解)才能获得授权。相关疑难被简化为一个简单的问题,也就是在不引发企业的令人烦恼的反税回应(有计划的诉讼、抗议,尤其是对纳税申报契约的质疑)的情况下,为了改正错误并让税务机关处理越轨之事具备合理性,要实施有效的税收控制。

在干预型民主的此种结构中,避税没有被化为一个犯罪问题,因为商界在社会契约中占有一席地位。在某些国家,针对逃税的刑事诉讼并不多,这就对如上论断做了很好的证明。尽管有官方声明,对经济领域财务犯罪的压制并不构成公共政策要处理的优先事项。在这样一种监管制度中,刑事法官只能审理一些财务犯罪案件。

20世纪70年代,税收国家在价值层面经历了去功能化;进入20世纪90年代,作为全球化的结果,这一过程加速了。伴随这一现象的出现,税收控制(审计)成为公共行为非规范化(denormalization)的唯一障碍。我们晓得,与程序有关并涉及辩证法的激烈斗争决定了行政部门的法律权力,决定了纳税人的护身之法(权利)(参见第八章)。对企业与巨富来说,挑战与逃税计划的安全性有关。对此,要么税收政策有相关的明确规定,要么,政策的复杂性以一种不显山露水的方式起到激励作用。它越来越不是一个对公共政策(它在很大程度上默许了与税负最小化有关的管理规范)的内容进行讨论的问题。财务诉讼的社会学(Leroy,2008)表明,对大多数人来说,行政部门代表着法律;它自动地纠正失误,法官尽量不做干预。在商界,我们不得不对大型跨国

第十章　普遍化的财政越轨

企业与其他企业进行区分。正如我们所言,对其他企业来说,在逃税成为一个事实之时,它常常体现在与税负最小化有关的非法程序(隐匿收入、黑市采购、不正当支出)中。拿大型跨国企业来说,激励性法律与利用列国间国际竞争的可能性结合在一起。对税负最小化计划的确认成为与企业经济管理有关的事宜。从这个视角来看,法律所设想的,以及让税务部门得以抑制过度避税(逃税)的法律机制便是不可或缺的。但是,这些纠错举措[1]并未解决麻烦的根源。公共行为(税收政策领域)所实施的规范监管偏离了正轨,麻烦就是从此种境况中产生的。即便企业及其管理团队有时抱怨与税收政策许诺的可能性相关的种种限制,行政监管却无法对税收规划说三道四。相反,行政监管做的事情可以很简单,也就是对滥用权力的某些做法加以抑制,因为国家对税收优化是持鼓励态度的。

正如第八章所揭示的,如今,有一个有利于"积极反应式的监管"(与大企业合作)的运动兴起了。在新公共管理规范的激励下,一种容易引起纷争的压力发挥了作用,其目标是对行政部门在税收控制上的运作进行改革。尽管有干预性的改革,行政部门仍然循着一种斗争(反对有关干预型国家的越轨现象)逻辑,做了很多事情。这是一个消除以下两者之间间隙的问题:其一,与税收"规划"(即税负最小化)有关的管理模式,它对企业具有规范作用,并且因为国家的刺激性监管(列国之间的税收竞争)而得到强化;其二,对越轨进行行政监管的观念。[2] 在这个方面,言辞具有欺骗性,因为此种合作式监管是有利于大企业的,它是以上文所定义(全球市场占据主导地位)的那种财政治理为方向的演变过程的一个特征。某些评论家由此宣称,就跨国企业而言,税务协商(比如就转移价格展开的协商)应加以系统化,并在适用于欧盟成员国的共同体法案中加以认可。结论是显而易见的,我们必须抛弃由大企业的财政控制所建造的那座堡垒(不过,它已然在税负最小化向全球普及开来的背景下遭到

---

[1] 反常的管理行为、违法行为和转移利润的制度(转移到税制更有利的地区)是主要的法律工具。

[2] 我们可以理解应用于避税的功利主义理性模式的成功,这与朝避税(在税务规划观念之下,它逐渐成为一个普遍现象,并且以无害的形式表现出来)迈进的相关演变过程达成了一种完美的契合。这一模式在科学上并不具有普遍的有效性,但是,它对与国家监管权力在社会一政治上的去功能化有关的商界演化做了很好的说明。

削弱)。围绕逃税计划在法律上的安全性,人们展开了论辩。有人以此为借口,拒绝对财政规范性(各国在刺激性政策上展开的竞争已然对此产生了扭曲作用)缺点进行质疑。财政越轨观念往往丧失了它与社会有关的意涵。

结　论

以财政规范性的去功能化为方向的演变具有不可逆性。绩效预算的引入已然让某些行政部门将反大规模欺诈的斗争确立为优先处理事项。税收的财政功能(与财政支出有关的激励性法律和与税收优化有关的全球化已然对其造成损害)意味着,企业的参与仍是可以信赖的。2008年的危机已经唤醒了公众对于避税天堂之恶的认识。通过此种方式,2009年4月1日—2日于伦敦召开的工业化经济体与新兴经济体G20峰会发布了由经济合作与发展组织制定的一个避税天堂黑名单。金融资本主义的新自由主义全球化的种种越轨已然得到真正的重视。时至今日,通过财政民主的认知异化机制,民众的抗议一直受到抑制。这一机制的基础是与市场约束有关的新自由主义意识形态。不过,正如托克维尔就法国大革命所提出的观点(参见第一章),强大的动乱因子培育了民众的不满情绪。这些因子包括:税收分层(分类)所造成的阶级分隔;与税收特权有关并使不平等得到强化的奇特现象;市场约束(不道德的财务主管拥有支持项目)的祛魅化;就维护社会契约的财政基础而言,精英遭遇了政治上的失败。

不过,在社会运动缺失的情况下,规范性逻辑的如上变化看起来具有不确定性。修补利益(在这里是税收)体系的方法及其不平等逻辑(inegalitarian logic)有了更大的可能性,即便我们或许见证了国家的回归。反大规模欺诈的斗争可以简化为如下举措:让一些非法交易网络浮出水面;进行数据上的建构(让问题保持原样)。求助于贷款以及让税负变重(承担者是工人阶级与中间阶级)是发现新收入、为公共支出提供资金支持的手段。在组织层面,采用代理人模式(参见第八章所述意大利的情形)是可能的,以求确保一定的收入,与此同时,将监管降级为或多或少带有平衡性的协商(以纳税人分类为依据)。对避税天堂所采用的某些做法的监管搁置了与地区性优惠相一致的"常规"税收优化问题。实行优惠税收政策的地区对于和跨国企业和财政制度有关的资本主义而言是至关重要的。2009年4月的二十国集团峰会并没有在阻断与避税天堂联系(资产占有和合资企业)的问题上做出决定。虽然只有四个国家被列入经济合作与发展组织的黑名单,各国却已心满意足。更好的合作举措(比如某些国家承诺取消银行保密制度、不同部门之间加强信息交换)成为进步的标志。但是,问题确实在于在超国家框架下对税收政策的社会—政治功能加以重审,以及创造在社会层面具有公平性的财政契约。

第十一章　干预型税收国家职能的不稳定性

常设税的确立解释了现代国家的诞生。正如我们已然看到的,服从至高无上的权威与纳税人代表之许可的合法性之间的紧张关系构成了这一演变过程的特征。19 世纪,自由主义民主发展到了顶点。这个巅峰是以议会政治为基础的,此种政治又从对财政政治行为加以约束的观念那里获得助力。自由主义信条对支出的中立性大加赞扬,由此,局限于为国家的主权性职能提供资金支持的税收也得到颂扬。税收收入(税收与社会保障缴费)的增加表明了税收国家在重要性上的剧变:就经济合作与发展组织国家的平均状况而言,税收收入总是代表了超过三分之一的国家收入(参见第五章)。从"第二次世界大战"起,社会保障的融资问题便强化了如上趋势,与此同时,依据财政结构、福利国家的类型,列国之间产生了重大差别。税收的角色因为凯恩斯主义和社会干预型国家发生了改变,税收不仅是公共政策的目标,也是其他公共政策的工具。与曼的预感(Mann, 1943)相一致,研究税收的功能主义方法由此具有了合理性。

在社会学中,功能主义分析具有经典意义,因为埃米尔·涂尔干在《社会学方法的准则》(*The Rules of the Sociological Method*, 1982)第五章中推荐了此种分析,条件是要对社会现象的因由、作用进行区分。[①] 无需回到税收政策的相关因由(参见第六章),我们所面临的问题是:通过税收的重要功能(对

---

① "由此,在着手解释一个社会现象时,人们必须对产生该现象的有效因由以及它发挥的作用分别展开探索……但是,如果人们必须在其后才能继续前行,确定社会现象的作用是什么,那么,这样做仍是有必要的,如此,对现象的解释才是完全的。"参见 Parsons, 1977。

社会而言),还原并评价税收所扮演的角色的演变过程。

作为合乎逻辑的术语,"功能主义分析"并未假定要接受如下看法:每种制度有其社会功能(类似于人类学派——马林诺夫斯基的超功能主义)。事实上,正如默顿在《社会理论与社会结构》(Social Theory and Social Structure,1949)中所解释的,在具体说明适用于哪些社会单元的情况下,功能主义的分析是合理的。这就带来了效法涂尔干针对"社会类型"的研究。拿我们来说,之所以提出对税收国家的社会-政治分类,其目的在于完成马斯格雷夫(Musgrave,1959)围绕着财政功能、经济监管和税收再分配展开的经典经济分析(Leroy,2005:78)。

表14　　　　　　　　税收的社会-政治功能分析路径

财政职能	收入来自税收,为支出提供资金支持
经济监管职能	通过税收展开的经济行为:享有优先地位的部门、出口、研究,等等
社会职能	针对赤贫者的再分配(以累进所得税为手段) 与社会有关的税收分层:家庭税、一些社会群体、产品以及在社会中发展起来或受到歧视的部门
生态属地职能	在税法上具有合法管辖权限的地区 地区性的税收不平等 地区发展:某些"薄弱"乡村地区与城市区域的税收减免;针对"有竞争力的"区域的税收激励 环境保护:生态税与支出税。
政治职能	指向公益性政策的公民贡献税 政治合法性 税收国家的纳税遵从(公德) 对纳税直接表示认可的税收民主。

一、财政职能

历史上,在欧洲出现的税收国家是以税收的财政功能为基础的。起初,税收国家与战争融资联系在一起;而后,它的发展遵循的便是其自身的动力机制。直至今日,借助税收工具的多样化,税收国家带有了干预性。在所有发达国家,税收构成了为其他公共政策提供资金支持(支出)的主要收入。发达国家公共支出的增长在文献中与工业资本主义(瓦格纳)或民主(托克维尔)相关联,它解释了在税收财政功能上发挥作用的税收收入的兴起。更准确地说(参见第五章),1945年后,经济合作与发展组织国家社会支出的增长构成了一个关键要素,直至新自由主义对它的那些复杂效应进行叩问。

近期的一个变化与借款的大规模利用有关。后者与税收的财政功能相竞争。在约20年的时间里,若干国家的公债一直呈增长之势。由于2008年夏季危机后各国推出了刺激计划①,今日的公债数额更高了。事实上,在今日,必须为借款偿付提供资金支持的是税收,即便真正的费用或许根据通货膨胀和国家的收益(在经济增长的情况下得自企业投资)呈现出显著的差异。

财政功能同样因为宽松征税而受到质疑,后者在各国以各样的方式发挥了作用。考虑到分门别类的社会和经济目标,通过此种方式享受的优惠(退税、免税、减税、税收抵免,等等)形成了税式"支出"(参见下文)。除了税收收入水平,我们还必须考察税收收入结构的演变。该结构以种类有限的"税收"(广义)和缴费为基础,其中,所得税和社会保障缴费占据了重要地位。近期的演变以消费税(主要是附加税)重要性的增长趋势为特征。② 税收与经济之间的联系也很重要。

二、经济职能

税收政策的目标或许是全球性的(周期性的)经济监管,或是对某些可以(或不可以)扩散财政影响的部门或代理人进行(结构性)定向(税负归宿和税负转嫁)。就第二种情况而言,人们常常使用税收激励举措,即便让追加罚款发挥作用或者限制(或禁止)授予某些税收优惠同样具有可能性。对某类纳税人有利的宽松举措被认为是一种税式支出,因为它们让预算收入减少了。

(一)全球经济监管的衰退

从20世纪80年代起,人们已经不再通过提高税收收入(减少货币供应)来抑制通货膨胀的周期性举措。欧洲中央银行是唯一有权限确定利率的机构。它的货币政策以及欧元的引入让人们得以制服通货膨胀。除了右翼政

---

① 关于全球范围内的比较,参见 Saha, von Weizsäcker, 2008; Jamet, Lirzin, 2009。
② 在法国,我们还注意到一个演变过程,相应的方向是以税收为社会保障提供资金支持。这就要纳税人与雇员和雇主一起出力了。

府,左翼政府也采用减税政策(与供给端有关)。这一点并不总是带来全球性税收收入减少的结果。在一些国家,这类政策会有税基扩大现象相伴,但是,就维持众多避税窟(漏洞)从而产生税基收窄效应的国家,它们的情况就不是这样了。由于凯恩斯主义经济政策的衰落、减税政策的越轨,①经济上的宏观监管不再发挥作用。

财政举措在经济领域的分区化(sectorization)付诸实施,与对经济周期的宏观调控有关的功能受到损害。财政政策的经济功能发生了重要的转变:从一种与宏观调控有关的功能变为一种与微观层面的分区化有关的功能。它在税收角色的去功能化过程中发挥了作用。在对社会群体所做的分类(旨在指导特定群体的行为)中,人们也对税收的角色做了区分。新自由主义对国家的不信任起自20世纪70年代,它或许伴随着2008年的危机走到了终点,但是,它并未真正摧毁与税收有关的权力。通过支持税收工具的零散化,毋宁说,以对分类(在全球范围内不具备任何合理性)有利的一般社会目标为参照,此种不信任使得人们对一种参考行为产生了质疑。

(二)税式支出

尽管在对税式支出的定义和测量方法上面临着一些困难(Burnam,2003;Burnam *et al.*,2008),在许多经济合作与发展组织国家,税式支出(课税减免、免税、减税、税收抵免,等等)的使用是有社会目标的。② 与适用于所有企业的法律相比,与经济有关的税收激励可以被界定为对某些部门或某些活动的偏袒对待。这些激励与下调税率之类的一般举措是相对立的。激励的形式可以多种多样。③ 如果创造了工作岗位,则给予税收激励。这是人们为遏制失业而广泛使用的社会工具(Faulk,2002)。我们还可以把与研究、发展有关的税收激励作为例子,它们也是人们常用的手段。在若干国家,中小企业

---

① 可参考与自然人所得税有关的单一税收政策的广泛失败。但是,这些政策带来了社会保障缴费的增长,对劳动力成本施加了压力(Keen *et al.*,2008)。
② 其他经济工具(比如只能由欧洲中央银行出台的货币政策)的衰落是拥有解释力的因素之一。税式支出还让税收收入减少了。
③ 主要包括:投资性资产加速贬值;特别储备金;在一段时间里免除新企业的某些应缴税收(免税期);优待某些地区;税收抵免,或者将征税基准(与投资的价值有关)的某一部分扣除;对某些活动或某些交易(比如注入企业资本中的大量资金)实行定向税率下调。

同样是享受税收立法的优待对象。列国间的税收竞争让以吸引(大)企业为目的与求助于税收激励的现象变得突出。对税收激励经济效果的评价取决于具体情形,不过,这样的评价仍停留在温和的层次(Klemm,2009)。

不管怎样,基于经济上的目的求助于税收激励是一个普遍现象。2003年,就加拿大、法国和美国而言,其税式支出(所得税、公司税与附加税)的65%要满足经济目标,35%要满足社会目标(Godbout,2006:252)。在这三个国家,公司税很少用于社会目标(超过93%用于经济目标)。但是,所得税通过各样的方式展现了社会功能。式支出的种类(课税减免、免税、减税、税收抵免,等等)在数量上依据国家的不同而呈现出很大的差异(加拿大,34.6%;美国,38.5%;法国,44.3%。)。2002年,以法国的情况为基础,税式支出的定义得到协调。期间,法国有420种税式支出;西班牙,300种;加拿大,225种;德国,175种;英国,140种(Conseil des impôts,2003:20)。另一方面,就税式支出的分量而言,如果以占GDP的百分比来衡量,那么,加拿大居于顶端,占GDP的百分比超过了16%。尾随其后的是英国,占GDP的百分比是15.5%。西班牙,6%;法国,4%;德国,2%多一点。

就瑞典而言,经济性的税式支出被理解为与社会民主承诺有关的妥协的产物,从中获益的是大企业的投资。2008年,在法国,486个避税窟(漏洞)代表了约700亿欧元的收入损失;在1981—2002年,避税窟的数量在320到420之间。2001年,按照我们的估计,税式支出数额在500亿欧元之上,也就是说,超过了GDP的3%,比税收收入的20%还多。在美国,税式支出的内容是很详细的,受益者是企业或有时在名义上得到指定的个体,因为国会下属委员会要照顾相应支持者们的利益。根据布尔曼、托德尔的研究(Burman,Toder,2008),按照所选择的年份,美国税式支出(1980—2006年)占GDP的百分比为4.2%~6.5%。2007年,单独看所得税领域中带有社会性的税式支出,其数额为7 500亿美元,也就是说,超过了美国的国防预算。此种税式支出在1980—1985年有所增长,而后,在里根总统的改革后(1986—1990年)有所下降,而后,1990—2001年再呈增长之势,而后,在2001—2006年期间,略有下降。从整体上看,该时期的特征是社会性税式支出相比经济性税式支出有所增长。

从全球范围看,从如上社会支出中,获益更多的是富人。对美国税式支出(1980—2006年)的研究(Burman et al.,2008)表明,在所得税领域废除税式支出将导致收入减少,最贫穷的人要减少6.5%(就收入分配而言为数量占比为20%的底端户),最富裕的人要减少11.4%(数量占比为20%的顶端户)。就1%的最富人群而言,其税后收入的降幅还要厉害得多(将减少13.6%)。通过为有利于赤贫者的社会支出直接提供资金支持(这将进一步地消除不平等),废除税式支出所恢复的税收收入将发挥更好的作用。在法国,一些重要的税式支出类别对富人最有利。税款减免便是如此,如果在家中请一个雇工,那么税款减免的数额便占到所缴款项的50%。[①]

从20世纪90年代以来,雇工政策一直以税收收入为手段,为返岗提供助力,从而减少劳动力成本。就资本主义民主社会而言(Vis,2007;Dingeldey,2007),一些改革在工作福利的意义上,通过此种方式改变了传统福利国家的方向。为此,这些改革让反贫困的社会行为指向仍在工作的人。反不工作现象("不工作"被设想为个人自己的选择)的斗争是以"最低生活保障金"(最低保障收入)的受益者为目标的,它可以采取各种手段,比如,对要求不高的工作,降低相应的社会保障缴费。由此,税法制定了许多有利于企业的具体条款(创造岗位、创新、研究、下调税率,等等),但是,它也满足公共政策的社会目标。

三、社会职能

社会功能将以税收为手段的收入再分配包括进来,因为后者对社会分层有调整作用。但是,社会功能也延伸至干预领域,通过尝试对行为加以引导的税收政策,社会群体因它而受益或受损(无论这是不是预先确定的结果)。尽管新自由主义政策对某些税收有所限制,税收的社会功能仍是重要的。但是,传统上享有优先地位的税收再分配看似由于非累进税(有时甚至是累退税)的兴起与社会分层(针对社会)的加强而发生了改变。

[①] 基于如下原因:法国的半数家庭不满足征税条件(其中许多家庭没有足够资金在家中请雇工);减免数额不超过税款总额。

(一)再分配的多变影响

再分配或使用社会转移支付的方法,或以税收为手段,意图遏制收入不平等。它导致的结果是巨富与赤贫者之间的差距缩小。[①] 在这里阶级是由他们的收入界定的。一般而言,税收再分配的实施要借助对自然人所征的累进所得税,或者是对巨富所征的财富税。它还依赖于法律所规定的免税条款。许多国家用了下调所得税边际税率的手段。此举对财富从极为富有的人向多少有些贫困的人的再分配造成了损害。历史上,欧洲累进所得税的创设是与福利国家的创建相联系的,为的是应对工业资本主义的社会问题(Leroy,1996)。因此,税收的目的是减少收入不平等,[②]为国家对社会的干预提供资金支持。

表 15 表明了 1980—2000 年,财政和社会再分配对 13 个经济合作与发展组织国家的不平等问题产生了什么影响:第一列依据不平等(用基尼系数衡量)的重要性对诸国做了分类;第二列依据以税收为手段的再分配的重要性对诸国做了分类;第三列,分类依据是以转移支付为手段的社会再分配;第四列依据总体再分配(财政的和社会的)的重要性对诸国做了分类;第五列依据再分配之后的不平等(基尼系数)对诸国做了分类。

我们注意到,在英国、法国、比利时、荷兰与瑞典,再分配之前的不平等程度较高,在挪威、瑞士和加拿大,在较轻的程度上,还有丹麦和芬兰,不平等程度较低。至于再分配之后的可支配收入(衡量的是真正的不平等),美国、英国、瑞士、澳大利亚、奥地利以及法国(在较轻的程度上)被归到列表的顶部。毫不令人惊奇的是,不平等程度最低的国家都是北欧国家。比利时也实施了最大规模的再分配,因为它在反映不平等程度的序列中,从第三名降到了第十名(在 13 个国家当中)。除了比利时占据第一位,再分配(表中第四列)在瑞

[①] 其他不平等(性别不平等、医疗卫生不平等、种族出身不平等、地域出身不平等……)有时对平等领域(有利于某些群体的举措)发挥作用的政策做了论证,它们不是我们的主题的组成部分。通常而言,不平等会越积越多,如此,收入上的不平等问题仍是至关重要的。

[②] 在许多专家看来,福利国家是权力关系或阶级斗争的产物,但是,这一理解只有一部分是正确的,因为它忽略了认知理性的重要性,而所得税的创设(在欧洲)是资本家阶级(Leroy,1996)与工人阶级之间达成的妥协。由此,资本家阶级避免了 19 世纪的社会革命风险(这是实实在在的),得到左翼党派支持的工人阶级则把一应好处当作社会变革中的一个阶段。1842 年皮尔(Peel)保守党政府创设的英国所得税案例同样表明,保守党接受了累进所得税的创设,用以换取关税的减少。

典、荷兰、芬兰和法国具有重要意义。瑞士、美国、加拿大、澳大利亚更少使用再分配手段。相关类型的再分配的优先性是因国而异的。法国和瑞士对税收再分配用得并不多;相比之下,比利时之类的其他国家则用得更多一些。

表15　　国际视角下的再分配(1980—2000年)

税收不平等的总体水平	税收再分配	社会再分配	总体再分配	可支配收入的不平等
1.英国(0.475)	1.比利时	1.瑞典	1.比利时	1.美国(0.345)
2.法国(0.469)	2.澳大利亚	2.比利时	2.瑞典	2.英国(0.323)
3.比利时(0.465)	3.芬兰	3.荷兰	3.荷兰	3.瑞士(0.299)
4.荷兰(0.458)	4.德国	4.法国	4.芬兰	4.澳大利亚(0.297)
5.美国(0.447)	5.美国	5.芬兰	5.法国	5.法国(0.292)
6.瑞典(0.441)	6.荷兰	6.丹麦	6.丹麦	6.加拿大(0.290)
7.澳大利亚(0.423)	7.挪威	7.英国	7.德国	7.荷兰(0.257)
8.德国(0.421)	8.瑞典	8.德国	8.英国	8.德国(0.254)
9.芬兰(0.417)	9.加拿大	9.挪威	9.挪威	9.丹麦(0.245)
10.丹麦(0.412)	10.丹麦	10.瑞士	10.澳大利亚	10.比利时(0.242)
11.加拿大(0.406)	11.英国	11.加拿大	11.加拿大	11.挪威(0.235)
12.瑞士(0.396)	12.法国	12.澳大利亚	12.美国	12.芬兰(0.223)
13.挪威(0.379)	13.瑞士	13.美国	13.瑞士	13.瑞典(0.223)

写在国家右边的数字是基尼系数。这些数字表明的是卢森堡收入研究数据库所收集的历年(1980年、1985年、1990年、1995年、2000年)结果的平均值。

资料来源:Mahler,Jesuit,2006。

尽管如此,我们必须考虑到许多国家高水平收入[1]的激增,观察到与财富、继承性财产有关的种种不平等(参见第十二章)。税式支出政策由于对富人的偏袒而让纳税人被分成了三六九等,这对再分配是有影响的。正如对法国的研究所表明的(Forgeot,Starzec,2003),附加税有着明显的反再分配的效果。[2]

---

[1]　拿法国来说,皮凯蒂的著作(Piketty,2001)以未申报收入为依据,对欺诈(由此也对不平等、再分配的影响)做了并不乐观的评估。参见 M. Leroy, *L'Année sociologique*, March 2006。

[2]　附加税让基尼系数增加了1.3%。赤贫者的生活水平由于附加税下降了22%,而巨富的生活水平仅下降了8%。参见 INSEE, *France Portrait social 2008*。

除了再分配,税收的社会职能还与社会面临的若干挑战有关。事实上,社会的许多部门受到了特殊对待(通过税式支出发挥的作用,参见上文)。由此,所得税不再以再分配作为自己的唯一目标,而是朝着社会特殊主义(social particularisms)的方向演变,以求解决社会面临的特殊问题。

(二)其他社会问题

传统上,以税收优待家庭的方式是减税,或者让低税率发挥作用,还可以针对成婚夫妻实行一般性减税(比如在法国)。曼指出(Mann,1943:226),纳粹德国或法西斯意大利对未婚者课以重税。近来,美国与婚姻有关的税收歧视被视作对法律在婚姻问题上的中立立场的打击,也就是说,已婚夫妻在各州的平等待遇以及已婚和未婚夫妻之间的平等受到了打击(Berliant, Rothstein,2003)。

家庭税收政策分析由此提供了另一个有趣的案例(Leroy,2009)。19世纪,家庭在很大程度上仍是公共干预所忽略的对象。有关公共财政的自由主义观念在一般层面上都是谴责公共干预的。在与工业革命有关的个人主义的背景下,对家庭而言,最小限度国家(minimum State)的中立成为金科玉律。还远不止如此,国家也在家庭中寻找自己的合法性,家庭被当作政府效法的典范,政府好比作为一家之主的慈父。家庭对社会秩序的贡献是政府的心头大事。在这个意义上,国家不过是弥补了家庭在卫生(卫生观念出现在18世纪末)方面的缺陷,而后伴随学校的发展出现在教育领域。

19世纪末,在法国,或者是基于人口方面的因由,或者是为了捍卫作为与社会秩序有关的组织的家庭,鼓励生育的运动对家庭政策产生了影响。1914—1917年的《卡约法案》引入了应税家庭(tax household)的观念,时至今日,应税家庭仍是与家庭有关的征税单元[《税务总法》(CGI Code)第六条]。1945年,人们引入了家庭收支商数(family quotient)机制(税收优惠),为的是让战后的鼓励生育政策具体化。核心家庭是合法的典范。

20世纪80年代,涉及所谓的家庭"补助"(在计税时)针对大家庭的补助机制付诸实践。从1986年起,国家还通过某种方式,在道德上对扶养儿女成人的事实进行奖励,为此,国家增加了把孩子拉扯大的寡妇和鳏夫所获得的

第十一章 干预型税收国家职能的不稳定性

"补助"。

国家可以使用不同的工具、多种救济方法以及各样手段,其中,税收政策并不总是最重要的。它还可以施行干预,通过社会转移支付政策、学校和教育政策、服务供给政策(托儿所,等等)、安全政策(治安与法律体系)等,发挥纾困、鼓励或打击的作用。相应的背景是女性工作的发展、离婚现象增多以及与家庭重组有关联的家庭变迁。考虑到这一背景,对这一问题所做的公共回应的情形是因国而异的,就与家庭政策有关的观念而言,社会的价值观对此种观念的影响有多大也是因国而异的。对经济合作与发展组织国家家庭政策的人口学研究(Thévenon, 2008)表明,既有的有关公共行为的一些模式是截然有别的。发达国家用于家庭的全球公共支出从1980年至2003年从GDP的1.6%升至GDP的2.4%。拿年纪不大的孩子来说,北欧模式为他们提供了重要的支持。[①] 同时,家庭享受的财务收益比平均水平低很多,而且是指向低收入家庭的。此种模式的原型是丹麦模式,其根基在于强有力的公共干预。此种干预的目的是容许父母尤其是妇女在职业生涯与子女教育之间达成协调。[②] 从税收的视角来看,与此相对应的是,就征税而言,那些进入劳动力市场或重新获得岗位的人适用高税率。

第二种模式的代表包括了盎格鲁—撒克逊国家、日本、韩国以及南欧国家。国家对工作与小孩之间达成协调的援助较少。不同类型休假的时长较短,而且享受的薪资不高(或者根本没有)。在全球范围内,儿童看护服务的供应存在不足,尽管相应的情况各不相同。花在每个三岁以下儿童身上的支出并不高。就这组国家而言,我们可以做如下区分:一方是盎格鲁—撒克逊国家、日本和韩国;另一方是南欧国家,在于社会福利与减税的规模上更胜一筹,它们相当于GDP的1.9%,相比之下,经济合作与发展组织国家的平均水平是GDP的1.6%。美国属于特殊情况,相应的比例只有0.8%。与反贫困的目标保持一致,这项援助所指向的是低收入家庭。针对小孩的托儿所确实是存在的,即便它们

---

① 在条件允许的情况下,在瑞典亲子假允许休371个全职工作日,在丹麦则为329个全职工作日,经济合作与发展组织国家是平均189个全职工作日。儿童由托育机构照顾,在北欧国家,三岁以下的儿童几乎50%受到托儿所的接待,其他国家的平均水平是25%。在丹麦,这一比例是62%,在爱尔兰则是59%。

② 与流传广泛的观念相反,生育率在女性工作率最高的国家是最高的。

通常属私人所有,得到看护的仅有28%的儿童。人们有一个看法,劳动力市场的弹性必须留出必要的调整空间,为私人生活与职业生活之间的协调提供便利。如果家庭的贫困水平仍维持在高位,生育率就很高。南欧的特征是社会福利更受限制。生育率与妇女工作率都处于低位,真正的税收政策并不存在。有时,亲子假很长,但是,得到的薪资很少,或者根本没有。

东欧国家的情形介于以上两种模式之间。在南欧,众所周知,家庭或许要自行承担某些成本。法国是一个特例。在计入税收激励之后,用于家庭的支出达到了GDP的3.8%(Thêvenon,2008)。这让法国在经济合作与发展组织国家(平均水平是2.4%)当中位列第三。税收层面的家庭分类从社会群体的划分(参见第二章)中分离出来,它对关系家庭(relational family,应税家庭属于此种情况),以及经济或继承家庭(遗产税属于此种情况)、职业家庭(企业的转移属于此种情况)、赡养家庭(给离异夫妻子女的抚养费属于此种情况)、人口家庭(提升出生率)做了区分。它还产生了如下分类:合法纳税家庭(已婚夫妻)、以孩子为中心的家庭(夫妻双方有联系或减少抚养费属于此种情况)、祖辈与孙辈家庭(捐赠属于此种情况)、单亲家庭、"民事"伙伴家庭、普通法家庭(同居),等等。

关于依据税收政策所做的其他社会分类,还存在其他案例。负所得税政策(收入保障)以公共行为为目标,在工作福利上发挥了作用,[1]它往往对"良善的穷人"(配得公共援助)与那些必须被激励着才去工作的人区分开来(Dean,2007)。它让以下两者之间的妥协具体化了:一是与反就业陷阱的斗争有关的新自由主义观念,其宗旨是在社会转移支付受益者工作的问题上,对经济抑制作用进行纠正;二是与针对赤贫者的再分配有关的社会民主观念。在此种情况下,效法20世纪六七十年代美国在创设负税上的努力,政治领袖与公民认知理性的演进发生了变化(Steensland,2006)。

许多国家在税收上采取一些举措,鼓励慈善行为,即便一些国家并未使用减税的办法或者对减税设限。社会职能有时还以道德劝坐为目标,比如烟酒税(它们还通过创造补充性收入发挥了财政职能)(Johnson,Meier,1990;

---

[1] 该政策启动于20世纪90年代,它免除了低收入者的社会保障缴费;对于重返岗位现象,它通过社会、税收激励对相关定价做了调整。

Paton et al.，2004）。在美国,赌博税有着道德上的目的;在英国,涉及金钱的赌博在社会层面是得到认可的。有一些协会为公民社会提供了支持。对这些组织或基金会实行的退税举措为我们提供了另一个案例。我们还可以提及文化政策,有时,为了保护文化遗产,它们提供的是税收激励;但是,在文化变成有利可图的活动时,它们便对文化课税（Leroy,1997）。

社会职能由此发挥了一般的再分配作用,通过可用收入以及一些相关的特殊分类（有时包括属地方面）举措对社会进行分层。

四、生态属地职能

属地职能在法律上的第一种应用,也就是税收国家的主权从地理视角得到界定。第二种应用与源于税收的地区不平等有关,从而构成了一种与区域有关的社会职能。比如,拿比利时的财政联邦主义来说（Cantillo et al.，2006:1051）,社会保障以及所得税体系让佛兰芒和瓦隆两区之间的收入不平等缩小了约 75％。在法国,企业缴纳的职业税（在 2009 年或 2010 年的改革之前）是导致地方当局之间不平等现象的主因。第三种应用是决定地区吸引力之间的差异,这与列国和其他次国家权威之间的税收竞争问题有关。比如,通过企业搬迁与富人外流（借助避税天堂的中介作用）,全球化成为避税的导因。各地区的发展政策规定在一定区域（没有什么经济活动的乡村区域和贫困的城市区域）内实行减税政策,它们为我们提供另一个案例。这些问题推动了税收政策走向分裂。环境（或生态）税构成了与税收属地职能有关的第四个问题。

环境税的目标是,在可持续发展框架下保护各地区的自然资源。在环保要求的推动下,此种税收是一些国际协议所涉及的主题:谁污染谁纳税的原则得到经济合作与发展组织和欧盟的承认（《欧洲共同体条约》第 174 条）。此税或用于对损害环境行为（污染）的惩罚,或用于鼓励有益于环境的行为。不过,现实中也存在一些矛盾,首先,是促进污染型经济的税收激励与对环境有利的那些税收激励之间的矛盾;其次,是与绿色税收有关的激励性观念与惩处性观念之间的矛盾。当下的危机让人们就实施生态税一事做出思考,此种税收可能有利于以可持续发展为基础的另一种经济增长模式。

五、政治职能

税收的政治职能位于税收合法性的中心位置。正如第四章所表明的,税收是西欧国家诞生过程(尾随封建制的转变)的一个组成部分。[①] 人们认为税收具有任意性,而财政领域的反抗将对税收合法性的反对态度呈现出来(参见第十章)。税收是与国家合法性有关的一个至关重要的指标(Cheibub,1998;Lieberman,2002;Leroy,2003;Gilley,2006)。由此,问题在于:为了以合法方式给公共政策提供资金支持,对于贡献税的兴起要大加鼓励。以纳税为基础的制度让投票权成为富有纳税人的专属权利,对相关问题的非民主解决方案是不可接受的。在许多国家,议会民主的解决办法(议会投票决定税收事宜)不再有足够能力(参见第七章)履行政治职能。事实上,税收的复杂性、行政权力强化(立法权受损)的大势以及专家的影响给选出来的议会就税收展开讨论设置了许多障碍。从那时以来,在很大程度上,"繁荣三十"年期间达成的社会财政妥协在其对社会的价值(价值论意义上的)上已受到质疑。

(一)"繁荣三十年"的社会财政妥协

与托克维尔的预测一致,长期来看,工业社会民主化带来了公共支出的增长。由此,从 19 世纪末开始,以社会公共行为(得到税收国家资金支持)的扩展为基础,出现了一种社会财政民主契约。大众税收与社会权利(在后来导致了福利国家的兴起)之间的普遍联系得以确立。以这一政治契约为基础,不同妥协有了用武之地,其目的在于确定社会支出、税收的层次、类型:这是一个在不同社会经济群体的权利及其作为纳税人的义务(贡献税)之间寻找政治平衡的问题。由此,林德特(Lindert,2004)事实上表明了政治呼声在社会支出增长上所发挥的关键作用。通过同样的方式,艾德特、詹森(Aidt,Jensen,2009)以十个西欧国家在 1860—1938 年这一时期的数据为基础,表明了投票权的扩展不仅与支出增长有关联,与税收增长也有联系。实行普选的国家看

[①] 参见第二章中熊彼特的分析,贵族拒绝出战,如此,他们便可照看自己的采邑(私人部门)。这就解释了向雇佣军求助(领地经济不再能够为其提供资金支持)的原因。王室税收是在这个背景下创设的,属于税收国家的一种权限。它作为一个合法的公共领域获得了自主的地位。

第十一章　干预型税收国家职能的不稳定性

到其总公共支出总额增长了(约 8% 的 GDP),税收总额增长了 2%。此种政治权利同样对税收结构有所影响,因为人们同样发现了牵涉直接税累进性的一种关联。不过,这是由征税可能性决定的,旨在给一种受到控制的纳税申报制度(也就是充分的受教育水平,这是以 5 到 14 岁人口的入学率来衡量的)留下空间。

第二次世界大战后,凯恩斯主义政策的普及是与社会公共行为的发展相伴的。"繁荣三十年"以 20 世纪 70 年代的经济危机为终点。在此期间,在广义上的为社会支出提供资金支持的职能之外,税收还履行了与经济宏观调控、收入再分配有关的干预性职能。除了与此种调控有关的差异、冲突与失败,在该时期,干预型民主还从税收的社会政治职能中发现了自己的一个基础。从价值上看,这一基础确认了税收国家监管权力作为一个公共行为观念的合法性(参见第十章)。当然,从实际情况看,妥协依据国家的不同(福利国家、公共收支的多样性显明了这种"不同")而呈现出各种形式,其标志是议会财政权的严重衰落(只是程度有所不同而已)。而多少有些沾不上边的行政权是此种衰落的受益者,它们听从的是技术专家的意见。不过,就本质而言,社会保障的构建、医疗卫生支出以及公共教育的快速发展让税收的增长变得合理。经济、社会干预让全球范围内指向社会的一个目标与社会凯恩斯主义的观念保持了一致。税制现代化在逻辑上依赖于大型(综合)一般税(触及所有收入)的确立。在有力经济增长的背景下,大众税收与福利国家如影随形。

通过这种方式,以税收基本职能为基础的社会分类得以遂行,此种分类也顺应了具有逻辑性的其他分类,比如家庭分类、所有权分类(与租赁相对)与职业分类(商人、职员、独立人士以及艺术与工艺从业者)。在另一层面,如果我们拒绝与系统互补性(systematic complementarity,涉及经济以及社会问题)有关的决定论(参见第七章),便可以从在市场和经济之间所达成的安排的视角出发,理解与资本主义多样性有关的文献了(Albert,1991;Hall,Soskice,2001;Amable,2003;Boyer,2004)。举例来说,施罗德强调(Schröder,2009)了去商品化程度[①]与经济协作之间在数据上的关联(Hall,Soskice,

---

[①]　艾斯平-安德森 1990 年的研究表明,斯堪的纳维亚福利国家模式的去商品化程度更高。

2001)。他还凸显了就业保护法律(或者,还有社会支出水平)与经济协作程度之间的联系。在教育领域,人们同样观察到了在生产制度类型(协作式或自由式)与福利国家类型之间做出的安排(Iversen,Stephens,2008)。

对西方富国来说,与战后福利国家有关的妥协确认了社会保障水平与融资手段之间的一般联系。涉及福利国家的形式[或多或少接近艾斯平－安德森的理想型分类(Esping-Andersen,1990)],人们有了社会政治共识。[1] 但是,相关妥协还涉及《福利资本主义的三个世界》(*The Three Worlds of Welfare Capitalism*)中所讨论的各种税收职能。事实上,我们必须通过税收政策的干预性职能来对其做出思考,而不仅仅是把它们当作消极的社会政策融资工具。因此,就对人们所做选择的分析(在此处涉及的不是因由而是结果)来说,有两个重要标准包括妥协(这是或多或少有些复杂的问题结构的特征)所涉及的主题(或者更精确地说,妥协的边界在哪里),以及[2]同意的过程让人们清楚地表明了相关安排的民主性。当人们在全球范围内发现税收国家主要职能之间的妥协时,当此种妥协屈从于民众的同意时,税收的政治职能便发现自身作为民主契约获得了完全的认可。在真实的历史上,两个标准完全实现是很难的。有时,人们只达成了隐晦不明或并不完全的共识。但是,我们必须对政治职能做高度评价,以其为干预型民主及其局限的规范性理念,即便从实际而言,发达国家的社会财政公共行为借助了各式各样的安排。

斯堪的纳维亚国家的社会民主模式带有普遍性,就该模式而言,从税收那里获得资金支持的高水平社会保障是针对所有人的。在这里,相关妥协的确带有全球性(第一个标准),并且通过工会(劳动)、国家与企业(资本)之间达致的和谐状态,让一种相当成功的(社会性)民主(第二个标准)具体化了。社会民主带来了资本所认可(用以交换适度的薪资、[3]对劳动收入所征的高额税收、对经济和财政利润的适度征税)的慷慨福利国家。斯堪的纳维亚的二元所得税模式涉及针对流动要素(资本)的低税率,以及针对非流动要素(劳动)的

---

[1] 艾斯平－安德森用的术语是"资本主义福利国家",因为所有西方国家的税收和公共支出水平在GDP的30%～60%之间,它们在社会政策或福利上的花费超过了本国预算的一半。

[2] 参见第七章的图3。在认识论与道德层面,对问题结构的定位是至关重要的,它涉及分析层次的相关性(参见第三章)。

[3] 也是为了社会安宁。

第十一章　干预型税收国家职能的不稳定性

高税率。人们不怎么知道的是：它还有赖于间接税。在这里，国家、市场与社会之间达成的妥协的确带有全球性。它依赖于在财政上具有高收益率的税制。至于决策过程，我们看到的是，在瑞典，1938年的萨尔特舍巴登会议（参见第六章）已然经过协商达成一项妥协，以一种引人注目的方式对所有纳税人（包括那些挣得微薄收入者）征税，包含所得税、财富税、遗产税以及消费税（间接税）。这是为了换取福利国家的经济繁荣。相比其他人，相关协议给大企业带来的好处更多（税收优惠）。作为整体，资本并未被课以重税。该协议依赖以权力（与权力资源路径所要求的工人阶级流动有关联）为基础的种种关系。它尤其呈现了围绕税收职能展开的社会政治论辩的历史逻辑。相应的观念是：税收必须发挥作用，为更高的社会保障水平提供资金支持，与此同时，让企业在世界市场上维持竞争力[①]（其中隐含的意思是，相对而言，税收再分配在优先性上不那么重要）。

在拥有（带有社团主义色彩的）社会保障体系的民主社会，社会支出的总体水平仍在高位。但是，雇主与职员的社会保障缴费为（最初专为职员服务的）社会保障提供了资金支持。此种保守模式见于德国、比利时、法国、意大利和日本这样的国家。人们达成的妥协指向对劳动力市场的监管，在这个市场中，社会权利有赖于职员的团结。[②] 将目光聚焦于职员，这种妥协的全球化色彩变淡了，借助社会保障缴费，它尤其与社会支出（广义）融资功能联系在一起。税收的经济、再分配职能并未被包括在妥协所涉及的范围之内。比如，比利时利用税收和社会转移支付确保对收入的大范围再分配，相比之下，法国更少将税收用于这一目的，在社会再分配领域，该国的成绩平平。与部门更有关联的妥协或许是存在的，比如法国的家庭税即是如此。一般而言，由于将民众或他们的代表从与妥协（达成的妥协涉及税收国家的重要职能）有关的争论中排除了出去，这些民主国家带上了精英治国的色彩。[③] 遴选出来的群体享受国家所授予的税收优惠时，它们也带上了社团主义的色彩。

---

① 认知理性的定义与行为主体在相应背景下处理信息的逻辑有关。相比利益逻辑（功利主义理性），认知理性更好地解释了相关的妥协。而后，对理性的验证常常解释了人们对福利国家价值观的服膺（价值理性）。1945—1975年，在某种程度上，此种态度已然获得证明。

② 它包括如下内容（从社会支出的视角来看）：失业福利和退休金享有优先性。

③ 仿效帕累托的做法，矛盾修辞法是必要的，因为许多决策避开了民众或其代理人的直接认可。

307

自由的民主社会对社会风险保障的私人融资给予了高度评价,针对赤贫者的干预构成了例外。这一市场模式属于美国。该模式的财政压力不大,对个人主义道德观有所依赖。[①] 它给制度结构框架中、对社会经济群体相对敞开的财政妥协(很多时候是人们的目标所在)留了余地。至于界限原则(perimeter criterion),以支出和税收为手段的高水平干预的局限在反面意义上与宽广的覆盖范围取得了协调。至于与同意过程有关的标准,相应争论取决于对美国多元民主覆盖范围的评价。不管怎样,领导人看起来是将公共舆论纳入考虑范围的,尤其是在税收政策领域(这一事实至今仍然成立,参见下文)。直至1986年,美国税制呈现的都是很高的法定所得税率,并且通过补助增加赤贫者的收入。但是,事实证明,真相更为复杂,因为我们不得不把国会下属委员会授予其投票者的许多特定税收优惠纳入考虑范围。一方面,传统上其他社会群体对富人与商业圈的抵制解释了为何高税率一直维持到里根当政之时;另一方面,短期的选票至上主义(或多或少由于社会经济群体的多样竞争而保持平衡)带来了税务支出的激增,实际税率因此而得到调整。

在全球化时代,多样的妥协形式继续存在,它们与国家、税收以及公共服务之间的关系所构成的体系有关,但是,社会指向已被它们抛弃。

(二)社会财政契约的去功能化

与市场限制有关的新自由主义意识形态已然在全球范围内传播开来,[②] 从20世纪70年代以来,这一现象一直削弱着税收国家所确保的社会契约的价值基础。对市场和社会之间的妥协的监管往往颠倒了政治和经济之间的关系。在政治面前,经济尝试着变得更具有自主性。国家根据资本主义多样性理论(Hall,Soskice,2001)或法国监管学派(Boyer,2004)所研究的各种类型,以市场经济为协调对象,此种市场经济遭到贬低,从而让自由主义的资本主义模式占据上风。税收与福利国家之间的一般关联遭到批评,如我们已然看到的,这一牵涉市场效率的批评并无道理可言(参见第七章)。福利国家和

[①] 此种道德观解释了私人基金会的大发展。这些基金会意图用公共行为缓解世界的痛苦。根据道德标准,它们的原则及其应用之道从民众的民主主权中被排除出去。

[②] 在较小的程度上,还有其他决定论的制度主义化身(参见第七章)。

税收结构的适应力[①]因国而异,人们绝不能因它而低估干预型民主失势的倾向。作为对社会公共行为有所影响的财政手段,税收丧失了自身的主导地位(借款因而得势)。财政领域的宏观调控已丧失可靠性,此种情况至少持续至当下的经济危机时期。与阶级分层(以收入再分配为手段)有关的行为由于社会分类的极度多样化而陷入混乱。属地职能已然受到财政竞争的影响。

从经验上看,根据统治精英们所做的安排(或多或少是明晰可见的),有利于市场的价值去功能化仍未超出相应界限。由此,我们注意到,收入来源与国家"行为"(支出)的性质之间存在着强大的关联。根据蒂蒙斯的看法(Timmons, 2005),在经济合作与发展组织国家(1975—1995年),累退税(富人所受的伤害小于其他人)与增长的社会支出、涉及社会发展的指标有关,而与财产权保护无关。库萨克与贝拉门蒂(Cusack, Beramendi, 2006)表明,与"协作型市场经济"有关的政府更多地对劳动而非资本课税,以换取慷慨的福利国家。但是,如我们已然指出的,资本主义经济的协作观念由于新自由主义模式在意识形态上受到高度评价而被人们质疑。1980—2000年,有人对13个发达国家做了59项调查。根据与此相关的研究(Malher, Jesuit, 2006:493),在转移支付的重要性与济贫社会计划获得的集中关注之间,形成了一种妥协。换句话说,社会政策越是成为聚焦对象,转移支付涉及的范围就越不重要,由此,贫穷与不平等的现象越不会减少。在许多国家,一些税收(比如所得税)的减少在资金上从消费税(或者社会保障缴费)的增加得到补足(Steinmo, 2003:225)。如果强化"无痛"税,那么,这一财政安排在性质上就不是民主的了,税负分配就会发生有损于赤贫者的改变。有名的"弹性保障(flexicurity)"方法在奥地利与丹麦得到采用,它代表了财政契约的一次演变。我们还看到了与传统福利国家逻辑形成对比的新自由主义工作福利观念的发展。

专栏22　　以社会支出结构为依据的纳税妥协方案分类

卡斯尔斯对2003年经济合作与发展组织国家的社会支出做了分解,

[①] 干预型民主在价值上的此种去功能化并未完全对公共行为产生实际影响,但是,它能改变后者(最后一句话,参见 Busemeyer, 2009)。最后,它往往像马可·图齐(Marco Tucci)所说的那样(2007年)让政治从属于经济,如果不是反过来的话。

结果表明社会支出安排因国而异(Castles,2009)。比如,在退休支出上,拔得头筹的是意大利(占 GDP 的 13.8%),敬陪末座的是冰岛(占 GDP 的 2.4%)。在以劳动环境(失业、家庭,等等)为目标的支出上,位于榜首的是丹麦(10.4%),居于末尾的是日本(1.8%)。在医疗卫生支出上,居于首位的是德国(8%),垫底的是奥地利(5.1%)。在其他类型的支出(与医疗卫生不相干的各种服务)上,瑞典排在第一位(7.4%),意大利排在最后(0.8%)。在各种差异之外,国家所组成的族(群)确实是存在的,但是,它们与艾斯平—安德森的三分法并无准确对应关系。

从事实而言,自由主义国家展现出来的是低水平总体社会支出、养老金支出。但是,在劳动环境(失业,等等)支出上,它们的地位反差很大,爱尔兰、新西兰居于经济合作与发展组织国家的平均水平之上,其他国家则在平均水平之下。在医疗卫生支出上,澳大利亚与爱尔兰低于平均水平,其他国家则高于平均水平。在其他支出类型上,则出现了各种各样的情况。

斯堪的纳维亚国家确实有很高的总体社会支出(在经济合作与发展组织国家的平均水平之上),很高的劳动环境支出(即便相比经济合作与发展组织国家的平均水平 7.9%,芬兰的水平只有 7.6%),在其他支出类型上也高于平均水平。或许,我们只指出下一点就够了,即除了瑞典(比平均水平稍高),这些国家的养老金支出都低于经济合作与发展组织国家的平均水平。

如果将荷兰排除在外,那么,大陆国家("保守型")从总体上说不具有典型性,其养老金水平很高,在劳动环境、医疗卫生上的支出高于经济合作与发展组织国家的平均水平。但是,其他支出类型的情况就复杂多样了。

在福利国家分类中,有一个群体在人们的意料之外。它由南欧国家组成,包括希腊、意大利、葡萄牙和西班牙。其特征在于低水平的劳动环境支出、服务(除了医疗卫生)支出。至于总体支出,这组国家同样引人注目,因为意大利和葡萄牙(像保守型大陆国家那样高于平均水平)与希腊和西班牙(低于平均水平)形成了鲜明对比。医疗卫生支出同样是分化的。

最后,有四个国家无法归类,即冰岛、日本、卢森堡和瑞士,因为它们的社会支出结构并不与任何前述群体相匹配。

第十一章　干预型税收国家职能的不稳定性

在斯堪的纳维亚民主社会,间接税伴随20世纪90年代经济全球化越来越多地被派上用场,在尊重劳动、资本所达成的妥协的限制下,税收再分配受到约束。由此,平均而言,北欧国家有着更高的间接税水平。2006年(OECD,2008),对商品和服务的征税在丹麦相当于GDP的16.3%,在芬兰相当于GDP的13.5%,在挪威相当于GDP的12%,在瑞典相当于GDP的12.8%,相比之下,经济合作与发展组织国家的平均水平是11.1%。贝拉门蒂与鲁达(Beramendi,Rueda,2007)对1965年和1995年16个经济合作与发展组织国家的研究确认了在左翼政党统治的斯堪的纳维亚国家,以实际税率衡量,间接税是很重要的。社会契约的运作之道在经济全球化背景下仍未失效。比如,在瑞典,退休改革仍有赖于以保障财政体系的长期平衡为基础达成的妥协。1994年,在拥有瑞典议会议席的七个政党当中,有五个接受了这一观念。新的体系(新的社会契约)引入了以分配为基础(与传统分配机制有别)的一个构成要素。

与以保障为基础的模式有关的妥协同样是在大规模失业、新贫困现象、排斥现象的影响下演变的。法国的情况为我们提供了一个案例。该国不仅引入了一种社会保障税,还引入了一种与风险覆盖(禁止报销某些药品,特许经销权,等等)有关的私有化。

对于充当全球化意识形态参照系的自由主义模式,我们应给予特殊关注。如果将目光聚焦于美国的情况,以税收国家干预为中心的那个含混不清的结构在很大程度上仍是有效的。比如,斯坦莫(Steinmo,1993:168)指出,在里根总统当政时,边际所得税率的下调事实上让税收领域的避税窟遭到清除,不过,它又因国会推出的其他宽松举措以及对企业的实际征税的强化而遭到质疑。就事实而言,在这里,我们身处一种政治逻辑中,而不是如改革所想要的那般,身在一种经济逻辑中。但是,与贡献税(在全球范围内,其发展水平仍然不高)有关的政治职能在特殊的安排中被引入歧途,这些安排的特殊性看起来与民主并不怎么搭边。在财政领域,经济方面的新自由主义模式与某种形式的干预型国家是相一致的,后者与古典形式的制度行为(与市场环境有关)并不对应。事实上,这是一个与干预有关、旨在保护或鼓励某些经济部门(或某些企业)的问题。海斯做了相应的阐释(Hayes,2007:471),他引用了1996年在克林顿政府治下达成的一次妥协,其背景是国会由共和党掌控,辛迪加组织(syndical organizations)走向衰落。提高最低薪资在回报端(return side)发现的是企业获得税收和预算优惠,这等同于将改革成本从雇主转嫁给纳税人。我们距离政府当局极为在意对企业之间的公平竞争与信任氛围加以保障的情况还很远。[1]

在选举层面,自由主义的民主仍是强劲有力的,奥巴马总统在2008年的当选(实现了政治轮替)便是明证。在社会事务上,根据对1980年至2000年14个经济合作与发展组织民主国家的研究(Brooks, Manza, 2006),大众的公共政治偏好对维持福利国家而言具有重要意义(尤其是在遭遇自由主义福利国家若干限制的情况下)。如今,就美国的情况来说,公共舆论到现在仍然大幅偏向于和人道主义社会政治伦理紧密相关的定向(targeted)社会计划(Feldman, Steenbergen, 2001)。由此,在社会公共行为上,人们达成了一定的共识。从整体上说,与第七章中详述的那种模式相顺应的财政民主在社会经济群体的活动中被规避了。财政民主赤字同样是自由主义模式的特征,后者没有能力激发人们在公共行为的功能上达成共识(在比较的意义上,我们已在社会政策领域中发现这一点)。新自由主义模式通过创造就业成功地弥补了福利国家的缺陷,不过,伴随经济全球化,它遭遇了对经济利润监管不足的问题。2008年的危机标志着金融资本主义的失败,后者的真正动力在于不平等的加剧(有损于社会权利)(参见第十二章)。

在某些独联体国家发生的以市场经济为方向的转折同样构成了一个让人们能对正在展开的演变过程进行观察的场域。比如,统一税政策在自由主义的逻辑下得到应用。事实上,正如基恩等人的研究所表明的(Keen et al., 2008:714),人们已达成了一次妥协,"在已经对劳动收入采用统一个人税的许多国家,基本上,更多的收入是通过社会保障缴费获得的"。在这里,妥协意在将许多国家在20世纪90年代实施的减税自由主义政策推向极致,其所遵从的同样是一种与不民主的财政安排有关的方案。

---

[1] 对30个国家的研究表明(Riahi-Belkaoui, 2004),以纳税遵从为一方,市场竞争的公平性(以由23个要素组成的综合指标来衡量)、市场平等(以企业活动融资渠道的公平性来衡量)和道德标准的力量(以低水平的暴力犯罪来衡量)为另一方,二者之间存在着关联(这在数据上是有意义的)。

第十一章　干预型税收国家职能的不稳定性

然而,受到与税收政策碎片化有关的两个因素的影响,税收的基本职能已被削弱。第一,税收工具的使用太过于注重削弱与干预型国家重要功能有关的逻辑;第二,与第一个因素相关,税制的复杂性借着将作为整体的税制的逻辑隐藏起来,加剧了税收职能的走弱和混乱。财政职能受制于竞争,后者关涉到寻找其他预算的资金来源(比如借款和私有化)的问题。税收政策的经济部门化付诸实践,这让宏观调控职能受到损害,也让再分配职能难以成为政府当局议事日程的组成部分。

结　论

由此,我们必须在新社会契约(与干预型民主社会中的贡献税有关)的框架中设想一种新的财政民主。事实上,"公民税"是可能的,因为自利(功利主义)并不能解释纳税人的所有行为(参见第九章)。如果税收国家的公共行为是合法的,公民便有利他之能。税收国家政治职能在此处发挥了关键作用,这与普遍厌税理论是相悖的。贡献税与财政幻象的经济理论相对立,按照后者的看法,非理性个体要求更多的支出以及更少的税收。实际上,这是一个以社会为对象,从民主角度论证与支出有关的财政公共行为(面对与经济领域金融全球化有关的新自由主义危机)合法性的问题。

第十二章　全球化、欧洲与税收

　　税收领域位于国家、经济与社会的交界处，是理解"全球化"的关键所在（Leroy，2006）。意义明确的"全球化"概念带来了一个由资本主义经济铁律决定的残酷现象。这个复杂的概念内部充满了细微的差异，其三个维度即经济维度、政治维度、文化维度的含糊性被凸显出来。在文化层面，全球化涉及与信息、交流有关并且对全球文化[①]有利的网络、技术。[②] 在经济层面，全球化显明的是一个与资本主义有关、在最近几十年里加速进行的古老进程。罗马帝国在环地中海地区早已经历了这类现象。费尔南·布罗代尔的"经济世界"同样对资本主义发展的不同领域（从 15 世纪到 18 世纪接续出现）做了描述（Braudel，1949，1979）。从 1870 年起，大西洋成为全球化的场域，在这个地区，殖民化发挥了作用，直至第一次世界大战时有的国家从中退出。当下的经济全球化起源于伴随全球商业而有所增长的国际贸易（其发端可以追溯至 1945 年）。

　　从 20 世纪 90 年代起，全球化金融领域（投机资本主义横扫其中）的兴起便已和各样的效应联系在一起，包括市场和股票交易所的整合、去监管化、再地方化（relocalisation）、相互依赖、财政倾销……这个过程是否与涂尔干描述的经济范畴相对应？在金融层面，早呈加剧之势的资本流动既包含私人资本

　　[①]　这就是 1962 年由加拿大人 M. 麦克卢汉（M. McLuhan）在自己的著作《古登堡星系》（*The Gutenberg Galaxy*）中做了详细阐述的"地球村"的提法。与此同时，这一提法还将目标指向电台和电视，因为它们对受到全球大众媒体信息影响的群体有孤立效应（isolation effect）。

　　[②]　与信息和交流有关的技术也有关乎经济的一面。

(尤其是投资于中国之类新兴市场的私人资本),也囊括了机构的投资(养老基金、保险,等等)。我们还必须回想起跨国企业内部交易(约占全球贸易的一半)的重要性。这些交易涉及同一集团的下属企业,从财务上说,交易是通过与转移价格有关技术实现的。世界性的规模并不总是具有相关性。在考虑不同地区与世界经济的融合时,我们应通过大型地缘政治区域进行理性探讨。在相关进程中处在边缘地位的某些国家想要加入进来殊非易事。非洲和中美洲便是这样,甚至是独联体国家也是如此。

在政治层面,全球化提出了国家角色的问题。国家的行为能力将变得越来越弱,或者国家的运作带来的收益将变得越来越少。传统社会群体和社会阶层相比,以及与国内企业相比,跨国企业和国际金融的利益将受到偏待。事实上,国家远远不是外在于相关进程,它们是全球化当中的行为主体,并且在国际协议的协商上保持着深度参与。来自民族国家的阻力表明,"主权"概念仍是有效的,即便从现在起我们难以回避其他跨国行为主体(经济合作与发展组织、世界银行、国际货币基金组织、欧盟,等等)所发挥的作用。欧洲通过欧盟税法的创建硬要充当全球化领头羊的能力也必须受到质疑。

一、涂尔干的经济反常模型

以涂尔干在《社会分工论》(简称"DLS")中对经济反常所做的讨论(在《论自杀》①中又做了重述)为出发点或许是一件有趣的事情。

(一)作为经济病态形式的"反常"

在《社会分工论》中,"反常"被呈现为劳动分工的一种反常(病态)形式。从功能上(有机层面)说,反常不再在个体之间创造一种团结的状态。我们遴选出三种情况:经济危机(破产的案例),资本与劳动之间的敌对;科学的失序(这与我们的主题没有直接关联)。劳动分工是工业化社会的特征。通常而言,此种分工通过某些行为方式(其所对应的那些功能是专门化的,但是它们

---

① 我们不会详述生物主义(biologism)、有机主义(organicism)或道德保守主义(它们削弱了相关理论的科学价值)的超常之处,尤其不会在贫困的道德价值、宗教以及与离婚有关的法律禁令上停留太久。

彼此之间也有联系)的重复,带来有机层面的团结状态。[①] 交往的重复巩固了自发产生的规则,从道德视角来看,也让工人明白,他"发挥了某种作用……他的行为有着超出行为本身的目标"(Durkheim,1984:308)。

不过,也有例外的情形,也就是规则并未形成,或者并无公平性可言。经济反常属于我们所关注的第一种情形,它是一种病态(专栏23中标出的"A1")。它源自市场扩张的经济—社会效益所导致的失序(这个因由标为"C1")。[②] 事实上,市场的扩张使得需求遭到错估(此种效应标为"E1"),因为生产商不再与消费者有直接的联系,此种情形带来了经济危机(E11)。市场扩张(C1)也是大工业(E2)产生的根源,后者的特征是机械化与制造。这些工业迅速打乱了原来的劳资关系(E21),重组的(社会经济层面的)劳资关系没有发挥作用。市场扩张之后,则是个体参照系的丧失(E211),这些人自认为沦落到了"机器的境地……是没有生命的齿轮"(Durkheim,1984:306)。解决方案(标为"S")设定了一段调整期(S1),从而让新规则因为劳动分工的自然收益(参见上文)而稳定下来(S11)。

病态经济反常(A1)的第二种情形并未遵从与能力有关的逻辑(C2),此时,它所涉及的是社会职业分层(以职责分配、职业地位为依据)的不公平性。由此而来的劳动分工是一种仅仅建立在强力基础上的约束[③](E3)。解救之法是确保《论自杀》中所预料的一种公平,我们可以把它称为通达不同社会职能(S2)的"渠道上的公平",或者,用《社会分工论》中的话来说,是"与斗争有关的外部条件上的平等"(Durkheim,1984:313)。这涉及一个复杂的观念,其缘由不在于我们所看到的具体案例,而在于一种与对契约交换(contractual exchange)和自由的讨论有关的联系。我们看到的堪称范例的解决方案是由对赤贫者的帮助(S21)、职业大门(S22,尤其是对公共岗位来说)的开放(用当

[①] "如果劳动分工并未带来团结,那是因为有机体之间的关系并未受到管控。"(Durkheim,1984:304)这意味着它们处在一种"反常"状态。

[②] "伴随社会中的有组织类型(organised type)的发展,不同部分的融合包含了不同市场的融合(成为一个单一市场),这……往往成为一个普遍现象……结果是,每种工业为分散在国家乃至全世界各个地方的消费者生产……生产商不再有能力把整个市场掌控在自己的权限范围内……生产没有了任何约束或监管……由此,危机周期性地对经济职能造成干扰。"(Durkheim,1984:305)

[③] "当监管不再对应事务的真实状态,因此丧失了任何道德根基,从而只能靠强力维持之时,约束才开始发挥作用。"(Durkheim,1984:312)

下的话来说,这是以机会平等为目标的①)构成的。契约上的解决方案(S23)更成问题。它至少意味着:契约是由社会立法加以保障的(S231)。这需要真正的认可而非约束,②其中牵涉的是与交换有关的社会价值的平等(S232):"契约并未完全得到认可,除非交换的服务在社会价值上是相等的。"(Durkheim,1984:317)③美德方面的不平等论证了社会地位的不平等,其他因由必定不能扭曲前者,比如财富的继承(S24)或社会地位。最后,必须指出,涂尔干提到了对国家"监管行为"(Durkheim,1984:297)的需求(这是以孔德的看法为基础的),在另外一段话中,他简短地提到了社会立法的必要性。不过,被他赋予优先地位的是功能性劳动分工的有益作用。

(二)长期存在的经济反常

《论自杀》第五章与反常有关。该章起首提到了权力以及与个体有关的社会监管行为的重要性。除了离婚制度(未被包括进来)的情形,我们要设想两种情况。第一种情况构成了一种断断续续的经济反常(A2),④它指向的是与经济灾难(C31)有关(就像《社会分工论》中所言)的突发性经济破坏(C3),不唯如此,大繁荣的时期也被其囊括在内(C32)。结果是相似的⑤,即社会地位的分类(社会职业分层)遭受干扰,"可能与不可能、公平与不公平之间的界限

---

① 涂尔干的立场是捍卫劳动分工的正常秩序(有机层面的团结),此种秩序确保了与自由有关的社会规则被简化为"在社会上发挥作用的那些力量"(Durkheim,1984:321)的演示。这一立场蕴含了理性的局限。与社会分层有关的冲突消解在与能力(智慧、品位等;它们构成了美德的基础)不平等有关的自然秩序中。

② "在社会中,如果一个阶级为了生存,被迫确保其他人接受他们所提供的服务,与此同时另一个阶级由于手上掌握着资源(不过,这些资源并不必然是某种优越社会地位带来的)而不必如此,那么,后一个群体便能主宰前一个群体。"(Durkheim,1984:319)

③ 这里指的是"有益的工作量……不是可能消耗的总体劳动,而是能够产生有益社会效应的那部分劳动……才与正常需求相对应。"(Durkheim,1984:317)

④ 此种反常就其不规则性而言接近病态的反常,但就当下有名的"经济增长的周期性"而言又有别于后者,尽管涂尔干在这个问题上并没有着墨过多。《论自杀》中提到的周期性与长期性之间的对立并未准确地对应涂尔干所珍视的"病态""常态"之分。涂尔干还写道:"在正常条件下,集体秩序被大多数人认为是公正的。"(Durkheim,2006:212)的确,长期性反常看起来既是病态的市场经济功能失调,又是常规的市场经济功能失调。在《社会分工论》中,涂尔干还讲求合作的法律(cooperative law)写道,"我们可以问,是否能将其归因于暂时性甚至还有些反常的缘由。"(Durkheim,1984:102)

⑤ "如若危机的根源在于权力与财富的突然增长,结果便是一样的。"(*Suicide*,2006:213)

是未知的。"(Durkheim，2002：213)如果是灾难，针对受到危机冲击的个体，会有去分类化(declassification)的举措；如果是对某些阶级有利的经济繁荣，"过于自负的雄心总是盖过了所得的收益……斗争变得更加狂暴，带来更多痛苦，这都是因为掌控力的不足，以及更为激烈的竞争"(Durkheim，2002：214)。① 我们注意到，涂尔干在这里以托克维尔的相对受挫理论为基础，把认知因素找了回来。他如实概括这一理论，"人们感受的束缚越少，所有束缚就表现得越不可容忍。"(Durkheim，2002：214)经济破坏由此是个人受挫之源(E41)。解决之道是(如同《社会分工论》中所言)在时间的流逝中等待调整(S1)，从而让社会道德意识确立对地位不等的各种社会价值的新分类②(S12)。

但是，在这里，《论自杀》与道德经济的同构(isomorphism of the moral economy)断绝了关联。在《社会分工论》中，此种"同构"包含了经济职能的专门化(连同社会规范的公平性)。③ 人们重点关注的应该是在社会中人们对公平怀有何种情感，而不是经济分工(其道德价值将表明每个人都有益于社会有机层面的团结)的天然的有益效应。"在历史上的每个时刻，在多个社会的道德意识中都有一种模糊的认知，它与不同服务各自的价值、每种服务获得的相对回报有关……不同行为在公共舆论中是有等次之分的。"(Suicide，2006：210)上面提到的"断联"已然让经济危机观念扩展到将所有的快速变迁包含在内，不仅如此，它也让对经济进步所产生的效应做出反思有了可能。《社会分工论》中已经讨论过一个补充性的解决方案，它要确保的是社会各种职能发挥作用的机会是公平的④(S2)。此种公平是给定的一个案例即废除遗产⑤所追求的目标，即便天赋的遗传会保留下来。

第二种情况是"长期存在的"(A3)经济反常，换句话说，它在工业社会中

---

① 由此，在这些时期，自杀现象增加，我们要牢记，自杀对贫穷国家的影响更小。
② "公共意识对人、事重做分类是需要时间的。"(Durkheim，2002：213)
③ 即便在《社会分工论》中，一些结构性现象，比如市场的扩张被纳入了考虑范围。
④ "不过，对每个人来说，认识到公共舆论所确立的职能等级的公平性不会有什么用处，如果他没有同时认为这些职能的分配具有正当性的话。"(Durkheim，2002：211)
⑤ 故此，"每个人在开始生活时享有资源上的平等……它建立在极度平等的基础之上"(Durkheim，2002：212)。

具有常规性。① 它是由商界及工业界的运转引起的（C4），相关的首要影响因素是与经济进步相关的劳资关系的去监管化（C41），次要影响因素（《社会分工论》中有所叙述）是不断在全球范围内开疆拓土的市场扩张（C1）。② 另一因由尤其有趣，因为它批评了国家监管权力的缺失（C5）。"治理而非对经济生活的监管已然成为国家的工具与仆从。"（Durkheim，2002:216）在集体层面迅速蔓延的经济反常现象导致了个体层面激情所受约束的缺失（E5）。③ 它在社会的所有部门当中扩散开来，而社会"习惯上认为这些激情是正常的"（Durkheim，2002:217）。由此，接下来，为了对职业进行划分，以受"反常状态"（Durkheim，2002:219）影响的程度为依据，有人推出了对阶层的分析（与自杀现象的数量有关）。此种解决方案包括了国家对经济的监管权力④（S3）。

在自己的分析中，涂尔干并未将暴力放在权力定义是的中心位置，即便他并未排除暴力。国家的权力把统治与合法性联系起来（S31），由此，此种权力必须得到尊重。⑤ 在这里，涂尔干拒绝让自由主义观念（正统经济学家）和马克思主义者（社会主义者）当中的任何一方得势。双方都尊奉以增长（工业繁荣）为目标的"经济唯物主义信条"（Durkheim，2002:216）。由此，国家既不是"个人契约的守护者"（Durkheim，2002:216），也不是负责组织事项和生产性收入分配的机构。它必须"让其他社会有机体臣服于自己，让它们向着一个主导性的目标会合"（Durkheim，2002:216），其目的是终结经济反常。在这里，工业"没有被当作达致某个超越工业本身的目的的手段，而是成了个人与社会二者的至高目的"（Durkheim，2002:216）。

---

① "对全国而言，经济进步主要在于让劳资关系摆脱所有监管。"（Durkheim，2002:215）
② 和在《社会分工论》中一样，涂尔干在《论自杀》中提及市场向全球范围内的扩张。此种扩张"或许认为几乎整个世界都是自己的领地"（Durkheim，2002:216）。
③ "由此激发的嗜欲已然摆脱了任何约束性的权威。可以说，通过使这些嗜欲正当化，此种臻于完美的幸福让它们高居人类的所有法则之上。针对它们的约束看起来像某种亵渎。"（*Suicide*,，2006:216）但是"如同野马脱缰的欲望在定义上便是无法满足的"（Durkheim，2002:208），而"激情必须首先得到约束"（Durkheim，2002:209）。
④ 因为在工业社会中，宗教和（或）古代的各种专门手艺不再发挥此种作用。
⑤ 在正常情况下，集体秩序被大多数人认为是公平的。由此，当我们说权威对推行此种与个人有关的秩序很有必要之时，我们肯定不是说暴力是确立秩序的唯一手段。由于监管的意图在于限制个人的激情，因此，监管必须来自能主导个体的权力，但是，除此之外，此种权力必须通过尊重而非畏惧得到人们的顺从（Durkheim，2002:212）。

(三)总结:涂尔干的模型

《社会分工论》中呈现的反常理论在《论自杀》中有了新的表述,某些变量(比如危机)改变了自己的地位,从因由变为结果;其他变量也展示了自己的存在,比如高度繁荣期,等等(参见专栏23)。该模型提出了一些有趣的观念,并且论证了探索社会事实的功能主义方法。个体层面与集体层面的区分和联系是至关重要的,即便涂尔干的整体论在这里妨碍了对个体理性的细致分析(以在价值上具有参考意义的分类为凭借的分析除外)。

在群体层面,考虑监管型国家和市场经济逻辑的双重问题是公平的。赋予国家的角色是以权力理论为基础的,此种权力得到个体的尊重,它决定了经济必须追求的目标并赋予其强制力。国家作为经济监管者的角色由此与对社会正义的反思相关联。涂尔干甚至没有对冲突(对社会来说具有重大影响)做出思考,在《社会分工论》中,他认为阶级对立是一种反常现象。在与受到认可的约束有关的理论那里,冲突的社会功能被忽略了,以权力为基础的种种关系遭到否定。最后,涂尔干的社会正义理论涉及个体所提供服务(比如,工作)的社会价值,后者或源自经济的常规运作(《社会分工论》),或源自社会意识(公共舆论)。该理论从定义上抛弃了"异化"以及从意识形态上对分类标准进行操控的可能性。

专栏23　　　　经济反常的过程(依据涂尔干的看法)

A1:病态的经济反常(见于《社会分工论》)

因由(C):市场扩张 C1 和不公平的社会职业分层 C2。

三个过程:市场扩张 C1→对需求的误读(影响标为"E")E1→经济危机 E11;市场扩张 C1→大工业 E2→劳资关系的剧变 E21→参照系的丧失(对个人而言)E211;不公平的社会职业分层 C2→个体受到限制 E3。

A2:周期性的经济反常(见于《论自杀》)

因由:经济破坏 C3,也就是灾难 C31 与繁荣 C32。

一个过程:经济破坏 C3(灾难 C31,繁荣 C32)→对社会职业分层的去监管化 E4→与个体、阶级有关的混乱现象 E41

A3：长期性的经济反常（见于《论自杀》）

因由：经济运转 C4，也就是去监管化 C41、市场扩张 C1、国家对经济监管权力的缺失 C5。

两个过程：经济运转 C4（去监管化 C41 和市场扩张 C42）→个人欲望与激情不受约束 E5；国家监管权力的缺失 C5→个人欲望、激情不受约束 E5。

经济反常问题的解决方案

S1：《社会分工论》《论自杀》中的短暂调整（解决方案标为"S"），展开如下：

S11：在劳动分工自然行为的作用下，规则稳定下来（见于《社会分工论》）。

S12：社会道德意识将规则稳定下来（见于《论自杀》）。

S2：社会各种职能发挥作用的机会是公平的（见于《社会分工论》《论自杀》）。展开如下：

S21：对赤贫者的援助（《社会分工论》）。

S22：各种职业生涯的开放性（与公共就业渠道的公平有关的案例）（《社会分工论》）。

S23：公平契约，也就是 S231（法律保障契约的执行，《社会分工论》）、S232（社会职业分层的社会价值，《社会分工论》）。

S24：废除财产继承（《社会分工论》《论自杀》）。

S3：国家的监管权力（《论自杀》），展开如下：

S31：合法性（人们尊重而非畏惧权力）（《论自杀》）。

二、新自由主义的经济全球化

在上面，我们已经为涂尔干描述的一些过程构筑了模型。这些过程可以用在经济全球化身上，即便对国家的作用加以分析更不简单。新自由主义意识形态的扩散往往摧毁了经济价值的所有社会基础、国际公共秩序（仍在构建之中）的法律原则。税收竞争的合法性限制了公共监管的可能性，这对国际层面无法处理金融资本主义越轨问题的非正式法律(软性法律)是有利的。经济合作与发展组织的原型实例(archetypal example)表明了在面对助推全球不平等加剧的避税天堂时,人们获得的相应结果是有缺陷的。就此处而言,与公共支出增长的"新"理论相反,在严重不平等的情况下,不平等的减少不会经由对再分配的机械式需求自然而然地发生。事实上,该理论忽略了一个基本的变量,后者与民主的力量有关。对不平等的减少做出解释的是有关政治选择的民主理论,[①]而非某种再分配需求法则(它将自然而然地对经济全球化的种种后果进行修补)。

(一)全球经济在社会层面的贬值现象

在经济层面,当下的全球化起源于和世界贸易一道的国际交流的强化(从1945年起),即便全球化并不是一个新现象。这一过程对应于涂尔干所讨论的世界市场的扩展。从20世纪90年代起,投机资本主义横行无忌的全球金融领域(经济的金融化)发展起来。2008年美国房地产危机先是向银行部门扩散,后又波及证券交易所和经济市场。对和市场和证券交易所的融合与相互依赖——作为全球化的产物——来说,这是一个很好的案例。这一过程的某些趋势相当具有涂尔干所理解的那种"反常"意味。

经济的金融化由此带来了对股民和高级主管眼中的短期金融回报的偏好。比如,通过让资产在股票市场的价值贬值(有损于长期的生产性投资),它让经济生产陷入混乱。正如社会职业分层底端不确定性的增长以及分层顶端高级主管的过高酬报所表明的,劳资关系受到了破坏。收入不平等的加剧在群体层面将此种参照系缺失的现象(对个体而言)展现出来。这一过程事实上与 C1→E2→E21→E211 型相对应,即便全球化铁律的捍卫者们拒绝了该模型的"病态"性质。在相应的规模、(股票市场)价值与社会经济霸权这三重意义上,"资本"(已变得具有投机性)被赋予了过高的地位,这是经济失序的特征。"泡沫"定然会破裂,因为它与实体经济越来越脱节。

如果说当下危机的肇因于美国房地产市场的功能失调,那么,从事实而

---

① 包括对如下事物的揭示:与市场约束有关的意识形态对相关理论所给出的不同选项的歪曲作用,以及第六章和七章所研究的其他变量(制度、党派分野,等等)的影响。

言,这一特殊事件已然激活了一个一般过程,也就是涂尔干模型中的 C1→E1→E11 型。对全球层面风险(与相互依赖的市场有关)的此种误读(次级贷款和"有毒"证券可以为证)解释了国内局部问题向所有银行、股票市场和经济体的扩散。同样,人们当然可以把目光聚焦于与经济全球化相伴的不平等加剧的过程,以求将源自社会经济分层的不公且更为短暂的一个过程即 C2→E3 型凸显出来。

与全球化有关的经济反常是长期存在的,如果此种反常涉及新自由主义经济的运转的话。某些要素的走向便是如此,也就是上文所表明的那种意义上的市场扩张、特别在贸易领域的自由竞争协议(先是关税及贸易总协定,后是世界贸易组织)身上体现出来的去监管化、货币汇兑平价稳定性(与黄金挂钩)的终结(1971 年)、资本的流动自由化。人们还应提及为金融全球化提供助力的技术进步(股票市场的即时互连)。这些要素的同一性令人得以弃绝与相关时间表并无对应关系的周期性反常过程。通过此种方式,经济、货币与金融的去监管化将个人挣快钱(投机、股票期权以及退职金)的狂热所受到的限制搬除了,这遵循的是 C4→E5 型的过程。

但是,真正的问题在于知晓如上反常类型是否在税收领域产生了,以及国家是否由此在对市场实行去监管化之时放弃了以税收为手段的监管权。换句话说,顺应我们所整理的《论自杀》中的反常理论,一个 C5→E5 型的过程是在进行中吗?答案要更为复杂。一方面,经济全球化确实推动了大型跨国企业的税负最小化、促进了列国之间的税收竞争。其所遵循的是税收优化逻辑,也就是对经济交易进行管理,从而达到尽可能少缴税的目的。这个问题与全球化铁律并无关联,而是牵涉到经济(尤其是金融)去监管化的(部分)税收效应所助推的一种趋势。另一方面,干预型税收国家在全球化时代仍是一个现实存在,这证明内在于相关过程的监管权力缺失的观念是错误的。与纳税义务相关的其他因素将公共监管的意涵而不仅仅是此种监管的存在或不存在纳入思考范围,让涂尔干的反常理论臻于完善。

正如细化的税收规则的激增(或者是另一层面上列国之间的税收竞争)所表明的,重要的问题并不是制度监管的缺失,而是税收规范性的失序(第十章)。就与新自由主义回归的影响有关的那个部分而言,这当然是一个涉及社会目标且与涂尔干的理论保持了一致的关于"性质的转变"(denaturation)的问题。但是,相比简单的经济反常(导源于公共规则缺失的情况下社会目标的匮乏),对税收国家的监管所做的分析要更为复杂。

在观念层面,与全球化的限制有关的意识形态(参见第七章)已然对社会税收国家的局限做了高度评价,这就为作为经济竞争力标准的优化(optimization)做了论证。人们以作为一般规范的市场(不局限于商业领域)作为参照的现象因此得到强化。该现象自20世纪70年代起肇端于新自由主义浪潮,后者反对的是凯恩斯主义福利国家所履行的承诺。如前所见,此种反税话语的传播已然激发了阻力,并未总是导致国家支出的收缩。但是,社会公共行为的适应力(根据情况不同或多或少是强大的)并未成功地对规范性参照标准(reference points)以及涂尔干所谓的经济活动的"社会价值"的修正造成阻碍。税收减免(税收优化)已成为商界的准则,后者能够以业务搬迁、解散和关闭企业相威胁。市场约束的存在(无论是真实的还是想象的)将内在于经济部门的收益价值(value of profit)转变为一种超然的一般规范。如果目标是让税收变得最少,那么,为了决定是否存在欺诈(逃税)(以税法为据),经济越轨问题就变成了当局给商界所用手段贴标签的问题(参见第十章)。我们还看到,"大资本"(针对经济的金融化,此处使用一个极为合宜的马克思主义的表述)偏好对文本给出的多种可能性加以利用,相比之下,中小企业更容易滑落到直接违法的境地。事实上,与跨国公司所用的虚假利润转移计划有关的复杂规则对经济上位列其后的阶层来说是不可企及的。

对全球化中的经济行为主体来说,市场标准让短期收益变得越来越少。此种标准以普遍性作为追求。由此,通过将自身呈现为一个目标,此种意识形态往往让国家行为屈从于与市场自由有关的规范性。与此同时,作为一个限制因素,此种自由之所以被确立起来,是为了斩断民主社会行为的社会根基,修正从中产生的法律规范。

如上过程并未走向终结,它融合了自有其动力的其他因素。为了衡量这一过程的进展,人们必须追踪就税收收入达成的妥协的适应力,以此,对税收政策所履行的职能的演变(参见第十一章)进行分析,与此同时,福利国家的演变也要被纳入讨论范围。经济性税式支出的重要性(相比带有社会目标的计划而言)表明了税收越轨现象朝着越来越普遍的方向发展(参见第十章)。同样,和公司税率象征性下调的情形一样,企业减税政策的源头在于市场标准。不过,我们必须保持谨慎,因为税基拓宽了(消除了免税、税收优惠,等等)而实际的公司税率并不总是反映了人们在所有国家观察到的官方(法定)税率下降的现象。我们还看到,税收政策并不导源于经济市场标准毫无含糊之处的彻底应用。税收政策还呈现了社会分类过程,后者继续依赖于对资本与劳动各自的征税之间,以及社会支出与职员家庭税负(等等)之间达成的妥协。社会税收国家仍然存在,①尽管在问题特殊化以及参照新自由主义的双重过程中,全球性的去功能化仍未完结。

最后,在自己有关劳动分工的功能主义观念②中,涂尔干无意设想他所谓的"恢复性法律"能够通过与资本主义合作展开监管让经济反常得到强化。由此,此种法律(在全球化时代,它让税收政策变得明确起来)对市场约束变得更加敏感。这就扰乱了与干预型民主有关的社会契约。税务部门由此受托承担一项艰巨的任务,即缓和税收越轨的泛滥所带来的冲击,而各国的激励性法律强调的则是国际性的收益转移。税务部门竭力强化自己在程序方面的手段,以求对跨国企业的税收优化进行掌控。在跨国企业一方,它们要求享受与核定纳税人(verified taxpayers)有关的新权利(Leroy,2008)。这是围绕与程序有关的法律展开的一种辩证法之争,它同样是一种意识形态之争。与传统上税收辩护权与公民权利的结合相比,如上斗争召唤的是"新管理"规范,意图将行政部门所实施的、有利于大企业的合作型监管(所谓"积极反应式的监管")

---

① 从这个视角来看,吉登斯的后现代分析(Giddens,1990,1991),或贝克对社会中的个体化、社会轨道(social trajectories)的自反性和世界主义视角的分析(Beck,2002,2006),或鲍曼对流动现代性更具批判性的分析(它将新自由主义与消费个人主义重新融合起来,参见 Bauman,2000),都未将社会税收国家的适应力(可靠性)纳入讨论范围。税收公共行为继续在不同阶层之间对收入进行再分配,即便这不是唯一的乃至主要的目标;它形塑了越来越具有特殊性的不同社会群体(但是并未达到个体化的程度);它通过对某些社会群体的地位稳定下来,对它们做了让步,即便它们的等级化并不总是具有相关性和(或)公平性。公共行为确实面临着对公益(就我们的情况而言是社会的各种职能)提出质疑的种种挑战。

② 人们必须记得在《社会分工论》中,法律被留作一个充当证据的领域,它是有机社会出现的标志。根据涂尔干的看法(Durkheim,1984),恢复性法律呈现了现代社会(换句话说是以有机团结为基础的社会)的协作(个体在互补性社会角色上的分化源于社会分工),"一个界限极为分明的体系包括家庭法、契约法、商法、程序法、行政法和宪法。与它一道被监管的种种关系……表现了一种积极的竞争,一种基本上源自劳动分工的协作"。

普及开来(参见第八章)。但是,正如税收竞争的情形所表明的,在与国家政策有关的公共行为所施加的监管缺失的情况下,法律规范性与社会断了关联,从中受益的是扭曲的市场意识形态。

(二)税收竞争

列国或次国家机构之间的税收竞争涉及税收属地功能的稀释。如我们所见,此种竞争在税收规范性的失序中发挥了作用。在这里,我们可以再次追随涂尔干,坚持如下看法:国家制定的规范往往让其合法性的源泉(即人们对其"社会价值"的尊重)走向枯竭;人们越来越多地向经济利益看,越来越少地顾及社会。从这个视角来看,为税收竞争的有益效应声辩的经济论证并不抵制此种分析。决定列国税收竞争政策的并非经济全球化,而是(正如第七章所表明的)新自由主义市场意识形态。由此,不受约束的经济全球化背景让跨国企业得到授权,从收益向享有税收优惠的地区(避税天堂)的转移,或从自有资本的流动(或搬迁的可能性)中获利。列国之间的税收竞争使得所有国家的公司税率下降,某些"统一税"机制得到采用,意图吸引企业进驻本国或使企业留在本国。

搬迁并非新现象,它有多个缘由,以旧制度时代的法国为例,某些业主离开乡村去往一般而言征税更少的城市。今日,人们常常以税负为推动最富有的纳税人或企业离开的一个因素。真相并非如此简单。企业定址取决于与环境质量有关的若干因素,环境包括了基础设施、劳动力质量、市场规模、工业基础,等等,其中,税收并不是最重要的因素。由此,关于一个区域(国家、地区、城市,等等)在全球层面的经济吸引力,人们应该进行理性的思考。企业比较的通常不是实际的税负,而是相互间差别很大的官方(法定)税率。税负的"信号效应"的确是存在的,在它的推动下,公布的税率不会太高,但是,为了维持对国家运转来说不可或缺的财政回报(公共收入),课税基础不能太窄。由此,针对各类税收激励,人们必须将与国家规模、国家经济类型、资本流动性等有关的若干因素纳入思考范围。拥有可靠天然"地租"(比如石油之类)收入的国家所处置的资源便不是跨国企业的流动性所能规避的。

计量经济学文献由此坚持认为小国并没有兴趣向资本征税,而就大国而言,资本税(至少在一定程度上)为与环境有关的其他竞争优势所补足。在大国中,法国的情况具有代表性(Leroy,2006)。事实上,其税收收入水平比经济合作与发展组织的一般水平高(第六名),或者,换一个更贴近的比较对象,比欧盟15个成员国(相差4%～5%)的平均水平高。不过,在与公司税、所得税和储蓄税有关的事项上,法国的优势①令其得以有6%的腾挪空间(CAE,2005:80),这一腾挪空间让高水平社会保障的融资有了可能。另外,如若我们把目光转向东欧国家的经验(参见专栏25),便会注意到:统一税政策并未获得预期的成功。

专栏24　　　　　　　统一税的税负归宿

统一税政策也就是就自然人收入规定一个统一的低税率(替代随着收入增加呈递增趋势的累进税率表),我们知道的是,在若干国家,这一原则同样用在对企业利润的征税上。统一税的效果并不明显,在不同国家相关机制各有不同的情况下,这一点尤其突出地表现出来。不过,正如对八个国家的一项研究(Keen, Kim, Varsano,2008)所表明的,在朝市场转型的经济体(东欧国家)中,此项改革尤其构成了一个有益的政治信号。一般而言,这并未带来税收收入状况的改善(没有拉弗效应)。与此相伴的是各样的纳税妥协方案,在它们的影响下,有时由于例外情况的减少,有时由于薪资中社会保障缴费的增加或者间接税的增加,计税基数得到拓宽。这并未减少税收体系的复杂性(废除宽松举措的极少数案例属于例外),因为此种复杂性更多地导源于法律规则而非所用的税率(结构)。关于税收竞争,针对资本(普遍认为具有流动性)的低税看起来是难以维持的,其缘由在于导源于此种税收的社会和(或)财政压力。

克莱姆以经验性研究审查经济理论,就与投资有关的主要税收激励类型,做出了相应的评价(Klemm,2009)。税收激励对外国直接投资(简称"FDI")的定址有所影响,还通过一种不那么明朗的方式,对这些投资的规模产生影响。在这里,列国之间的税收竞争尤其关涉到税率的下降。不过呈现在人们

---

① 一个大市场,一个工业基础,以及高质量的公共服务。

面前的是相反的效应,比如,在外国投资取代本地投资之时,或者,在激励措施导致财务计划造假(比如变更所有人)之时。由此,经济增长所受的影响看似是不确定的。除了边际税率,实际税率[①](包括税收激励的影响)也必须被人们纳入思考范围。研究中用得到的税收抵免有着重要影响。不过,此种影响是否盖过了相关税式支出的财政成本就是不确定的了。由此,预算(补助)所定的直接公共支出仍是一个更具有适切性的解决方案。免税区对就业和投资的影响看起来是有限的。针对投资的一般税收激励(尤其是发展中国家所用的激励)看起来并没有效果,即便可以用到的研究成果并不多。这个结果具有暂时性,它尤其可以从与环境有关的先决条件(比如组织的优劣)那里得到解释。对金融合作法郎区(CFA Franc Zone,撒哈拉以南的非洲)的另一项研究(Van Parys,Sebastian,2010)在税收激励与投资之间并未发现强有力的正相关的关联。不过,它表明了环境(也就是税制的复杂性以及对外国投资者的法律保护)的重要性。

对跨国企业在德国的真实投资所做的一项研究(Overesch,2009)得出了一个有趣的结果,有关企业利润的高水平征税并不是来自跨国企业的外国直接投资的障碍,还不至于让它们把利润转移到那些税率更低的国家。当环境对企业的经济活动有利时,其他国家实施的税率下调政策所代表的并不是一个障碍。最后,国际组织同样发挥了作用。

(三)软性法律的不足:以经济合作与发展组织为例

在这里,我们将援引经济合作与发展组织的突出案例,而不讨论其他的国际组织,比如国际货币基金组织、世界银行,等等。这些组织尤其通过发布研究成果、报告以及建议书发挥作用。

我们无需回到经济合作与发展组织对税收政策的影响那里(参见第五、六章),应该记得的是:该组织有若干活动形式,就实质而言,它们取决于非正式权力,即软性力量。和其他国际组织一样,经济合作与发展组织通过报告、交流等大范围地传播了自己的观念。它的重要活动之一便是在某个国家将问题

---

① 参见 Devereux,Griffith,2003。

呈交给它的时候,审查对经济竞争有害的税务实践。① 此举指向的是特惠制度(比如,对某些进口商品所定的不合理税收之类)。此种控制的根基是源自竞争信条的法律原则的组成部分,各国的宽松做法一定不能制造针对某些产品或某些企业的不合理歧视,从而扭曲经济竞争。

经济合作与发展组织还制定了指向避税天堂的不合作区域清单。不过,它并未成功地对遵循系统性金融资本主义逻辑的离岸之地实施有效监管(参见第十章)。对金融收益的追求带来了复杂投资产品的激增,经济逻辑与社会目标受到损害。以这一点为出发点,世界的活动中心便与大型证券交易所合而为一,其中,城市占据着首要位置。2009年4月的二十国集团峰会通过源于此次政治集会的媒体报道,允许经济合作与发展组织在其与避税天堂的斗争中更进一步。不过,事实证明,在缺乏具有超国家性的强大原则的情况下,被派上用场的方法(清单中所用的方法)并不是很有效。必须强调的是,经济合作与发展组织在国际税收协定领域的行为并不是一种万灵药。其协定模式的扩散让一些共同观念(比如牢固确立友好解决争端的做法,还有友好解决争端的程序)得以被引入。不过,就相关领域法律的彻底统一与简化而言,它并未获得成功,因为大多数协定带有双边性质,这意味着国与国之间要展开协商。在这方面,全世界管控双重征税问题的协定大约有2 500个。就与全球性逃税的斗争而言,各国行政部门之间的合作困境再度表明如上手段的不足。每个国家可以选择相关协定中的特定内容,从而背离了经济合作与发展组织的模式。

对经济合作与发展组织在税收方面的软性法律而言,各国的国家主权构成了一个障碍。这是说,相比单纯地提升此种产生影响的国际性力量,如上问题要更为重大。经济合作与发展组织在其2000年的报告中提出"全球财政合作"的请求,这是一个真正明智的提议。尽管是那样,我们有必要以具有适切性(从社会正义的视角看)的原则为国际秩序奠定根基。贸易自由天然是无害的,但是,它要嵌入社会逻辑中。正如涂尔干所竭力表明的,在对经济的公共监管(根据相关的社会意识)有所缺失的情况下,产出了种种越轨现象。相应

---

① 世界贸易组织诉讼中与税收有关的方面要提交给争端解决机构(简称"DSB")。在有关成员国税收政策执行的总协定付诸阙如的情况下,相关文本流传开来。关税及贸易总协定中的一些规定成为人们的参考对象。

的挑战在于真正避免这些现象。在新自由主义全球化的背景下,对收益及其分配进行论证是一个关键问题。从这个视角来看,税制竞争框架中的资本自由化是让不平等加剧的新自由主义的一个反常现象。

(四)新自由主义影响下不平等的加剧

世界上富人的数量有所增长。除却这一事实,知晓全球化对不平等的影响是一件趣事。世界范围内的不平等看起来既出现在一国内部收入不等的各阶层之间(内部不平等),也出现在不同的国家之间(国际层面的不平等)。内部收入不平等一般用基尼系数来衡量,[①]或用最富有的10%(或20%)的人与最贫穷的10%(或20%)的人在平均收入上的差距来衡量。某些研究把目光集中在高收入上(Piketty,2001;Atkinson,Piketty,2006;Saez,Veall,2005)。通过社会转移支付和税收进行的再分配(参见第十一章),它或多或少对总体的收入不平等有所矫正,可支配收入(经过社会再分配与税收再分配之后的收入)的不平等是社会税收国家的标志。对国际层面不平等的演变进行比较还有难处。[②] 不过,如果说方法论之争并未止息,那么,人们获得的结果证明了金融全球化对不平等加剧的灾难性影响。这一论断是极为严肃的,因为与有关公共支出的"新"理论相反,对再分配的需求并不是由不平等加剧所激发的。它有赖于与干预型民主的力量有关的事实。

关于内部不平等,对30个经济合作与发展组织国家的一项研究(OECD,2008)观察到:从20世纪80年代起,收入不平等加剧了。这一现象的标志即是薪资差别的加剧以及资本(和独立工作者)收益分配的降级(大多数人是受害者)。穷人的数量增加,财富不平等甚至胜过了收入不平等。这些结果为福斯特与佩利扎里对21个经济合作与发展组织国家的研究所证明(Forster,Pellizzari,2000:21)。20世纪90年代,(劳动人口中)最贫穷的30%的人只能支配总体收入的9.3%(再分配之前);中产阶级,35.3%;而最富有的30%

[①] 或者,有时也可以用泰尔(Theil)系数来衡量。这两种统计系数对收入分配进行衡量,数值在0到1之间(或者,也可以用从0到100的数字来表示),其中:0表示分配平均(完全平等),1表示不平等达致最大化。

[②] 能否获得数据(从长期看)、是否对居民数量做了加权、人均GDP(用现行汇率计算或以购买力平价为依据)的利用率,等等。

的人,占有总收入的 55.4%。相比 20 世纪,在所有国家(除了爱尔兰),贫富之间在总体收入上的不平等加剧了。由此,最贫穷的 30% 的人在收入分配中丧失了 1.7% 的份额,40% 的"中产阶级"损失了 0.6% 的份额,而最富有的 30% 的人增加了 2.3% 的份额。

还必须强调的是,条件最优者的收入增加了。新自由主义的发展模式加剧了不平等,正如盎格鲁—撒克逊国家的情况所表明的(Atkinson, Piketty, 2010)。美国的不平等状况尤其严重,在该国,巨富也就是占据总人口 1% 的那个群体(申报)的高收入在 1975—1998 年增长迅猛,回到了与战前时代[①]巨富接近的水平(Piketty, Saez, 2003)。薪资最低的 10% 的人与薪资最高的 10% 的人之间的差距在 1980—2005 年从 3.5 倍升至 4.5 倍(Atkinson, 2008:5)。在加拿大,最富有的 1% 的人的高收入在新自由主义时代同样经历了引人注目的增长,和美国一样,这在很大程度上从薪资增长那里得到了解释(Saez, Veall, 2005)。在西欧,不平等加剧看起来受到了更多的限制。[②] 拿挪威来说,在 20 世纪八九十年代,薪资不平等维持了稳定的态势,但是,再分配前的收入(包括薪资以外的收入)不平等加剧了(Kenworthy, McCall, 2008:43)。不过,在各个地方,显而易见的是,财务主管、那些占据领导岗位的人的报酬达到了不合理的水平。就意识形态而言,新自由主义的全球化观念充当了经济精英放纵的理由。

耀莫特和其他人的研究(Jaumotte, Lall, Papageorgiou, 2008)强调了新自由主义金融全球化的有害作用,此种全球化为短期收益、飙升的薪酬提供了助力。这项研究覆盖了 51 个国家,其中 20 个是发达经济体,31 个是发展中经济体。在最近的 20 年里,几乎所有国家都出现了收入增加的态势,不过,不平等却加剧了。贸易(经济)的全球化迈步向前,尽管在力度上不及金融全球化。从 1980 年起,进出口在全球 GDP 中的占比从 36% 升至 55%。流动资本所占的比

[①] 这与库兹涅茨的理论(Kuznets, 1955)相悖。这一理论认为,在资本主义经济发展的第一阶段,不平等由于高收入的存在会表现得很突出,但是,之后,由于市场的原因,不平等会自然而然地减少。

[②] 这些研究通常是以所得税申报为基础的。但是,避税的可能性伴随全球化呈增长之势,避税天堂的案例即为明证(第十章)。结果,在申报的高收入的增长摆在明面上的时候,真实收入的水平还要高一些。不过,我们还必须看到依照法规、以税式支出(在公共税收收入上能提供更大的助力)为手段的逃税的可能性;我们可以认为,税式支出的增加带来了最富有的人纳税申报水平的提升,因为他们所缴纳的税收减少了。在法国,通过此种方式,申报的高收入从 1998 年起有了很大的增长(Landais, 2007)。

例从1990年的58%升至2004年的131%。经济全球化(在研究中用进出口比率和关税来衡量)与不平等减少呈正相关趋势,而金融全球化(用外国直接投资的重要性来衡量)加剧了不平等。这一结果尤其有趣,因为它为如下看法提供了经验证据:有害的并不是世界贸易的强化(摆脱束缚),确切地说是金融全球化。由此,按照计算,出口每增长1%(用占GDP的百分比表示),不平等就会减少3.4%(基尼系数)。关税下降1%,基尼系数便下降1.7%。外国直接金融投资每增长1%,收入不平等便会增长2.7%。伴随金融资本主义变得越加强大,相对商业交换的经济逻辑而言占据着上风位置,不平等呈现出爆炸之势。①

关于列国之间的不平等,②全球化有强化差距的作用。由此,1960年,20个最富裕的国家的人均GDP17倍于20个最贫穷的国家的人均GDP,1996年,这一数字变成了37倍(Giraud, 2002:4)。人们应对中国实行区别对待,该国的经济发展与高增长率(由此,也就是GDP的高增长率)使得绝对贫困的减少成为可能。考虑到中国的人口压力,这样的改善对世界范围内的不平等有着强大的影响(但是中国巨人的内部不平等却有所加剧)。如上评论同样涉及印度,该国收入的可观增长让无数人摆脱了贫困。

以地理大区③为单位对不平等进行衡量是一件有趣的事情。曼与莱利针对1950年至2000年这一时期(中国不在研究之列),使用了基尼系数,从而提出了这一建议(Mann, Riley, 2006)。拉丁美洲国家在这一时期经历了最严重的不平等。南亚(孟加拉国、印度、印度尼西亚、马来西亚和泰国)位居其后,但是,根据国家的不同而有很大的差异。东亚(香港地区、日本、韩国和台湾地区)的不平等没有那么严重。在发展中国家,情况随具体案例而变。这项研究确认了欧洲大陆国家的不平等是最少的,我们必须把它与财政、社会再分配

---

① 技术性的讨论同样让某些特别的因素为人所知,尤其是技术进步(比如信息与通讯技术)所扮演的角色。这一角色令没有什么资格限制的工作陷入不利境地。看起来,受教育水平的提升(用人口平均受教育年限来衡量)让人们更容易上手有资格限制且薪资更高的工作,从而减少了不平等。这些解释并未修正与新自由主义全球化的越轨有关的教训,金融收益、主管们和持股人们的酬报享有优先地位,它取代了孟德斯鸠所珍视的软商业(soft commerce)美德(参见第四章),以此强化了社会不平等。

② 从一个超长期的视角出发,法尔博注意到(Firebaugh, 2000:324),1820年,西欧与非洲在人均收入上的差距是3倍。20世纪90年代末,这一数字变成了约14倍。最富裕的国家与最贫穷的国家之间的差距约为30倍。

③ 即便某些国家属于同一地区,有时,它们的演变方向却是相反的。如此,在拉丁美洲,巴西的不平等从1976年至1996年有所减少,但是,1984—1994年,在墨西哥却有所加剧(Giraud, 2002:6)。

(导源于在这些民主国家所达成的种种妥协)联系起来。

(五)民主的平衡作用

公共增长的"新"理论确认了不平等对于公共预算增长的解释力,其因由如下:不平等加剧带来了政府必须加以考量的对于再分配的需求。这个方面可谓非同小可,因为通过相关方式,对于再分配的需求通过减少可支配收入之间的差距(在缴纳税收和进行社会转移支付之后),会弥补总收入方面的不平等。某种自然机制会通过此种方式纠正源自金融全球化的不平等的加剧。不过,事实上,在再分配的各种可能因由当中,对有利于减少不平等的社会公共行为的长期趋势提供了最佳解释的正是民主理论。

和作为一个整体的税收政策一样,再分配的各种因由也是难以确定和干预的。[1] 不过,很显然,一些趋势得到了确认。在最有必要实行再分配的地方,也就是说,在存在严重不平等的时期或国家,再分配却没有成为现实。这取决于政治民主化的程度,以及让社会财政妥协得以产生的社会正义意识(参见第十一章)。

在经济学中,再分配理论(Meltzer,Richard,1981)涉及与中间投票人(median voter),有关的标准模型其目的是强调不平等越严重,再分配便越慷慨。中间投票人受到(在理性选择理论中发挥作用的)功利主义理性意义上的自利的驱使。[2] 事实上,根据这一与公共预算增长有关的理论,对公共舆论来说,严重的不平等往往更为可见,这也为如下因果链条提供论证:在不平等加

---

[1] 洛厄里的先驱性研究(Lowery,1987)与美国46个州的国税和地税的影响有关。它评价了六个变量:经济因素、个人高收入的存在、政党以及意识形态之间的竞争、压力群体的行为(在总体水平上加以考量)、税收立法的年代。在这些变量中,尤其对再分配有着积极作用的是过去的影响(特别是所得税的采用),在更小的程度上,除了政党竞争,还有工业化的程度(用企业数量来衡量)。另一项研究(Berch,1995)把1991年的数据与1985年做了比较,以此覆盖了美国的五个州(包括地方政府)。它确认了税收结构在历史上的分量的重要性,与此同时,它也对其他因素做了强调,虽然经济增长有利于再分配,但是,与代表劳动者的群体相比,经济利益集团的影响力(力量)与税收的累退性有关。按照伯奇的研究,政党变量并未发挥大的作用。但是,1991年对美国各州所做的另一项研究(Morgan,1994)给出了其他的结果:更准确地说,历史因素是在税制累退性的意义上发挥作用的(六个州除外);经济发展(资源富余)中规中矩;中产阶级的存在与税制的累退性有关。

[2] 中间投票人是指在收入层次上将人口均分为两个人数相等的群体的人。社会越不平等,中间收入与平均收入的差距就越大。

剧时,公共舆论要求补救性的再分配(第一命题);政府职能满足这一需求(第二命题);政府增加了社会项目的数量(第三命题)。但是,这一常被采用的理论在经验上是站不住脚的。

这便是上面已提到的林德特的历史研究(Lindert,2004)的意义所在。该研究考察了18世纪以来社会支出的演变。它表明,在贫困、不平等最盛的时期、国家,有利于穷人的公共支出是最低的。从历史上看,民主的强化促进了社会支出的增长。在对1860年至1938年十个西欧国家的研究中,艾德特与詹森(Aidt,Jensen,2009:379)确认了民主对公共预算的影响。投票权的扩展与公共支出以及税收的增长有关。从投票受限的制度过渡到普选的国家经历了公共支出以及税收的增长,增长额分别占GDP的8%与2%。通过此种方式,托克维尔的公共支出(民主制度下)增长模型在可以获得的研究成果中得到了确认。选举竞争的激烈化有时同样对预算有所影响,这是对1999年至2004年29个墨西哥州所做的研究(Hecock,2006)所证明的,这项研究表明这一因素在教育支出上发挥了作用。罗斯以来自113个国家(1971—1997年)的材料为依据,质疑税收与民主之间的关联(Ross,2004)。他表明民主(用政体类型、公民权与政治权利来衡量)的发展并未以限制国家税收的增加为目标,而后者是布伦南和布坎南的利维坦模型提出来的。这是一个更好的掌控公共资金用途而非反对税收的问题。由此,与民主牵扯在一起的是税收与公共服务之间的关联而非税收(增加)所遭遇的反对。

为了对如上历史视角形成补充,第二个命题(满足民众的需求)意味着公共舆论的需求要产生相应的结果,如果是这样,也就意味着需求要带来顺应民众期望的种种计划。但是,如我们所见,诸多机构要么是没有回应要么是扭曲了需求(参见第六章)。另外,中间投票人理论在不那么民主或不民主的国家没有适用性,在这些国家,统治精英集团甚至压制民众的需求。

比较研究确认了如上结果。卢克的研究(Lübker,2007)覆盖了26个国家,包括发达国家(其中有美国)以及向市场经济转型的国家:在现实的不平等(用基尼系数衡量)水平与对再分配的需求之间不存在任何关联。由此,这就让中间投票人理论的一个基本命题丧失了效力。正义情感看起来发挥了某种影响力,由此,与经济(功利主义)路径相反,社会政治路径得到了确证。在同样的不平等水平(基尼系数)上,评价这些不平等是极重要问题的人数在转型国家要高于(多 12%)拥有市场经济的其他国家(Lübker,2007:137),在美国,做出这样评价的人数更少(少 23%)。由此,在评价与不平等的现实之间,并不存在任何关联。德·梅洛与廷森(De Mello,Tiongson,2006)以对 56 个国家(1970—1998 年)社会支出(社会再分配)的研究为基础,得出如下结论:人均收入更低以及存在严重不平等(根据基尼系数)的国家并不怎么倾向于对财富进行再分配,即便不平等与再分配之间的关联并不是线性的。肯沃西和麦考尔的研究(Kenworthy,McCall,2008)分别比较了八个富国(20 世纪八九十年代)的四个基本社会项目[1]。据此,不平等的加剧并不必然导致社会项目的增加和公共娱乐的变化。

通往平等的经济路径遭遇了限制。有关中间投票人的理性选择理论的假设缺乏务实精神,在此种情况下,我们必须探求这些"限制"。有关民主选择的一般理论由于社会政治路径(指向人们所感知的不平等)而达致完善,它是唯一让人能够解释有利于反不平等斗争的公共行为之迷的理论。它与(特殊的)资源权力理论相容,后者坚持认为社会运动是重要的。[2] 通过此种方式,如我们所见(参见第七章),与全球化市场的限制有关的新自由主义意识形态构成了对民主选择的某种疏离,从中得益的是统治精英的决策和专家政治。现在,人们应该转向制度化的欧洲,后者有意对经济全球化施加影响,[3]但也在努力确保税收政策的连贯性。

三、欧洲回应之不足

尽管取得了重大成果,当下的欧洲看起来并没有能力往税收协调的方向

---

[1] 也就是健康保险与养老金、失业补贴、社会援助,而不是全球层面的社会再分配,比如,用社会转移支付规模占 GDP 的比重或收入再分配(可支配收入)前后的对比来衡量。

[2] 马勒表明(Mahler,2008),选举参与对再分配(尤其是社会再分配)有所影响。如今,由于富人在投票上比穷人有更多的参与,他们对政治选择的影响便更大。通过此种方式,这位作者有意通过修正中间投票人(就结果而言,他的收入接近平均收入,对再分配的需求更少了)理论,让其与资源权力理论调和起来。相关结果尤其确认了有关政治选择的民主理论的有效性。

[3] 欧洲理事会在 2000 年 3 月采纳的里斯本策略旨在让欧洲成为世界上最具竞争力、最有活力的并以知识为基础的经济体(面向 2010 年)。这一策略由于哥德堡理事会(Council of Gothenburg)提出的涉及环境与可持续发展的目标(2001 年 6 月)而达致圆满。

迈进。此种协调有可能推进以全球层面的功能主义路径为基础,同时得到共同体法案保障的政治计划。

(一)欧盟建设面临的障碍

欧盟建设是以共同市场的复兴为基础的,其意图在于巩固第二次世界大战后确立的和平局面。这是一个通过确立共同对外关税从而在欧盟内部消除关税(和类同税收)的问题。这个计划被付诸实践,其缘由在于欧洲已成为一个没有内部边界、通过《单一欧洲法案》(1986年)完成了内部市场构建的空间。除了如上具有典范意义的道路,欧洲共同体法案还以间接税的协调为目标(《欧洲共同体条约》第93条)。通过此种方式,附加税和消费税(烟草税、酒税,等等)成为共同体实际税收政策借助法律手段与指令[①]施加影响的对象。即便因国而异的税率差别仍然很大,税收欧洲在相关领域的成功却是不可否认的。附加税的标准得到了协调;共同体内部的共同附加税机制被用在课税对象之间的商品贸易上,将新成员国整合到该机制当中的工作也取得了很好的成效。

虽然取得了如上进展,当下税收欧洲的失败(即未能采纳在社会层面具有合理性的共同计划)却不能隐而不言。欧洲税收政策与税收架构的融合只取得了有限的成就(Leroy,1995)。源于历史的税收不公、国家层面的安排以及列国之间的税收竞争策略仍是重要的。指令(铺设了通往改革的康庄大道)的数量不多,其应用领域常常受到限制。通过共同体法律展开的税收协调仅涉及间接税。甚至在这个领域,除了可注意的税率差异的存在,还必须指出,适用于共同体内部附加税(在目的地国家的税收)的过渡性制度得到维持,尽管此种制度存在种种不便。消费税的协调覆盖的范围相对较小。至于直接税,[②]人们必须提到1990年的两个指引"母子公司"制度、企业合并的指令。但是,这些文献在企业税协调方面,仍处在隐身幕后的状态。比如,早在1975年便由欧盟委员会提出、涉及公司税、预扣股息税的指令草案便从未产生过影响。此外,还存

[①] 这些指令要求每个成员国在所要获得的结果上服从指令告诉它们的内容,与此同时,在形式、手段上,赋予各国当局权限(第249条第3项)。

[②] 关于直接税,第94条(涵盖广泛,并非专门涉及税收)通过指令让各国权利达成了协调。

在一个与储蓄有关的指令(2003年3月3日),它虽于2005年实施,覆盖的范围却受到限制。事实上,它排除了股票分红,没有涉及公司,并且接受了对若干国家[①]有利的预扣税制。由此,关于间接税,共同体所做的决定仍然令人感到失望,尽管欧洲共同体法院做出了贡献(欧洲共同体法院,参见专栏25)。

专栏25　　　　　欧洲共同体创建的税收欧洲

在间接税领域,与税收欧洲有关的法律建设(Maitrot de la Motte, in Leroy, 2006)得到了1995年2月14日舒马赫(Schumaker)决议的明确肯定。这一奠基性协议毫不含糊地提出:如果直接税在成员国的权限范围内,这些国家在权力的行使上仍须遵从共同体的法律。由此,先前的种种疑虑消失得无影无踪。正如更进一步的决议所确认的,欧洲共同体法院把自己的根基立于《欧洲共同体条约》规定的人、物、服务以及资本(以及支付方式)的流动自由之上,旨在证明共同体法律对各国税收立法的主导地位。该法院还以设立自由(freedom of establishment)作为自身的根基。不过,在某些情况下,原则在流动自由中遭到违反是它所许可的,尤其是基于公共秩序、公共安全、公共卫生的因由,或基于"关乎公益之迫切因由"。根据法院的审判规程,最后一个观念(迫切因由,等等)对应于如下情况:捍卫成员国税制的连贯性;[②]排除纯粹出自人为的财务方案,把获得一种税收优惠(对自由的某种滥用)的情况考虑在内;让税收控制生效。在这里,共同体法院证实了针对违法而做的论证的恰当性,此种论证缩小了有可能推出的宽松举措的范围。成员国税收收入损失的合理性尤其没有得到承认。[③]同样,国际双边协定不能构成对共同体法案所确立的流动自由的主导地位的障碍。通过此种方式,欧洲共同体法院对税收欧洲做出了重大贡献。但是,对于欧洲的失败,或在相应基础(按照与公平征税的社会契约有关的原则将市场逻辑包括在内)上重塑根本来说,它并不是一剂彻底的药方。

---

① 奥地利、比利时、卢森堡、安道尔、瑞士等国家。
② 但是,法院在1995年8月11日做出的韦洛克斯(Wielockx)决议对此种论证在实践上的相关性做了很大的限制,从双边税收协定(在涉及争端的各国之间)存在的那一刻开始便被排除在外。
③ 1998年7月16日的帝国化学工业公司(简称"ICI")决议;1999年9月21日的圣戈班(Saint Gobain)决议。

在经过扩展的欧盟内部,税收公共行为面临的一个根本障碍在于一致性规则。这一决策程序将否决权授予了每个成员国,共同体税收政策的复兴之难由此得到了解释。有关新指令的协商在欧盟扩展的背景下变得极为棘手,尤其是因为税收协调并非若干国家(包括欧盟15国当中的某些老成员国)的优先事项。由此,各国的税收主权便成了对社会倒退(成员国拒绝对其再做质疑)有所影响的一个因素。由此,在尼斯(Nice)举行的欧洲理事会维持了一致性规则。在这里,新自由主义有关税收竞争利好的论证是不可接受的。如我们所见,税收倾销(tax dumping),仍然受到为福利国家提供资金支持的必要性的约束,它并不以作为一个整体的社会为目标,而是在带来收入损失(对公共预算来说)的同时让跨国企业获利。削减企业税(可流动要素)的诉求被人提出来,受损的是劳动者。资本自由表现的是某种获得自主地位的税收优化,由于前者站在涉及生产性投资(对社会来说)的经济逻辑的对立面,其自身也走向了终结。欧洲接受了金融资本主义的信条,由此,它让人们看到的是,它无力与兴盛于欧洲内部或其家门口的避税天堂做斗争。

为了禁止有害的税收竞争,人们当然做了某些努力。通过此种方式,对欧盟成员国的税务援助便服从于与对国家的财政援助有关的共同体法案。[①] 由此,对有利于某些企业或某些生产的竞争有扭曲作用的税式支出便遭到禁止。不过,摆在人们面前的也有一些宽容举措,它们必须得到欧盟委员会的授权。在某些条件下,消费者享有的社会性补助、有利于区域发展的援助以及投资援助是合法的。由此,企业如果设在城市中的贫困区,其所享有的税收优惠便具有法律效力。某些国家的税式支出清单表明(参见第十一章),共同体的行动在该领域仍受到限制。相关因由并不复杂,人们认为,把市场观念用于成员国公共行为的税收竞争在本质上是合法的,过度的竞争才要加以控制。

我们必须提及1997年末采取的旨在削弱税收竞争的"一揽子税收举措"。这一系列举措由1998年生效的《行为准则》和2003年的两个指令组成,涉及储蓄税,以及对利息和特许权使用费(存在于不同国家企业之间)的征税。《行为准则》与直接税规则有关,后者对或者可能对经济活动的本地化产生影响。

---

① 《欧洲联盟条约》(EU Treaty)第87—89条。

即便在它的容许下,所列的 66 个举措被宣布废除,这在法律上也是没有约束力的。① 再则,将所涉机制的终止日期(2005 年)延长的请求被理事会接受了。通过此种方式,一揽子税收举措的务实方法尝试着救治欧洲的失败,或多或少取得了一点成绩。成果仍不算多。尤其是,公司税率的确定并不取决于行为准则,而是成员国的专属权限,它们让自身致力于一种削减公司税的竞争性政策,有时,如我们所见,其所使用的方式是激进的统一税。更为根本的是,在缺失与市场观念(在共同体法案中有具体呈现)有关的改革的情况下,税收欧洲的行动就其效力而言只能停留在受限状态。

(二)税收欧洲的功能缺陷

共同体的政策并未履行历史上民族国家的建设所发挥的主要税收职能。由于在各成员国中并未直接征收一种欧盟税(a European tax),财政职能并没有获得直接的保障。

经济职能并未被忽略,但是,它所源出的观念并不适应在真正的社会欧洲并不存在的情况下的市场运作,其缘由在于与政治欧洲有关的困境(参见下文)。这首先是一个通过确保主要几种流动自由(资本、货物、人员与服务)获得尊重以为跨国企业活动提供便利的问题。其次,是一个在不质疑税收竞争(旨在吸引资本与企业)合法性的情况下避免成员国滥用激励举措的问题。通过此种方式,经济自由以及不怎么受到监管的竞争充当了共同体经济政策发挥经济职能的基础性原则,而支出的使用并未成功地抵消负面的市场效应。和历史上民族福利国家的建设不一样,人们并没有提出什么社会契约,用以发现经济尤其是金融市场中的行为主体所享受的税收优惠的补偿方案。

由结构性基金(structural funds)提供资金支持的地区性政策并没有发挥相应的作用,尽管它做出了贡献。同样,在此种情况下,经济政策协调与社会政治计划合法性的缺失推动了基于列国间财政交易(financial bargaining)的消极监管(Leroy,2004)。远甚于此的是,2007—2013 年设立的新目标"地区竞争力与就业"引发了地区发展观念的重大方向性变化,即便在这一目标中得

---

① 该报告由一个代表各国的特别小组起草于 1999 年 11 月,呈交给起草清单的成员国经济与财政部长会议(欧盟经济财政理事会)。

到反映的只有16%的结构性基金(Leroy,2009)。该目标覆盖了牵涉广泛的行动。从此刻起,它在维持传统上反失业斗争所享有的优先地位的同时,通过让环境拥有一席地位,提出了对创新、企业精神和旨在提升竞争力的多样举措的支持。经济发展的合法性通过表现卓越的一些极(poles)或部门得到了确认。实际上,这是一个通过(最终)废除平衡性区域发展观念(追求和谐)[①]从而强化竞争力强的地区的吸引力的问题。可以肯定的是,在具有财政重要性的"融合"目标的协调下,我们总能看到区域规划与发展模式(其手段是扶持落后地区)的存在。但是,这一目标只涉及赤贫地区。至于其他地区,竞争力的强化蕴育出与地区发展有关的"自由主义"观念[②]:在大多数的竞争性部门中,启蒙、职业教育的专门化;劳动力向富有活力的区域的流动;为高科技产业中的研究提供支持;活动的极化(polarization);等等。由此,竞争力得到的评价让税收竞争与经济自由优越性获得了彻底的认可。它们与治理和绩效观念一道,提供了许多可以用作"武器"的法律—行政原则,其目的是将新自由主义意识形态(与全球化市场有关的)越来越充斥其中的欧洲观念付诸实践。

与再分配有关的社会职能考虑到了社会的挑战,而欧洲所遵循的税收政策中并没有它的身影。

对于税收民主意义上的政治职能,人们的思考很不成熟。持续获得关注的只有成员国之间的决策交易过程。在这里,一致决策程序让欧盟(拥有27个成员国且还有进一步扩展的前景)背景下列国税制协调的可能性归于零。正如行为准则的象征性情形所表明的,欧洲共同体委员会为了绕过决策障碍而采取的值得赞扬的举措只会导致成员国之间缓慢又罕见的协调。这种动用一揽子税收举措的方法让与社会面临的若干挑战有关的协商成为可能,让政治交易的逻辑得到强化,它尤其在得到欧盟结构性基金资金支持的地区政策中得到了应用(Leroy,2004)。选择的连贯性与透明度因为列国(当权精英所提出的)特殊利益之间的妥协而受损。民主同意(democratic consent)由于相

---

① 这一观念尤其体现于1945—2000年的法国。不过,该国同样倾向于抛弃这一观念,其缘由尤其在于竞争极(competitive poles)政策的实施。

② 比如,参见欧洲共同体委员会2006年的年度报告(欧洲共同体委员会,2006年《关于增长与就业的年度报告》),其中包含了开放电信部门迎接竞争的提议,同时它还力荐市场美德。

关的实用性看法而遭到无视,此种看法拙劣地掩藏了共有政治计划的缺失以及与基础性原则有关的寻求(不是指向市场,而是指向欧洲公民)。有些人支持通过底端也就是市场达成协调;有些人支持通过顶端也就是共同体法案(以及由此而来的欧盟各项制度的强化)达成协调。他们之间的论争从此刻开始便向着前者的方向倾斜。在这里,与市场效率有关,又无处不在的新自由主义意识形态由于尾随一致决策程序而来的否决权(对现状有利)而得到强化。在共同体三种公共行为方式(即整合、协调或协作)之间做出的政治选择(以要界定的社会原则为基础)巧妙地得到了避免。对市场的参照使得人们接受了作为政治原则的经济自由与竞争,这并未成功地让"参照"本身与自由主义民主模式站在了同一条线上。事实上,成员国主权所享有的主导地位与民主赤字(涉及当前欧洲政治合法性的缺失)是结合在一起的。

欧盟扩员以一种机械的方式增加了行使否决权的票数,这与对税收主权的法律解释有关。新成员国的加入带来的经济和社会机遇碰到了与一致性有关的制度障碍。[1] 相信欧洲共同体委员会的软性力量,通过非正规法律举措(比如行为准则、各样官方报告、[2]解释性文件、讯息等)发挥作用,能确保税收欧洲重整旗鼓是枉然的。如果其他目标,比如稳定成员国的税收收入或与失业做斗争,[3]是通过非正式的方式提出来的,那么,真相仍然深藏在这些努力的背后。关于民主赤字,今日的欧洲看起来无力定义容易让公民们相信的全球政治计划。法国与荷兰拒绝支持宪法计划,以及爱尔兰对里斯本条约(按照设想是要取代宪法计划的)说"不"(但是爱尔兰后来批准了该条约)都证明了这一点。摆在人们面前的诱惑是努力让主权国家之间达成的部门性妥协发挥作用,以此避开列国认可与否的问题。这一策略看起来注定归于失败。对当下危机的各种回应缺乏彼此之间的协调,这以一种引人注目的方式显明了相关解决方案所面临的困境。重启共同体建设(以得到公民们认可的社会基础

---

[1] 同样地,与某些意见相反,新成员国面临的风险比老成员国更大。后者对经济容量(economic capacities)问题做了处理,比如在食品与农业部门,它们能对新成员国的某些"小"市场产生影响。

[2] 一个案例是委员会在1993年发布的白皮书《增长、竞争力与就业》(Growth, Competitivity, Employment)。按照它的设想,国家的税收收入制度要重建起来,以推动就业与增长,它的想法是让财政收入部分再度与财务收入取得平衡。

[3] 参见维罗纳备忘录。1996年提交给欧盟经济财政理事会的蒙蒂(Monti)报告。

为依托)的机遇同样遭到了破坏。在税务领域,正如全书所表明的,为了达成社会的进步,至高无上的权力必须来自民众。税收并不单单是一个经济现象,因为政治与社会的关系因它而发挥了作用。税收竞争的恶果(涉及商界特权的强化)带来了一种紧张局面。因此,在这个金融资本主义的危机时代,在大多数情况下交由成员国负责的社会政策无力在各处遏制人们的不满情绪。

很难说属地与生态职能得到了更有力的推进。国家主权导致了共同体税法的属地禁忌(territorial taboo)。该领域的公共行为主要局限在对某些区域的特权(援助)的论证进行掌控上。不过,在共同体当局一方,环境税已经是倡议所涉及的对象。比如,1992年,欧洲共同体委员会将与生态税(针对二氧化物与能源)创设有关的行动方案提交给欧洲理事会,不过未获批准。在与1997年京都会议确定的目标以及其后的倡议有关的全球背景下,相关论争继续进行着。2001年6月在哥德堡召开的欧盟理事会认可了如下目标:环境保护、达成可持续发展(以竞争力为基础)、与就业相关联的社会融入(social inclusion)以及与环境相关联的风险防范。目前,理事会尤其是在1992年10月31日指令的框架(涉及针对矿物油的消费税)中采取行动。从那时以来,产品能源煤炭、天然气、电、汽油、煤油等便被认为是矿物油。针对煤油所定的税率是最低的,其目的是限制污染。生态燃料同样得到了鼓励。不过,环境政策的许多方面仍属于成员国的专属权限。

结　论

相比演变过程(其结果仍是可疑的)的复杂性,全球化的铁律必须被相对化。问题的核心尤其在于新自由主义意识形态的扩散,此种意识形态将有可能有利于反不平等斗争的民主选择掩藏起来。在全球化背景下,有关公共行为的政治选择将目标瞄准纳税人,不过,公民往往被排除在外。在战后干预型国家的框架中形成的社会税契约再次遭到质疑。正如涂尔干真真切切之所见,经济往往伴随着(金融)资本主义的扩展丧失了自己的社会职能。另外,在税务领域,所牵涉的问题并非公共监管的缺失,而是监管型国家的行为丧失了社会意涵。

针对有关公共行为的社会契约的去功能化,欧洲提出了一种具有关键意义的解决方案,为的是超越国家主权。因此,面对金融资本主义的扩张,欧洲的职能缺陷(已然在税务领域展现出来)不再受到认可。竞争性否决点(与决策者数量有关)的制度性源头以及民主在未来的去合法化造成了僵局。打破这一局面的时候到了。与干预型民主有关的社会学表明,公民们对公共行为的认可构成了在社会层面实现合理变迁的最佳途径。它以此将所用的方法显示出来,并且对自身的内容做了呈现。此种方法意味着强化欧洲议会的权力,(在相关社会、政治目标的基础上)重新考虑共同体税收政策的重大职能。当下的危机带来了新自由主义(它引领了金融市场的全球化)的越轨最新造成的有害影响。与和平的欧洲一样,对政治经济学目标进行重新界定也涉及一个团结的欧洲社会的资金来源问题。

结　论　干预型民主的社会契约

　　本书用了不同学科的大量资料,旨在推动公共财政社会科学的建设,重振创建者的雄心。通过此种方式,税收、国家与社会之间的关系充当了主要线索,定义了作为一般学科的财政社会学。以社会与政治探索形式存在的财政现象研究路径鼓舞我们将细枝末节的讨论放在一边,极大地削弱了相关问题的重要性。此种路径将通常限于专门学科内的特殊研究陇聚集起来。它对在文献中通常没有关联的不同研究进行比较。这些研究涉及政策、纳税人、公共财政,等等。此种努力与元知识有关,它让我们得以在构建一种与财政公共行为有关的社会政治理论(以经验为基础)的道路上前行。这是一种将不同层次的结果汇聚起来的理论。考虑到国际政治监管的缺乏,国家在有关干预型民主的理论中保持了自身的地位。挑战在于当民主社会契约得到更新时要超越形式主义与程序正义的局限。

一、国家的重要性

　　在发达国家,公共财政体系仍然在很大程度上聚焦于国家税制。由此,干预型国家便在经济—社会的相互关联中居于中心地位。此种关联必然要考虑与公共支出(以及越来越与债务)有关联的财政政策。然而受分权政策或国家联合体(比如欧盟)的影响,国家财政体系的分裂并不标示着财政国家的终结。这一论断可以从一些受到税收与公共支出影响的领域、从面对经济全球化时社会—财政的适应性、从财政欧洲受到的阻碍(源于全体一致原则)以及从国际公共秩序的弱点得到验证。

结　论　干预型民主的社会契约

　　有关财政国家的演化,社会学的理解在该问题上给人的启示是不可或缺的。它揭示了财政国家演化总体历史进程中的四个重大时刻,它们分别与现代国家在中世纪的诞生、19世纪的古典自由主义国家、战后凯恩斯主义的福利国家,以及20世纪70年代以来新自由主义所发出的质疑有关。这是从年代顺序对各种理想类型所做的划分,它虽然没有讨论有关财政体系之社会、经济和政治变革的多样性,却促进了干预型民主模型的发展。

　　从诞生以来,在对君主的义务与对公益的认可之间的冲突面前,财政国家捍卫了自己的地位。19世纪的自由主义理论意在限制国家干预,即便法国的议会民主以预算法为基础维护了自己的权利(没有精准地解决社会问题)。从19世纪末以来,人们便提出一种社会—财政民主契约。它导向了福利国家,后者确立了社会权利扩展与大众税收之间的联系。当然,凯恩斯主义的福利国家是在第二次世界大战后走向兴盛的,它的形成有赖于不同的社会—财政妥协方案的达成(依据相关的社会背景以及相关的民主视界)。不过,作为一个模型,凯恩斯主义的福利国家尽管很少在历史真实(historical reality)中得到探究,对于社会政治宪法(political constitution)的问题来说,它却构成了一种规范性视野。由此,在"繁荣三十"年的经济背景下,这些安排确保了干预型财政国家的某种社会政治功能化。在如何引入一种体现社会公平的财政契约上,人们达成了广泛的共识,哪怕人们并未直接就所达成协议的合宜性表达自己的看法。

　　从20世纪70年代以来,有关全球市场限制的新自由主义意识形态的扩散已然削弱了干预性国家的根基。由于社会契约在价值上的去功能化(与公共财政对社会契约的分层和分类有关),对市场—社会协调的政治监管失去合法性。过去的安排与公共行为二者的适应力有抵消经济全球化有害社会效应的作用,我们不应基于此种适应力的存在,而低估如上意识形态所经路程带来的影响。财政国家对经济的监管有诸多败笔,涉及商业规范性的降级,最终还有税收丧失合法性。财政政策当然保留了某些前后一致的东西,但是,它越来越多地抨击对市场的宏观调控,倾向于在与特定挑战有关的严密布局中进行零散的微观干预。通过积聚专门的征税方法,财政政策削弱了贡献税借技术性社会分层对涉及公益的政策的影响。不同部门的排他性工具化(particularist instrumentalization)贬低了税法的社会价值并令其受到质疑。在有关市场限制的意识形态成为公共行为特征的情况下,政治选择实际情形如果被隐藏起来,人们基于开明态度表示认可就不那么容易了,与此同时,不同社会经济团体会拥有相对通畅的制度性渠道,以从当局那里获得好处。采用谨慎的征税做法已然成为人们的选择,附加税在所有国家的重要性有所增加尤其体现了这一点。

各国之间的税收竞争在法律上鼓励了避税,它成为一个普遍现象,这就导致逃税现象频繁出现。当前,银行与跨国公司采用了最优方略,后者应用的手段有避税天堂、法律与审计方案、有利的重开单据(re-invoicing),等等。税负最小化成为参照的规范,以此,它构成了商界领袖与股票持有者对无用性(sterile)收益[①]追求的组成部分。它还通过将税负转移给纳税大众加剧了不平等。税式支出看起来有着重要的社会目标,实际上,得益的多为巨富。他们侵吞国家的收入,曲解规范性的一般涵义,以此影响国家的社会政治功能。随着财政国家在价值上的去功能化,政府调控成为公共行为去规范化的唯一障碍。作为政治上的合法性来源之一,公共行为的作用弱化了。经济偏差的界定丧失了对于干预型国家法律的社会性参照,最终退到了对政府的单纯且正式的义务上。我们理解为何对新的公共管理(有利于商界)来说,将政府调控变为一种更具协作性的方法是如此重要。在法律领域,同样让其他参与者卷入进来的相干斗争涉及对程序的逻辑论证,其目的在于改变纳税人(社会学意义上的最大受益者)权利与政府权力之间的平衡。

由此,通过作为政治范畴的国家继续探讨干预型民主便具有了重要意义。从这个角度看,客气地说,由世界主义的捍卫者所开启的反身性视角(Beck,2002,2006)看起来并非近在咫尺。我们并不确定有关政治现代化(欧洲财政国家的创建是其实现手段)的宏大观念是不是过时了。在工业资本主义时代,挑战仍然在于社会问题之于经济的关系,即便新自由主义意识形态的撞击式攻击已然动摇了整座大厦。相关论争带有明确的文化腔调,因为它涉及理想的"全球社会"概念。但是,它仍处在"社会国家"(social state)的场域。个体

[①] 指收益不是用来支持创造信用、增加货币供应,等等。——译者注

面对全球化市场并不会发现自己是孑然一身。他在财政国家的社会分类中成为感知对象,此种分类通过他的职业、他的家庭、他的收入、他的健康、他的消费、他的公民身份、他所受的教育、他享受的津贴、他的居所等触碰到他。有关税收与支出的公共政策被工具化,呈现出四分五裂的状态,在此种情况下,因社会分层而在数量上有所增长的不仅有层级,通常还包括标准。该分层没有步入一些社会学家所描述的公共行为个体化阶段,即便在纳税人的层面,一种得到重新评估、与个体纳税决策有关的社会学对后者做了探究。面对税收,公民的理性并未局限于以(主导性的)理性选择权威理论为基础的功利性利己。与税收的客观联系带来了认知效果,后者与出于利己之心的经济算计并无对应关系。公民的贡献税对于干预型民主的重要意义之所以得到维持,其缘由或许在于政治价值。

二、有关政治选择的民主理论

有关财政社会学的大量跨学科资料带来了财政公共行为理论的兴起,后者集分析性与规范性于一身。有关政治选择的民主理论(简称"DTPC")指的是公共行为干预的层次、内容。它基于为公共服务提供资金的目的,探索税收选择的民主性与特性。它从财政国家在政治上的形成(在西方民主的基础上)中吸取教训。人们必须终结始于20世纪70年代的干预型国家危机的新自由主义背景。此外,人们必须谴责与全球化(金融全球化以及不同化身的形式,包括竞争性和治理)的必要性有关的毁谤性修辞。选择的民主化与财政国家的干预有关,前者看起来是针对经济的社会政治监管危机而提出的一个带有社会公正色彩的解决方案。因此,有关政治选择的民主理论站在了公共选择理论的对立面,后者构成了新自由主义影响力的主要来源,也是将公共行为置于市场的指引之下的支持者[①]。

如图4所表明的,有关政治选择的民主理论将民众的无上地位放在中心,旨在以对问题的阐述(它是给定背景下公共行为的导因)为基础,确定制度与一般概念。它将有关财政公共行为的因果偏见(参见第七章)倒转过来,为此,

---

[①] 新自由主义的意识形态专家把它叫作市场的"监管",其目的是更好地管控受公共舆论约束的情感。

公民民主趋于激进,以求将有关全球市场限制的意识形态抛诸脑后。就阐明与多个问题(论争、政策的试验与计划)有关的社会观念而言,制度是发挥了作用的(虽然承认这一点,制度在形塑公共决策上的作用是不包括在内的),民众意志被转化为公共行动方案便是一个表现。国家的力量是确保原则的应用,以民主方式在事关税收选择和公共服务选择的问题上做出决策,如果有必要,则使用强制的方式。

对于预算限制的确定性理论,人们从经验上可以否定它。这一点决定了有关政治选择的民主理论在科学、政治上的有效性。目标是在新自由主义反税意识形态的基础上设定的。在这里(在更具限制性的有关政治选择的民主理论的背景下),托克维尔有关民主社会支出增长的定律(瓦格纳将通过把它与资本主义联系起来,对其做重新阐述)得到了验证。历史地看,政治选择的民主化已导致公共支出的增长,其缘由在于社会政策的重要性。它以支出和/或税收为工具,论证收入再分配的合理性。投票权扩展曾是它的表现形式,除此之外,后者还包括民众声音(vox populi)的各种政治表达方式。①

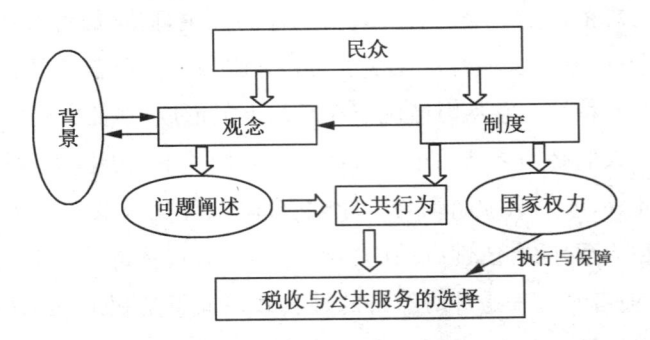

图4 以有关政治选择的民主理论为依据的公共财政行为

财政社会学的经验研究驳斥了新自由主义的陈词滥调,后者是许多功利主义经济观念的源头。由此可以看到,税收危机并不是一个不可更变的、驱使人们削减公共支出(尤其是社会支出)的限制条件。同样,全球化市场的效率并未促使人们削减税收,尤其是对资本的征税,福利政策亦未因其而遭到废除。对于福利国家缩减支出的现象(为了满足新自由主义的绝对要求),还不

---

① 社会运动、媒体、公共讨论、互联网运动,等等。

结　论　干预型民主的社会契约

存在系统性的观察。相反,在某些情况下,国家证明了自己的适应力。社会—财政契约的确是存在的,比如有一份契约以北欧模式为特征,其目标是确保高水平的社会保护,用来换取温和的企业税以及所有纳税人做出重要的贡献。纳税人并不总是厌税的,即便他们在缴税一事上并无经济利益。他们能做到利他;他们的推理依据不仅是他们自己的利益,还包括他们的政治价值观以及他们自己所感知的信息(认知理性)。过高水平的税收并不必然对经济增长有害,并非不可阻挡地鼓励诈骗行为(逃避税收)。纳税人就其要求纳税更少以及支出更多而言,或就低估其纳税的重要性(相较公共服务和再分配的真实成本)而言,并不总是务实的。更准确地说,他们思考了其他的融资手段,比如举债、支出重置、储蓄,等等。

法国大革命史与全世界的抗税史提醒我们,当下的情形——处于失范的无序状态①(考虑到国家的参与并未缺位,这一点显得很特别)——是不稳定的 2008 年夏季的危机清楚表明了对经济全球化进行政治监管的需要,同时,揭示了金融资本贵族的某些特权。民主异化、市场禁制以及过度分层不会总是抑制民众的抗议,特别是在需要加重税收以补偿支持新自由主义经济纲领的支出。通过回到熊彼特对危机的看法,财政国家的问题让有关全球化金融资本主义的社会政治条件(而非财政国家的内在活力)有了发挥作用的舞台。

目前,有关干预型民主,原来的社会—财政安排并未完全被证明是无效的。通过影响与干预有关的概念与制度,思想的内容对于逆转趋势而言具有极为重要的意义。从这个角度看,接受新自由主义意识形态(它让金融资本主义的缺陷合法化了)意味着将有关市场之经济竞争性的价值观念转变为有关公共行为的概念、法律规范。极少有转变是纯粹的,因为财政政策的其他基本要素(包括制度、党派分歧、专家的讨论和游说者的反应)通过一种不同的方式塑造了"转变"。但是,在反向的社会理想缺位的情况下,此种转变的客观主宰地位可谓顺理成章。由此,对于新自由主义运动,有关政治选择的民主理论成为人们可以选择的一个应急性的回应方案。其好处在于为人们表达社会不满提供一个政治上的宣泄口。通过强化公民的贡献税精神,它证明了与干预有

---

① 不是由于具有监管权的国家干脆放弃了权利(正如涂尔干的分析)。

349

关,并且建立在社会契约基础上的公共行为的政治功用。

三、正义社会契约的纲领

在文献中,有关民主罪恶的主题被重新反思,涉及弃权的重要性、民粹主义的兴起、消费主义的普遍化、媒体的作用、精英主义、"专家治国",等等。结论看起来是显而易见的:代议制民主生病了,各种药方看似无用。雪上加霜的是,在与中国有关的参照(中国将与市场有关的自由增长和中国式民主制度联系起来)的映衬下,在美国那种战争法则(用于伊拉克)的视野下,西方模式的普世性受到质疑。探索之路不断向前延伸,通过对观念、行为(比如恐怖主义、干涉权,等等)的分类,人权与国家主权成为相关主题。彻底民主化的视角因为这幅画面而蒙上一层阴影。有关政治选择的民主理论还遭遇了针对卢梭的人民主权之下(1762年)社会契约观念以及[①]哈贝马斯"交往行为"(communicational action)概念(1987年和1997年)的不同看法。甚至是与参与有关的经历(在涉及公民的真实影响力时有一些局限)都对此种悲观看法起到了推波助澜的作用。

不过,在社会—财政公共行为领域(这是现代国家以及民主社会都有的一个组成部分),我们的研究表明,政治选择的民主化既有可能,也具有建设性。有关政治选择的民主理论提供了移除障碍(针对真正民主的弱化)的良方。事实上,它设想的是用各种办法追求一种极少得到试验的情形,让民众在掌握充分信息的情况下表示认可。[②] 但是,必须清楚阐明的是,在各种社会条件下,纳税人必须被认为是真正的决策者。不要让他们站在"无知之幕"背后。[③] 政治选择的民主化对公正社会契约的成就有重要影响。第一个要求是在与财政体系的层次、结构与功能有关的政治选择背景下,将可资比较的材料纳入思考范围,让公共财政变得透明。此种针对公共行为的社会契约指向的是公民缴

[①] 就历史而言,卢梭有关税收国家的具体模型(参见第四章)更好确定时间,因为针对税收(对领地的收入来说是有利的)的不信任仍是它的突出特征,即便他强调了与税收有关的社会不公得到了纠正。

[②] 正如古代民主拒绝将许多人归为公民,由于公民的去政治化,代议制民主亦有其局限。

[③] 社会学中的现实主义指财政社会学的经验端。从政治学(人民民主)上说,有关政治选择的民主理论并未保留罗尔斯的"无知之幕"观念,即便前者承认此种理论一方法论立场让我们能够反思可能让公共行为观念的内容变得丰富起来的正义标准。

结　论　干预型民主的社会契约

纳的贡献税。这些人接受了干预型福利国家各种功能的合法性,能做到利他。就国家－税收－公共服务之间的关联而言,构建与此相关的体系有好几种方法。社会－财政契约涉及税负在不同社会群体之间的分配,还有社会性转移支付的层次。这里面暗含的意思是要在低收入阶级与富裕阶级之间寻求一种关联到社会的妥协。此处还必须考虑对社会和市场来说,财政国家①处于何种地位以及具有哪些一般功能。

还有一个令人意想不到的难题摆在人们面前,因为在其对历史所做的综合研究中,有关政治选择的民主理论看起来将民主福利国家的必要性具体化了。这导致了税收的增加。事实上,有关政治选择的民主理论带来了基于公益的支出,尤其是在社会领域。19世纪,在该领域,此种理论限制了工业资本主义的缺陷。它是战后福利国家的源头。当前,它(在部分程度上)弥补了金融全球化在不平等方面的不足。如果说它增进了财政国家的合法性——受到认可的选择总是得到更多的尊重——由此看来,支出持续增长的合理性也由它得到了证明。这是托克维尔将民主与公共支出增长联系起来的趋势定律的一种表现方式。

此种理解在政治上并非是反常的("危机"概念在意识形态上的变形就是这样)。不过,它并不与有关政治选择的民主理论的科学逻辑与伦理视角相匹配。事实上,此种伦理是以激进民主是达致公平社会契约的最优路径的观念为基础的。此契约是一定水平社会支出的源头(延续至今),但是这并不意味着此种历史形式(historical form)的普世性没有确立。国家不断成长的趋势在托克维尔(后来在瓦格纳)笔下得到了描述,在"有关政治选择的民主理论"这一主题所提供的具体说明中,它发现了自己的科学确据,作为社会契约,它与公共行为所施加的社会政治监管(正濒临险境)有关,与国家规模[这是唯一有可能让民众达成一致意见(同意)的领域]间接相关。

从这个角度看,在民族福利国家内部,作为一个理念,人们就干预型社会民主所做的综合研究工作与两次世界大战的灾难后社会联系(团结)的重建直接相关。此时,与欧洲的建设和新的国际组织(联合国、联合国教科文组织,等

---

① 在诸多税收国家没有组建一个合法联合体的情况下。

等)有关的承诺并未阻止人们以更具社会性的指导视角看待世界秩序的创建,后者的基础在于各种关系的缓和,以寻求资源以更平等、更可持续的方式得到分配。这个视角没有获得成功(当然,其部分缘由在于跟国际监管有关的某些重大缺失①),这一失败在经济的社会功能方面制造了一个常规性的空白地带。借力于国家的共谋或盲目,它为失范的全球化铺设了道路,即便这是一个更复杂的过程。② 1989 年后,欧洲成功地重启了和平建设计划,为此,它容纳了从苏联解体中诞生的多个国家。但是,在全球和平以及带有新自由主义色彩的资本主义的社会功能的问题上,它没有成功地确认自身的跨国监管者角色。受困于国家主权的牢笼,它无法从福利国家社会民主的伦理样板中吸取教训。

在西方民主社会,有关社会与经济之间的政治安排采用了有着长远影响的不同规范,即便社会收益受到了广泛的质疑。由此,其内容在高水平的支出与税收之下仍未被冻结。③ 真正的挑战体现在对有关干预的契约的重新定义(借助带有社会公正色彩的公共行为)上。对发展中国家来说,困难在于可实施的、合法的财政公共行为的形成。在这些国家,真正的税收国家的创建是削减贫困的一个手段,为此,它要为有关教育、医疗与社保的公共服务提供资金。这也是摆脱外部监护的一个手段。政治制度民主化可能涉及的税收要求纳税人的认可,相比之下,市场(比如中国的情况)或经济租金(比如石油国家的情况)就没有这一要求。制度效法(mimetism)的解决方案无论是强制实施的,还是各国精英所追求的,正如反西方思潮所想望的与该方案对立的那个复型(negative replica),都面临着绝境。政治涵化(acculturation)之道必须坚持与社会契约有关的一般原则,与此同时,也要坚持在各国特有的那种社会团结格局中详述其内容。在地下经济、宗教价值观以及家庭迁徙等背景下,"社会政

---

① 比如有关市场完备性的神话、赢家的分量、冷战、与去殖民化有关的冲突,等等。
② 此外,也有必要进行以国家公共秩序(更少依赖于美国的军事力量)创建为目的的思考。这类公共秩序必须聚焦于对世界经济的社会调控,将赤贫国家的权利纳入考虑范围,等等。
③ 源自有关政治选择的民主理论的社会契约与此同源自布伦南和布坎南经济理论的视角有别。该经济理论与财政利维坦有关,通过对后者的概括性讨论,前者批评了历史上达成的与福利国家有关、使其收入最小化的特殊妥协方案。另外,当契约努力追求对税收的认可时(一如财政利维坦理论的情形),在这里,它还发挥了保卫者的作用,在政治上并未接受与"无知之幕"有关的歧途,尽管它并未将其当作一种理论和方法论的隐喻(除了其他的可能性)加以拒斥。

结　论　干预型民主的社会契约

治功能"概念并未以相同的方式得到理解。

社会科学参与了对社会契约的追寻,因为前者的使命是提出社会公正标准与实在法(positive law)的伦理原则。其结果或许只能提出一些来自财政社会学的若干指导性意见,而第一条意见直接源自有关公共选择的政治民主理论。它意味着对各种权利和各种自由的状况(这从来不是一个真切的或者确定无疑的成就)加以关注。更具体地说,这涉及在相关的不同背景(除了抗议、拒绝,还包括选举)下鼓励民众呼声的表达。孟德斯鸠介绍了与制度化的权力制衡(不过,权力必须由卢梭所说的"民众"掌控)有关的经典方法,在若干情形下,后者要求的是强化议会权力。人们还要考虑各党派提出与社会有关的替代性计划的能力。事实上,为了让代表的选举变得重要起来、让民主问责成为可能,政党分野必须成为公共政策的诞生之源。在选举背景之外,坚持让民众的批评与不信任以"对抗民主(counter democracy)"作为皮埃尔·罗桑瓦隆所言(Pierre Rosanvallon)的一种"反民主"形式(2006年)。社会运动在创造一种反抗文化(超越了许多共同的挑战)上的力量看起来是重要的。帕累托与其他人的精英主义社会学尽管在对干预性国家的思考中存在方法论和意识形态上的局限,却同样在标准化方面做了无可替代(从消极意义上说)的工作,公共决策参与的扩展仍是让种种争论(关于多元主义、社团主义、专业技能,等等)得到复兴的一个重要标准。这些论断连同其他无法在此处陈述的言论假设实际的民主参与制度是要扩散开来的。[①] 事实上,尽管这些制度谈不上尽善尽美,却推动了真正的民主,即便上天注定后者或许仍是一个人们要努力追求的理想。

不过,人们如果在激进民主方面有充分的准备并且做了相应的安排,那么,此种民主就不可能是命令的产物。如果强推此种民主,则会落在否认民众对此有至高无上的权力的指控之下。相关的争论有着久远的历史,但是,在今日的背景(众多个体、群体甚至国家拒绝相关理念)下,它有激发共鸣的特殊力量。这一论点与程序民主和法治有关,它让哈贝马斯的伦理评论具有了合理性,要超越它殊非易事。由此,社会契约(作为有关政治选择的民主理论的组

[①] 民间结社、参与式预算、全民公决、咨询、公民陪审团、互联网网站、公开辩论,等等。

353

成要素)的其他标准就是必要的了。

第二条意见也就是鼓励公民们做出判断。这要求真正的思考。受过教育对公民们的准备工作来说是一个利好,如果此种教育对有关人类、社会和世界的知识持开明看法的话。在更一般的意义上,公共行为必须让个体在做选择上拥有更大的空间。它必须发展阿马蒂亚·森所谓的"能力"(Sen,1991;1992;1999),包括对民主和自由的促进;此外,以赤贫者为援助对象的社会行为(医疗、教育,等等)也被囊括在内。与民众主权有关的模式的极端体现便是民主化,该模式要求逃避多数人的暴政,回到托克维尔的观念。当然,在当下的实践中,系统性地向民众征求意见的现象很少出现,这已经证明那些对民主化心怀蔑视者是错误的。就须经批准的决策而言,成功的治理求助[①]于与限制有关的意识形态、更带有专家治国色彩的解决方案……在大多数时候绕过了选举的约束。无论情况如何,托克维尔所说的障碍对有关政治选择的民主理论来说仍是一个严重的问题。公民们将其选择表述出来的能力虽然对民主有重要影响,对于获得与公益有关的社会契约而言,却是不够的。类似于亚当·斯密的道德哲学,公共舆论必须能够让自身站在公正旁观者的地位上,至少也是站在雷蒙·布东所言之"公平旁观者"(Boudon,2001)的地位上。不过,把自利远远地放在一边遇到了未从相关角度进行深入探索的另一种反对意见(也就是与公共行为问题的适当定位有关的反对意见)。

最后一个问题需要一种认识论和政治上的方法,它证明正义的新标准是合理的。对财政国家的研究形成了马塞尔·莫斯所说的一个"整体性"现象。它已然表明了在对一个问题(即民主社会契约的达成)进行一般性探索的框架中,人们有必要将若干分析层次汇聚起来(合成)。在相关的问题域(与财政国家在公民中所具有的合法性有关)中,历史分析、系统性分析、比较分析等属于各学科的具体材料获得了它们的规范性意义。经济与金融全球化让认识论—政治研究(与相关问题的背景化有关)的迫切需求具有了合理性。由此,我们必须阐明作为一个转换(在财政政策的基本要素与公共行为的意识形态偏差之间转换)性变量的背景所扮演的角色。在另一个层面,2008年的危机让此

[①] 在欧盟层面,民主赤字涉及欧洲范围内社会合法性的缺失。对这一赤字,人们或多或少是不承认的,甚至是在各种协商被拒绝姿态主导之时。

处所研究(从公共财政视角出发)的那个体系所产生的影响急剧扩散开来。同样,社会经济群体作为一个转换(在税收与民众之间转换)性变量的作用已得到阐明。这些群体所展现的力量与其说与社会或经济有关,还不如说与国家有关。与市场限制有关的意识形态将精英主义的选择掩藏起来,对此形成补充的是宽容举措作为政策工具被派上用场。我们还看到,通过确认(公民)贡献税发挥作用的可能性,对功利主义理性的批评是在理性的个人主义方法论的场域中进行的。这种方法论立场与对新自由主义意识形态陈腔滥调的指斥结合了起来,它将与偏差的关联呈现为因社会事务而产生的经济去规范化现象。由此财政社会学在科学层面所做的杂糅工作导致了公共行为等的规范性维度的产生。

结果,为了达致一种普遍的意涵,社会—财政契约必须将由个体组成的社会小群体在相关的政治等式中问题化。这个政治等式将公共干预在财政、经济、社会、政治、属地以及环境上的主要功能综合起来。作为公共行为的选择,不同分析层次得到拓展并且被汇聚起来。由于这一点,如下现象需大力排除:税收的过度分层;政策工具越来越多地被专家使用;意识形态的地位因为各种约束而矮化。对于收入与公共服务之间的关联,市场以及社会行为的地位,以及环境的影响等,人们必定会展开争论。当经济上的收入规模在社会上不再具有合理性之时,当经济活动给小群体带来风险之时,政治监管便成为必要。财政国家无法规避,哪怕在理想情况下,人们更好地适应了国际层面的环境。

与相对主义相反,认识论—政治层面的标准与理性的特殊化和以区域、社会群体、国家、文化等为依据的公平标准是对立的。反过来,它对政治选择可以因社会或背景而异持接受态度,以其为民主现实主义的本质。在全球化和存在生态风险的时代,就政治选择对贫困民众的影响而言,它凸显了将这些选择明确化的需求,这与罗尔斯的社会正义标准是一致的(Rawls, 1987; 1995),并且与经济—社会的可持续发展有关。在此处,展开行动并不容易,因为统治精英所受的关涉因果偏差的诱惑与社会层面产生的认知偏差(源头是个体组成的具体的微观世界)是相伴的。社会科学揭露了政治意识形态的陈腔滥调,从而发挥了作用(这肯定是不容易的,因为相关的游戏也是由此而来)。公民们的疏离态度既不是自然的,也不是致命的。纳税人的理性利他态度是与关涉公益的政策有关的贡献税的基础。而后,这样的公益让带着社会目标的行动成为可能,即便与各种选择有关的条款、条件或许是多种多样的。最重要的是,新的社会契约必须聚焦于收入再分配,以应对导源于金融资本主义全球化的收入不平等之害,以此打破与享有特权者有关的阶层固化和世代传承,并对金融投机、财产继承以及涉及公民缴款的财富征税。该契约还必须涉及环境保护,重建税收与公共服务与社会权利的关联。① 在当前的背景下,对全球经济的政治监管不得不依据有可能重构社会的某种妥协,以民主的方式再做规划。

  作为与转换(在不同现实层次之间转换)性(居中)变量有关的元知识,社会科学或许有助于界定与社会有关的道德指标。问题定位(结构)在道德-政治上的去专业化粉碎了新自由主义经济管理绩效的幻象。这就让人们能够就特殊社会微观群体的群体价值观以及经济消费主义的意识形态霸权展开具有普遍意义的批判性比较。有关政治选择的民主理论的道德平衡(ethical equation)由此分解为公共行为契约的社会功能性。在没有被有关政治选择的民主理论替代的情况下,有关干预型民主的理论在干预型民主的政治选项(涉及此种民主针对社会所发挥的一般作用)的设定上做出了贡献。

---

① 生态税、与环境对企业资产负债表的影响有关的评价,等等。关于社会公共财政,契约必须涉及退休、医疗、家庭,等等。

参考文献

微信扫描二维码参阅参考文献

译丛主编后记

财政活动兼有经济和政治二重属性，因而从现代财政学诞生之日起，"财政学是介于经济学与政治学之间的学科"这样的说法就不绝于耳。正因为如此，财政研究至少有两种范式：一种是经济学研究范式，在这种范式下财政学向公共经济学发展；另一种是政治学研究范式，从政治学视角探讨国家与社会间的财政行为。这两种研究范式各有侧重，互为补充。但是检索国内相关文献可以发现，我国财政学者遵循政治学范式的研究中并不多见，绝大多数财政研究仍自觉或不自觉地将自己界定在经济学学科内，而政治学者大多也不把研究财政现象视为分内行为。究其原因，可能主要源于在当前行政主导下的学科分界中，财政学被分到了应用经济学之下。本丛书主编之所以不揣浅陋地提出"财政政治学"这一名称，并将其作为译丛名，是想尝试着对当前这样的学科体系进行纠偏，将财政学的经济学研究范式和政治学研究范式结合起来，从而以"财政政治学"为名，倡导研究财政活动的政治属性。编者认为，这样做有以下几个方面的积极意义。

1. 寻求当前财政研究的理论基础

在我国学科体系中，财政学被归入应用经济学之下，学术上就自然产生了要以经济理论作为财政研究基础的要求。不过，由于当前经济学越来越把自己固化为形式特征明显的数学，若以经济理论为基础就容易导致财政学忽视那些难以数学化的研究领域，这样就会让目前大量的财政研究失去理论基础。在现实中已经出现并会反复出现的现象是，探讨财政行为的理论、制度与历史的论著，不断被人质疑是否属于经济学研究，一篇研究预算制度及其现实运行的博士论文，经常被答辩委员怀疑是否可授予经济学学位。因此，要解释当前的财政现象、推动财政研究，就不得不去寻找财政的政治理论基础。

2. 培养治国者

财政因国家治理需要而不断地变革,国家因财政治理而得以成长。中共十八届三中全会指出:"财政是国家治理的基础和重要支柱,科学的财税体制是优化资源配置、维护市场统一、促进社会公平、实现国家长治久安的制度保障。"财政在国家治理中的作用,被提到空前的高度。因此,财政专业培养的学生,不仅要学会财政领域中的经济知识,也必须学到相应的政治知识,方能成为合格的治国者。财政活动是一种极其重要的国务活动,涉及治国方略;从事财政活动的人有不少是重要的政治家,应该得到综合的培养。这一理由,也是当前众多财经类大学财政专业不能被合并到经济学院的原因之所在。

3. 促进政治发展

18—19世纪,在普鲁士国家兴起及德国统一过程中,活跃的财政学派与良好的财政当局,曾经发挥了巨大的历史作用。而在当今中国,在大的制度构架稳定的前提下,通过财政改革推动政治发展,也一再为学者们所重视。财政专业的学者,自然也应该参与到这样的理论研究和实践活动中。事实上已有不少学者参与到诸如提高财政透明、促进财税法制改革等活动中,并事实上成为推动中国政治发展进程的力量。

因此,"财政政治学"作为学科提出,可以纠正当前财政研究局限于经济学路径造成的偏颇。包含"财政政治学"在内的财政学,将不仅是一门运用经济学方法理解现实财政活动的学科,也会是一门经邦济世的政策科学,更是推动财政学发展、为财政活动提供指引,并推动中国政治发展的重要学科。

"财政政治学"虽然尚不是我国学术界的正式名称,但在西方国家的教学和研究活动中却有广泛相似的内容。在这些国家中,有不少政治学者研究财政问题,同样有许多财政学者从政治视角分析财政现象,进而形成了内容非常丰富的文献。当然,由于这些国家并没有中国这样行政主导下的严格学科分界,因而不需要有相对独立的"财政政治学"的提法。相关研究,略显随意地分布在以"税收政治学"、"预算政治学""财政社会学"为名称的教材或论著中,当然"财政政治学"(Fiscal Politics)的说法也不少见。

中国近现代学术进步的历程表明,译介图书是广开风气、发展学术的不二法门。因此,要在中国构建财政政治学学科,就要在坚持以"我"为主研究中国财政政治问题的同时，大量地翻译西方学者在此领域的相关论著，以便为国内学者从政治维度研究财政问题提供借鉴。本译丛主编选择了这一领域内的68部英文和日文著作，陆续予以翻译和出版。在文本的选择上，大致分为理论基础、现实制度与历史研究等几个方面。

  本译丛的译者，主要为上海财经大学的教师以及该校已毕业并在外校从事教学的财政学博士，另外还邀请了其他院校的部分教师参与。在翻译稿酬低廉、译作科研分值低下的今天，我们这样一批人只是凭借着对学术的热爱和略略纠偏财政研究取向的希望，投身到这一译丛中。希望我们的微薄努力，能够成为促进财政学和政治学学科发展、推动中国政治进步的涓涓细流。

  在本译丛的出版过程中，胡怡建老师主持的上海财经大学公共政策与治理研究院、上海财经大学公共经济与管理学院的领导与教师都给予了大力的支持与热情的鼓励。上海财经大学出版社的总编黄磊、编辑刘兵在版权引进、图书编辑过程中也付出了辛勤的劳动。在此一并致谢！

刘守刚 上海财经大学公共经济与管理学院

2023 年 7 月

"财政政治学译丛"书目

1. 《财政理论史上的经典文献》
   理查德·A.马斯格雷夫,艾伦·T.皮考克 编　刘守刚,王晓丹 译
2. 《君主专制政体下的财政极限——17世纪上半叶法国的直接税制》
   詹姆斯·B.柯林斯 著　沈国华 译
3. 《欧洲财政国家的兴起 1200—1815》
   理查德·邦尼 编　沈国华 译
4. 《税收公正与民间正义》
   史蒂文·M.谢福林 著　杨海燕 译
5. 《国家的财政危机》
   詹姆斯·奥康纳 著　沈国华 译
6. 《发展中国家的税收与国家构建》
   黛博拉·布罗蒂加姆,奥德黑格尔·菲尔斯塔德,米克·摩尔 编　卢军坪,毛道根 译
7. 《税收哲人——英美税收思想史二百年》(附录:税收国家的危机 熊彼特 著)
   哈罗德·格罗夫斯 著　唐纳德·柯伦 编　刘守刚,刘雪梅 译
8. 《经济系统与国家财政——现代欧洲财政国家的起源:13—18世纪》
   理查德·邦尼 编　沈国华 译
9. 《为自由国家而纳税:19世纪欧洲公共财政的兴起》
   何塞·路易斯·卡多佐,佩德罗·莱恩 编　徐静,黄文鑫,曹璐 译　王瑞民 校译
10. 《预算国家的危机》
    大岛通义 著　徐一睿 译
11. 《信任利维坦:英国的税收政治学(1799—1914)》
    马丁·唐顿 著　魏陆 译
12. 《英国百年财政挤压政治——财政紧缩·施政纲领·官僚政治》
    克里斯托夫·胡德,罗扎那·西玛兹　沈国华 译
13. 《财政学的本质》
    山田太门 著　宋健敏 译
14. 《危机、革命与自维持型增长——1130—1830年的欧洲财政史》
    W.M.奥姆罗德,玛格丽特·邦尼,理查德·邦尼 编　沈国华 译
15. 《战争、收入与国家构建——为美国国家发展筹资》
    谢尔登·D.波拉克 著　李婉 译
16. 《控制公共资金——发展中国家的财政机制》
    A.普列姆昌德 著　王晓丹 译
17. 《市场与制度的政治经济学》
    金子胜 著　徐一睿 译
18. 《政治转型与公共财政——欧洲1650—1913年》
    马克·丁塞科 著　汪志杰,倪霓 译
19. 《赤字、债务与民主》
    理查德·E.瓦格纳 著　刘志广 译
20. 《比较历史分析方法的进展》
    詹姆斯·马汉尼,凯瑟琳·瑟伦 编　秦传安 译
21. 《政治对市场》
    戈斯塔·埃斯平—安德森 著　沈国华 译
22. 《荷兰财政金融史》
    马基林·哈特,乔斯特·琼克,扬·卢滕·范赞登 编　郑海洋 译　王文剑 校译
23. 《税收的全球争论》
    霍尔格·内林,佛罗莱恩·舒伊 编　赵海益,任晓辉 译
24. 《福利国家的兴衰》
    阿斯乔恩·瓦尔 著　唐瑶 译　童光辉 校译
25. 《战争、葡萄酒与关税:1689—1900年间英法贸易的政治经济学》
    约翰 V.C.奈 著　邱琳 译
26. 《汉密尔顿悖论》
    乔纳森·A.罗登 著　何华武 译
27. 《公共经济学历史研究》
    吉尔伯特·法卡雷罗,理查德·斯特恩 编　沈国华 译
28. 《新财政社会学——比较与历史视野下的税收》
    艾萨克·威廉,马丁 阿杰·K.梅罗特拉 莫妮卡·普拉萨德 编,刘长喜 等译,刘守刚 校
29. 《公债的世界》
    尼古拉·贝瑞尔,尼古拉·德拉朗德 编　沈国华 译
30. 《西方世界的税收与支出史》
    卡洛琳·韦伯,阿伦·威尔达夫斯基 著　朱积慧,荀燕楠,任晓辉 译
31. 《西方社会中的财政(第三卷)——税收与支出的基础》
    理查德·A.马斯格雷夫 编　王晓丹,王瑞民,刘雪梅 译　刘守刚 统校
32. 《社会科学中的比较历史分析》
    詹姆斯·马汉尼,迪特里希·鲁施迈耶 编　秦传安 译
33. 《来自地狱的债主——菲利普二世的债务、税收和财政赤字》
    莫里西奥·德莱希曼,汉斯—约阿希姆·沃思 著　李虹筱,齐晨阳 译　施诚,刘兵 校译

34.《金钱、政党与竞选财务改革》
　　雷蒙德·J. 拉贾 著　李艳鹤 译
35.《牛津福利国家手册》
　　弗兰西斯·G. 卡斯尔斯,斯蒂芬·莱伯弗里德,简·刘易斯,赫伯特·奥宾格,克里斯多弗·皮尔森 编　杨翠迎 译
36.《美国财政宪法——一部兴衰史》
　　比尔·怀特 著　马忠玲,张华 译
37.《税收、国家与社会》
　　Marc Leroy 著　屈伯文 译
38.《有益品文选》
　　威尔弗莱德·维尔·埃克 编　沈国华 译
39.《政治、税收和法治》
　　唐纳德·P. 雷切特,理查德·E. 瓦格纳 著　王逸帅 译
40.《西方的税收与立法机构》
　　史科特·格尔巴赫 著　杨海燕 译
41.《财政学手册》
　　于尔根·G. 巴克豪斯,理查德·E. 瓦格纳 编　何华武,刘志广 译
42.《18 世纪西班牙建立财政军事国家》
　　拉斐尔·托雷斯·桑切斯 著　施诚 译
43.《美国现代财政国家的形成和发展——法律、政治和累进税的兴起,1877—1929》
　　阿贾耶·梅罗特 著　倪霓,童光辉 译
44.《另类公共经济学手册》
　　弗朗西斯科·福加,拉姆·穆达姆比,彼得洛·玛丽亚·纳瓦拉 编　解洪涛 译
45.《财政理论发展的民族要素》
　　奥汉·卡亚普 著　杨晓慧 译
46.《联邦税史》
　　埃利奥特·布朗利 著　彭骥鸣,彭浪川 译
47.《旧制度法国绝对主义的限制》
　　理查德·邦尼 著　熊芳芳 译
48.《债务与赤字:历史视角》
　　约翰·马洛尼 编　郭长林 译
49.《布坎南与自由主义政治经济学:理性重构》
　　理查德·E. 瓦格纳 著　马珺 译
50.《财政政治学》
　　维特·加斯帕,桑吉·古普塔,卡洛斯·穆拉斯格拉纳多斯 编　程红梅,王雪蕊,叶行昆 译
51.《英国财政革命——公共信用发展研究,1688—1756》
　　P. G. M. 迪克森 著　张珉璐 译
52.《财产税与税收争议》
　　亚瑟·奥沙利文,特里 A. 塞克斯顿,史蒂文·M. 谢福林 著　倪霓 译
53.《税收逃逸的伦理学——理论与实践观点》
　　罗伯特·W. 麦基 编　陈国文,陈颖湄 译
54.《税收幻觉——税收、民主与嵌入政治理论》
　　菲利普·汉森 著　倪霓,金赣婷 译
55.《美国财政的起源》
　　唐纳德·斯塔比尔 著　王文剑 译
56.《国家的兴与衰》
　　Martin van Creveld 著　沈国华 译
57.《全球财政国家的兴起(1500—1914)》
　　Bartolomé Yun-Casalilla & Patrick K. O'Brien 编,匡小平译
58.《加拿大的支出政治学》
　　Donald Savoie 著　匡小平 译
59.《财政理论家》
　　Colin Read 著　王晓丹 译
60.《理解国家福利》
　　Brain Lund 著　沈国华 译
61.《债务与赤字:历史视角》
　　约翰·马洛尼 编　郭长林 译
62.《英国财政的政治经济学》
　　堂目卓生 著　刘守刚 译
63.《日本的财政危机》
　　莫里斯·赖特 著　孙世强 译
64.《财政社会学与财政学理论》
　　理查德·瓦格纳 著　刘志广 译
65.《作为体系的宏观经济学:超越微观—宏观二分法》
　　理查德·瓦格纳 著　刘志广 译
66.《税收遵从与税收风气》
　　Benno Torgler 著　闫锐 译
67.《保护士兵与母亲》
　　斯考切波 著　何华武 译
68.《国家的理念》
　　Peter J. Steinberger 著　秦传安 译